保險學
——以中國保險為例

主　　編　○丁繼鋒
副主編　　○方有恒、岑敏華

財經錢線

前　　言

　　保險作為金融業的三大支柱之一，在整個國民經濟運行中發揮著不可替代的重要作用。中國保險業經過多年的快速發展，雖然在總體規模上已經邁入世界前列，但與保險業發達國家相比，無論是在業務發展水平還是在理論研究能力方面，都還處於相對落後的局面。

　　「保險學」作為保險學專業的基礎課程和金融學專業的核心課程，熟練掌握其中知識是學生將來從事保險業及其相關行業的重要基礎。在保險業面臨轉型升級的新形勢下，為了滿足高等院校保險學專業課程的教學需要，我們對保險系的教學師資力量進行整合，組織十多位長期從事保險專業課程教學的教師，按照各自的專業特長集體編寫了這本《保險學》教材。本書重點介紹了保險的基礎知識和基本理論，力求反應保險理論與實踐的最新發展動態。本書既適合作為高等院校保險學專業的基礎課程教材，也可作為金融學和其他財經類專業的課程教材，還可供對保險感興趣的讀者閱讀。

　　本書由丁繼鋒擬定寫作大綱、制訂編寫計劃並負責全書的統稿工作。本書編寫分工如下：第一章，黃友愛；第二章第一、二、三、五節，丁繼鋒；第二章第四節，葛仁良；第三章第一、二節，粟楡；第三章第三、四節，劉白蘭；第四章，羅向明；第五章第一、二、三、四節，岑敏華；第五章第五、六、七、八節，袁建華；第六章第一、五節，曾曉佳；第六章第二、三、四節，王媛媛；第七章第一、二、三節，方有恒；第七章第四節，王萍；第八章第一、二、三節，張寧靜；第八章第四節，李勇杰。

　　本書在編寫過程中參考借鑑了相關的教材、著作和文章，受到了不少作者有價

值的思想、觀點和內容的啟示，在此一併向他們表示誠摯的感謝！

由於本書編寫者的學識水平有限，書中錯漏之處在所難免，懇請各位同行專家、學者及讀者批評指正。

編　者

目　錄

第一章　風險和風險管理

第一節　風險的概念、特徵與構成要素 …………………………（1）
第二節　風險的種類 ……………………………………………（6）
第三節　風險管理 ………………………………………………（9）
第四節　風險管理與保險的關系 ………………………………（23）

第二章　保險概述

第一節　保險的概念 ……………………………………………（27）
第二節　保險的職能與作用 ……………………………………（32）
第三節　保險的分類 ……………………………………………（38）
第四節　保險經營的數理基礎 …………………………………（44）
第五節　保險產生與發展的歷史 ………………………………（50）

第三章　保險合同

第一節　保險合同概述 …………………………………………（63）
第二節　保險合同的要素 ………………………………………（68）
第三節　保險合同的訂立與履行 ………………………………（74）
第四節　保險合同的爭議處理和解釋原則 ……………………（85）

第四章　保險的基本原則

第一節　保險利益原則 …………………………………………（90）
第二節　最大誠信原則 …………………………………………（98）
第三節　近因原則 ……………………………………………（106）
第四節　損失補償原則 ………………………………………（108）
第五節　損失補償原則的派生原則 …………………………（112）

第五章　財產保險

第一節　財產保險概述 …………………………………（120）
第二節　火災保險 ………………………………………（125）
第三節　運輸工具保險 …………………………………（134）
第四節　工程保險 ………………………………………（139）
第五節　農業保險 ………………………………………（143）
第六節　貨物運輸保險 …………………………………（146）
第七節　責任保險 ………………………………………（156）
第八節　信用保證保險 …………………………………（160）

第六章　人身保險

第一節　人身保險概述 …………………………………（164）
第二節　人身保險合同的常見條款 ……………………（169）
第三節　人壽保險 ………………………………………（174）
第四節　人身意外傷害保險 ……………………………（187）
第五節　健康保險 ………………………………………（194）

第七章　保險公司經營管理

第一節　保險公司經營管理概述 ………………………（202）
第二節　保險營銷管理 …………………………………（208）
第三節　保險承保與理賠 ………………………………（219）
第四節　保險投資 ………………………………………（225）

第八章　保險市場與保險監管

第一節　保險市場概述 …………………………………（233）
第二節　保險市場的構成要素 …………………………（237）
第三節　保險市場的供給與需求 ………………………（246）
第四節　保險監管 ………………………………………（251）

附錄　《中華人民共和國保險法》 ……………………（279）

第一章 風險和風險管理

第一節 風險的概念、特徵與構成要素

風險的存在是保險產生和發展的重要前提，沒有風險也就不可能存在保險。因此，研究保險需要首先從認識風險開始。

一、風險的概念

關於風險的概念如何界定，不同的學者有不同的解釋。常見的關於風險的觀點可以歸納為以下三種情況：

（一）從損失概率角度定義

最早提出風險概念的是美國學者海恩斯，他在1895年所著的《經濟中的風險》一書將風險定義為「損害或損失發生的可能性」。法國學者萊曼在《普通經營經濟學》中也將風險定義為「損失發生的可能性」。德國學者斯塔德勒也認為風險是「影響給付和意外發生的可能性」。按照他們的觀點，損失發生的可能性或概率越大，風險也就越大。

另外一些學者從損失的不確定性出發來定義風險，認為事件發生損失越不確定，風險越大。當損失的概率為0或1時，這兩個數字表示風險事故確定不發生和確定發生，不存在風險。損失概率在0.5處最大，依次向概率為0和概率為1兩端遞減，而不是前述學者所認為的損失發生的概率越大，風險越大。

從損失概率的角度進行定義實際上是對風險的概率衡量，力圖用0與1之間的數字來表達風險，但是忽略了損失程度對風險的影響。人們在日常生活中經常丟失一些價值不高的物品，但是並不為此擔憂，原因在於其損失程度較小。反之，如果發生概率小，但是損失程度高，風險損失後果也比較嚴重。例如，飛機失事、罹患

重病之類的事故，則損失後果極為重大。因此，必須結合損失程度的大小來定義風險，而不是僅僅只看損失概率。

(二) 從主客觀角度定義

在理論界，對於風險的不確定性有兩種認識。一種觀點認為風險的不確定性是客觀的，另一種觀點認為風險的不確定性是主觀的。

風險的客觀不確定性以風險的客觀存在為前提，認為風險可以用客觀的尺度來衡量和測算。火災、地震、洪水等風險，不管人們有沒有認識到，都有可能發生，這是不以人的意志為轉移的客觀規律使然。對於客觀風險，我們可以通過大數法則進行分析測算。例如，擲硬幣試驗，我們事先無法確定下一次投幣的結果到底是正面還是反面，這是風險的客觀性。然而我們可以通過進行大量的實驗，知道未來一次投幣的結果有正面和反面兩種可能，而且各自出現的概率都是50%。

風險的主觀不確定性是指個人或風險主體對風險的判斷受個人的知識、經驗、精神、社會倫理、道德、宗教文化的影響而發生不符合客觀實際的偏差，或者由於經濟實力或財富水平不同而對同一財富水平有不同的感受或效用。例如，不同的人面臨相同的事物時會有不同的看法。對擁有不同經濟實力的企業或個人來說，同一損失水平會產生不同的影響。對同一風險主體而言，從動態的角度來看，其對風險的任何看法都是在一定時間和空間條件下的看法，總是處於變化之中，因為人們的智力和判斷力會隨著經驗和時間而發生變化。這些現象都屬於主觀的不確定性。

不確定性、損失與風險是有區別的。風險與損失的四種組合分別是：確定的損失不是風險、確定無損失也不是風險、不確定並有盈利的可能性是投機風險、不確定但有損失的可能性是純粹風險。這四種組合說明了損失不等同於風險，不確定性也不等同於風險。不確定性與風險的區別在於定性與定量的區別，這點最早由20世紀20年代芝加哥學派經濟學家弗蘭克·奈特等在《風險、不確定性與利潤》一書中提出。他認為風險與不確定性的重要判別標準是：可用概率量化的變動被定義為風險，而無法用概率定量化的變動被定義為不確定性。弗蘭克·奈特的這種風險定義實際上是指客觀風險才是風險，而主觀風險稱為不確定性，這種定義稱為風險客觀說。人對於風險加以關注才產生認識偏差的可能性，這種主觀偏離的不確定性稱為風險主觀說。

(三) 從實際結果與預期結果的偏離程度定義

小阿瑟·威廉姆斯和理查德·M.漢斯在《風險管理和保險》一書中將風險定義為「給定情況下和特定時間內，那些可能發生的結果之間的差異」。結果之間的差異常常用相對於某個期望結果來說可能發生的變動情況來衡量。該書認為，風險度（Risk Degree）用統計上的全距系數來衡量，即在大數定律前提下，在一定時期內，損失數值的最大數與最小數之差再除以平均數。例如，有一批房屋，根據過去幾年的資料，在此期間損失數最多的年份是105幢，最小的損失數為95幢，平均數是100幢，則這批房屋損失的風險度為（105-95）÷100＝10%。如果平均數相同，另一批房屋的風險度為（120-80）÷100＝40%，則後面這批房屋的風險度大於前面

一批房屋的風險度。

風險可以表示為實際結果與預期結果的偏離程度，即用標準差或均方差來表示。例如，一家保險公司承保 10 萬幢住宅，按照過去的經驗數據估計火災發生概率是 1‰，即 1,000 幢住宅在一年中有 1 幢會發生火災，那麼這 10 萬幢住宅在一年中就會有 100 幢發生火災。然而未來房屋發生損失的實際結果不太可能會正好有 100 幢住宅發生火災，它會偏離這個預期結果，我們可以使用標準差來衡量這種風險。由於這種風險表示方法既可以進行損失概率計算，又可以進行損失程度計量，因此標準差是衡量風險較為理想的指標，既可以反應主觀認識與客觀實際的差異，又可以反應實際工作成果與預期工作目標的差異。

在本書中，我們對風險給出一個一般性的定義：風險是指在一定的客觀條件下、一定時期內，某一事件的實際結果與預期結果的偏離程度。這種偏離程度越大，風險就越大；反之，風險就越小。在實際經濟生活中，風險可以理解為預期成本或損失與非預期成本或損失之間的差異。對完全在意料之外突然增加的成本，或者以前從未出現過的事故或成本支出，會打亂原先的計劃，以至於無法通過個人風險管理方法（如固定支出的抵押貸款或儲蓄）來消除。實際結果與預期結果偏離的存在使得上述情況具有不確定性。

二、風險的特徵

（一）客觀性

風險是一種客觀存在，不論人們是否認識它，都是不以人的意志為轉移的客觀現實。各種自然災害和意外事故，如地震、臺風、洪水、暴雨和疾病、傷害、戰爭等都是獨立於人的意志之外的客觀存在，它們是在自然規律或社會發展規律的支配作用下發生的。雖然人們可以在一定的時間和空間內改變風險的存在及其發生條件，降低風險發生的頻率和損失程度，但是並不能從根本上徹底消除風險。因此，風險是客觀存在的。

（二）損失性

損失性是風險的另一基本特徵，它是指風險事故發生可能造成的危害後果。但損失與風險也是有差別的。因為無風險而有損失的情況在現實生活中是經常存在的，如確定的損失不是風險。損失與風險的另外三種組合是：有損失有風險，如海上船舶航行；無損失有風險，如盈利不如預期；無損失無風險，如購買沒有違約風險的短期國債。廣義的風險既包括損失的可能性，也包括無損失和盈利的可能性。與盈利的可能性相比，無疑損失的可能性更為人們所關注，它關系到個人、家庭、企業、政府和其他非經濟組織的生存、持續、穩定運行。

（三）不確定性

不確定性是風險的基本特徵，它是指人們對某種事物是否發生所持的一種疑慮和沒有把握的狀態。對於個體而言，風險的發生是偶然的、不可知的、具有不確定性。風險的不確定性表現為四個方面：第一，導致損失產生的隨機事件是否發生是

不確定的；第二，損失發生的地點是不確定的；第三，損失發生的時間是不確定的；第四，損失發生後造成的損失程度和範圍是不確定的。

（四）可變性

風險的可變性是指在一定條件下，風險的形式、數量和危害程度會發生變化。風險的可變性主要表現在以下兩個方面：第一，風險隨著時間而變化。過去有些風險現在已不構成風險，而新的風險不斷出現。科技的發展增加了風險種類，對人類倫理提出了挑戰，因而產生了科技風險、倫理風險等新的風險。比較著名的例子是蘇聯切爾諾貝利核反應堆爆炸導致大量放射性物質泄漏、印度博帕爾農藥廠氰化物泄漏、日本福島核電站核泄漏等，產生了巨大的風險損失後果，令世人觸目驚心。第二，風險具有擴散性或關聯性，表現為風險在空間上從一些風險單位擴散到其他風險單位。例如，1997年的亞洲金融危機和2008年的國際金融危機，風險不僅在一國的金融機構內傳播，更在不同國家之間擴散。

（五）可測性

雖然從個別風險單位和局部時間來講風險是偶然發生的，但從較長時間和空間的整體上講風險是必然發生的。正是這種偶然性和必然性的統一為保險經營分散風險提供了條件。通過對大量獨立的、同質的風險進行觀察可以發現，風險的發生具有明顯的規律性。由於風險的這種可測性，我們可以通過收集大量數據資料，運用概率論和數理統計的方法，發現風險發生的概率分佈規律，計算相關的參數，瞭解風險概貌，分析其發展趨勢。我們還可測算風險價值，選用各種合適的風險管理方法應對風險。

三、風險的構成要素

風險的構成要素主要包括風險因素、風險事故和損失，通過分析三個要素之間的關係，有助於加深我們對風險的認識。

（一）風險因素

風險因素是指引起和增加損失發生頻率或嚴重程度的條件，是事故發生的潛在原因，也是造成損失的內在原因或間接原因，一種風險因素或多種風險因素結合皆可能造成事故損失。比如房屋坐落地點、建築材料和建築結構，年齡、健康狀況和職業、生活習慣等都是風險因素。以日本福島核電站燃料棒融毀事故為例，風險因素包括核電站選址、燃料棒老化、地震、海嘯等風險因素，人們在事故發生後發現上述風險因素結合而引發了損失。又如房屋內存放易燃易爆物品、有關人員疏忽大意、滅火設施不完善、房屋結構不合理等都是增加火災損失頻率和損失程度的潛在風險因素。

1. 實質風險因素

實質風險因素（Physical Hazards）是指直接影響事物物理功能的有形風險因素。例如，建築材料種類、房屋地理位置、建築物使用性質、消防設施等風險因素是房屋火災風險發生的物理因素或實質風險因素。假設有兩幢房屋，一幢是木質結

構，另一幢是水泥結構，如果其他條件相同，木質結構的房子比水泥結構的房子發生火災的可能性要大。又如兩所房子都是水泥結構，一所房子滅火設施齊備，另一所房子滅火設施不齊備，一旦發生火災，後者的損失程度較大。木質建築材料和結構更多地對房屋火災的損失概率有影響，滅火設施則對火災的損失程度影響較大。

2. 道德風險因素

道德風險因素（Moral Hazards）是指與人的品德修養有關的無形因素。如果有人以不誠實或不良企圖或詐欺行為故意促使風險事故發生，或擴大風險事故所造成的損失，這些原因或條件就是道德風險因素。例如，汽車司機故意違規駕駛，這就屬於道德風險因素；巴林銀行倒閉案中，尼克・里森越權投機也是道德風險因素。除此之外，欺騙、縱火和盜竊等行為都是道德風險因素。

3. 心理風險因素

心理風險因素（Psychological Hazards）是與人們的心理、精神狀態等有關的風險因素。由於人們存在疏忽、過失、過分依賴保險等心理狀態，從而導致增加風險事故發生的機會或擴大損失程度，但這並不是故意或惡意行為。例如，駕駛員在車輛行駛過程注意力不集中，會增加車禍發生的可能性；工人在對易燃易爆品的操作過程中麻痺大意，會增加發生爆炸的可能性。在1997年的亞洲金融危機中，「百富勤」破產是由於某些企業負責人在危機應對中表現失當、應對風險的能力不足，這些都屬於心理風險因素。

風險暴露是一種處於某種風險之中的狀態，它與風險因素的存在有關。例如，一個人駕駛一輛小汽車行駛在公路上，駕駛者和汽車就暴露在與車禍有關的人身風險和汽車風險中。人與車成為暴露體，暴露體此時所處環境中的一些有關的物質性因素，如路況、車況、駕駛者的身體狀況就是實質風險因素或有形風險因素，而精神因素或道德因素引起的違規駕駛則是風險事故的心理風險因素和道德風險因素。在金融市場上，可能被違約的貸款數額、可能受匯率風險影響的外匯都處於風險暴露的狀況之中。

（二）風險事故

風險事故是指風險因素引發或造成財產損失、人身傷亡、責任賠償的偶發事件，是引起損失的直接原因和外在原因，而風險因素是引起損失的間接原因。例如，在車速過快引起車禍造成車上人員傷亡的事件中，車速過快是風險因素，車禍是風險事故。如果僅僅存在車速過快而沒有車禍的發生，就不會造成人員傷亡。對某一事件而言，它在特定條件下是風險因素，在其他條件下就有可能轉變為風險事故。例如，下冰雹導致路滑而引起車禍，造成其他車輛的損毀，這時冰雹就是風險因素；如果冰雹直接將路上行駛的車輛砸壞，則冰雹就是風險事故。

（三）損失

損失是非故意的、非計劃的和非預期的經濟價值減少或人身傷害，通常以貨幣單位衡量。例如，精神痛苦和折舊都不被視為損失，因為前者非經濟價值的減少，後者是有計劃地攤入損失成本。損失形態可以分為財產損失、人身損失、責任損失

和信用損失等。在保險實務中，經常將損失分為直接損失和間接損失。直接損失是風險事故發生而直接帶來的損失；間接損失是由於直接損失引發的額外費用損失、收入損失和責任損失等。例如，在交通事故中，車輛的損毀是直接損失，而由此帶來上班遲到進一步導致收入減少就是間接損失。

風險是由風險因素、風險事故和損失三個要素構成的統一體。風險因素可能會引起風險事故的發生或者增加風險事故的損失頻率和損失程度，而風險事故的發生會造成損失。風險三個構成要素之間的關係如圖1-1所示。

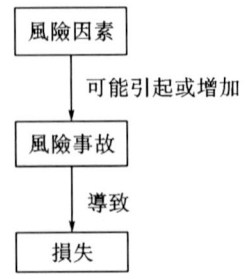

圖1-1　風險因素、風險事故與損失之間的關係

第二節　風險的種類

在人們的工作和生活當中，時刻面臨著種類繁多、形態各異的風險。為了便於人們研究和管理風險，需要對風險進行一定的分類。按照不同的分類依據，我們可以將風險分為不同的種類。

一、按風險的性質劃分

按風險的性質進行劃分，可將風險劃分為純粹風險和投機風險。

（一）純粹風險

純粹風險（Pure Risk）是一種只有損失可能性而沒有獲利可能性的風險。純粹風險導致的後果有兩種，即有損失和無損失，不存在獲利的機會。例如，火災、疾病、車禍及死亡等風險的後果只有損失而無獲利可能性。財產損失風險、法律責任風險、員工傷害風險、員工福利風險等，這些風險都是純粹風險。

（二）投機風險

投機風險（Speculative Risk）是指既有損失可能又有獲利可能的風險。投機風險導致三種可能的結果，即有損失、無損失和獲利。例如，賭博、購買彩票、股票投資、外匯交易、房地產投資等活動面臨的風險都是投機風險。

（三）純粹風險與投機風險的區別

純粹風險和投機風險存在如下區別：

第一，純粹風險可以通過損失管理、採取一定措施來影響風險因素，從而達到降低風險的目的。例如，對於工廠的火災風險，可以採取安裝火災報警系統和自動噴淋裝置等設備、加強職工防火滅火培訓等措施降低發生火災的可能性及損失程度。但有些投機風險，如匯率波動風險，一個公司是無法控制的，只能從提高自身的風險承受能力來降低風險，或者通過風險轉移或對沖來達到風險中和、抵消的目的。

第二，純粹風險可以通過保險來管理。純粹風險在一定情況下具有損失分佈的規律性，可以通過大數法則計算損失大小和波動幅度來瞭解風險度，這也構成了保險公司科學經營的數理基礎。保險公司根據以往損失的經驗數據，運用大數定律對承保風險進行平均損失率及標準差計算，據此量出為入地收取純保費以達到風險分攤的目的。一般而言，投機風險不是可保風險，不能通過大數定律來估計損失的規律性，如股票價格的風險無法運用大數定律找到規律性，只能通過金融衍生合約如股票期貨、期權等衍生品來對沖。

第三，純粹風險所造成的後果與投機風險不同，其只有損失的可能而無獲利的可能，是社會財富和人身淨損失，加大了社會總損失，因此人們普遍不希望純粹風險的發生。投機風險發生後，一部分人遭受了損失，另一部分人卻可能從中獲利，在一定的時間和範圍內，投機風險造成的風險事故並沒有改變社會財富的總量，也沒有產生淨損失，只是社會財富在一定範圍和程度上的重新分配。但投機風險具有誘惑力，往往使偏好冒險的人們投身其中，其根本原因在於它有可能為參與者帶來收益。

二、按風險的對象劃分

按風險的對象進行劃分，可將風險劃分為人身風險、財產風險、責任風險、信用風險。

（一）人身風險

人身風險是指由於人的死亡、殘廢、疾病、衰老及喪失和降低勞動能力等所造成的損失風險。人身風險通常又分為生命風險和健康風險兩類。人身風險會導致個人、家庭和企業經濟收入減少和支出增加而陷入困境。

（二）財產風險

財產風險是指財產發生毀損、滅失和貶值的風險。例如，房屋遭受地震、汽車發生碰撞、海上運輸因惡劣天氣導致沉沒時所形成的損失都屬於財產風險。

（三）責任風險

責任風險是指由於某種原因使社會個體或經濟單位的侵權行為造成他人財產損失或人身傷害時，依照法律應負有經濟賠償責任或者無法履行合同致使對方受損而應負的合同責任所形成的風險。例如，車禍傷人、產品缺陷會形成責任風險。

（四）信用風險

信用風險是指義務人不履行義務而給權利人造成損失的風險，或交易一方不履

行義務而給交易對方帶來損失的風險。例如，債務違約、違反合同而給對方造成的損失可能性就屬於信用風險。

三、按風險的範圍劃分

按風險的範圍進行劃分，可將風險劃分為基本風險與特定風險。

（一）基本風險

基本風險是由非個人或個人不能阻止的因素引起的風險，其影響範圍較廣，通常會波及很多風險單位，很難進行預防。例如，與社會、政治有關的失業、戰爭和通貨膨脹，與自然因素有關的地震、海嘯和火山爆發等巨災，都屬於基本風險。

（二）特定風險

特定風險是由特定的社會個體所引起的風險，其影響範圍較小，只會影響到特定的個人、家庭或企業，容易控制和防範。例如，火災、爆炸、盜竊引起的財產損失，以及對他人財產損失和身體傷害所負法律責任的風險，都是特定風險。

四、按風險產生的環境劃分

按風險產生的環境進行劃分，可將風險劃分為動態風險與靜態風險。

（一）靜態風險

靜態風險（Static Risk）是一種在社會經濟條件穩定的情況下，一些自然因素不規則的變動或人們失當行為或錯誤判斷導致的損失可能性，多為純粹風險。例如，自然災害、個人不誠實的品質、心理因素會造成個人或經濟單位的損失。

（二）動態風險

動態風險（Dynamic Risk）是在社會條件和經濟條件變化的情況下造成的風險。動態風險既可能是純粹風險，也可能是投機風險。例如，社會變革、制度變革和技術革新等整體風險可能給社會帶來收益。因此，人們有時會主動促成動態風險，獲得收益。例如，中國20世紀70、80年代的經濟體制改革極大地促進了生產力的釋放，改善了人民生活。

五、按風險產生的原因劃分

按風險產生的原因進行劃分，可將風險劃分為自然風險、社會風險、經濟風險、政治風險。

（一）自然風險

自然風險是指由於自然現象、物理現象和其他物質因素所導致的風險。例如，地震、洪水、暴雨、颶風、海嘯、泥石流等自然災害都屬於自然風險。

（二）社會風險

社會風險是指由於個人或團體的過失、疏忽、僥幸、惡意等不當行為對社會生產及人們生活所造成的損害風險。例如，盜竊、罷工、戰爭、玩忽職守引起的經濟損失等都屬於社會風險。

(三) 經濟風險

經濟風險是指生產經營過程中，由於相關因素的變動和估計錯誤，導致產量變化、價格漲跌等風險。例如，匯率變動、市場需求減少、通貨膨脹、資金週轉不靈等都屬於經濟風險。非經濟風險則包括科技、人文、社會倫理等方面的影響造成的損害風險。

(四) 政治風險

政治風險是指起源於種族、宗教、國家之間的衝突、叛亂、戰爭、罷工引起的風險，或由於政策、制度、政權或政局更替引起的風險。

第三節 風險管理

一、風險管理的定義

臺灣學者袁宗蔚在《風險管理》一書中認為，風險管理是在對風險的不確定性及可能性因素進行考察、預測、收集分析的基礎上，制定出包括識別風險、衡量風險、積極管理風險、有效處置風險及妥善處理風險所致損失等一整套系統而科學的管理方法。

《現代風險管理》的作者宋明哲認為，風險管理是指為了建構與回應風險所採用的各類監控方法與過程的統稱。風險管理是整合的管理方法與過程，是融合各門學科的管理方法，是融合財務性風險管理與危害性風險管理的全方位風險管理方法。風險管理方面不但包括健康與安全技術的風險工程、涉及各類風險理財與安全設備投資決策的風險財務，也包括了涉及作業績效與文化社會因子的人文風險。不同的管理哲學思維，造成風險的不同解讀，進一步產生了不同的管理方法。現代風險管理適用於任何的決策主體，包括個人、家庭、公司、社會團體、政府與國際組織等以及總體社會。

現代風險管理理論提出了全面風險管理（Enterprise Risk Management）、整合性風險管理（Integrated Risk Management）、總體風險管理或整體風險管理（Total Risk Management or Holistic Risk Management）等概念。目前，大家所普遍接受的是美國全國反虛假財務報告委員會下屬的發起人委員會（The Committee of Sponsoring Organizations of the Treadway Commission）在2004年提出的全面風險管理概念（以下簡稱ERM）。這一概念認為，ERM是由企業董事會、管理層和其他人員對企業風險共同施以影響的過程，這個過程從企業戰略的制定開始一直貫穿於企業的各項活動中，用於識別那些可能影響企業正常營運的各種潛在事件並進行風險管理，使企業所承擔的風險在自己的風險承受度內，從而合理確保企業既定目標的實現。

該定義的涵義主要有以下五個方面：

第一，風險管理是全方位的風險管理。風險管理是將風險作為一個整體而不是

局部，風險管理對企業目標的實現可以作為貢獻而不只是一種負擔，凡是有助於實現企業風險管理目標的各項工作和各個業務環節都是風險管理的對象。

第二，風險管理是全員的風險管理。風險管理不再只是專職風險管理部門人員的事情，企業每個人都是風險管理者。企業各項業務及風險評估任務層層分解到每個崗位的每個員工，並服從企業的整體工作目標。

第三，風險管理的對象既包括純粹風險也包括投機風險因素。

第四，提出風險承受度的管理哲學。風險管理不是要達到零風險的目標，而是要達到風險成本最小化，使風險損失保持在企業能夠承受的合理範圍之內。

第五，財務是風險整合的平臺。風險損失和風險管理的花費最終都表現為風險成本，表現為風險成本對財務現金流的影響。

雖然風險管理的定義多種多樣，但是它們也有著共同的要素。本書認為，風險管理是運用概率論和數理統計及其他各科知識進行風險識別、衡量、應對的一個周而復始的過程，風險管理目標除服從企業總目標外還要確立合理的風險容忍度。全面風險管理是全方位、全員、全過程的風險管理，風險管理程序和內部控制的融合構成了全面風險管理的總體框架，其管理對象包括純粹風險和投機風險，其中保險是風險管理傳統而有效的方式。

二、風險管理目標

（一）風險管理目標必須服從於企業總目標

企業的基本目標是維持生存、獲取利潤和增進企業價值。風險管理最主要的目標是控制與處置風險，以防止和減少損失，保障公司業務的順利開展和有序運行。不同企業的風險管理目標既有共同點也有不同的地方。例如，壽險公司具有降低風險、實現盈利及持續健康發展、增進公司價值的企業基本目標。除了基本目標之外，壽險公司還要結合公司自身的特點制定目標。壽險公司通過經營和分散風險而具有經濟補償和保障、社會穩定器等特定職能。

1. 損失發生前的目標

（1）節約風險管理成本。在損失發生前，比較各種風險管理工具以及有關的安全計劃，對其進行全面的財務分析，從而以合理的處置方式，把控制損失的費用降到最低程度。

（2）風險預防，減少損失發生的可能性。

（3）減少可能的損失規模。

（4）減少憂慮心理。潛在的風險會給員工帶來精神、心理上的不安，從而影響工作效率。

（5）履行社會義務，承擔必要的責任，消除危及社會的安全隱患。

2. 損失發生後的目標

（1）維持生存。這是在發生損失後最重要、最基本的一項管理目標。在損失發生之後，企業至少要在一段合理的時間內能部分恢復生產或經營。保持企業經營

的連續性和發展對公用事業尤為重要，因為這些單位有義務提供不間斷的服務。

（2）盡快恢復正常的經營秩序。這是損失發生後的第二個風險管理目標。保持企業經營的連續性便能實現收入穩定的目標，從而使企業保持生產持續增長。

（3）保證公司的持續發展。實施風險管理不僅要公司在遭到損失後能夠維持生存，恢復原有經營秩序和業績水平，而且應該從損失發生的事件中吸取教訓，採取有效措施去促進業務的進一步開展，保證公司的持續發展。

（4）充分履行社會職責、維護良好公眾形象。盡可能減輕企業受損對他人和整個社會的不利影響，因為企業遭受一次嚴重的損失會影響到員工、顧客、供貨商、債權人、稅務部門以至整個社會的利益。為了實現上述目標，風險管理人員必須識別風險、衡量風險和選擇適當的對付損失風險的方法。

（二）風險管理的具體目標是風險成本最小化

風險帶來的損失總的來說都表現為風險成本，風險管理的目標是實現風險成本最小化，把風險成本控制在企業所能承受或容忍的範圍之內。風險成本包括期望損失成本和風險管理成本。不管企業或風險主體有沒有風險管理，都會面臨風險成本。如果沒有風險管理，風險標的面臨標的價值損失為期望損失成本、間接損失成本和殘餘不確定成本。如果風險主體進行風險管理，則要支出保險費、損失融資成本、損失控制成本、內部風險控制成本、風險管理部門的費用等，這統稱為風險管理成本。

三、風險管理的程序

（一）制訂風險管理計劃

1. 確定風險管理人員的職責

風險管理人員的職責包括購買保險、辨識風險、風險控制、風險管理、文件設計、風管教育訓練、確保滿足法令和規則要求、制訂替代性風險理財方案、索賠管理、員工福利規劃、財務風險的避險、公關與遊說工作。隨著風險管理職業化程度加深，從業資格要求多元專業知識、風險管理整合技巧、相應專業證書、具備或掌握非保險方式的風險轉移技術。

2. 建立風險管理組織體系

風險管理組織體系大致分為股東大會、董事會、風險管理委員會、高級經理層、風險管理部門、部門負責人和普通員工各個層級。董事會是風險管理組織體系的核心，既能代表股東履行監督實施風險管理的職責，又能防止高級經理層追求短期利益的機會主義和自我監管的弊病，主要負責風險管理目標的確立、組織建立、制度訂立與執行、審計與監控。董事會的具體職責包括依靠良好的風險管理控制環境、確定風險管理的目標、偏好與承受度，控制重大的風險管理流程，實現風險管理有效溝通。董事會下設風險管理委員會，由不擔任首席執行官（CEO）的董事長擔任主席，否則由獨立董事擔任主席，由熟悉企業業務流程和管理、具備風險管理監管知識或經驗、具有一定法律知識的董事和獨立董事組成，負責審議和批准全面

風險管理年度報告，對風險管理策略、重大風險管理解決方案、重大決策、重大風險、重大事件、重要業務流程、風險管理狀況和水平、審計等事項進行審議和評價。總經理與首席風險官負責全面風險管理的日常工作。風險管理部門是全面履行風險管理職責的專職部門，對總經理或其委託的風險官負責，負責對企業各項業務及職能部門營運流程中各個環節與法律規章制度的執行情況進行監控和檢查。風險管理部門在風險管理方面的主要職責是研究並提出風險管理的各種方案，負責提交風險評估報告，評價風險管理的有效性，維護風險管理信息系統及風險管理的日常工作。審計部門在風險管理方面具有客觀、全面進行評價、協調、溝通風險管理體系的優勢，負責研究提出全面風險管理監督評價體系、制定監督評價相關制度、出具監督評價審計報告、檢查和評價風險管理過程的適當性和有效性，提出改進意見。此外，風險管理部門一般需要與會計部門、數據處理部門、法律事務部門、人事部門、生產部門進行合作。風險管理部門應當與各職能部門和業務單位建立信息共享機制，廣泛收集、整理與風險管理相關的內外部信息資料，為風險評估奠定相應的信息基礎。

閱讀材料1-1：保險公司風險管理指引（試行）第二章 風險管理組織

第九條　保險公司應當建立由董事會負最終責任、管理層直接領導，以風險管理機構為依託，相關職能部門密切配合，覆蓋所有業務單位的風險管理組織體系。

第十條　保險公司可以在董事會下設立風險管理委員會負責風險管理工作。

風險管理委員會成員應當熟悉保險公司業務和管理流程，對保險經營風險及其識別、評估和控制等具備足夠的知識和經驗。

沒有設立風險管理委員會的，由審計委員會承擔相應職責。

第十一條　保險公司董事會風險管理委員會應當全面瞭解公司面臨的各項重大風險及其管理狀況，監督風險管理體系運行的有效性，對以下事項進行審議並向董事會提出意見和建議：

（一）風險管理的總體目標、基本政策和工作制度；

（二）風險管理機構設置及其職責；

（三）重大決策的風險評估和重大風險的解決方案；

（四）年度風險評估報告。

第十二條　保險公司可以設立由相關高級管理人員或者部門負責人組成的綜合協調機構，由總經理或者總經理指定的高級管理人員擔任負責人。風險管理協調機構主要職責如下：

（一）研究制定與保險公司發展戰略、整體風險承受能力相匹配的風險管理政策和制度；

（二）研究制定重大事件、重大決策和重要業務流程的風險評估報告以及重大風險的解決方案；

（三）向董事會風險管理委員會和管理層提交年度風險評估報告；

（四）指導、協調和監督各職能部門和各業務單位開展風險管理工作。

第十三條　保險公司應當設立風險管理部門或者指定工作部門具體負責風險管理相關事務工作。該部門主要職責如下：

（一）對風險進行定性和定量評估，改進風險管理方法、技術和模型；

（二）合理確定各類風險限額，組織協調風險管理日常工作，協助各業務部門在風險限額內開展業務，監控風險限額的遵守情況；

（三）資產負債管理；

（四）組織推動建立風險管理信息系統；

（五）組織推動風險文化建設。

設有本指引第十二條規定的風險管理協調機構的，該部門為其辦事機構。

第十四條　保險公司各職能部門和業務單位應當接受風險管理部門的組織、協調和監督，建立健全本職能部門或者業務單位風險管理的子系統，執行風險管理的基本流程，定期對本職能部門或者業務單位的風險進行評估，對其風險管理的有效性負責。

資料來源：《保險公司風險管理指引（試行）》（保監發〔2007〕23號）。

3. 確定風險管理方法

不同行業應根據不同業務和風險狀況採取相應的風險管理應對措施。以壽險公司為例，在風險管理方案中將計劃採取各種風險規避措施；放棄高風險的業務活動；通過嚴格核保拒保高風險項目或剔除保險責任；進行風險控制包括控制保險金額、實行差別費率；嚴格理賠；加強對資本市場和貨幣市場投資品種和風險限額的控制；進行再保險；進行風險分散，使風險單位的數目盡可能大，擴大承保面；等等。壽險公司還可以採取保險證券化等辦法，如保單質押貸款證券化、保費收入證券化、保險公司未來收益證券化等。壽險公司還可以將其向投保人收取死差益和費用的權利賣給「特別用途機構」（SPV），該機構通過向資本市場發行證券融資以購買這些權利，從面將風險從保險市場分散到資本市場。壽險公司的風險自留包括保持充足的自有資本、按規定提取準備金、建立保險保障基金。其中，壽險業務、長期健康險業務不提取保險保障基金。

（二）風險識別

風險識別是風險主體逐漸認識到自身存在哪些方面風險的過程，包括識別出風險主體所面臨風險的類別、形成原因和影響。風險識別的內容包括人員和資產的構成與分佈、人財物面臨的風險暴露、損失發生的可能性、可能的損失幅度、損失原因、損失影響和損失形態。風險識別所要回答的問題是存在哪些風險、哪些風險應進行考慮、引起風險的主要原因是什麼、這些風險所引起的結果和嚴重程度如何、應採用怎樣的風險識別方法等。

風險識別是整個風險管理工作的基礎，為下一步風險衡量提供文字資料和基礎數據。如果風險識別不準確、不全面、不及時，就會影響風險管理程序的順利進

行，甚至可能得出錯誤的結論。風險識別是複雜、繁重、全面、準確、系統的周而復始的工作。

風險識別的前提因素是風險主體的風險意識、風險主體的活動、風險主體的性質、風險主體的生產經營方法、風險識別渠道和方法、不同生產經營過程、風險主體的經營環境。

風險識別的程序包括風險感知和風險分析，即通過調查和瞭解，識別風險的存在，通過歸類分析，掌握分析產生的原因和條件，以及風險所具有的性質。

風險識別還包括對風險源的考察。從安全生產的角度講，風險源是可能造成人身傷害、財產損失、罹患疾病、環境破壞和其他損失的根源和狀態。從廣義上看，風險源是指可能導致風險損失後果的因素或條件，分為客觀風險源和主觀風險源。客觀風險源包括自然環境、人為環境、社會環境、政治環境、經濟環境、法律環境、操作環境等方面。主觀風險源是指主觀判斷和客觀實際有差別時給組織帶來的風險。

風險識別的基本方法包括美國管理學會、風險與保險管理學會、國際風險管理研究所編製的風險分析調查表；美國管理學會編製的財物內容表；美國埃特納意外保險公司設計的保單檢視表；美國管理學會編製的資產—暴露分析表。風險識別的輔助方法包括財務報表分析法、流程圖法、事故樹法、現場檢查與交流法、風險形勢估計法等。

（三）風險衡量

1. 風險衡量的定義

風險衡量是在對過去損失資料分析的基礎上，運用概率論和數理統計方法對某一個或某幾個特定風險事故發生的概率和風險事故發生後可能造成損失的嚴重程度作出定量分析，為風險評估提供數量依據。大數法則、概率推斷、類推、趨勢分析法等都可用於風險衡量。

風險衡量的主要作用如下：

（1）計算比較準確的損失率和損失嚴重程度，減少損失發生的不確定性，降低企業的風險。

（2）通過風險衡量，使風險管理者有可能分辨出主要風險和次要風險，風險管理者集中主要精力去處理給企業造成嚴重損失的風險，對損失輕微的次要風險則不必花費主要精力。

（3）建立損失概率分佈，確定損失概率、損失期望值，為風險定量評價提供依據，為風險管理者提供決策依據。

2. 損失頻率和損失程度的估計

（1）損失頻率的估計。損失頻率，即某一個或某幾個風險單位在特定時間遭受風險損失事件的次數。估計損失頻率要考慮的因素包括風險單位數量、損失形態、損失事件等，主要包括以下幾種情況：

①一個風險單位遭受單一事件所致單一損失形態，如一幢建築遭受火災所致財

產損失。

②一個風險單位遭受多種事件所致單一損失形態，如一幢建築同時遭受地震、火災所致財產損失。

③一個風險單位遭受單一事件所致多種損失形態，如一幢建築發生火災，既導致財產損失，又導致工傷。

④多個風險單位遭受單一事件所致單一損失形態。

（2）損失程度的估計。損失程度是指風險事故可能造成的損失值。損失程度的大小取決於以下因素：

①同一原因導致的直接損失和間接損失。

②單一風險所涉及的損失單位數。

③損失的時間。

④損失的金額。

3. 風險衡量的方法

（1）中心趨勢測量。中心趨勢的測量主要通過算術平均數（包括一般平均數和序時平均數），即同質總體內某個數量標誌的平均值來測定。此外，還有其他形式的平均，如中位數、眾數、幾何平均數和調和平均數等。

（2）變動程度的測定。風險大小取決於不確定性的大小，即實際損失偏離預期損失的程度。不確定性的大小可以通過對發生損失與期望值的偏差來確定，即風險度。風險度越大意味著對未來沒有把握，風險越大；反之風險越小。風險度可以用方差、標準差和變異系數來衡量。

（3）損失的概率分佈。損失的概率分佈是顯示各種損失結果發生概率的函數，用來描述損失程度依損失可能性大小的分佈情況。常見的概率分佈包括正態分佈、二項分佈、泊松分佈等。

（4）風險價值法。風險價值法是在正常的市場條件下，在給定的概率水平下，金融參與者在給定的時間區間內在既定置信水平下之最大可能損失，即最大預期損失。

現代風險管理理論認為，風險概念與風險偏好有關。風險偏好是預期損失與風險承擔能力相結合的產物，即與風險容忍度有關。在給定置信水平下，通過指定風險主體願意承擔的最大損失，設定可承受的未來風險邊界。例如，風險主體「可在任意交易日接受有 5% 可能性的 500 萬元的損失」。如風險頭寸一天的風險價值（Value at Risk，VaR）為 100 萬元，置信水平為 99%，這意味著在任意指定的交易日，損失大於 100 萬元的可能性僅為 1%。在風險應對中，如果儲備 100 萬元，違約事故發生的概率就會只有 1%。因此，風險價值是一個臨界值、一個重大風險預警信號、一個風險容忍度，也是風險管理目標的同義語。

閱讀材料 1-2：風險價值的計算運用於巴林銀行

巴林銀行「88888 帳戶」根據 1995 年 1 月底的日經 225 指數期貨與日本國債

期货相关资料计算，得出日经期货和日本国债期货的头寸面额，分别是77亿美元①与160亿美元，以95%为置信区间，1个月为衡量期间计算之风险值，分别是日经期货6.88亿美元，日本国债期货为1.47亿美元。也就是说，日经期货和日本国债期货在下个月即2月的最大损失金额为8.35亿美元。

若以1995年2月27日的累计实际损失与风险值做比较，可以明显看出实际损失大于风险值，显示实际损失金额落于以95%置信区间衡量之预计风险值之外。原因在于由于2月23日里森离开巴林银行，行踪不明，消息传开导致日经指数在3个交易日内大跌1,440点，日本国债期货大涨104点，进一步使巴林银行亏损加剧，如此巨幅的价格波动可归因于特殊性不利因素的影响。因此，若将上述3个交易日影响排除，截至1995年3月22日的实际损失与风险值比较，可以发现日经期货和日本国债期货之实际损失皆落于以95%置信区间衡量之预计风险值之内。若排除2月24日至27日因特殊因素影响之损失，日经期货与日本国债期货皆落於95%置信区间之内。该结果显示，若里森或巴林银行最高管理当局在1995年1月底以相同的风险值计算方式评估市场风险，则在95%置信区间下未来1个月最大损失为日经期货6.88亿美元，日本国债期货为1.47亿美元，如此巨额的预计风险相信会引起严重关切和采取风险回避或止损措施，巴林银行的历史将被改写。因此，除了前线作业单位和后援单位未能做到职务分工，一人身兼二职和缺乏高级管理阶层的参与，以及对金融商品的无知、资本充足性问题重视不够、控制程序脆弱、杠杆交易激发贪婪本性、缺乏监督管理、过于信任交易人员、国际信息交流不足之外，未能以风险价值设定头寸限额是风险衡量不到位的结果。

资料来源：周大庆，沈大白，张大成，等.风险管理前沿［M］.北京：中国人民大学出版社，2004.

(5) 极限测试、情景分析、压力测试、返回测试和穿行测试。

①极限测试。极限测试针对的是极端事件，如股市崩盘、利率和汇率大幅上涨和下跌等灾难性事件。对金融衍生品来说，极端事件包括股票指数的波动幅度超过10%、主要货币对美元的汇率波动幅度超过6%、外汇汇率波动性的变化幅度超过现行水平的20%、收益率波动性的变化幅度超过现行水平的20%等。假设某种货币对美元的即期汇率是1美元兑1.5该种货币。现在我们手中有一份远期合同，需要在合同到期时按照当时的即期汇价卖出1.5亿该货币。如该货币对美元贬值6%，造成的损失就是600万美元。

②情景分析。情景分析是指通过分析未来可能发生的各种情景，以及各种情景可能产生的影响来分析风险的一类方法。情景分析不仅能得出具体的预测结果，而且还能分析达到未来不同发展情景的可行性以及提出需要采取的技术、经济和政策措施。因此，情景分析可用来预计威胁和机遇可能发生的方式，以及如何将威胁和

---

① 1995年人民币对美元汇率为8.299：1。

機遇用於各類長期及短期風險。不同於極限測試針對的是短時間單一因素，情景分析主要是針對較長時間多因素來進行分析的。

③壓力測試。壓力測試是《巴塞爾協議Ⅱ》(《新巴塞爾資本協議》) 中與風險價值模型「VaR(99%, X)」對應的概念，即對於置信度99%以外突發事件的測試。壓力測試是指將金融機構或資產組合置於某一特定的極端情境下，如經濟增長驟減、失業率快速上升到極端水平、房地產價格暴跌等異常的市場變化，然後測試該金融機構或資產組合在這些關鍵市場變量突變的壓力下的表現狀況，看是否能經受得起這種市場的突變。壓力測試包括敏感性測試和情景測試等具體方法。敏感性測試旨在測量單個重要風險因素或少數幾項關系密切的因素由於假設變動對銀行風險暴露和銀行承受風險能力的影響。情景測試是假設分析多個風險因素同時發生變化以及某些極端不利事件發生對銀行風險暴露和銀行承受風險能力的影響。壓力測試能夠幫助金融機構充分瞭解潛在風險因素與機構的財務狀況之間的關系，深入分析抵禦風險的能力，形成供董事會和高級管理層討論並決定實施的應對措施，預防極端事件可能對金融機構帶來的衝擊。

④返回測試和穿行測試。返回測試是將歷史數據輸入到風險管理模型或內控流程中，把結果與預測值對比，以檢驗其有效性的方法。穿行測試則是觀察被審計單位的生產經營活動環節，檢查文件、記錄和內部控制手冊，閱讀由管理層和治理層編製的報告，實地察看被審計單位的生產經營場所和設備，追蹤交易在財務報告信息系統中的處理過程。

(四) 風險評價

1. 風險評價的定義

風險評價是指在風險識別和風險衡量的基礎上，把損失頻率、損失程度以及其他因素綜合起來考慮，分析風險的影響，並對風險的狀況進行綜合評價。這個階段是風險控制和風險融資技術管理的基礎，對風險衡量得出的數字進行風險重要性評級和對風險緩急程度進行分析，進而對風險大小進行判斷。因此，風險評價是對風險的綜合評價。首先，風險評價需要定量分析的結果；其次，風險評價離不開特定的外部環境；最後，風險評價受到風險態度的影響。由於人們認識不同，風險評價的範圍有時與風險衡量有所交叉，有些風險衡量方法也被用於風險評價。

2. 風險評價標準

(1) 正常損失期望。正常損失期望是企業從事業務所產生的平均損失。正常損失期望可以通過對企業損失的歷史數據統計得出。例如，某幢樓房在裝有噴水裝置和防火牆的情況下，發生火災的正常期望損失將不超過大樓價值的10%。

(2) 可能最大損失。可能最大損失 (Probable Maximum Loss, PML) 是指損失的程度，即一次風險事故可導致的標的最大損毀的程度。例如，閃電擊中公司建築物時所引起的實際可能最大損失。

(3) 最大可能損失。

最大可能損失 (Maximum Possible Loss, MPL) 是指損失的上限，一般是指財

產（如建築物）被完全毀壞遭受的最大可能損失。預期損失是包含概率的，即期望。例如，一個被保險標的價值為 100 元，可能全部損毀的概率是 1%，那麼其預期損失是 1 元，最大可能損失是 100 元。

可能最大損失考慮到減少風險、降低風險的部分因素。另外還有失靈情況下造成的損失程度，比如說原定的兩個安防設備壞了其中的一個。最大可能損失表示內外部的防護全部失靈的情況下相關應急處理人員以及公共救災機構無法提供任何有效救助的情況下，單一設施可能遭受的財產損失以及營業中斷損失的合計最大金額。對於火災風險而言，這意味著「完全焚毀」的狀態。

3. 風險評價方法

（1）風險坐標圖法。風險坐標圖法將損失程度作為橫坐標，從左至右按從大到小的順序排列；將損失概率作為縱坐標，從上到下按從大到小的順序排列。將每個交點的數字相加，數字大的風險大，數字小的風險小。2~4 分為低度風險，5~7 分為中度風險，8~10 分為高度風險。

（2）風險度評價法。風險度評價法按風險度的分值確定風險大小，分值越大，風險越大，反之則越小。

（3）概率分佈型。概率分佈型包括正常型和異常型。異常型又包括偏向型、雙峰型、平峰型、高端型（陡壁形）、孤島型、鋸齒型等類型。人們往往將異常型與正常型進行對比，運用公差的概念進行風險評價。

（五）風險管理技術的選擇和實施

風險管理技術的選擇和實施是風險管理程序最重要的階段，其核心是將消除和減少風險的成本均勻地分佈在一定時期內，以減少因隨機性的巨大損失發生而引起財務上的波動。常見的風險管理技術包括控制型和財務型兩種。控制型風險管理技術通過改變引起事故和擴大損失的各種條件來降低損失頻率和損失程度，主要有風險迴避、風險預防、風險抑制、風險隔離、控制型風險轉移等方式。財務型風險管理技術通過事先的財務安排來將損失成本在一定時期內進行分攤，主要有風險自留和財務型風險轉移等方式。

1. 風險迴避

風險迴避是有意識地放棄某種活動，使風險主體避免某種特定損失的行為，或者說是為了免除風險的威脅，從根本上消除特定風險的措施。例如，不將房屋建造在山谷中，而是建造在地勢較高而且排水方便的地方，以迴避洪災風險；在駕駛汽車時放棄比較狹窄危險的便捷小道，選擇路程較遠但是相對安全的公路。

風險迴避的方式主要有三種：一是完全拒絕或根本不從事可能產生某特定風險的任何活動。例如，財產保險公司通常將地震作為除外責任；為了免除爆炸的風險，有些工廠根本不從事爆炸品的製造；為了免除責任風險，學校可以徹底禁止學生從事郊外活動。二是中途放棄原先承擔的可能產生某種特定風險的活動。例如，投資設廠計劃因戰爭爆發而臨時中止。三是逐步試探性地承擔某項計劃，當出現風險警示信息時及時停止計劃執行。

採取風險迴避措施的條件主要有兩個：一是風險導致的損失頻率很高而且損失幅度也很大。二是採取其他風險管理措施所花費的代價相當高昂。風險迴避的作用在於可以避免重大的、全局性的損失。風險迴避的缺陷在於雖然是一種最徹底、最簡單的風險管理方法，但是也是一種消極的方法。一方面，迴避往往意味著利潤的喪失。例如，企業放棄某些經營項目會避免風險，但也失去了經營所帶來的利潤。另一方面，風險迴避並不能完全消除風險，避免某一風險的同時會帶來另外一種風險。例如，一批貨物由 A 倉庫轉移到 B 倉庫，運輸方式可以從高速公路轉變到普通公路，從飛機轉變到火車等，但都在迴避特定風險的同時產生了新的風險。

2. 風險預防

風險預防是指在風險發生前，為了消除或減少可能引起損失的各種風險因素所採取的風險處理措施，其目的在於降低損失頻率。因此，風險預防並不強調將損失概率降低為零，從而有別於風險迴避。風險預防可以採用工程物理法，通過改變風險單位的物質風險因素而減少損失。例如，在泡沫材料中加入少量抗靜電添加劑，以增加材料吸附性，加速靜電洩露；在建築物中用耐火材料取代易燃材料，降低火災發生的概率。風險預防也可以採用人們行為法，通過對人們的行為進行教育影響心理風險因素和道德風險因素。例如，企業對員工進行設備操作安全教育和消防教育等，減少生產事故發生的機會。

3. 風險抑制

風險抑制是指在損失發生時或損失發生後所採取的各種風險處理措施，其目的是為了減少損失發生範圍或損失嚴重程度。風險抑制是一種積極的風險管理手段，通常在損失程度高而且風險又無法避免或轉移的情況下採用。例如，對於火災風險，可以採取如下措施以減少出險後的損失程度：安裝火災報警裝置和自動滅火系統；發生火災後迅速通知當地公安消防隊，按事前制訂的計劃有條理地滅火；提供臨時保護設施以免其他未受火災損害的財產發生其他危險；及時修理並恢復受火災損害的財產。

4. 風險隔離

風險隔離是指通過分離或複製風險單位，避免某一風險事故的發生致使全部財產遭受損毀或滅失。風險隔離可以有效地控制風險，從總體上減少一次事故可能發生的最大預期損失。風險隔離的方式主要有兩種，即分割風險單位和複製風險單位。

（1）分割風險單位。分割風險單位是將面臨損失的風險單位進行分離，讓它們分別承受風險損失，而不是使所有單位都面臨可能遭受同樣損失的風險。通俗地講，分割風險單位就是「不要把所有的雞蛋放進同一個籃子裡」，這樣即使發生風險事故，通常也只會有部分單位發生損失。例如，存貨可以分散到三個倉庫，從而減少存貨全損的概率；運輸價值較高的一批貨物，一次運送全部貨物改為多批次運送，每次運送的貨物價值低於一次運送的價值，從而減少損失幅度；在證券投資時採取分散化投資策略，避免資金發生重大虧損。

（2）複製風險單位。複製風險單位是指在原有風險單位的基礎上，再設置一份相同的資產或設備作為儲備，這些複製品只有在原資產或設備被損壞的情況下方可使用，平時不得動用。例如，利用存儲設備或網絡複製數據文件，當原有文件丟失或損壞時可以重新恢復；醫院在購置救護車時可以多購置若干輛救護車備用，在正常使用車輛出現故障後能夠啟用備用車輛執行任務。

5. 風險自留

風險自留是指由經濟單位自己承擔風險事故所致損失的財務型風險管理技術。當發生事故並造成一定損失後，經濟單位通過內部資金的融通來彌補所遭受的損失。風險自留與風險轉移不同，風險自留是把風險留給自己承擔，而不是轉移給其他經濟單位。風險自留按是否主動自留分為兩種：一種是非計劃性的承擔，如由於疏忽、過失等原因承擔計劃之外的損失；另一種是計劃性的承擔，如通過提取準備金、建立基金等方式以應對將來可能出現的損失。風險自留通常在損失頻率和損失程度較低、損失能夠較為精確地預測、其他風險管理技術無法有效處理風險時採用。雖然風險自留能夠鼓勵損失預防、節省費用支出和取得基金收益，但是一旦發生風險損失，會使經濟單位產生更高的花費，從而有可能導致財務上的調度困難。

6. 風險轉移

風險轉移是指經濟單位或個人為了避免承擔風險損失，通過合理的措施將損失的法律責任或財務後果轉移給其他經濟單位或個人的一種風險轉移方法。風險轉移是將風險轉移給別人去管理或承擔，從而間接達成降低損失頻率和減少損失幅度的目的。風險轉移的方式主要有兩種：一種是控制型的風險轉移方式；另一種是財務型的風險轉移方式，具體包括財務型非保險轉移和保險兩種方式。

（1）控制型風險轉移。控制型風險轉移是通過轉移風險源，並對風險後果的法律責任加以轉移的風險轉移方式。控制型風險轉移通常有以下幾種途徑：

①出售。出售是通過買賣契約將風險單位的所有權轉移給他人或其他經濟單位。一旦財產所有權被轉移給受讓人以後，與貨物有關的風險也一同轉移。

②租賃。租賃是通過租賃協議條款將風險轉移給合同對方。例如，租賃協議規定對出租人因過失造成的財產損失和責任損失由出租人負賠償責任，就將承租人面臨的財產損失和責任損失轉移給了對方。

③分包。分包是轉讓人通過分包合同，將風險轉移給非保險業的其他風險主體。風險主體通過把風險轉移給專業化水平更高的風險主體，自己承擔的風險將會減少。例如，建築施工隊可以將風險大的電路布線作業轉移給專業的布線公司。相對來說，專業電路布線公司的經驗、設備、技術等各方面都較強，總體風險將會降低。

④簽訂免除責任協議。通過簽訂免除責任協議，風險承擔者免除轉移者對承擔者承擔損失的法律責任。

（2）財務型非保險轉移。財務型非保險轉移是指經濟單位將風險所導致損失的財務負擔轉移給其他經濟單位的一種風險管理技術。財務型非保險轉移與控制型

風險轉移的區別在於控制型風險轉移是轉移損失的法律責任，而財務型非保險轉移是轉讓損失的財務負擔，即經濟單位通過合同由外來資金補償其確定存在的損失。財務型非保險轉移只轉移損失，不轉移財產或經濟經濟活動本身；控制型風險轉移將財產或活動連同損失責任都轉移給受讓人。財務型非保險轉移的方法有以下幾種：

①中和。中和亦稱對沖，是將損失機會與獲利機會平衡的一種方法，是投機風險的主要處理對策。商業機構、生產商、加工商和投資者利用期貨價格和現貨價格波動方向上的趨同性，通過在期貨市場上買進和賣出與現貨市場上方向相反但數量相同的商品，把自身承受的價格風險轉移給投機者，達到現貨與期貨盈虧互補的目的。

閱讀材料 1-3：鄭州某面粉加工商套期保值案例

5月份是糧所推陳出新的時機，鄭州某面粉加工商利用這一時機儲存了5,000噸（1噸等於1,000千克，下同）2002年產的優質小麥「豫麥34」，價格為1,280元/噸，但是為了迴避新小麥集中上市後市場價格的下滑，該廠在強筋小麥期貨309合約上1,680元/噸價位進行了賣出保值。進入9月，小麥現貨價格穩定在1,270元/噸，期貨價格回落至1,650元/噸，該廠在此價位對手中的期貨合約進行了平倉。這樣操作雖然現貨成本提高了10元/噸，但是期貨市場盈利30元/噸，實際上降低了20元/噸的採購成本。

2003年9月，由於秋糧的減產，受玉米價格飆升的帶動，現貨市場突然啟動。當時的小麥到廠價由1,020元/噸漲至1,140元/噸，並且仍有上揚趨勢，該廠主要供貨商——基層糧所大部分停止出糧，即使有部分糧所出糧也需要業務員帶款就倉提貨，小麥質量計量難以保證。為了保證原料供應不斷檔，在這種局面下該廠毅然決定先從部分糧所借入5,000噸糧食加工，3個月後按當時價格進行結算。同時，為了消除這3個月時間內的市場風險，該廠在鄭州商品交易所小麥期貨401合約上進行套期保值，買入5,000噸小麥期貨合約，價位鎖定在1,290元/噸。此後3個月中小麥現貨價格再次衝高，然後在國儲糧拋售壓力下回落。進入12月，小麥現貨價格穩定在1,340元/噸，該廠以此價格對糧所進行了結算，而期貨價格在進入交割月後也穩定在1,600元/噸，該廠在此價位對手中的期貨合約進行了平倉。最後綜合計算此次操作，現貨市場上提高成本為1,340-1,140＝200元/噸，期貨市場平倉盈利為1,600-1,290＝310元/噸，綜合計算降低了110元/噸的成本，最重要的是順利度過了9月份的採購難關，保證了生產的正常進行。

資料來源：加工商套期保值及案例（小麥）[EB/OL]. http://blog.sina.com.cn/s/blog_00d9c3bd0100d137.html.

②免責約定。免責約定是指合同的一方通過合同條款的擬定，將合同中發生的第三者人身傷亡和財產損失的責任轉移給另一方承擔。交易合同、建築合同、委託

合同、銷售合同、供貨和服務合同，均可通過合同中的免責約定條款來轉移風險，在合同免責條款中巧妙地將財產損失和人身傷亡賠償責任轉移給承擔方。同樣，對方也可通過協議條款將潛在損失轉移給合同另一方。

③保證合同。保證合同是由保證人對被保證人因行為的不忠實或不履行契約義務所致權利人的損失予以賠償的契約。保證合同中通常有三個當事人，即保證人、被保證人和權利人。保證人願提供保證，是因為他在其他方面與另外兩方有某些利害關系，保證人通常以被保證人的財產抵押來補償可能遭受的損失。如被保證人無法承擔損失（如付清貸款）的責任，保證人必須按保證合同承擔這一賠償損失的責任，然後保證人再向被保證人追償損失。通常保證人在訂立保證合同時，要求被保證人提供足夠的財產擔保，以備自己索賠。這樣就可借助於保證合同將違約風險損失轉移給保證人。

④融資租賃。融資租賃是把商品作為融資租賃標的物，商品需求者作為承租方向出租方（從事融資租賃業務的公司）融資租入商品的一種租賃方式。融資租賃可以視為承租方因無力即期支付該項款項而以該項標的本身作為信貸抵押而向出租方融資租賃公司融通資金的方式。當租賃期滿時，融資租賃公司把所出租的商品所有權轉移給承租方，承租方將商品全部價款的所有款項同時付清。

（3）保險。保險是個人或組織通過與保險人簽訂保險合同，以繳納保險費為代價，將其自身所面臨的風險轉移給保險人承擔的一種風險管理技術。當產生風險損失時，保險公司將按照合同約定在責任範圍內給予經濟補償。因此，保險以確定的保險費支出代替不確定的風險損失，是經濟單位對風險損失進行轉移和重新分配的一種財務安排。保險作為一種重要的風險管理手段，有著諸多的優越之處，在社會經濟活動中得到了廣泛的應用。

在社會經濟活動中，到底採用哪一種風險管理手段更為合適，應當根據風險的不同特點和風險主體所處的環境與條件來決定。根據損失頻率和損失程度的不同，風險主體應當採取的風險管理手段如圖1-2所示。

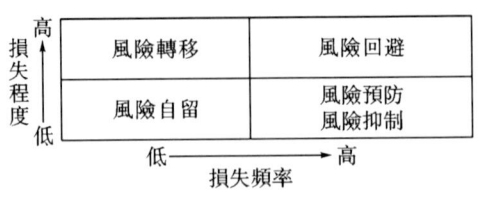

圖1-2　風險管理矩陣

（五）風險管理評價

對風險管理決策和效果的評價是在比較風險成本與風險管理收益的基礎上進行的。如果風險管理引起的損失減少大於風險管理成本的增加，則風險管理措施可行；反之，如果風險管理的成本超出風險管理的收益，即損失減少，則不可行。根據微觀經濟學理論，如果風險管理成本的邊際增加等於損失期望值的邊際減少，則

達到風險成本最小化。

　　風險主體應當對風險管理的流程及其有效性進行檢驗評估，並根據評估結果及時改進。各職能部門和業務單位應當定期對其風險管理工作進行自查，並將自查報告報送風險管理部門。風險管理部門應當定期對各職能部門和業務單位的風險管理工作進行檢查評估，並提出改進的建議和措施。風險管理部門應當每年至少一次向管理層和董事會提交風險評估報告。風險評估報告主要包括以下內容：風險管理組織體系和基本流程、風險管理總體策略及其執行情況、各類風險的評估方法及結果、重大風險事件情況及未來風險狀況的預測、對風險管理的改進建議。風險管理部門通過對上一階段風險管理組織、程序和方法進行改進，有助於提高下一階段的風險管理效果。

第四節　風險管理與保險的關系

一、可保風險的條件

　　對於保險人而言，並非所有的風險都是可以承保經營的，只有可保風險才能夠被保險人接受。所謂可保風險，是指可以被保險人接受的風險，或可以向保險人轉移的風險。一般而言，只有滿足下列條件才能成為可保風險：

　　（一）可保風險一般為純粹風險

　　一般來說，可保風險為純粹風險，投機風險不可保，保險公司只承擔可保風險範圍內的損失後果。對於純粹風險，保險公司可以通過大數定律計算損失規模，從而為厘定保險費率提供依據。因此，對純粹風險的承保是保險公司經營生存的基礎。投機風險難以運用大數定律來計算損失發生的規律性，因此原則上投機風險不可保。隨著可保風險的變化和發展，在特定條件下和特定範圍內，有些投機風險也被承保。例如，企業財產保險中通過營業中斷險等附加險，也可以承保特定利潤損失。近年來，有些國外保險公司承保投機風險，結果導致在 2008 年的金融危機中損失慘重。美國國際集團（AIG）承保抵押證券（CDO）造成巨虧，被美國政府接管。這也說明了保險公司承保純粹風險這一原則的重要性。

　　（二）可保風險具有偶然性

　　對於單個風險標的而言，風險的發生具有偶然性，何時、何地發生以及發生的後果都不確定。保險公司通過對偶然發生的風險進行承保，可以通過大數定律計算風險損失的規律性，以此來厘定費率，量出為入，將風險分攤到沒有發生風險事故的同一類保戶，才能使保險持續經營下去。對於必然發生的風險事故造成的損失，不符合可保風險條件，不在保險公司賠償的範圍之內。例如，某人已經患有嚴重疾病，在不符合承保要求的情況下是不能夠投保健康保險的。保險公司如果承保了必然發生的風險，則難以保持經營的持續性，而且也容易引發投保方的保險詐欺

問題。

（三）可保風險必須具有意外性

可保風險具有非預期的特徵，投保方的故意行為造成的損失不保。風險是客觀的，故意行為導致的風險事故源於道德風險，是以風險為工具的不當牟利行為。由於保險公司是以大量隨機事件發生為科學經營前提的。如果保險公司承保和賠償了故意行為造成的風險，將會產生大量道德風險，大量的賠償也將使保險經營難以為繼。

（四）可保風險損失必須是經濟價值的減少

保險人承保的標的必須可以用貨幣量來計量，標的損失表現為經濟價值的減少。保險公司的賠償主要採用貨幣形式，由於精神損失難以用貨幣來衡量，通常這類的損失不在保險賠償範圍之內。在人身保險合同中，由於人的生命價值是無法用貨幣來衡量的，所以保險合同採用定額保險的形式，以雙方事先約定的保險金額作為貨幣賠償的依據。

（五）可保風險必須是大量、同質、獨立的標的均有遭受損失的可能性

保險機構是以概率論和數理統計為依據科學經營的，具體表現在保險人是以大數法則來預測隨機現象發生的概率和損失程度，計算期望值、風險波動度，推斷損失發生的規律性，從而釐定費率，科學經營，將風險分散到所有投保人。如果標的物的數量太少、風險不同質或者風險單位之間存在很強的正相關性，就難以滿足大數法則的基本要求。只有當風險單位符合大數法則的要求，保險人才能夠運用大量統計資料分析預測未來的損失率，進行風險分攤，既保證了經營的持續穩定，也為社會風險主體提供了風險補償的有效保障。

（六）可保風險具有損失概率小、損失程度大的特點

風險的發生概率和損失程度是篩選可保風險的重要條件，可保風險適合承保損失概率較小、損失程度較大的風險。如果發生損失的概率小，保險公司可以通過風險事故的射幸性，累積賠償意外損失的財力。如果風險損失程度高，就會產生保險需求，投保人可以通過保險達到風險轉移的目的。然而如果損失程度過高，就會超過保險公司的財務承受能力，增加其經營風險；相反，如果損失輕微，會加大保險經營成本在保險費中的比重，投保在經濟上是不劃算的。

二、風險管理與保險的關係

（一）風險是風險管理和保險存在的共同基礎和研究對象

風險的存在是風險管理和保險存在的前提。風險管理的各種樸素思想很早就產生了，而保險是在對風險管理的需求發展到一定程度後才產生的經濟保障制度，也是風險管理最傳統有效的形式。風險管理理論是20世紀50年代社會經濟、科技發展推動下形成的各種理念和方法。20世紀70年代以來，財務風險、科技風險、政治風險、金融風險、社會經濟風險等重大風險層出不窮，各種風險事故爆發涉及的範圍和危害性都大大超出了歷史上傳統可保風險，傳統保險已不能完全滿足社會對風險管理的需求，促使風險管理理論運用到各個領域，而保險公司也開始運用這些

理念和方法來管理自身風險。

（二）風險管理和保險具有共同的科學基礎

風險管理和保險都以概率論和數理統計作為共同的理論基礎。概率論和數理統計是保險費率厘定的重要理論基礎，而科學的費率厘定是保險的重要特徵之一，也是保險公司持續經營的基本保證。風險管理的風險衡量也是以概率論和數理統計為基礎的，為風險評估和風險管理決策提供有力的工具。

（三）保險是風險管理的有效手段之一

由於並非所有的風險都可以保險，所以風險管理研究和管理的範圍大於保險。保險的賠償責任範圍是可保風險，而風險管理的研究範圍和研究對象不僅包括純粹風險，還包括投機風險。對企業等經濟主體來說，風險管理是全方位的風險管理，風險管理的範圍包括投機風險、精神損失等，而保險對投機風險、精神損失無法用貨幣衡量的損失不保。保險也有一般的風險管理方法所不具備的優勢。保險可以為可保風險提供充分的保障，是風險管理最有效的方式。比如在責任風險中，如果責任人沒有經濟能力賠償受害人，保險以外的風險管理手段即便是法律也無法保障受害人得到充分補償，而保險可以使受害人得到及時充分的保障。因此，保險能夠起到其他風險管理方法不能替代的作用。

（四）非傳統的風險管理方法與保險相互融合

風險管理與保險的相互融合表現在以下五個方面：

第一，非傳統的風險管理方式架起了企業與再保險的橋樑。非傳統的風險管理是創新的保險市場與資本市場相結合的風險管理方法。例如，自保是一種非傳統的風險管理方式，它架起了企業和再保險的橋樑，從而產生了部分保險、損失靈敏合同、追溯的有限風險計劃等風險保單，產生了同時承保純粹風險與投機風險的多風險保單、多種損失原因保險產品、多觸發條件保險產品等。

第二，保險市場與資本市場的融合產生了應急資本工具。例如，損後籌資產品、應急債務、應急股票等。

第三，保險風險證券化產生了保險連接證券及保險衍生品，如巨災債券、巨災期權、保險期貨、巨災再保險掉期、純粹風險互換等金融衍生品。

第四，自保公司架起了企業風險管理與保險的橋樑。一方面，保險公司將風險管理運用於承保對象起到了防災防損的作用，增加了企業現金流，提高了保險公司的經營效益；另一方面，企業由於設立自保公司消除了投保的道德風險，更加有動力積極進行風險管理。

第五，全面風險管理在保險業實施。2007 年，中國保監會頒布《保險公司風險管理指引（試行）》，這標誌著全面風險管理理論和方法在保險公司的運用進入實施階段。其中，「經濟資本」理念和方法催生保險公司償付能力監管進入升級版。「經濟資本」是指特定時期內，特定的風險可接受水平下，為應對不利事件所需持有的資本。對保險業而言，「經濟資本」是一種全新的風險管理理念，涵蓋了保險公司面臨的全部風險，是風險價值理論在保險業的擴展和運用。

重要術語

風險　風險因素　實質風險因素　心理風險因素　道德風險因素　風險事故　純粹風險　基本風險　特定風險　風險管理　風險轉移　損失頻率　損失程度　可保風險

復習思考題

1. 風險的定義有哪些？各有什麼優缺點？
2. 風險因素的主要類型有哪些？風險因素和風險的本質有什麼聯繫？
3. 風險的常見分類有哪些？
4. 什麼是風險管理？風險管理有哪些程序？
5. 風險管理技術的選擇有哪些內容？
6. 可保風險的條件是什麼？
7. 風險管理與保險的關係是什麼？

參考文獻

1. 魏華林，林寶清. 保險學［M］. 3版. 北京：高等教育出版社，2011.
2. James S.Trieschmann, et al. Risk Management and Insurance［M］. 北京：北京大學出版社，2006.
3. 尼爾·A.多爾蒂. 綜合風險管理［M］. 陳秉正，王珺，譯. 北京：經濟科學出版社，2005.
4. 陳秉正. 公司整體化風險管理［M］. 北京：清華大華出版社，2003.
5. 杜瑩芬. 企業風險管理［M］. 北京：經濟管理出版社，2008.
6. 許謹良. 風險管理［M］. 北京：中國金融出版社，2011.
7. 胡炳志. 保險學［M］. 北京：中國金融出版社，2002.
8. 劉新立. 風險管理［M］. 北京：北京大學出版社，2006.
9. 王曉群. 風險管理［M］. 上海：上海財經大學出版社，2003.
10. 宋明哲. 現代風險管理［M］. 北京：中國紡織出版社，2003.
11. 王緒瑾. 保險學概論［M］. 2版. 北京：中央廣播電視大學出版社，2004.
12. 周大慶，沈大白，等. 風險管理前沿［M］. 北京：中國人民大學出版社，2004.
13. 張虹，陳迪紅. 保險學教程［M］. 2版. 北京：中國金融出版社，2012.

第二章 保險概述

第一節 保險的概念

從第一張保險單的出現開始，保險業的發展迄今為止已經有 600 多年的歷史，然而關於保險的定義，在學術界並沒有形成統一認識。人們分別從不同的角度對保險進行解釋，眾說紛紜，互有爭議。保險起初在英語中的含義是「safeguard against loss in return for the regular payment」，即定期繳付保險費以取得損失補償，但這種說法作為保險的定義並不完整。為了能夠對「什麼是保險」有一個較為完整、清晰的認識，首先需要對有關保險性質的學說進行介紹，以便讀者能夠從不同的角度對保險有所瞭解。在對保險的性質進行比較總結的基礎上，我們給出保險在本書中的一般性定義。

一、有關保險性質的學說

關於保險概念的界定，世界各國學者由於研究角度不同而得出了不同的結論，他們的主要分歧在於財產保險與人身保險是否具有共同性質。總體來看，關於保險如何定義大致可以歸納為「損失說」「非損失說」和介於兩者之間的「二元說」三派。[1]

（一）損失說

損失說又稱為損害說，該學說主要從損失補償的角度來分析保險機制，認為損失是保險存在的前提，保險產生的最初目的就是為瞭解決物質損失的補償問題。損失說主要包括損失賠償說、損失分擔說和危險轉移說。

---

[1] 日本學者園・乾治在《保險總論》一書中把有關保險的學說歸納為這三種類型。

1. 損失賠償說

損失賠償說來源於海上保險，代表人物有英國的馬歇爾（M.Marshall）和德國的馬修斯（E.A.Masius）。馬歇爾認為保險是當事人的一方收受商定的金額，對於對方所受的損失或發生的危險予以補償的合同。馬修斯認為保險是約定當事人的一方，根據等價支付或商定，承保某標的物發生的危險，當該項危險發生時，負責賠償對方損失的合同。該學說從合同的角度對保險進行定義，認為保險是一種損失賠償合同。但保險與合同本來就是兩個不同的概念，保險屬於經濟範疇，而合同是法律行為，二者不能混為一談。此外，將保險完全歸結於損失賠償顯得不夠全面，因為對於具有儲蓄性質的人壽保險和養老保險而言，用損失賠償難以進行合理的解釋。

2. 損失分擔說

損失分擔說的倡導者為德國的瓦格納（A.Wagner）。他認為從經濟意義上說，保險是把個別人由於未來特定的、偶然的、不可預測的事故在財產上所受的不利結果，由處於同一危險之中但未遭遇事故的多數人予以分擔以排除或減輕災害的一種經濟補償制度。他還說過：「這個定義既能適用於任何組織、任何險種、任何部門的保險，同時也可適用於財產保險、人身保險，甚至還可適用於自保。」該學說從經濟角度出發，認為保險體現了多數被保險人之間的互助合作關係，把損失分擔視為保險的本質。但瓦格納把「自保」也納入保險範疇，則顯然是錯誤的，這與多數人分擔損失相矛盾。

3. 風險轉移說

最早提出風險轉移說的是美國學者魏蘭特（A.H.Willett）。他認為保險是為了賠償資本的不確定損失而累積資金的一種社會制度，它依靠把多數的個人危險轉移給他人或團體來進行。該學說強調保險組織在損失補償中的地位和作用，認為損失補償是通過眾多人把風險轉移給保險組織來實現的。該學說與損失賠償說存在相同的缺陷，無法對人身保險進行解釋。

（二）非損失說

非損失說認為損失說不能從總體上概括保險的屬性，因此在解釋保險時要擺脫「損失」這一概念。這種學說主要包括技術說、慾望滿足說和相互金融機構說。

1. 技術說

技術說的代表人物為義大利學者費芳德（C.Vivante）。他認為保險人在計算保險基金時，一定要使實際支出的保險金的總額和全體被保險人交納的淨保險費的總額相等，這就需要通過特殊技術保持保險費和保險賠款的平衡。這種學說以保險的技術特性對人身保險和財產保險進行統一解釋，只重視保險的數理基礎，難以闡明保險的本質，是比較片面的。

2. 慾望滿足說

慾望滿足說的代表人物是義大利的戈比（U.Gobi）和德國的馬納斯（A.Manes）。該學說從經濟學的角度出發，以人們的慾望和滿足慾望的手段來解釋保

險的性質。危險事故的發生會導致各種費用支出和損失，從而引起人們對金錢的慾望。保險的目的就在於能夠以少量的保費來滿足這種金錢慾望，獲得所需要的資金和充分可靠的經濟保障。

3. 相互金融機構說

相互金融機構說強調保險的資金融通功能，其代表人物是日本的米谷隆三。他認為保險費的累積在經濟上是投保人的共同基金，保險的性質不是財產準備，而是多數人通過資金融通結成的相互關系，因而保險與銀行一樣，是真正的金融機構。保險機構雖然是金融市場中的重要組成部分，而且也具有融通資金和投資的職能，但該學說忽視了保險最基本的特性，是不妥的。

(三) 二元說

二元說又稱擇一說，主張人身保險和財產保險具有不同的性質，前者以損失補償為目的，後者以給付一定金額為目的，不可能對二者作出統一定義，應對二者進行分別定義。主張該學說的德國法學家愛倫伯格（Ehrenberg）認為保險合同不是損失賠償的合同，就是以給付一定金額為目的的合同，二者只能擇其一。擇一說對各國保險法產生了廣泛影響。例如，《中華人民共和國保險法》中的合同部分也是對財產保險合同和人身保險合同分別定義的。然而，保險作為一個獨立的經濟範疇，許多學者認為應該有一個統一的定義。

二、保險的定義

以上各種關於保險性質的學說都沒有把保險的全貌進行準確、高度的概括，存在顧此失彼的問題。相對而言，以損失概念來進行解釋更能抓住保險的本質，也更容易為人們所接受。下面我們給出保險在本書中的一般定義：保險是集合具有同類風險的眾多單位和個人，通過收取合理分擔金的方式建立保險基金，以此實現多數成員對少數成員因該風險事故所致經濟損失的補償行為。

這一定義雖然堅持了「損失說」的一元論，但是仍然具有普遍的適用性，不但適用於財產保險，也在一定程度上適用於人身保險。理由如下：

首先，雖然人的身體或生命是不能以貨幣來衡量和計算的，而且死亡也不能說是損失，但是在人身方面，可能發生的疾病、傷殘、死亡、喪失勞動能力等事件或意外事故都會導致貨幣收入的減少或貨幣支出的增加。人們之所以參加保險，在很大程度上就是為了抵補收入的減少或支出的增加。從這個意義上來說，人身保險可以適用於損失補償的概念。

其次，人壽保險中的大部分險種都帶有儲蓄功能，對儲蓄的支付是返還而不是補償。儲蓄既不是保險的本質屬性，也不是保險的職能，它屬於貨幣信用的概念。實際上，帶儲蓄功能的人壽保險應被看成「儲蓄+保險」。因為從保險金的給付上來看，可以分為固定返還和不固定返還兩個部分，固定返還的儲蓄部分可以看成自保額，而不固定返還的補償部分就具有保險的經濟互助的性質。

根據《中華人民共和國保險法》（2009年修訂，以下簡稱《保險法》）第二條

的規定，保險是指投保人根據合同約定，向保險人支付保險費，保險人對於合同約定的可能發生的事故因其發生所造成的財產損失承擔賠償保險金責任，或者當被保險人死亡、傷殘、疾病或者達到合同約定的年齡、期限等條件時承擔給付保險金責任的商業保險行為。可見，中國的《保險法》是一部針對商業保險的立法，對保險的定義採取了二元說。

我們要進一步理解保險的概念可以從以下兩個方面入手：

第一，從經濟的角度上說，保險主要是對災害事故的損失進行分攤的一種經濟保障制度和手段。保險人集中眾多單位的同質風險，通過預測和精確計算，確定保險費率，建立保險基金，使少數遭受風險事故的不幸成員，獲得損失補償，實現風險損失在所有被保險成員中的分攤。

第二，從法律的角度上說，保險是一種合同行為。合同雙方當事人自願訂立保險合同，投保人承擔向保險人繳納保險費的義務，保險人對於合同約定的可能發生的保險事故發生所造成的財產損失承擔賠償金責任，或者當被保險人死亡、傷殘、疾病以及達到合同約定的年齡、期限時承擔給付保險金責任。

三、保險的特徵

保險作為一種風險分擔機制，具有以下幾個基本特徵：

（一）互助性

保險具有「一人為眾，眾為一人」的互助特性。保險在一定條件下分擔了個別單位和個人所不能承擔的風險，從而形成了一種經濟互助關系。這種經濟互助關系表現為保險人用多數投保人繳納的保險費建立起保險基金，當少數人遭受風險損失時，由保險人從共同的保險基金中提取資金進行經濟補償或給付。這意味著任何一個被保險人的損失都是由全體被保險人共同承擔的，體現了互助共濟精神。

（二）保障性

保險是一種經濟保障活動，為法律認可範圍內的風險提供保障。當被保險人一旦發生保險合同約定的自然災害、意外事故而遭受財產損失及人身傷亡時，由保險人給予一定程度的經濟保障，減少對被保險人的不利影響。而且保險是整個國民經濟活動的一個有機組成部分，其保障的財產和人身都直接或間接屬於社會再生產中的物質資本和人力資本兩大生產要素，有利於再生產活動的平穩運行。因此，建立保險制度的根本目的無論從宏觀的角度還是從微觀的角度來看，都是為了保障經濟發展，安定人們生活。

（三）合同性

從法律角度看，保險具有明顯的合同性。保險是依法通過合同的形式來體現其存在的。保險雙方當事人要建立保險關系，其形式是保險合同；保險雙方當事人要履行其權利和義務，其依據也是保險合同；保險雙方當事人意願的改變也要通過合同的變更而實現。因此，沒有保險合同，保險關系就無法成立。

（四）科學性

保險是一種科學處理風險的有效措施。現代保險經營是以概率論和大數法則等科學的數理理論作為重要基礎。在保險經營過程中，保險費率的厘定、保險準備金的提存等都是以精密的數理計算為依據的。

四、保險與其他類似經濟行為的比較

在社會經濟生活中，有些行為在某些方面與保險比較相似，如果不加區分將會對保險產生模糊甚至錯誤的理解。實際上，這些經濟行為在本質上與保險存在明顯區別，下面我們對此加以比較分析。

（一）保險與儲蓄

保險與儲蓄的共同點在於兩者都是將現在剩餘的資金作為準備，以便在將來滿足一定的經濟需求，都體現了未雨綢繆的思想。尤其是對於人壽保險而言，其本身帶有很強的儲蓄色彩，人們習慣於將兩者進行比較。然而保險與儲蓄仍然存在很大的差異性，主要表現在以下幾個方面：

（1）需求目的不同。對於保險而言，投保人參加保險的目的是通過繳納小額的保險費來應對將來損失的不確定性，保障生產和生活的穩定；而儲戶參加儲蓄主要是把存款用於將來可以預計的費用支出，並從中獲得利息收入。

（2）支付與反支付的等價關系不同。從全體投保人的角度來看，保險的支付與反支付具有對等關系；從個體角度來看，保險則不具備這種對等關系。如果未發生保險事故，投保人繳納的保險費不退還；如果發生保險事故，被保險人獲得的保險金賠付數額遠遠大於保險費。對儲蓄而言，無論是從總體還是個體角度來看，存款人到期的提款金額總是等於本金加利息，兩者保持對等關系。

（3）體現的經濟關系不同。保險是一種互助合作行為，由大多數人對少數人所遭受的經濟損失進行補償；而儲蓄是一種自助行為，個人留出一部分財產以應對將來的需要，各儲戶之間沒有什麼關系。

（4）權益主張不同。在不退保的情況下，個人繳納保費後便失去了資金的所有權，保險資金的分配運用被保險人一般無權干涉；在儲蓄中，儲戶對自己的存款擁有完全的自主權，可以自由支配存款的提取和使用。

（二）保險與救濟

保險與救濟都是對災害事故損失進行補償的手段，它們的目標都是保障社會經濟的穩定運行，但兩者之間也存在以下明顯的差別：

（1）性質不同。保險是一種互助行為，損失在所有面臨相同風險的成員內部進行分攤；而救濟需要依靠外部力量進行援助，是一種他助行為，救助者與被救助者可能遭受的風險之間沒有必然關系。

（2）權利義務不同。保險合同行為要求合同雙方既享受相應的權利，也要承擔相應的義務，權利和義務是對等的；而救濟是一種基於人道主義的單方無償援助行為，沒有對應的權利義務關系，接受救濟者無須向救濟方履行任何義務。

（3）給付對象不同。保險以繳納保險費為前提，保障對象在合同中事先確定，對所有遭受保險事故的被保人進行賠償或給付；而救濟的對象往往事先不能確定，原則上所有的受災者或生活貧困者都在被救濟範圍之內。

（4）主張權利不同。保險金的賠償必須嚴格按照保險合同約定，保險人對於被保險人在責任範圍內的損失及時給予足額的經濟補償；而救濟的數量可多可少，沒有任何規定和約束，在救濟形式上也多種多樣，接受救濟者無權提出自己的主張。

（三）保險與賭博

保險與賭博都屬於由偶然事件所引起的經濟行為，並且都具有給付的確定性和反給付的不確定性。保險與賭博有以下本質的區別：

（1）目的不同。保險是通過支付保險費的方式將風險轉移給保險人，以保障經濟生活的穩定，體現的是互助共濟精神；而賭博的目的是以小博大，牟取暴利。

（2）機制不同。保險是以概率論和大數法則作為風險損失計算的基礎，使風險在被保險人之間得以分散；而賭博所產生的風險是人為製造的，輸贏完全取決於偶然性和運氣。

（3）風險性質不同。保險所分散的風險一般是純粹風險，無獲利的可能性；而賭博所面臨的卻是投機風險，存在獲利的可能性。

（4）結果不同。保險是變不確定為確定，能夠轉移風險，保險合同受國家法律保護；而賭博是變確定為不確定，人為地製造和增加風險，不受法律保護。

（四）保險與擔保

擔保是一種承諾，是對買賣或債務作出的履約保證。與保險一樣，擔保也是為將來偶然事件所致損失進行補償，但兩者具有以下區別：

（1）保險是集合眾多被保險人的一種風險分散機制；而擔保僅僅表現為個別單位或個人之間的經濟關係。

（2）保險合同為獨立合同，一經成立便產生獨立的權利義務關係；而擔保合同一般是從屬合同，以主合同的存在為前提，它本身不能獨立存在。

（3）保險合同是雙務合同，投保人繳納保險費，保險人在風險事故發生後賠付保險金；在擔保行為中，擔保人負有單方面的義務，在被擔保人違約的情況下承擔賠償責任。

（4）保險人履行損失賠償職責後，不需要向被保險人追償；而擔保人替被擔保人清償債務後，通常擁有向被擔保人追償的權力。

第二節 保險的職能與作用

一、保險的職能

保險的職能是指保險作為一種制度安排，本身所具有的內在固有功能。保險的

職能是由保險的本質和內容決定的。在保險理論界和實務界，由於人們對於保險的職能存在不同的認識，從而產生了單一職能論、基本職能論、二元職能論和多元職能論等不同的理論觀點。但大多數學者和專家都認為，保險的職能可以分為基本職能和派生職能。保險的基本職能有兩個，分別是分攤損失和補償損失。這兩個職能是相輔相成的，分攤損失是保險中處理風險的方法和手段，補償損失是保險的最終目的。分攤損失和補償損失之間的關系體現了保險機制運行過程中手段與目的的統一，是保險本質特徵最基本的反應。

（一）保險的基本職能

1. 分攤損失職能

分攤損失職能是指保險人通過向投保人收取保險費的方法，把集中在某一單位或個人身上的風險損失平均分攤給所有的被保險人。對於單個投保單位和個人而言，風險事故的發生具有不確定性，但對於所有的投保單位和個人而言，風險事故的發生卻是必然的和可測的。分攤損失是建立在風險事故的偶然性和必然性這一矛盾的對立統一之上。當個人單獨應對風險時，往往難以承受較大的損失，如果個人願意參加保險，就可以繳納小額確定的保險費來換取對大額不確定損失的補償。保險人根據大數法則，通過向眾多投保人收取保險費來分攤其中少數成員遭受的損失。

我們可以用一個簡單的例子來說明保險的分攤損失職能。假設有1,000位住戶，他們的住房價值為5億元，而且都面臨著火災風險。因此，為了轉移風險，他們全部投保房屋火災保險。保險人根據過去的經驗資料預測每年該類房屋因火災造成的損失相當於這些房屋價值的1‰，根據這一預測損失概率，保險人可知：

預計損失總額＝住房價值總額×損失率＝500,000,000×1‰＝500,000（元）

每家住戶分攤的損失額＝ 500,000÷1,000 ＝500（元）

每千元財產分攤的損失額＝損失總額÷每千元表示的風險單位數

＝500,000÷500,000

＝1（元）

在住房價值相等的情況下，每家住戶交納500元保險費。

在住房價值不相等的情況下，按1,000元財產價值繳納1元保險費來分攤預計的損失。

2. 補償損失職能

補償損失職能是指保險人作為保險活動的組織者和經營者，把集中起來的保險費用於補償被保險人因自然災害或意外事故所導致的經濟損失。保險的損失補償職能主要是就財產和責任保險而言。在財產保險中，該職能表現為補償被保險人因災害事故而導致的經濟損失；在責任保險中，該職能表現為補償被保險人依法應承擔的對第三方的經濟賠償。然而對於人身保險而言，由於人的身體或生命價值是無法以貨幣形式來衡量的，所以並不能完全用損失的觀點來看待。人身保險主要包括人身意外傷害保險、健康保險和人壽保險，其中前兩者在一定程度上也帶有經濟補償

的性質。當被保險人遭受意外傷害或者疾病侵襲時，會因此產生經濟上的損失，保險人可以在一定程度上對被保險人給予經濟上的補償。人壽保險是被保險人付出一定的保險費以換取以後經濟上的保障，大多數險種都具有儲蓄的返還性和投資的增值性。雖然不同險種的損失補償職能表現形式不同，但是都是對被保險人遭受到意外事故後給予一定的經濟補償，以減少風險事故給被保險人在經濟上帶來的不利影響。

（二）保險的派生職能

保險的派生職能並不是保險本身所固有的職能，而是建立保險的基本職能的基礎之上，隨著社會經濟和保險制度的發展而逐漸產生和完善起來的職能。保險的派生職能主要有融資職能和防災減損職能。

1. 融資職能

融資職能指保險人通過收取保險費的形式建立保險基金，將保險基金的暫時閒置部分重新投入到社會再生產過程，並從中獲取投資收益。簡言之，融資職能就是保險人參與社會資金融通的職能。保險的融資職能包括籌資和投資兩個方面。

保險作為一種風險分散機制具有兩層含義：一是空間上對風險的分散；二是時間上對風險的分散。從時間分散來看，只有預先提取分攤金才能滿足在時間上分攤經濟損失的要求。由於分攤金的收取和使用在時間上是不一致的，而且風險事故不可能同時發生，預提的分攤金也就不可能一次全部賠償出去，這就必然導致有一部分資金處於閒置狀態。保險這種以保險費的形式預提分攤金並將其積蓄下來，就是保險的籌資功能。可以說，保險如果沒有籌資功能，就無法在時間上實現對風險的分散，難以維繫正常的保險分配關係。籌資功能也是投資功能得以實現的基礎和前提。

在現代經濟社會，資金具有時間價值，是能夠帶來收益的。如果資金處於閒置狀態，實際上就等於在遭受損失，是保險人所無法忍受的。因此，保險人為了為追求自身利益最大化，就必然要通過各種合理的投資渠道進行投資，通過投資活動來實現保險基金的保值增值。投資是保險資金運動中的重要一環，如果運用得當，能夠不斷擴大保險基金的規模，增強保險人的賠付能力。因此，保險人為了保證保險經營的穩定性，提升保險公司的市場競爭力，也必然要求對保險資金進行合理運用，提高投資水平。保險業的發展實踐表明，投資在保險經營中的地位越來越重要，已經成為保險公司收益的重要來源。一些規模較大的保險公司都設有投資公司或集團，把投資作為主要的業務之一。在金融市場，隨著保險基金規模的增大，保險企業已經成為全社會重要的機構投資者，廣泛參與到資產管理和股市投資當中，既活躍了金融市場，又充當了資本市場上重要的穩定力量。

2. 防災減損職能

防災減損職能是指保險人參與到防災減損活動，提高社會的防災減損能力。防災減損是風險管理的重要內容，保險作為風險管理的一種重要手段，除了能在損失發生之後提供經濟補償，也能在風險發生之前的預防環節和風險發生之後的施救環

節提供必要的幫助。保險的防災減損職能體現了保險雙方的共同利益，不但能夠減少被保險人的損失，也相應降低了保險人的賠付水平。

保險公司作為以營利為目的的商業機構，能夠參與到防災減損工作當中是有其客觀必然性的。首先，從自身條件來看，保險公司有能力參與防災減損工作。保險公司的日常經營都是圍繞風險展開的，從承保、費率厘定到理賠等各個經營環節都是在與各種災害事故打交道，這使保險公司在長期經營過程中累積了大量有關風險的第一手資料和豐富的防災減損工作經驗。其次，從自身的經營利益出發，保險公司也願意加強防災減損工作。如果防災減損工作做得好，就能夠減少風險發生的頻率和降低災害事故帶來的經濟損失，這將減少保險公司的經濟賠償數額，從而增加保險公司的利潤水平。最後，從業務經營的要求來看，保險制度、保險條款和保險費率上的規定有助於提高被保險人的防災減損意識。例如，中國《保險法》第五十一條明確規定：「被保險人應當遵守國家有關消防、安全、生產操作、勞動保護等方面的規定，維護保險標的的安全。保險人可以按照合同約定對保險標的的安全狀況進行檢查，及時向投保人、被保險人提出消除不安全因素和隱患的書面建議。投保人、被保險人未按照約定履行其對保險標的的安全應盡責任的，保險人有權要求增加保險費或者解除合同。」因此，被保險人會重視對安全隱患的消除，以避免因違反合同規定而無法獲得賠償。除了約束被保險人，保險公司還可以通過費率上的優惠來鼓勵被保險人的防災減損工作。

閱讀材料 2-1：勞合社太空抓「逃星」

現代科技的飛速發展，促進了對宇宙資源的研究和開發。目前，世界上已有60多個國家涉足太空事業，並向太空發射了5,000多顆科學探測和應用衛星，取得了極好的社會效益和經濟效益。由於太空事業投資多、風險大，因此一般的衛星發射都投保一種或幾種保險。若衛星發射失敗、未進入預定軌道或在太空失去控制，承保公司便要支付巨額賠款。能不能抓回失控的或未進入預定軌道的衛星，以減少保險賠款呢？來看看保險巨頭——英國勞合社的驚世之舉。

1984年2月，執世界保險業之牛耳的勞合社保險集團承保了由美國挑戰者號航天飛機即將發射的帕拉帕-2號和韋斯塔6號兩顆衛星的綜合保險。不幸的是，挑戰者號在前進中因尾部火箭發動機突然熄火，導致兩顆衛星未能進入預定軌道，從而變成毫無用處的廢物。勞合社集團不得不忍痛賠付了1.8億美元的巨額損失。此後，他們算了筆帳：製造一顆新衛星最少要花費3,500萬美元，費時30個月；若能收回失控的衛星，估值5,000萬美元，只需要3~18個月。於是，勞合社把這個大膽的驚世計劃告訴了美國宇航局。雙方反覆協商後，由勞合社出資1,000萬美元，委託美國航天部門抓回這兩顆「逃星」。其中，500萬美元給休斯飛機製造公司研製回收設備，其餘給美國宇航局作為發射和訓練費用。

經過美國宇航局幾個月的周密設計，一場史無前例的追捕「逃星」的太空大戰開始了。1984年11月8日，發現號航天飛機直射太空，並逐漸調整軌道高度，

不斷向逃逸的衛星靠攏。經過 4 天的跟蹤追擊，終於靠近了一顆衛星，全副武裝的宇航員迅速走出密封艙，在漆黑的太空中緩慢地向衛星飛去。稍一接近衛星，宇航員就把 4 英尺（1 英尺約等於 0.305 米）長的「螯針」插入衛星，並撳動按鈕把「螯針」牢牢卡住，這樣宇航員就和衛星連成一體。接著，宇航員利用壓縮氮氣的反推力止住衛星的自轉，再用機械臂一下抓住「螯針」的一端，輕而易舉地連同宇航員一同抓回貨艙，並把衛星固定在貨艙架上。至此，第一顆衛星便「抓獲歸案」。此後兩天，宇航員又如法炮製，抓回了第二顆「逃星」。1984 年 11 月 16 日，兩顆「逃星」安全返回地面，創造了世界宇航史上的一個奇跡。

衛星安全收回的消息傳到勞合社，承保人一片歡騰。這兩顆衛星稍經修復後，就在 1986 年分別以 1,800 萬美元和 2,000 萬美元出售。扣除各項營救費用後，勞合社仍獲益 2,700 萬美元。為了表彰宇航員的卓越功勳，勞合社向兩名宇航員頒發了代表最高榮譽的銀質勳章。該勳章製造於 1883 年，第二次世界大戰以來僅頒發過 3 次。

資料來源：唐金成. 勞合社太空抓逃星［N］. 中國保險報：海外版，2005-08-01.

二、保險的作用

國務院在 2014 年印發的《關於加快發展現代保險服務業的若干意見》（簡稱新「國十條」）中明確指出：保險是現代經濟的重要產業和風險管理的基本手段，是社會文明水平、經濟發達程度、社會治理能力的重要標誌。改革開放以來，中國保險業快速發展，服務領域不斷拓寬，為促進經濟社會發展和保障人民群眾生產生活做出了重要貢獻。從國內外保險業發展現狀來看，在現代經濟社會，保險在實現其職能時，對社會經濟生活發揮著不可替代的重要影響和作用。對於保險的具體作用，主要可以從微觀和宏觀兩個方面進行考察。

（一）保險的微觀作用

1. 有助於受災企業及時恢復生產

企業在經營過程中面臨各種各樣的自然災害和意外事故，它們是客觀存在和不可避免的，具有很大的不確定性。有些事故的發生會使企業遭受嚴重損失，甚至有可能中斷企業的正常經營活動。企業通過參加保險，就可以在受災之後獲得保險人及時的經濟補償，從而能夠在短時間內恢復生產經營，把因生產中斷造成的損失降到最低程度。

2. 有助於企業加強財務管理和風險管理

企業通過購買保險的方式，能夠將其面臨的不確定的大額損失轉變為確定的小額保險費支出，並且計入企業的生產成本或流通費用當中。企業在參加保險的情況下，可以保持現金流的穩定，避免出現巨大的財務波動。同時，保險公司會對購買保險的企業進行核保和監督，利用其豐富的風險管理經驗幫助企業消除潛在的風險因素，提高企業的風險管理意識和風險管理水平。

3. 有助於安定人民的生活

　　社會的穩定有賴於家庭的穩定，保險在安定人民生活方面起到重要的作用。對於個人和家庭而言，自然災害和意外事故同樣是不可避免的。然而家庭的風險承受能力要比企業弱得多，所以在事故發生以後，家庭對保險有著更為迫切的需求。家庭財產保險和人身保險能夠滿足人們對安全感的追求，在維持家庭正常的物質生活條件方面起到積極的保障作用。

4. 有助於均衡個人財務收支

　　對於人身保險而言，大多具有保險和儲蓄的雙重性質。一般而言，個人的經濟收入在其整個生命週期內波動幅度是比較大的，但消費支出的波動幅度並不是很大。如果沒有特殊的經濟方面的原因，人們願意保持原有的生活消費習慣不變。人身保險作為一種理財工具，定期繳納保險費的「儲蓄」方式具有明顯的計劃性和確定性，能夠實現不同時期個人收入和消費的平衡。

5. 有助於保證民事賠償責任的履行

　　在人們的日常生活和社會活動中，不可避免地面臨著由於民事侵權而導致承擔民事損害賠償責任的風險。面臨風險的單位或個人可以通過購買責任保險的方式將賠償責任轉移給保險公司，既減少了被保險人的經濟壓力，又能夠維護被侵權人的合法權益，保障其在保險金額內順利獲得民事賠償。

(二) 保險的宏觀作用

1. 有助於保障社會再生產的順利進行

　　在現代經濟社會，隨著分工的不斷深入，各個生產部門之間的聯繫日益密切，企業之間形成了一張錯綜複雜的關係網絡，任何一家企業的經營異常情況都會通過網絡聯繫對其他企業產生波及作用。如果一家或多家規模較大的企業因遭受災害事故而無力及時恢復生產，就會對整個社會的再生產過程造成嚴重影響，破壞經濟發展的連續性和平衡性。保險對受災企業提供的經濟補償能夠使企業以最快的速度恢復生產，把對其他企業和相關部門的不利影響降到最低程度，從而保障社會再生產過程的順利運轉。

2. 有助於維護社會的穩定

　　社會是由眾多的企業和家庭構成的，如果人人能夠安居樂業，企業能夠正常運轉，社會的不穩定因素自然就會減少。保險人作為專業的風險管理者，對保險責任範圍內的損失都會進行及時賠付，使被保險人能夠及時恢復正常的生產和生活。保險解除人們在經濟上的後顧之憂，為整個社會的穩定運行提供了切實有效的保障。

3. 有助於推動科技的進步

　　目前，科學技術已經成為現代經發展最重要的推動力，對新技術的採用也是企業提高自身競爭力的重要手段。然而任何一項新技術的研發和應用，既可能為企業帶來巨額利潤，又可能因遇到各種風險事故給企業帶來重大損失，這將使企業在新技術的投入上有所顧慮。保險可以為新技術的研究、採用和推廣提供切實的經濟保障，提高企業技術投入的積極性，推動整個社會的科技進步和發展。

4. 有助於促進社會的經濟交往

現代社會的經濟交往主要表現為商品買賣和資金借貸，然而交往雙方存在信息不對稱現象，相互之間缺乏足夠的瞭解。顯然，信息越充分，雙方交往中的顧慮就越小，越容易達成交易。保險能夠在一定程度上克服信息不對稱帶來的不利影響。例如，出口信用保險，如果出口商因為進口商的違約而遭受損失，保險公司將為出口商提供債權損失的經濟補償。又如，保證保險使債權人可以放心地把資金借給債務人，因為保險公司提供了履約擔保。由此可見，保險在促進社會經濟交往方面的作用是不可低估的。

第三節　保險的分類

隨著社會的不斷進步和保險業的快速發展，保險的覆蓋範圍越來越廣，新的險種也層出不窮。對於種類繁多的保險，進行科學分類有助於規範保險經營管理，增強社會公眾對保險的瞭解和選擇，促進保險業的健康發展。目前，對保險的分類還沒有一個統一的標準，比較常見的分類方法有按保險性質劃分、按實施方式劃分、按保險標的劃分、按承保方式劃分和按投保方式劃分。

一、按保險性質劃分

按保險的性質進行劃分，保險可以分為商業保險、社會保險和政策保險。

（一）商業保險

商業保險是指以營利為目的，在保險雙方當事人自願的基礎上訂立保險合同，由投保人繳納保險費建立保險基金，當被保險人發生合同約定的保險事故時，保險人履行賠付或給付保險金的義務。商業保險合同主要可以分為財產保險合同和人身保險合同兩大類。由於人身價值難以用貨幣衡量，而且壽險合同的主要作用體現在儲蓄方面，所以通常在人身保險中用「給付」的概念來代替財產保險中「賠付」的概念。

就本書的研究對象而言，主要限定在商業保險的範圍之內。

（二）社會保險

社會保險是指國家通過立法的形式，對國民收入進行分配和再分配，建立社會保險基金，在勞動者因年老、疾病、傷殘、生育、失業等風險而暫時或永久喪失勞動能力或失去收入來源時，為勞動者提供經濟保障的一種社會保障制度。社會保險的主要險種有社會養老保險、醫療保險、失業保險、工傷保險和生育保險等。社會保險是社會保障制度中最重要的一個組成部分，對促進社會安定起到了重要作用。

商業保險和社會保險都是社會經濟保障體系的重要形式，它們既相互聯繫、相互補充和相互配合，又有區別，各自體現不同的特點。商業保險側重商業性，而社會保險側重社會性，它們的區別主要表現在以下幾個方面：

1. 保險目的不同

社會保險作為一項社會保障制度，體現的是政府的職能和責任，具有社會福利的性質。開辦社會保險的目的是為了保障公民的基本生活需求，維護公民應該享有的合法權益，確保社會經濟生活的安定。這說明社會保險不以營利為目的，它所追求的主要是社會效益。商業保險是一種以營利為目的的商業活動，保險企業作為商業保險的經營機構需要自負盈虧，其首要目標是追求利潤最大化。因此，保險企業要確定合理的保險費率，積極運用保險基金進行投資，保證自身的經濟效益。

2. 實施方式不同

社會保險一般採取強制方式實施，屬於強制保險。對於單位和個人而言，只要屬於社會保險範圍的保險對象，不論其是否願意，都必須參加。社會保險的保障範圍、保費繳納標準、給付水平都依據相關法律確定，被保險人無權自由選擇。商業保險一般採取自願原則，屬於自願保險（但也有少數商業險種，比如機動車輛第三者責任險屬於強制保險），投保人是否投保、投保險種以及保險金額等都可以自行選擇，而保險人在承保與否以及承保條件上也有自主性。因此，商業保險屬於商業行為，具有自願性的特點。

3. 經營主體不同

社會保險的經營主體是政府或者由政府指定的專門社會保險機構，在經營過程中帶有濃厚的行政性和壟斷性，不需要納稅，由國家財政對其負有最後保證責任。商業保險的經營主體是自主經營、自負盈虧的商業保險公司，必須向政府納稅，國家財政不承擔任何形式的保險金支出需求。

4. 保費來源不同

社會保險的保險費來源主要有政府財政撥款、企業繳納保險費和勞動者個人繳納保險費三個渠道，是通過集合國家、企業和個人三方面的力量為社會成員提供基本的生活保障。至於三個渠道的比重，因險種不同、經濟能力不同而有所差異。商業保險的保險費只能是來自於投保人，其水平是用科學的精算方法計算出來的。由於投保人要負擔全部的保險費，而且還要負擔企業的經營管理成本，商業保險的繳費水平明顯高於社會保險。

5. 保障程度不同

社會保險的保險金額由國家立法統一規定，其給付標準以社會平均生活水平為依據，一般介於社會貧困線與社會平均收入之間，只提供基本的生活保障。社會保險的保障水平較低，有利於低收入階層、不幸者和退休人員，體現了社會保險的公平性。商業保險的保費繳納由投保人的支付能力和風險保障需求決定，實行「多投多保，少投少保，不投不保」的原則。由於給付標準與所繳保費之間有密切聯繫，不同商業保險的保障水平相差較為懸殊，有利於高收入階層鞏固自己的生活保障。一般而言，商業保險的保障程度相對高於社會保險的保障程度。

6. 保險對象不同

社會保險具有普遍性的特點，其保險對象是社會保險法律所規定範圍的勞動

者，有的高福利國家已經擴展到全體公民，保障範圍相當廣泛。由於商業保險是自願選擇投保，因而不具備普遍性的特點，在保險對象的選擇上比較靈活，無論是勞動者還是非勞動者都可以根據需要自行投保。但就實際來看，低收入的勞動者對商業保險往往缺乏足夠的支付能力。在保障內容上，商業保險也比社會保險的覆蓋面寬泛的多，不但涉及人的身體和生命，也涉及各種財產及其相關利益。

(三) 政策保險

政策保險是指政府為了實現一定的政策目的，運用普通的商業保險技術所開辦的一種保險。政策保險一般由政府投資設立專門保險機構進行經營，或者由政府委託商業保險公司代辦保險業務。政策保險所承保的風險通常損失程度較高，但出於政策上的考慮而需要收取相對較低保費，從而導致商業保險公司不願承辦該類業務。在這種情況下，只能採取開辦政策保險的辦法。政策保險在國際上受到各國政府的普遍重視，通常採取財政補貼、稅收減免、法律支持和行政保護等措施來推動其發展。

常見的政策保險主要有以下四類：第一，為保護農業的國民經濟基礎地位而開辦的農業保險，主要包括種植業保險和養殖業保險兩大類；第二，為扶植中小企業發展而開辦的信用保險，包括無擔保保險、預防公害保險、特別小額保險等；第三，為推動國際貿易發展而開辦的輸出保險，主要包括出口信用保險、外匯變動保險、出口票據保險、海外投資保險、存款保險等；第四，為保障國民經濟生活穩定而開辦的巨災保險，主要針對地震、洪水、臺風等重大風險所引起的巨災損失。

二、按實施方式劃分

按保險的實施方式進行劃分，保險可以分為強制保險和自願保險。

(一) 強制保險

強制保險也稱法定保險，是指國家根據有關法律、法規或行政命令的規定，強制符合要求的單位或個人必須參加的保險。強制保險是為了實現一定的政策目的而採取的保險手段，具有全面性和統一性的特點。全面性是指不論投保人是否願意，只要是法律規定範圍內的保險對象都必須投保；統一性是指保險費率和保險金額要按照國家法律統一規定的標準執行。對於強制保險而言，投保方與保險人的權利義務關係是基於國家法律、行政法規的效力而產生的，並不是產生於投保人與保險人的合同行為。強制保險的實施方式有兩種選擇：一種選擇是保險對象和保險人均由法律限定，比如社會養老保險；另一種選擇是保險對象由法律限定，但投保人可以自由選擇保險人，比如機動車輛第三者責任險。

(二) 自願保險

自願保險也稱合同保險，是指保險人和投保人雙方在自願的基礎上，通過簽訂保險合同而實施的保險。自願保險的保險關係是由當事人自由決定的，只有在雙方都同意之後才能成立。投保人可以自行決定是否投保、所投保險種類、保險金額大小、保險期限長短以及中途退保等；保險人可以根據實際情況自願決定是否承保、

承保條件以及適用費率等。中國《保險法》第十一條明確規定：「訂立保險合同，應當協商一致，遵循公平原則確定各方的權利和義務。除法律、行政法規規定必須保險的外，保險合同自願訂立。」在保險經營中，絕大多數的商業保險都屬於自願保險。

三、按保險標的劃分

按保險標的進行劃分，保險可以分為財產保險和人身保險兩大類。

（一）財產保險

財產保險有廣義和狹義之分。狹義的財產保險是指以各類有形財產作為保險標的的保險，而廣義的財產保險不但承保有形財產，還承保與有形財產相關的利益、責任、信用等無形財產。因此，廣義的財產保險是指以財產及其相關利益作為保險標的的保險。我們這裡所說的財產保險是指廣義的財產保險，主要包括財產損失保險、責任保險和信用保證保險。

1. 財產損失保險

財產損失保險即為狹義的財產保險，是指以各類有形財產及其相關利益作為保險標的，在保險期間內，當被保險人因保險事故的發生而導致保險標的遭受損失，由保險人在保險金額內承擔經濟賠償責任。常見的財產損失保險有海上保險、貨物運輸保險、火災保險、運輸工具保險、工程保險和農業保險等。

2. 責任保險

責任保險是以被保險人依法應付的民事損害賠償責任或經過特別約定的合同責任作為保險標的一種保險。責任保險所承擔的責任主要有兩種：一種是根據法律規定需要對受害人承擔的經濟賠償責任；另一種是根據合同規定由一方對另一方或他人所需承擔的經濟賠償責任。責任保險一般分為公眾責任保險、產品責任保險、職業責任保險、雇主責任保險等。

3. 信用保證保險

信用保證保險是以合同約定的權利人和義務人的經濟信用作為保險標的的一種保險。信用保證保險可以分為兩種情況，分別是信用保險和保證保險。信用保險是指以債務人的信用作為保險標的，以債務人到期不能履行合同中約定的償付義務為保險事故，由保險人負責對被保險人（即債權人）因此遭受的經濟損失進行補償的保險。信用保險主要包括出口信用保險、投資保險和國內商業信用保險。保證保險是指被保證人（義務人）根據債權人（權利人）的要求，要求保險人對自己的信用進行擔保，當被保證人的作為或不作為致使權利人遭受經濟損失時，由保險人負責經濟賠償責任的保險。保證保險主要包括合同保證保險、忠誠保證保險、產品質量保證保險。

信用保險和保證保險的重要區別是投保人的不同。信用保險的投保人是權利人，要求保險人擔保義務人的信用；保證保險的投保人是義務人自己，要求保險人向權利人擔保自己的信用。不論是信用保險還是保證保險，保險人所擔保的都是義

務人的信用，最終補償的都是權利人的經濟損失。

（二）人身保險

人身保險是以人的身體和生命作為保險標的，以生存、年老、傷殘、疾病、死亡等人身風險作為保險事故，當被保險人在保險期間因保險事故的發生或者生存到保險期滿，保險人依照合同約定來給付保險金。按照保險責任範圍的不同，人身保險可以分為人壽保險、人身意外傷害保險、健康保險。

1. 人壽保險

人壽保險是以人的壽命作為保險標的，以生存或者死亡作為保險金給付條件的保險。人壽保險是人身保險的重要組成部分，除了具有一般保險的保障功能，往往還具有儲蓄功能或投資功能。常見的人壽保險有死亡保險、生存保險、生死兩全保險、年金保險、投資連結保險、分紅保險、萬能壽險等。

2. 人身意外傷害保險

人身意外傷害保險是指被保險人因遭遇意外傷害而導致身體殘疾或死亡時，保險人按照合同約定給付保險金的一種人身保險。人身意外傷害保險既可以單獨辦理，也可以附加在其他人身保險合同內作為一種附加保險。人身意外傷害保險主要有兩大類，即普通意外傷害保險和特種意外傷害保險。

2. 健康保險

健康保險是以人的身體作為保險標的，當被保險人因為疾病或意外事故產生醫療費用支出或收入減少時，由保險人給付保險金的一種人身保險。健康保險的主要險種包括醫療保險、疾病保險、殘疾收入補償保險、護理保險等。

四、按承保方式劃分

按承保方式進行劃分，保險主要可以分為原保險、再保險、共同保險、重複保險、複合保險。

（一）原保險

原保險是指保險人與投保人直接簽訂保險合同而建立保險關係的一種保險。當保險標的發生保險責任範圍內的損失時，由保險人直接對被保險人承擔經濟補償或給付責任。原保險是相對於再保險而言的，是將保險需求者的風險直接轉移給險人。

（二）再保險

再保險也稱分保，是指保險人為了減輕自身承擔的保險風險和責任，將其所承擔保險業務的一部分轉移給其他保險人的一種保險。通過再保險的方式轉移風險是保險人對原始風險的縱向轉移，即第二次風險轉移。在再保險交易中，將其承擔的保險業務部分轉移給其他保險人的保險人稱為原保險人，即分出人；承接其他保險人轉移的保險業務的保險人稱為再保險人，即分入人。中國《保險法》第二十八條規定：「保險人將其承擔的保險業務，以分保形式部分轉移給其他保險人的，為再保險。應再保險接受人的要求，再保險分出人應當將其自負責任及原保險的有關

情況書面告知再保險接受人。」

再保險與原保險之間既有聯繫又有區別。它們之間的聯繫表現在兩個方面：一方面是沒有原保險就沒有再保險，原保險是再保險的基礎；另一方面是沒有再保險，原保險人的風險難以得到進一步分散。原保險與再保險的區別表現在三個方面：一是合同主體不同，原保險合同的主體是保險人與投保人，再保險合同的主體均為保險人；二是保險標的不同，原保險的標的既可以是財產、責任或信用，又可以是人的身體或壽命，再保險的保險標的只能是原保險人所承擔的部分保險責任；三是合同性質不同，原保險合同中的財產保險合同屬於補償性質，人壽保險合同屬於給付性質，而再保險合同全部屬於補償性質。

（三）共同保險

共同保險，簡稱共保，是指兩個或兩個以上的保險人聯合起來直接承保同一保險標的、同一保險事故、同一保險利益的保險。在實務中，多個保險人可能以其中某個保險公司的名義簽發一張保險單，發生保險事故時，每個保險人按照各自承保比例分擔賠償責任。

共同保險與再保險都具有分散風險、擴大承保能力、穩定經營成果的功效，但二者之間也存在明顯的區別。在風險分散方式上，共同保險是風險在各個保險人之間的橫向分散，仍然屬於風險的第一次轉移，而且各共同保人仍然可以向再保險人分出保險業務。再保險是風險在保險人之間的縱向分散，屬於風險的第二次轉移，投保人與再保險人之間沒有直接的聯繫。

（四）重複保險

中國《保險法》第五十六條第四款規定：「重複保險是指投保人對同一保險標的、同一保險利益、同一保險事故分別與兩個以上保險人訂立保險合同，且保險金額總和超過保險價值的保險。」由於重複保險使被保險人有可能獲得超過實際損失的經濟補償，從而容易誘發道德風險，各國一般都通過法律形式對重複保險嚴加限制，防止保險詐欺的發生。

共同保險與重複保險之間存在明顯的區別。共同保險是多個投保人聯合承保，投保人與各保險人只簽訂一個保險合同；重複保險是投保人與不同的保險人分別簽訂多個保險合同，而且不同保險合同的有效期間也可能不完全一致。

（五）複合保險

複合保險是指投保人以保險利益的全部或部分，分別向兩個或兩個以上的保險人投保相同種類的保險，而且保險金額總和不超過保險價值的一種保險。

複合保險與重複保險都要求多個保險合同的保險標的、保險利益和保險事故相同，它們之間的主要區別就是保險金額與保險價值的關係。保險金額之和等於或小於保險價值的，屬於複合保險；保險金額之和超過保險價值的，屬於重複保險。

五、按投保方式劃分

按投保方式進行劃分，保險可以分為個人保險和團體保險。

（一）個人保險

個人保險的投保人是單個的自然人，是為滿足個人和家庭的需要而以個人的名義向保險人購買的保險。比如家庭財產保險、個人養老保險等都屬於個人保險。

（二）團體保險

團體保險的投保人為集體，是指投保團體與保險人簽訂一份保險總合同，向團體內的所有成員提供保障的保險。團體保險一般用於人身保險，與個人保險相比，投保程序更加簡化。由於大批銷售的方式減少了營銷費用和管理費用，團體保險的費率要低於個人保險。

第四節　保險經營的數理基礎

一、保險數理基礎的分析框架

風險匯聚安排（Pool Arrangement）能夠抑制風險。因此，如果厭惡風險的人能夠以零成本的方式組織起來，他們就會有強烈的動機參與風險匯聚安排。然而，進行風險匯聚安排不可能是無成本的。事實上，保險公司存在的主要原因是可以大幅度地降低組織和運行風險匯聚安排的成本。從本質上來說，保險合同是一種可以降低風險匯聚安排成本的方式。

為什麼保險合同可以適用於某些風險，而不適用於所有的風險？對於這類問題的回答，需要一個基本的分析框架。我們所使用的框架是基於概率論和統計理論中的一些基本概念。

（一）隨機變量

分析框架的起點是隨機變量（Random Variable）的概念。隨機變量是一個結果不確定的變量。而有關隨機變量的信息被匯總到隨機變量的概率分佈（Probability Distribution）中，概率分佈定義了隨機變量所有可能出現的結果和各種結果出現的可能性。

在許多應用中，需要對不同隨機變量的概率分佈進行比較，由於許多概率分佈各自具有不同的結果，所以在它們之間很難進行比較。因此，通常是對概率分佈的某些關鍵數字特徵進行比較，這些數字特徵是期望值、方差或標準差和相關系數。

（二）期望值

概率分佈的期望值（Expected Value）所表達的信息是：平均來看，可能的結果會出現在何處。當概率分佈表示的是可能發生的損失分佈時，稱為損失分佈（Loss Distribution），分佈的期望值稱為期望損失（Expected Loss）。

（三）方差或標準差

概率分佈的方差（Variance）所表達的信息是分佈出現的結果與期望值偏差的可能性和大小。若一個分佈的方差較小，意味著實際結果很可能接近期望值。相

反，若分佈的方差較大，意味著實際結果很可能遠離期望值。因此，較大的方差意味著結果更難以預測。基於這個原因，方差通常被用來對風險（這裡將風險定義距離期望值的偏差）進行衡量。① 方差的平方根稱為標準差（Standard Deviation）。

（四）相關系數

至此，我們的討論僅限於一個單獨隨機變量的概率分佈。由於我們會面對多種風險，所以識別隨機變量之間的關系是很重要的。隨機變量之間的相關系數（Correlation）衡量了隨機變量相關的程度。當隨機變量之間的相關系數為零時，我們稱隨機變量是獨立的或不相關的。在許多情況下隨機變量是相關的，正的相關系數說明隨機變量傾向於向相同的方向變化，負的相關系數說明隨機變量傾向於向相反的方向變化。但應當注意，正（負）的相關系數並不意味著隨機變量永遠向相同（反）方向變化。正的相關系數僅僅意味著當一個隨機變量的結果高（低）於它的期望值時，另一個隨機變量也傾向於高（低）於它的期望值。類似地，負的相關系數僅僅意味著當一個隨機變量的結果高（低）於它的期望值時，另一個隨機變量也傾向於低（高）於它的期望值。

二、損失具有相互獨立性的風險匯聚安排

在掌握以上概念的基礎上，我們可以通過下面的例子對保險的數理基礎進行分析解釋。

假設琪琪和彤彤每人明年有10%的可能遇到意外，損失為5,000元，有90%的機會沒有遇到意外，損失為0元。表2-1給出了每個人事故損失的概率分佈。在此，我們假設琪琪和彤彤的事故損失是獨立（不相關）的。

表2-1　　　　　　　　不進行風險匯聚安排時損失的概率分佈

可能結果	總成本（每個人支付的成本）（元）	概率
不發生意外事故	0	0.9
發生意外事故	5,000	0.1

我們想知道，如果琪琪和彤彤同意平分她們兩個人可能發生的任何事故成本，將會出現什麼結果。也就是說，只要其中任何一個人發生損失，她們將平均分攤成本。這種安排一般稱為匯聚安排（或風險匯聚安排），因為這種方式通過匯聚她們的資源來支付可能發生的事故損失。

本節討論使用標準差作為衡量風險的指標，因此，我們的目標是確定風險匯聚安排是否能夠影響以及如何影響每個人的期望成本和標準差。

首先，我們來看看琪琪和彤彤不進行風險匯聚安排時，每個人的期望成本和標

---

① 有時也會使用其他衡量風險的方法。例如，有些情況下用一個極值結果（如重大損失）的概率來衡量風險是非常有用的。還有一種經常用來衡量風險的是最大可能損失或在險值（Value at Risk），兩者都用來確定在一定置信度下（如95%），損失不會超過那一數額。

準差。

期望成本 = 0.9×0+0.1×5,000 = 500（元）

標準差 = $\sqrt{0.9\times(0-500)^2+0.1\times(5,000-500)^2}$ = 1,500（元）

其次，我們來看看琪琪和彤彤同意進行風險匯聚安排時的損失概率分佈情況，如表2-2所示。

表2-2　　　　　　　進行風險匯聚安排時損失的概率分佈

可能結果	總成本（元）	每個人支付的成本（平均損失）（元）	概率
1. 琪琪和彤彤都沒有發生意外事故	0	0	0.9×0.9 = 0.81
2. 琪琪發生意外事故，但彤彤沒有	5,000	2,500	0.1×0.9 = 0.09
3. 彤彤發生意外事故，但琪琪沒有	5,000	2,500	0.1×0.9 = 0.09
4. 琪琪和彤彤都發生了意外事故	10,000	5,000	0.1×0.1 = 0.01

表2-2的第一列列出的是琪琪和彤彤匯聚後的可能結果。如果兩人都沒有發生意外事故，總的事故成本為0元，每人支付為0元。如果兩人之一發生了意外事故，總事故成本為5,000元，每人支付2,500元。如果兩人都發生意外事故，總事故成本為10,000元，每人支付5,000元。

現在我們來求出這些結果的概率（表2-2的最後一列）。由於琪琪發生的損失與彤彤發生的損失是獨立的，可以運用乘法原理。因此，兩個人都不發生意外事故的概率就是琪琪不發生意外事故的概率乘以彤彤不發生意外事故的概率，也就是第一個結果的概率是0.9×0.9 = 0.81。第二個結果的概率，即琪琪發生意外事故但彤彤不發生意外事故的概率是0.1×0.9 = 0.09。第三個結果的概率，即彤彤發生意外事故但琪琪不發生意外事故的概率也是0.09。因此，只有一人發生意外事故的概率是0.09+0.09 = 0.18。第四個結果的概率，即琪琪和彤彤都發生意外事故的概率是0.1×0.1 = 0.01。

從這個例子可以清楚地看到，風險匯聚安排改變了每個人面對的事故成本的概率分佈，減少了極端結果的概率。這時，我們再來計算下琪琪和彤彤每個人的期望成本和標準差。

期望成本 = 0.81×0+0.18×5,000+0.01×5,000 = 500（元）

標準差 = $\sqrt{0.81\times(0-500)^2+0.18\times(2,500-500)^2+0.01\times(5,000-500)^2}$
　　　　= 1,061（元）

可以看出，風險匯聚安排不改變每個人的期望成本，但將成本的標準差從1,500元減少到1,061元，事故的成本變得更加容易預測了，風險匯聚安排降低了每個人所面臨的風險。

結論一：當損失是獨立的（不相關的）時，風險匯聚安排可以抑制風險。

隨著風險匯聚安排人數的增加，每個人事故損失成本的概率分佈將繼續改變。

圖 2-1 比較了分別有 4 個、20 個和 100 個參加者的風險匯聚安排的平均事故損失成本的概率分佈。我們會發現，當風險匯聚安排參加者的人數增加時，接近損失期望 500 元的平均損失的概率增加了，出現極端結果（非常高的平均損失和非常低的平均損失）的概率不斷降低。另外，隨著參加者數量的增加，每個人支付的平均損失成本的概率分佈更加接近鐘形曲線。總之，風險匯聚安排使每個人必須支出的事故損失額的風險減小了（更加易於預測），這是因為匯聚減小了所有參加者平均損失的標準差，從而減小了每個參加者支出額的標準差。因此，風險匯聚安排可以降低每個參加者的風險。

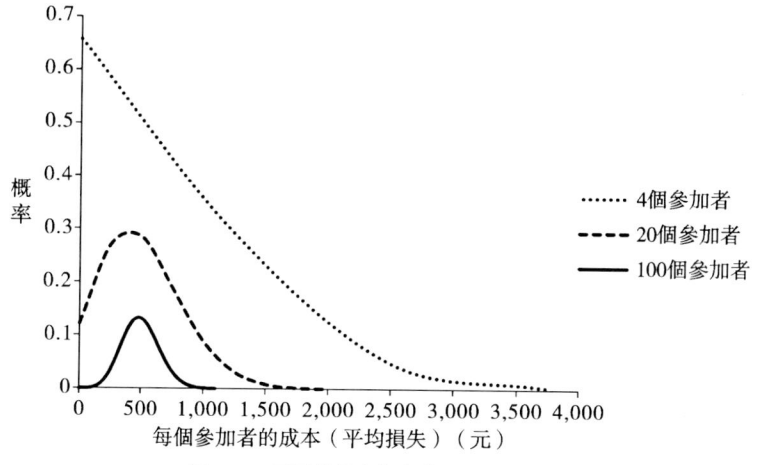

圖 2-1　不同數量參加者的平均損失分佈

說明：當每個人有 0.1 概率發生一次 5,000 元損失時，風險匯聚安排有 4 個、20 個和 100 個參加者時的平均損失分佈（有 100 個參加者時出現極端損失的概率較低，平均損失的標準差最小）。

表 2-3 的數據表明：隨著風險匯聚安排中參加者數量的增加，每個參加者成本的標準差越來越小。在極限的情況下（即當參加風險匯聚安排的人數量非常多），每個參加者成本的標準差將變得非常接近 0，因此每位參加者的風險變得可以忽略不計。這個結果說明了什麼是大數法則（Law of Large Numbers）。此外，隨著參加者數量的增長，平均損失的概率分佈變得越來越像鐘形，直到最終等同於正態分佈（Normal Distribution）。這個結果說明了什麼是中心極限定理（Central Limit Theorem）。

表 2-3　風險匯聚安排中不同數量參加者的期望成本和標準差

參加者數量（個）	2	4	20	100	1,000	10,000	1,000,000
期望成本（元）	500	500	500	500	500	500	500
標準差（元）	1,061	750	335	150	47	15	1.5

對以上分析進行總結，我們可以發現，當損失相互獨立時，風險匯聚安排對每個參加者支付的事故成本的概率分佈有兩個重要影響：第一是平均損失的標準差減小了，結果是使得參加者面臨極端結果（包括高結果和低結果）的概率減小；第二是平均損失的分佈更加接近鐘形。

最後需要指出的是，在上述例子中我們假設通過風險匯聚安排以抑制風險的所有參加者的損失都有相同的概率分佈，這個假設並不是關鍵性的。因為即使每個參加者具有不同的損失分佈，但只要有越來越多的參加者，平均損失的標準差也是傾向於下降的。[1]

三、損失具有相關性的風險匯聚安排

由於各種複雜的原因，損失之間經常會呈現出正相關性。損失呈現出正相關性的原因主要有兩點：一是損失的發生經常是由於相同事件（如颶風或地震）所導致的；二是損失的程度和大小也經常受共同因素的影響。例如，非預期的通貨膨脹會使每個需要醫療保健的人的支付額高於預期。

下面我們分析一下正相關的損失會對風險匯聚安排產生什麼樣的影響。回到前面的例子，假設在琪琪和彤彤的損失之間存在著正相關，正相關並不改變琪琪和彤彤最初事故成本的概率分佈，但正相關意味著二人同時發生意外事故的概率高於 0.04，二人都不發生意外事故的概率也高於 0.64。結果是相對於不相關的損失，琪琪和彤彤每個人的平均損失的標準差減少的沒有那麼多，意味著風險匯聚安排對風險的抑制程度降低。另外，隨著損失正相關度的增大，風險匯聚安排抑制風險的作用就越小。[2]

正相關的最大程度是完全正相關。在這種情況下，如琪琪發生意外事故，彤彤也會發生；如果琪琪不發生意外事故，彤彤也不會發生。因此，每個人都發生意外事故的概率和二者之一發生事故的概率是一樣的（均為 0.1），兩個人都不發生意外事故的概率和二者之一不發生事故的概率是一樣的（均為 0.1），結果是風險匯聚安排沒有改變標準差。因此，當損失為完全正相關時，風險匯聚安排不能抑制風險。

圖 2-2 總結了正相關損失對平均損失分佈的影響效果。圖 2-2 中畫出了兩種情況，兩種情況都有 10,000 個參加者加入風險匯聚安排，每個參加者的損失期望

---

[1] 這種情形下，一般會出現逆向選擇的問題，因此保險公司會向具有不同損失期望的人收取不同的保費。

[2] 正相關程度的大小可以用相關系數來表示，此時可得到：平均損失標準差 = 原標準差 × $\sqrt{(1+相關系數)/2}$。當相關系數為 0（損失相互獨立）時，琪琪和彤彤匯聚後的平均損失標準差等於原標準差的 0.707 倍，即 1,061 元；當相關系數為 0.2（損失正相關）時，琪琪和彤彤匯聚後的平均損失標準差等於原標準差的 0.775 倍，即 1,162 元；當相關系數為 0.8（損失正相關）時，琪琪和彤彤匯聚後的平均損失標準差等於原標準差的 0.949 倍，即 1,423 元；當相關系數為 1（損失完全相關）時，琪琪和彤彤匯聚後的平均損失標準差等於原標準差，即 1,500 元。

都為 500 元。一種情況是每個參加者的損失是不相關的，另一種情況則是正相關的。正如圖 2-2 中所示，當損失正相關時，平均損失的分佈有更高的標準差，所以平均損失更難以預測。

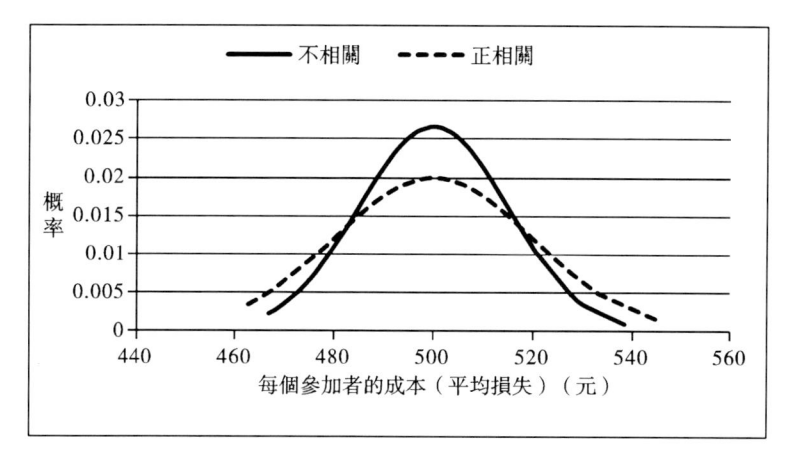

圖 2-2 不相關和正相關時平均損失的概率分佈

圖 2-3 通過分析參加者的數量增加時平均損失的標準差如何改變，進一步闡明了相關性損失對風險匯聚安排的影響效果。當損失不相關時，平均損失的標準差隨著參加者數量的增多而接近於 0（回想一下大數法則）；當損失不完全正相關時，平均損失的標準差隨著參加者數量的增多而減小，但並不接近於 0；當損失完全正相關時，平均損失的標準差隨著參加者數量的增多而不變。

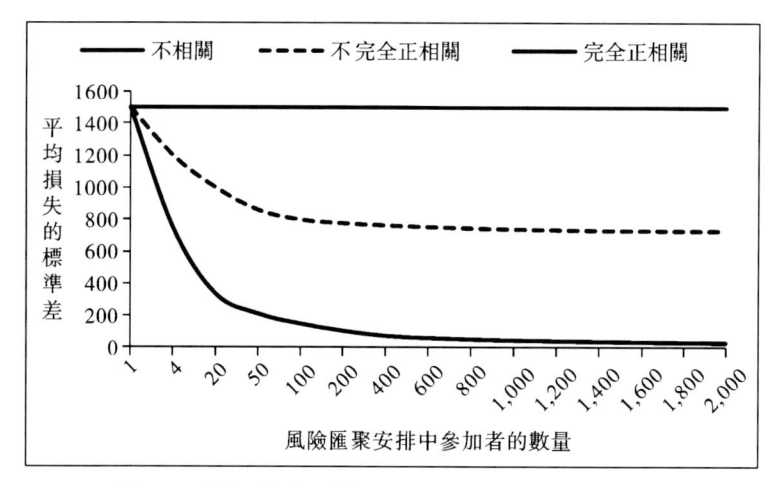

圖 2-3 風險匯聚安排中損失的正相關性對風險抑制的影響

結論二：當損失不完全正相關時，與損失是獨立的（不相關的）情形相比，風險匯聚安排對風險的抑制程度會降低；隨著正相關程度的增加，風險匯聚安排對

風險的抑制程度會越來越小；當損失完全正相關時，風險匯聚安排不能抑制風險。

總結起來，當損失不相關時，風險匯聚安排對風險的抑制效果最佳；當損失不完全正相關時，風險匯聚安排對風險的抑制效果降低，並且相關度越高，對風險的抑制效果越小；當損失完全正相關時，風險匯聚安排對風險的抑制沒有任何效果。

最後需要指出的是，損失的相關性對風險管理和保險具有重要的意義。例如，損失的相關性對企業風險、保險價格、保險合同中含有的條款類型以及保險公司的運作（如核保、再保險業務和保險公司的資本結構）都會產生重要的影響。另外，風險匯聚安排本質上是通過分散化來抑制風險，損失的正相關性限制了通過風險匯聚安排消除風險的能力，這種不能被消除的風險通常被稱為系統性風險或不可分散風險。

第五節　保險產生與發展的歷史

一、保險產生的基礎

保險的產生和發展依賴於兩個重要條件，分別是自然基礎和經濟基礎。

（一）自然基礎

人們在從事生產活動和日常生活當中，總是面臨各種各樣的自然風險，風險的客觀存在是保險產生的自然基礎。隨著人類社會的進步，人們對客觀世界的理解和認識也不斷提高，但對自然規律的認識仍然是相對和有限的，無法避免各種自然災害和意外事故帶來的經濟損失。為了防範風險和減少風險帶來的損失，人們從實踐中總結出了各種有效的風險管理手段。其中，保險的作用最為突出，能夠集合眾多人力對風險引起的損失進行合理分攤和補償。因此，正是風險的客觀存在和損失的發生，才導致以補償經濟損失為責任的保險的出現。

（二）經濟基礎

剩餘產品的出現和商品經濟的發展是保險產生的經濟基礎。在原始社會，由於生產力水平低下，人們生產出的產品只夠維持基本生活，沒有剩餘產品。在這種情況下自然無法建立保險基金，也就不可能產生保險。隨著人類進入奴隸社會和封建社會，生產力水平不斷提高，出現了剩餘產品和商品交換，一些有共同利益的經濟單位和個人共同建立後備基金，從而產生了保險的萌芽。但由於封建社會是以分散、封閉的自然經濟為基礎，無法滿足保險在全社會範圍內分散風險的要求。只有當商品經濟發展到一定程度，出現生產的高度社會化和專業化，生產者之間形成普遍的經濟聯繫，保險才有可能產生和發展起來。隨著資本主義制度的出現，高度發達的商品經濟為現代保險的產生和發展提供了重要基礎。

二、保險的起源與發展

(一) 海上保險的起源與發展

海上保險是一種最古老的保險，近代保險也是首先從海上保險發展起來的。

1. 共同海損是海上保險的萌芽

公元前2000年，地中海一帶就已經存在規模較大的海上貿易。由於受技術所限，當時的船只構造比較簡單，難以抵抗海上航行中遭遇的大風大浪。當船舶在海上遭遇風浪時，最有效的辦法就是拋棄部分貨物，減輕船體重量，避免因船只沉沒而導致貨物全部損失。為了使受損貨主能夠得到合理補償，人們在長期的實踐中達成了一致做法，即拋棄貨物產生的損失由全體受益者共同承擔。地中海沿岸的商人們逐漸形成並遵守一個原則——「一人為眾，眾為一人」。到了公元前916年，這種共同海損的做法在《羅地安商法》中作出了明確規定，即凡因減輕船只載重而投棄入海的貨物，如為全體利益而損失的，須由全體來分攤。這就是著名的「共同海損」原則。由於該原則體現了海上保險的分攤損失、互助共濟的要求，因而被認為是海上保險的萌芽。

2. 船舶與貨物抵押借款是海上保險的雛形

公元前800年—公元前700年，船舶與貨物抵押借款流行於古希臘和雅典等地。當時，為了取得航海所需資金，船主以船舶作為抵押物向放款人借款。如果船舶安全到達，船主負責本金和利息的償還；如果船舶中途沉沒，債權即告消失。船長在用船舶作抵押時，既有將貨物包括在內，又有單獨用貨物作抵押的。貨物抵押借款的辦法與船舶抵押借款相同，船舶沉沒後，借款等於預先支付了賠款。這種方式的借款可以看作是最早形式的海上保險，放款人相當於保險人，借款人相當於被保險人。由於放款人承擔了船舶海上航行的風險，因此借款利息就要比一般借款高得多，這種高出一般利息的部分，實質就是最早形式的海上保險費。

3. 義大利是近代海上保險的發源地

在11世紀後期，歐洲十字軍東徵以後，義大利商人曾經控制了東西方的仲介貿易。到14世紀，義大利已經成為國際貿易中心，經濟繁榮的北部出現了類似於現代形式的海上保險。最初的海上保險僅由口頭約定，後來發展到書面合同形式。世界上現存最早的保險單是由一個名叫喬治·勒克維倫的熱那亞商人在1347年10月23日出立的，是一張承保從熱那亞到馬喬卡的船舶保險單。但這張保險單並沒有訂明承保風險，不具有現代保險單的基本形式。1384年3月24日，比薩的一組保險人出立了承保四大包紡織品從比薩到沙弗納的保險單，這被認為是第一張出現承保內容的「純粹」保險單。

隨著海上保險的發展，第一家海上保險公司於1424年在熱那亞出現。為瞭解決日益增多的保險糾紛，威尼斯在1468年制定了關於法院如何保證保險單實施及防止詐欺的法令，佛羅倫薩在1523年制定了一部較為完整的條例，並規定了標準的保險單格式。義大利一些善於經商的倫巴第人後來移居到英國，繼續從事海上貿

易，他們不但操縱了倫敦的金融市場，而且把海上保險也帶到了英國。

4. 英國海上保險的發展

在美洲新大陸被發現之後，英國的對外貿易獲得了空前發展，保險的中心逐漸從義大利轉移到英國。1568 年，倫敦市市長批准開設了第一家皇家交易所，為海上保險提供交易場所，交易所的做法取代了從倫巴第商人沿襲下來的一日兩次在露天廣場交易的習慣。1601 年，英國女王頒布了第一部有關海上保險的法律，以解決日益增多的海上保險糾紛。1720 年，英國政府批准成立了倫敦保險公司和皇家交易保險公司，它們取得了專營海上保險的特權，這為英國開展世界性的海上保險業務提供了有利條件。從 1756 年到 1788 年，當時的首席法官曼斯菲爾德收集了大量海上保險案例，編寫了一部海上保險法案，這為海上保險糾紛的解決提供了法律依據。

勞合社在海上保險的發展過程中佔有重要地位。1683 年，英國人愛德華·勞埃德在泰晤士河畔開設了一家以自己名字命名的咖啡館，顧客主要是船主、船員、商人、經紀人和高利貸者。這些人經常在咖啡館交換航運信息，交談海外新聞，洽談海上保險業務。勞埃德抓住這個機會，努力為保險交易雙方提供便利，將咖啡館變成一個海上保險交易中心。1691 年，勞埃德咖啡館遷往倫敦的金融中心倫巴底街經營保險業務。1696 年，勞埃德咖啡館開始出版《勞埃德新聞》，每週 3 期，主要內容是海事航運消息，並刊登拍賣船隻的廣告。1734 年，《勞合社動態》出版，成為有國際影響力的刊物。1771 年，勞埃德咖啡館的 79 名顧客每人出資 100 英鎊，另選新址來經營海上保險業務，這筆資金由勞合社委員會進行管理。由於勞合社是自發形成的民間組織，沒有得到政府機構的認可，因此限制了其進一步發展。1871 年，英國議會通過法案，批准勞合社成為一個正式的社團組織，但勞合社的成員只能經營海上保險業務。1911 年，英國議會取消了這個限制，批准勞合社成員可以經營包括水險在內的一切保險業務。如今，勞合社已經發展成為世界保險市場最大的保險壟斷組織之一。勞合社對保險業的發展，特別是對海上保險和再保險在世界範圍內的發展做出了極為重要的貢獻。

勞合社並不是保險公司，它本質上是一個保險市場。與證券交易所類似，勞合社本身不經營保險業務，只為其成員提供交易場所和相關服務。勞合社裡面的承保人自由組合，組成承保辛迪加。每個辛迪加組織均有個牽頭人，負責與經紀人商談確定保險合同的有關條款、費率等。在勞合社辦理保險業務，投保人不能和承保人直接接觸，而是需通過經紀人促成交易。一般是由經紀人填寫投保單，交給承保辛迪加的牽頭人，然後在內部成員之間確定承保份額。經紀人還可以與其他承保辛迪加聯繫，直到全部承保份額完成。最後，經紀人在勞合社簽單處換取正式保單交給投保人。

(二) 火災保險的產生

火災保險的萌芽狀態可以追溯到 12 世紀初期冰島成立的互助社。互助社對火災及家畜的死亡所致內部成員的損失承擔賠償責任。1591 年，德國漢堡的釀造業

者成立了火災救助協會，加入者可以在火災後得救濟。1676 年，由 46 個協會合併成立了漢堡火災保險社，這是公營火災保險的開始。

真正促使火災保險發展起來的國家是英國。1666 年 9 月 2 日，在英國倫敦發生了一場大火。火災持續了 5 天，導致 13,000 幢房屋和 90 座教堂被燒毀，20 萬人無家可歸，造成了巨大的財產損失。1667 年，一位名叫尼古拉斯·巴蓬的牙科醫生獨資開辦了一家專門承保火險的營業所，開創了私營火災保險的先例。出於業務發展需要，他在 1680 年邀請 3 人共同投資 4 萬英鎊成立了一家保險合夥組織，後更名為鳳凰火災保險公司。在火災保險的業務經營中，巴蓬首次採用有差別的費率。保險費是根據房屋的租金和建築結構來計算的，磚石結構的費率定為年租金的 2.5%，木屋的費率為 5%。巴蓬在保險經營中使用差別費率的方法沿用至今，這已成為現代保險的重要特點之一。正因如此，巴蓬獲得了「現代保險之父」的稱號。

(三) 人身保險的產生

人身保險的產生與海上保險密不可分。15 世紀後期，歐洲的奴隸販子為了減少因奴隸死亡而導致的損失，把運往美洲的非洲奴隸當作貨物投保海上保險。後來發展到為旅客支付被海盜綁架而索要的贖金，以及為船長、船員投保人身安全保險。這就是最初的人身意外傷害保險。

1656 年，義大利銀行家洛倫佐·佟蒂設計了一套聯合養老保險方案（即所謂的「佟蒂法」）。該方案在 1869 年被法國國王路易十四採用，用來緩解財政壓力。「佟蒂法」規定每人繳納 300 法郎，籌集總額為 140 萬法郎的資金。若干年後開始支付利息，每年 10%，不償還本金。所有認購者被按照年齡分成 14 個群體，利息只付給群體的生存者，年齡高者支付的利息較高。如果該群體成員全部死亡，則停止給付。

1693 年，英國數學家、天文學家埃德蒙·哈雷以德國布雷斯勞市的市民死亡統計為基礎，編製了世界上第一張生命表，精確表示了每個年齡的死亡率，提供了壽險保費計算的依據，為現代人壽保險奠定了數理基礎。1762 年，英國人辛普森和多德森發起成立了倫敦公平保險公司，第一次將生命表用於人壽保險，按投保人年齡，根據生命表核收保費，並對異常風險加收額外費用。這是第一家建立在科學基礎之上的人壽保險公司，標誌著現代人壽保險制度的開始形成。

(四) 責任保險的產生

責任保險最早出現在英國。1855 年，英國鐵路乘客保險公司首次向鐵路部門提供鐵路承運人責任保險，由保險公司承擔鐵路運輸中承運人的貨物損壞賠償責任，這開創了責任保險的先例。1870 年，建築工程責任保險在英國問世；1875 年，英國出現了馬車第三者責任保險；1880 年，成立的雇主責任保險公司開始向雇主提供責任保險；1885 年，職業責任保險——藥劑師過失責任保險產生；1900 年，英國海上事故保險公司出具了第一張產品責任險保單。

責任保險的產生和發展依賴於兩個重要條件：民事侵權責任風險的客觀存在和法律制度的不斷完善。從 20 世紀 70 年代開始，責任保險獲得了全面、迅速的發

展，種類幾乎無所不包。如今，大多數西方發達國家都對各種公眾責任實行了強制保險，有些國家還實行了嚴格的責任管理制度。對於保險公司而言，責任保險已經成為重要的業務種類。

(五) 保證保險的產生

保證保險是隨著資本主義商業信用的發展和道德風險的頻繁出現而產生的一種新興保險業務。1702 年，英國創辦了一家專門經營保證保險的公司——主人損失保險公司，主要承保被保人因雇員的不法行為給雇主造成的經濟損失，從而揭開了保證保險的序幕。1840 年，英國成立了保證社；1842 年，英國又成立了英國保證公司，開辦保證保險業務。1876 年，美國也開始舉辦保證保險業務。隨著經濟和貿易的發展，保證保險的業務種類也不斷增加，由最初的忠誠保證保險擴展到合同保證保險、供給保證保險、出口信用保證保險等。

三、中國保險業的發展

(一) 舊中國的保險業

中國第一家保險公司誕生在 19 世紀初。當時，西方列強通過鴉片輸入的方式對中國進行經濟入侵，保險公司作為經濟侵略的保障工具進入中國。1805 年，英國商人在廣州設立了廣州保險社，主要經營海上保險業務。這成為中國歷史上出現的第一家保險公司。繼英國之後，美國、法國、德國、瑞士、日本等國相繼在中國設立保險公司或代理機構，基本上壟斷了中國的保險市場。

第一次鴉片戰爭以後，中國的有識之士開始從西方發達國家尋找各種改革和富國強兵之策。1842 年，中國思想家魏源在其著名的《海國圖志》中，第一次向國人介紹了西方的火災、水險和人壽保險。1859 年，被封為太平天國干王的洪仁玕在《資政新篇》中闡述了興辦保險的思想。在此之後，許多著名的中國近代知識分子紛紛著書立說，宣傳西方的保險思想，倡導建立中國人的保險公司。鄭觀應的《盛世危言》(1861)、鐘天偉的《擴充實務十條》(1888)、陳織的《保險集資說》(1896) 等著作都闡述了保險的基本原理和保險對於中國發展與抵禦西方經濟的作用，為中國民族保險業在 19 世紀末期的崛起在理論和思想上做了必要的準備。

1865 年，國內第一家民族保險企業——上海華商義和公司保險行成立，打破了國外保險公司壟斷中國保險市場的局面，這標誌著中國民族保險業的誕生。1873 年 1 月 17 日，由清政府洋務派推動官督商辦的中國近代第一家大型航運企業——上海輪船招商局開始營業。由於輪船保險深受西方列強保險公司的歧視，1875 年 12 月 28 日，輪船招商局通過招集股份的方式在上海設立保險招商局，成為第一家規模較大的民族保險企業。1876 年和 1878 年，輪船招商局又先後成立了仁和保險公司和濟和保險公司，後來合併為仁濟和保險公司，成為一家有較大規模和影響力的保險企業。20 世紀初，特別是在第一次世界大戰期間，中國的民族保險業得到了快速發展。抗日戰爭期間，保險業的發展受到打擊。抗戰勝利後，保險業又一度繁榮。到 1949 年 5 月，上海共有中外保險公司 400 家左右，其中華商保險公司有

126家。

(二) 新中國的保險業

1949年新中國成立以後，中國保險業的發展經歷了起起落落。1949年10月20日，經中央人民政府批准，中國人民保險公司在北京正式成立，成為第一家全國性的國有保險公司。中國人民保險公司成立以後，開辦了各種保險業務，對國家經濟建設起到了重要的保障作用。1956年，生產資料私有制的社會主義改造基本完成後，中國進入了全面的大規模的社會主義建設時期。由於認識上的錯誤，國內保險業的發展受到了嚴重影響。

1958年10月，財政部西安財貿工作會議舉行。這個會議正式指出：人民公社化以後，保險工作的作用已經消失，除國外保險業務必須繼續辦理外，國內保險業務應即停辦。1958年12月，在武漢召開的全國財政會議正式決定：立即停辦國內保險業務。1959年1月，中國人民保險公司召開第七次全國保險會議，貫徹落實國內保險業務停辦精神，並布置善後清理工作。而對於國外保險業務，中國人民保險公司在各主要港口設立分公司，比如上海、廣州、天津、大連等。在1958—1960年大躍進時期，由於「左」傾錯誤，致使保險業務遭受嚴重挫折。由於國內保險業務長時間陷於中斷局面，人員和資料大量流失，與國外保險業的差距進一步拉大。

對於保險的國外業務而言，由於在對外經濟交往中有著不可替代的特殊作用，這也使其能夠在一定範圍內得以繼續保持。但是隨著「文化大革命」的開始，在極左路線的影響下，國外業務也遭到嚴重的摧殘。到1969年4月，從事保險工作的員工只剩下9個人，實際已經沒有能力辦理基本的保險業務。1969年6月，一批從國外進口的白金在空運中發生丟失，但價格昂貴的白金並未投保，外貿部門遭受嚴重損失。相關部門把這一事件向周恩來總理匯報後，周總理對停辦國外保險業務進行了批評，同時指出：「保險還是要辦，保險是對外聯繫的一個渠道，敵人想孤立我們，我們不要自己孤立自己。」因此，「文化大革命」期間涉外保險和再保險業務一直都小規模地保留著。

1979年，全國人民銀行分行長會議提出了恢復國內保險機構和業務建議，經國務院批准，國內保險業務從1980年起開始恢復，中國的保險業獲得了新生。1980年1月，中國人民保險公司全面恢復停辦的國內保險業務。截至1980年年底，除西藏自治區外，全國28個省、自治區、直轄市都已經恢復了中國人民保險公司的分支機構。1982年，中國人民保險公司又開始恢復辦理人身保險業務和農村保險業務。從此，中國保險業逐步進入了一個快速發展時期，取得了許多令人矚目的成就。1984年，中國人民保險公司從中國人民銀行中脫離出來，以獨立的法人資格開展各項業務，但業務仍由中國人民銀行進行監督管理。

1986年，中國人民銀行批准成立了新疆生產建設兵團農牧業保險公司（中華聯合財產保險公司的前身）。這是一家區域性的保險公司，專門經營兵團內部的以種植和畜牧業為主的保險業務，標誌著中國人民保險公司獨家壟斷保險市場局面的

消失。

　　1987年，中國人民銀行批准交通銀行及其分支機構設立保險部，經營保險業務。1991年，為執行中國人民銀行關於銀行、保險、證券分業經營的政策，在保險部的基礎上組建了中國太平洋保險公司，成為第二家全國性的綜合保險公司。

　　1988年3月21日，經中國人民銀行的批准，深圳蛇口工業區招商局和中國工商銀行等單位合資成立了國內第一家股份制保險公司——平安保險公司，總部設在深圳。1992年9月，平安保險公司更名為中國平安保險公司（簡稱平保集團），經營範圍擴大至全國，成為第三家全國性的綜合保險公司。

　　1992年，中國人民銀行制定並頒布了《上海外資保險機構暫行管理辦法》。同年9月，美國國際集團（簡稱AIG）的子公司美國友邦保險有限公司（簡稱AIA，主要經營壽險業務）和美亞保險有限公司（簡稱AIU，主要經營財險業務）經中國人民銀行批准在上海設立分公司，這標誌著中國保險市場開始對外開放。從此，國際保險業先進的經營理念和管理技術被引入中國，這不但有利於提升國內保險企業的經營管理水平，也推動了中國保險市場的國際化進程。

　　1995年6月30日，《中華人民共和國保險法》頒布，並於同年10月1日起正式實施，這標誌著中國保險業走上了法制化的發展道路。該法的實施對國內保險市場的格局產生了重要影響。由於不允許混業經營，原中國人民保險公司在1996年改制為集團公司，下屬4家專業保險公司：中保財產保險有限公司、中保人壽保險有限公司、中保再保險有限公司和專營海外業務的中國保險（控股）有限公司。2003年6月，前3家保險公司又分別重組改制，變更為中國人保控股公司（簡稱人保集團）、中國人壽保險（集團）公司（簡稱國壽集團）、中國再保險（集團）公司（簡稱中再集團）。1999年，原中國人民保險公司所有境外經營性機構包括中國保險（控股）有限公司由中國太平集團全面控股，2009年更名為中國太平保險集團公司（簡稱太保集團）。

　　1996年，中國人民銀行批准成立了5家中資保險公司。其中，有3家是總部設在北京的全國性保險公司，分別是華泰財產保險股份有限公司、泰康人壽保險股份有限公司、新華人壽保險股份有限公司。另兩家都是區域性保險公司，分別是總部設在西安的永安保險股份有限公司和總部設在深圳的華安保險股份有限公司。

　　1998年11月18日，中國保險監督管理委員會正式成立，取代中國人民銀行行使對保險業的監督管理功能。從此以後，中國保險業有了獨立的監管機構，標誌著中國的保險宏觀監管體制日漸成熟，開始走向專業化和規範化。

　　2001年12月11日，中國正式成為世界貿易組織（WTO，下同）的成員。加入WTO以後，中國在保險業對外開放方面作出了相應的承諾，在企業設立形式、地域限制、業務範圍等方面都逐步放開。

閱讀材料 2-2：中國保險業的主要承諾內容

企業設立形式：

——中國在加入 WTO 時，將允許外國非壽險公司在中國設立分公司或合資公司，合資公司外資股比可以達到 51%；中國加入 WTO 後兩年內，允許外國非壽險公司設立獨資子公司，即沒有企業設立形式限制。

——加入 WTO 時，允許外國壽險公司在中國設立合資公司，外資股比不超過 50%，外方可以自由選擇合資夥伴。

——合資企業投資方可以自由訂立合資條款，只要它們在減讓表所作承諾範圍內。

——加入 WTO 時，合資保險經紀公司外資股比可以達到 50%；中國加入 WTO 後 3 年內，外資股比不超過 51%；加入 WTO 後 5 年內，允許設立全資外資子公司。

——隨著地域限制的逐步取消，經批准，允許外資保險公司設立分支機構。內設分支機構不再適用首次設立的資格條件。

地域限制：

——加入 WTO 時，允許外國壽險公司、非壽險公司在上海、廣州、大連、深圳、佛山提供服務；中國加入 WTO 後兩年內，允許外國壽險公司、非壽險公司在北京、成都、重慶、福州、蘇州、廈門、寧波、瀋陽、武漢和天津提供服務；中國加入 WTO 後 3 年內，取消地域限制。

業務範圍：

——加入 WTO 時，允許外國非壽險公司從事沒有地域限制的「統括保單」和大型商業險保險。加入 WTO 時，允許外國非壽險公司提供境外企業的非壽險服務、在中國外商投資企業的財產險、與之相關的責任險和信用險服務；中國加入 WTO 後兩年內，允許外國非壽險公司向中國和外國客戶提供全面的非壽險服務。

——允許外國壽險公司向外國公民和中國公民提供個人（非團體）壽險服務；中國加入 WTO 後 3 年內，允許外國壽險公司向中國公民和外國公民提供健康險、團體險和養老金或年金險服務。

——加入 WTO 時，允許外國（再）保險公司以分公司、合資公司或獨資子公司的形式提供壽險和非壽險的再保險業務，且沒有地域限制或發放營業許可的數量限制。

營業許可：

——加入 WTO 時，營業許可的發放不設數量限制。申請設立外資保險機構的資格條件為：第一，投資者應為在 WTO 成員超過 30 年經營歷史的外國保險公司；第二，必須在中國設立代表處連續兩年；第三，在提出申請前一年年末總資產不低於 50 億美元（1 美元約等於 6.20 元人民幣，下同）。

關於大型商業險：

——大型商業險是指對大型工商企業的保險。其標準為：中國加入 WTO 時企業年保費超過 80 萬元人民幣，而且投資額超過 2 億元；加入 WTO 後一年，企業年

保費超過 60 萬元，而且投資額超過 1.8 億元；加入 WTO 後兩年，企業年保費超過 40 萬元，而且投資額超過 1.5 億元。

關於法定保險的範圍：

——中國承諾，中外直接保險公司目前向中國再保險公司進行 20% 分保的比例，在中國加入 WTO 時不變，加入 WTO 後一年降至 15%；加入 WTO 後兩年降至 10%；加入 WTO 後 3 年降至 5%；加入 WTO 後 4 年取消比例法定保險。但是外資保險公司不允許經營機動車輛第三者責任險、公共運輸車輛和商業用車司機和承運人責任險等法定保險業務。

關於保險「統括保單」經紀業務：

——將實行國民待遇。但是外資保險經紀公司地域範圍也應按照外資保險公司地域限制的過渡期逐步放開，即加入 WTO 時在上海、廣州、大連、深圳、佛山範圍內辦理業務；加入 WTO 後兩年，增加開放 10 個城市；加入 WTO 後 3 年，無地域限制。

——關於保險經紀公司申請資格，除上述 30 年經營歷史和連續兩年代表處要求外，對其資產規模要求為：加入 WTO 時，超過 5 億美元；加入 WTO 後一年內，超過 4 億美元；加入 WTO 後兩年內，超過 3 億美元；加入 WTO 後 4 年內，超過 2 億美元。

根據有關雙邊協議的保險執照發放工作已經完成。

此外，中國政府根據《服務貿易總協定》，對保險服務中跨境交付等方式作出的承諾為：

——中國政府針對跨境交付，除國際海運、航空、貨運險和再保險，以及大型商業險和再保險經紀業務外，不作承諾；針對境外消費，除保險經紀不作承諾外，其他未進行限制；針對自然人流動，除跨行業的水平承諾（即包含保險行業在內的普遍承諾）外，對其他沒有承諾。

資料來源：保監會公布中國入世後保險業對外開放承諾內容［N］．國際金融報，2001-11-23.

2001 年 12 月 18 日，中國專營進出口信用保險業務的政策性保險公司——中國出口信用保險公司成立。這是由國家出資設立、支持中國對外經濟貿易發展與合作、具有獨立法人地位的國有政策性保險公司。

2004 年，中國保險市場打破連續 8 年不批設中資保險公司的局面，中國保監會一共批准了 18 家新的保險公司的籌建。其中，陽光農業相互保險公司的成立有重要意義，開創了中國設立相互制保險公司的先例。

截至 2013 年年末，中國共有保險集團公司 10 家，保險公司 143 家，保險資產管理公司 18 家。從保險公司資本結構屬性看，中資保險公司共有 89 家，外資保險公司共有 54 家。其中，中資產險公司 43 家，中資壽險公司 43 家，中資再保險公司 3 家，外資產險公司 21 家，外資壽險公司 28 家，外資再保險公司 5 家。

全國共有省級（一級）分公司 1,700 家，中支和中支以下營業性機構 73,819 家。截至 2013 年年末，共有保險從業人員 377.42 萬人。其中，營銷員 290.07 萬人。

2013 年，全國共實現原保險保費收入 17,222.24 億元。其中，財產險業務原保險保費收入為 6,212.26 億元，壽險業務原保險保費收入為 9,425.14 億元，健康險業務原保險保費收入為 1,123.5 億元，人身意外險業務原保險保費收入為 461.34 億元。

從資產規模來看，截至 2013 年年末，保險公司總資產共計 82,886.95 億元。從各保險公司總資產占行業總資產的比例情況來看，國壽集團總資產為 23,263.3 億元，占保險行業總資產的比例為 28.07%；人保集團總資產為 7,573.12 億元，占比 9.14%；中再集團總資產為 1,341.2 億元，占比 1.62%；太保集團總資產為 7,235.32 億元，占比 8.73%；平保集團總資產為 14,611.11 億元，占比 17.63%；其他中資保險公司總資產共計 24,527.62 億元，占比 29.58%；外資保險公司總資產為 4,335.28 億元，占比 5.23%。[1]

閱讀材料 2-3：改革開放 30 年保險業發展歷程精彩回顧

一、新生

黨的十一屆三中全會之後，國務院先後批准恢復辦理國內保險業務，成立中國人民保險公司董事會。中國人民保險公司成為國務院直屬經濟實體，並於 1984 年 1 月 1 日正式從中國人民銀行分立。改革開放使中國保險業重獲生機。

二、市場

1985 年 3 月 3 日，國務院頒布《保險企業管理暫行條例》。此後，新疆生產建設兵團農牧業生產保險公司、平安保險公司、中國太平洋保險公司等保險機構；華泰、江泰保險經紀有限公司等仲介機構陸續設立。主體多元化、競爭差異化的市場格局逐步形成。

三、改革

1998 年 11 月 18 日，根據國務院保險業整體改革方案，中國保險監督管理委員會（以下簡稱保監會）正式成立。同時，中國人民保險（集團）公司撤銷，其屬下子公司更名後成為獨立法人。2003 年 3 月，中國保監會升格為國務院直屬正部級事業單位。2003 年 11 月和 12 月，中國人民財產保險股份有限公司和中國人壽保險股份有限公司先後改制成功。2007 年 10 月，中國再保險（集團）股份有限公司整體改制完成。

四、開放

1992 年，美國友邦保險公司登陸上海，保險業成為率先對外開放的金融行業。2001 年 11 月 22 日，中國保監會公布了加入 WTO 中國保險對外承諾，保險業成為

---

[1] 中國保險年鑑編委會. 2014 中國保險年鑑 [M]. 北京：中國保險年鑑社，2014.

第一個公布入世承諾的行業。2003—2004 年，中國人民財產保險股份有限公司、中國人壽保險股份有限公司、中國平安保險（集團）股份有限公司先後在香港、紐約證券交易所掛牌上市。2004 年 12 月 11 日，中國保險市場在金融業中率先全面開放。

五、創新

2003 年 9 月 28 日，中國保監會主席吳定富在出席北京大學「中國保險與社會保障研究中心」成立大會時首次系統地提出保險具有經濟補償、資金融通和社會管理三大功能的理論，這一成果榮獲中國保險學會興亞創新基金保險理論創新成果特等獎。

六、綱領

2006 年 5 月 31 日，溫家寶總理主持召開國務院常務會議，聽取保險工作匯報，研究保險業改革發展問題。2006 年 6 月 15 日，國務院發布了《國務院關於保險業改革發展的若干意見》（以下簡稱《若干意見》）。隨後，國務院分別在 6 月 26 日和 7 月 9 日於北京和長沙分南北兩片召開保險工作座談會。《若干意見》明確了保險業在中國經濟社會發展中的定位，提出了保險業改革發展的指導思想、總體目標和主要任務，是中國保險業改革發展的綱領性文件。

七、監管

中國保監會成立以來，初步形成了以償付能力監管、公司治理結構監管和市場行為監管為支柱的保險監管體系，構築了以公司內控為基礎、以償付能力監管為核心、以現場檢查為重要手段、以資金運用監管為關鍵環節、以保險保障基金為屏障的五道風險防線。2006 年 10 月 19 日，國際保險監督官協會在北京舉辦以「促進發展與管理風險——保險監管面臨的挑戰」為主題的第 13 屆年會，來自全球 94 個國家和地區的近 700 名代表出席會議，標誌著中國保險監管工作得到國際社會的普遍認可。

八、探索

1992 年，中國壽險業引入個人營銷制度。1995 年，中國第一張經驗生命表發布。2003 年，多家保險資產管理公司成立，探索專業化保險資產管理體制。2005 年，商業保險主動參與新型農村合作醫療試點。2005 年 8 月，多家保險公司獲得企業年金基金管理機構資格。2006 年，中國第一個法定保險——機動車交通事故責任強制保險全面開辦。2007 年，國家撥出財政補貼專款在 6 省區進行糧食、棉花等種植業保險試點，同時在全國全面推開能繁母豬保險……中國特色保險業發展道路的探索深入推進。

九、法典

1995 年 6 月 30 日，八屆全國人大十四次會議通過了第一部保險法典《中華人民共和國保險法》，同年 10 月 1 日起正式施行。

十、教育

1979 年以來，中國人民銀行總行研究生部、中央財經大學、武漢大學、南開

大學、西南財經大學等多家教育機構相繼開設保險專業（系）。1986年，中國保險管理幹部學院、成都保險學校等職業教育院校相繼成立。2006年12月12日，教育部、保監會聯合下發《關於加強學校保險教育有關工作的指導意見》，正式將保險教育納入國民教育體系。

十一、交流

1985年9月，亞非保險再保險聯合會第九次年會在北京召開。1986年6月，第三世界保險大會第五次年會在北京召開。1994年1月19日，中國保險學會代表團首次赴臺灣，參加「海峽兩岸保險學術研討會」，海峽兩岸保險界隔絕40多年的歷史從此結束，海峽兩岸及港澳保險業的交流與合作不斷拓展。

十二、社團

1979年11月26日，中國保險學會成立。1980年，中國保險學會主辦的《保險研究》創刊，成為中國向海內外公開發行的唯一的國家級保險理論刊物。2001年3月12日，中國保險行業協會成立。2007年11月10日，中國精算師協會成立。

資料來源：改革開放30年保險業發展歷程精彩回顧［J］. 保險資訊，2008（32）.

重要術語

保險損失說　非損失說　二元說　分攤損失　補償損失　商業保險　社會保險
強制保險　自願保險　原保險　再保險　共同保險　重複保險　複合保險
風險匯聚　大數法則　中心極限定理

復習思考題

1. 試述並評論關於保險性質的三種主要學說。
2. 比較保險與儲蓄的區別。
3. 保險的基本職能有哪些？
4. 保險的派生職能有哪些？
5. 試述保險在經濟生活中的作用。
6. 試述商業保險與社會保險的區別。
7. 解釋當損失相互獨立時，風險匯聚安排是如何抑制風險的。
8. 試述海上保險的起源與發展。

參考文獻

1. 張洪濤. 保險學 [M]. 4 版. 北京：中國人民大學出版社，2014.
2. 張虹，陳迪紅. 保險學教程 [M]. 2 版. 北京：中國金融出版社，2012.
3. 孫蓉，蘭虹. 保險學原理 [M]. 3 版. 成都：西南財經大學出版社，2010.
4. 庹國柱. 保險學 [M]. 6 版. 北京：首都經濟貿易大學出版社，2011.
5. 熊福生，姚壬元. 保險學 [M]. 北京：經濟管理出版社，2010.
6. 粟芳，許謹良. 保險學 [M]. 2 版. 北京：清華大學出版社，2013.
7. 魏華林，林寶清. 保險學 [M]. 3 版. 北京：高等教育出版社，2011.
8. 孫祁祥. 保險學 [M]. 5 版. 北京：北京大學出版社，2013.
9. Scott E.Harrington，Gregory R.Niehaus. 風險管理與保險 [M]. 陳秉正，王珺，周伏平，譯. 北京：清華大學出版社，2001.
10. 王國軍. 保險經濟學 [M]. 2 版. 北京：北京大學出版社，2014.
11. 中國保險年鑒編委會. 2014 中國保險年鑒 [M]. 北京：中國保險年鑒社，2014.

第三章 保險合同

第一節 保險合同概述

一、保險合同的定義與特徵

(一) 保險合同的定義

從法律的角度看，保險是一種以合同為其表現形式的商業行為。所謂合同，是指平等主體的自然人、法人、其他組織之間設立、變更、終止民事權利義務關系的協議。《保險法》第十條規定：「保險合同是投保人與保險人約定保險權利義務關系的協議。」保險合同當事人雙方的權利義務表現為投保人按照合同的約定向保險人繳付保險費，保險人對於約定的事故發生造成損失時或約定的期限屆滿時，承擔賠償或給付保險金的義務。

(二) 保險合同的特徵

保險合同是合同的一種，它除了具有合同的一般特徵外，還具有以下自身獨有的特徵：

1. 保險合同是特殊的雙務合同

雙務合同是指合同當事人雙方互負對等義務，雙方的義務與權利相互關聯、互為因果。保險合同是雙務合同，並且是特殊的雙務合同。在保險合同中，被保險人要得到保險人對其保險標的給予保障的權利，投保人必須向保險人繳付保險費，而保險人收取保險費，就必須承擔保險標的受損後的賠付義務，雙方的權利與義務是彼此關聯的。但是，保險合同的雙務性與一般雙務合同並不完全相同，即保險人的賠付義務只有在約定的事故發生時才履行，因而是特殊的雙務合同。事實上，保險人並非在每個保險合同中均須履行賠付義務，這反應了保險合同雙務性的特殊性。

與雙務合同相對的是單務合同，單務合同是對當事人一方只發生權利，對另一

方只發生義務的合同。例如，贈與合同、無償保管合同、無償借貸合同等都屬於單務合同。

2. 保險合同是附和合同

附和合同也稱格式合同、標準合同或定式合同，是指由一方預先擬定合同的條款，對方只能表示接受或不接受，即訂立或不訂立合同，而不能就合同的條款內容與擬訂方進行協商的合同。保險合同的基本條款與費率是由保險人事先擬定好的，在訂立保險合同時，投保人只能作出投保與否的決定，而不能決定或修改合同的內容。因此，保險合同具有較強的附和性。保險合同之所以具有附和合同的性質，其原因在於：保險人掌握保險技術和業務經驗，而投保人往往不熟悉保險業務，因此很難對條款提出異議。也正因為如此，當保險合同出現由於條款的歧義而導致法律糾紛時，按照國際上的通常做法，法院往往會作出有利於被保險人的判決。

但是不是所有的保險合同都是附和合同，有些特殊險種的合同也採取雙方協商的辦法來簽訂。在保險實務中，由於保險標的物不同、保險期間不同、保險條件不同，保險格式化條款不一定能夠滿足當事人的需要，所以在不違背強制性規定或禁止性規定的條件下，當事人也可以個別商議形式，另行約定設置特別協商條款。

3. 保險合同是射幸合同

射幸合同是指合同的效果在訂約時不能確定的合同，即合同當事人一方的履約有賴於偶然事件的發生。保險合同是一種典型的射幸合同，投保人根據保險合同繳付保險費的義務是確定的，而保險人僅在保險事故發生時承擔賠償或者給付義務，即保險人的義務是否履行在保險合同訂立時尚不確定，而是取決於偶然的、不確定的自然災害、意外事故是否發生，即取決於保險事故是否發生。

保險合同的射幸性在財產保險合同中表現得尤為明顯。在人壽保險中，大多數情況下保險人給付保險金的義務是確定的，只是存在一個給付的時間不同的問題。因此，許多人壽保險合同具有儲蓄性，射幸性的特點較弱。在理解保險合同的射幸性時需要注意，射幸性是就單個保險合同而言，如果從全部承保的保險合同整體來看，保險費與賠償金額的關系以精確的數理計算為基礎。從原則上來說，收入與支出保持平衡。因此，整體來看，保險合同不存在射幸性的問題。

4. 保險合同是最大誠信合同

中國《保險法》明確規定了從事保險合同必須遵守誠實信用的原則。最大誠信原則是保險的基本原則，每個保險合同的訂立、履行都應當遵守最大誠信原則。這是因為在保險實務中，保險人通常根據投保人的申報和保證事項來決定是否承保，如果投保人或被保險人故意隱瞞或不如實告知保險標的的風險情況，或者採用騙保騙賠的手段，保險人的利益將受到損害。因此，對保險合同的雙方當事人以及關系人違反最大誠信原則的行為，《保險法》規定了嚴厲的處罰措施。

二、保險合同的分類

保險合同可以從不同的角度進行分類。

（一）按照保險合同的標的物劃分

根據保險合同的標的的不同，可以把保險合同分為財產保險合同和人身保險合同。

1. 財產保險合同

財產保險合同是指以財產及其有關利益作為保險標的的保險合同。財產保險合同涉及的標的包括有形財產和無形財產。以有形的物質財產為作為合同標的的是有形財產保險合同，如企業財產保險合同等；以無形的財產作為合同標的的是無形財產保險合同，如責任保險合同、信用保險合同等。

2. 人身保險合同

人身保險合同是指以人的壽命和身體作為保險標的的保險合同。根據人身保險合同保障的風險不同，又可以將人身保險合同具體分為人壽保險合同、人身意外傷害保險合同和健康保險合同。

（二）按照保險價值是否約定劃分

保險價值是指保險標的在某一特定時期內以貨幣估計的價值總額。根據保險合同訂立時是否約定保險價值，可以將保險合同分為定值保險合同與不定值保險合同。由於人的生命與健康是無法估價的，因此人身保險不存在保險價值問題，但可以事先按照一定的條件規定一個補償或給付的金額，由此便形成定額保險合同。

1. 定值保險合同

定值保險合同是指在訂立保險合同時，投保人和保險人事先約定保險價值作為保險金額，並將二者都載明於保險合同中。在保險事故發生時，無論保險標的實際價值發生什麼樣的變化，保險人均以保險金額作為賠償的依據。中國《保險法》第五十五條第一款規定：「投保人和保險人約定保險標的的保險價值並在合同中載明的，保險標的發生損失時，以約定的保險價值為賠償計算標準。」在實踐中，定值保險合同多適用於以藝術品、礦石標本、貴重皮毛、古董等不易確定價值的財產作為標的物的財產保險。貨物運輸保險等也多採用這種合同方式。這是因為貨物運輸保險合同的標的是一種流動標的，在不同的地方貨物的價值標準不一致。如不採取定值保險方式，理賠的時候就難以把握損失的標準。定值保險合同具有保險價值事先確定、保險事故發生後不必再對保險標的重新估價的特點，因此理賠手續簡便。同時，保險金額確定簡便易行，也由此避免和減少了當事人之間的糾紛。

然而定值保險合同也有明顯的缺點，如果保險人對被保險財產缺乏估價的經驗或特有的專業知識，被保險人容易過高地確定保險價值，進行保險詐欺。正因為如此，定值保險合同的運用範圍受到了一定的限制，多數保險人不願意採用，有的國家甚至禁止採用這種合同形式。

2. 不定值保險合同

不定值保險合同是指在訂立保險合同時並不約定保險價值，只列明保險金額作為賠償的最高限額。中國《保險法》第五十五條第二款規定：「投保人和保險人未約定保險標的的保險價值的，保險標的發生損失時，以保險事故發生時保險標的的

實際價值為賠償計算標準。」在不定值保險中，當發生保險事故時，由保險人核定實際損失價值，將保險標的出險時的實際價值與約定的保險金額相對比，在區分超額保險、足額保險和不足額保險的基礎上對被保險人進行賠償。

3. 定額保險合同

定額保險合同是針對人身保險合同而言的，是指在訂立合同時，由保險人和投保人雙方約定保險金額，在被保險人死亡、傷殘、疾病或達到合同所約定的年齡、期限時，保險人按照合同約定給付保險金的保險合同。

(三) 按照保險金額與保險價值的關系劃分

根據保險金額與保險價值的關系，可將保險合同分為足額保險合同、不足額保險合同與超額保險合同。

1. 足額保險合同

足額保險合同是指保險金額與保險價值相等的保險合同。對於足額保險合同而言，當保險事故發生造成保險標的全部損失時，保險人通常應依據保險價值進行全部賠償。如果保險標的物存有殘值，則保險人對此享有物上代位權，也可以作價折給被保險人，在給付保險金中扣除該部分價值。當保險事故發生造成部分損失時，保險人應按實際損失確定給付的保險金數額。如果保險人以提供實物或修復服務等形式作為保險賠償的方式，保險人在對被保險人進行賠償之後享有對保險標的物的物上代位權，或者當修復增加了保險標的物的實際價值或其功能明顯改善時，保險人在賠款中可扣除給被保險人的增加利益。

2. 不足額保險合同

不足額保險合同是指保險金額小於保險價值的保險合同。由於不足額保險合同中規定的保險金額低於保險價值，投保人並未將其差額部分的風險轉移給保險人，因此被保險人如遭受保險責任範圍內的損失，將很難得到充分的經濟賠償。一般來說，在不足額保險合同中，保險人的賠償方式有兩種：一種是比例賠償方式，即按照保險金額與財產實際價值的比例計算賠償額，其計算公式是：賠償金額＝保險金額與保險價值之比例×損失額。另一種是第一危險賠償方式，即不考慮保險金額與保險價值的比例，在保險金額限度內，按照損失多少賠償多少的原則來進行，而對於超過保險金額的部分，則保險人不負賠償責任。中國《保險法》第五十五條第四款規定：「保險金額低於保險價值的，除合同另有約定外，保險人按照保險金額與保險價值的比例承擔賠償保險金的責任。」這是屬於比例賠償方式。

3. 超額保險合同

超額保險合同是指保險金額超過保險標的價值的保險合同。中國《保險法》第五十五條第三款規定：「保險金額不得超過保險價值。超過保險價值的，超過部分無效，保險人應當退還相應的保險費。」由於超額保險合同極易誘發道德風險，對保險業的發展危害極大，因此各國保險立法對超額保險合同均加以嚴格限制。基於投保人的善意而產生的超額保險合同，其超過部分無效，在保險事故發生前，投保人可以請求保險人返還無效部分的保險費。對惡意超額保險合同，各國法律一般

都規定，凡投保人企圖以此來獲得不法利益的，保險合同全部無效；如果由此造成了保險人的損失，投保人應負損害賠償責任。

（四）按照保險金支付行為性質的不同劃分

根據保險人支付保險金的行為性質不同，可以把保險合同分為給付性保險合同和補償性保險合同。

1. 給付性保險合同

給付性保險合同是指事先由保險人與投保人協商一定數目的保險金額，當保險事故發生時，由保險人依照保險金額承擔給付保險金義務的保險合同。這類保險合同多為人身保險所採用，如人壽保險與年金保險等。

2. 補償性保險合同

補償性保險合同是指當保險事故發生時，保險人要對保險標的的實際損失進行核定，並僅在被保險人所遭受的實際損失的範圍內給予賠償的保險合同。大多數的財產保險合同都是補償性合同。

（五）按照保險標的是否特定劃分

按照標的是否特定劃分，保險合同可分為特定式保險合同與總括式保險合同。

1. 特定式保險合同

特定式保險合同又稱分項式保險合同，是指保險人對所保的同一地點、同一所有人的各項財產，均逐項分項列明保險金額，發生損失時對各項財產在各自的保險金額限度內承擔賠償責任的保險合同。

2. 總括式保險合同

總括式保險合同是指保險人對所保的同一地點、同一所有人的各項財產，不分類別，確定一個總的保險金額，發生損失時不分損失財產類別，只要在總保險金額限度以內，都可獲得賠償的保險合同。

（六）按照保險合同當事人的不同劃分

按照簽訂保險合同的雙方當事人的不同，保險合同可分為原保險合同與再保險合同。

1. 原保險合同

原保險合同是指保險人與保險人之間直接訂立的保險合同。原保險合同保障的對象是被保險人的經濟利益。被保險人將風險轉嫁給保險人，由保險人承擔被保險人的可能的風險損失，這是風險的第一次轉嫁形式。

2. 再保險合同

再保險合同是以原保險合同為基礎，由原保險人與再保險人訂立的將原保險人承擔的風險責任，部分轉移給再保險人的保險合同。再保險合同是風險的第二次轉嫁。

第二節　保險合同的要素

任何合同都是由主體、客體和內容三個要素組成的，保險合同也不例外。保險合同的主體為保險合同的當事人和關係人，保險合同的客體為保險利益，保險合同的內容為保險合同當事人和關係人的權利與義務關係。

一、保險合同的主體

保險合同的主體是保險合同的參加者，是在保險合同中享有權利並承擔義務的人，包括保險合同的當事人和關係人。保險合同當事人是投保人與保險人，關係人是被保險人與受益人。與一般合同不同的是，保險合同既可為自己的利益，也可為他人的利益而訂立，這在人身保險中表現得特別明顯。

（一）保險合同的當事人

保險合同的當事人是指直接參與訂立保險合同，並與保險合同發生直接的權利義務關係的人，包括保險人和投保人。

1. 保險人

中國《保險法》第十條第三款規定：「保險人是指與投保人訂立保險合同，並按照合同約定承擔賠償或者給付保險金責任的保險公司。」保險人簽訂與履行合同必須具備以下兩個條件：

（1）保險人要具有法定資格。保險人常以各種經營組織形態出現。因保險經營的特殊性，各國法律都對保險人從事保險業務經營的法律資格作出專門規定。大多數國家規定只有符合國家規定的條件，並經政府批准的法人方可成為保險人經營保險，並在營業執照規定的範圍內經營保險。但也有少數特例，如英國勞合社的承保社員是由經國家批准，具有完全民事行為能力，符合一定的資產、信譽要求的自然人來作為保險人經營保險業務的。

中國保險人必須是依法成立的保險公司，其設立不僅要符合中國《保險法》的有關規定，還須符合《中華人民共和國公司法》（以下簡稱《公司法》）的有關規定，其業務範圍必須由國家保險監管部門核定，並只能在核定的業務範圍內從事保險業務，要接受保險監管部門的監管。

（2）保險人須以自己的名義訂立保險合同。作為保險合同的當事人，保險人只有以自己的名義與投保人簽訂保險合同後，才能成為保險合同的保險人。

2. 投保人

中國《保險法》第十條第二款規定：「投保人是指與保險人訂立保險合同，並按照合同約定負有支付保險費義務的人。」投保人作為保險合同的當事人，必須具備以下條件：

（1）具有完全的民事權利能力和行為能力。保險合同與一般合同一樣，要求

當事人具有完全的權利能力和行為能力，這對法人和自然人均適用。未取得法人資格的組織不能成為保險合同的當事人，無行為能力或限制行為能力的自然人也不能簽訂保險合同而成為保險合同的當事人。

（2）人身保險的投保人投保時必須對被保險人具有保險利益。中國《保險法》第十二條第一款規定：「人身保險的投保人在保險合同訂立時，對被保險人應當具有保險利益。」

（3）負有繳納保險費的義務。保險合同作為有償合同，投保人取得經濟保障的代價就是支付保險費。支付保險費的義務為投保人所有，保險人一方無權免除投保人的義務。不論保險合同是為自己的利益還是為他人的利益訂立，投保人均需承擔繳納保險費的義務。

（二）保險合同的關係人

保險合同的訂立是在保險人與投保人之間進行的，但保險合同的內容往往會涉及關係人。保險合同的關係人是指並未參與保險合同的訂立，但享受保險合同約定利益的人，包括被保險人和受益人。

1. 被保險人

中國《保險法》第十二條第五款規定：「被保險人是指其財產或者人身受保險合同保障，享有保險金請求權的人。投保人可以為被保險人。」

被保險人的財產、壽命、身體、經濟賠償責任等是保險合同的保險標的，是保險事故發生的主體對象。投保人將被保險人的財產、壽命、身體等作為保險標的投保，投保人與被保險人之間的關係有以下兩種情形：

（1）投保人與被保險人是同一人。

（2）投保人與被保險人不是同一人，此時投保人是保險合同當事人，被保險人是保險合同的關係人。

在財產保險中，投保人往往與被保險人是同一人。中國《保險法》第十二條第二款規定：「財產保險的被保險人在保險事故發生時，對保險標的應當具有保險利益。」人身保險的投保人與被保險人在很多情況下可以不是同一個人。中國《保險法》第三十四條規定：「以死亡為給付保險金條件的合同，未經被保險人同意並認可保險金額的，合同無效。按照以死亡為給付保險金條件的合同所簽發的保險單，未經被保險人書面同意，不得轉讓或者質押。」

無論被保險人與投保人是否為同一人，被保險人的成立都應具備以下兩個條件：

（1）被保險人必須是受財產或人身保險合同保障的人。保險標的是被保險人的財產或人身、責任等，保險事故發生將會使被保險人遭受損失。

（2）被保險人必須享有保險金請求權。保險金請求權是指被保險人因保險合同的訂立而享有的，在保險事故發生後可行使的，要求保險人賠償或給付保險金的權利。保險事故發生後，如果被保險人生存，則被保險人有權要求保險人賠償或給付保險金。

2. 受益人

中國《保險法》第十八條規定：「受益人是指人身保險合同中由被保險人或者投保人指定的享有保險金請求權的人。」從受益人的定義可以看出，在財產保險合同中，並沒有專門的受益人規定。這是因為財產保險的被保險人通常就是受益人。只有在某些特殊情況下，財產保險合同的當事人才約定由第三者享有優先受領保險賠償的權利，而第三者一般是被保險人的債權人，並非保險法上的受益人。

在人身保險合同中，受益人可以是一人，也可以是數人。投保人和被保險人均可作為受益人，也可以指定其他人作為受益人。受益人具有以下幾個特點：

（1）受益人的資格並無特別限制。自然人、法人及其他任何合法的經濟組織都可作為受益人；自然人中無民事行為能力、限制民事行為能力的人甚至活體胎兒等均可被指定為受益人；投保人、被保險人也可作為受益人。

（2）受益人是由被保險人或投保人指定的人。中國《保險法》第三十九條規定：「人身保險的受益人由被保險人或者投保人指定。投保人指定受益人時須經被保險人同意。投保人為與其有勞動關系的勞動者投保人身保險，不得指定被保險人及其近親屬以外的人為受益人。」在團體保險中，受益人的指定權僅歸被保險人所有。中國《保險法》第三十九條同時規定：「被保險人為無民事行為能力人或者限制民事行為能力人的，可以由其監護人指定受益人。」受益人的受益權通過指定產生，中途也可以變更，但投保人變更受益人需得到被保險人同意。

（3）受益人與繼承人存在明顯區別。雖然受益人與繼承人都在他人死亡後受益，但是兩者的性質是不同的。受益人享有的是受益權，是原始取得；繼承人享有的是遺產的分割權，是繼承取得。受益人沒有用其領取的保險金償還被保險人生前債務的義務，但如果是繼承人的話，則在其繼承遺產的範圍內有為被繼承人償還債務的義務。

二、保險合同的客體

客體是指在民事法律關系中主體履行權利和義務時共同的指向。保險合同的客體是保險利益。保險利益是指投保人或被保險人對保險標的所具有的法律上承認的利益。保險利益不同於保險標的。保險標的是保險合同中所載明的投保對象，是保險事故發生所在的本體，即作為保險對象的財產及其有關利益或者人的壽命、身體與健康。

特定的保險標的是保險合同訂立的必要內容，但是訂立保險合同的目的並非保障保險標的本身。這意味著被保險人投保後並不能保障保險標的本身不發生損失，而是在保險標的發生損失後，被保險人能夠從經濟上得到補償。因此，保險合同實際上保障的是投保人和被保險人對保險標的所具有的利益，即保險利益。

三、保險合同的內容

保險合同的內容是指由法律確認的保險合同當事人之間的權利和義務關系，主

要通過保險合同的條款及合同的形式表現出來。

(一) 保險合同的主要條款

保險合同的條款是規定保險人與被保險人之間的基本權利和義務的條文，是保險公司對所承保的保險標的履行保險責任的依據。

根據合同內容的不同，保險條款可以分為基本條款和附加條款。基本條款是關於保險合同當事人和關係人的權利與義務規定以及按照其他法律一定要記載的事項；附加條款是指保險人按照投保人的要求增加承保風險的條款。增加了附加條款意味著擴大了標準保險合同的承保範圍。

根據合同約束力的不同，保險條款可以分為法定條款和特約條款。法律規定必須列入保單的條款叫做法定條款；保險人自己根據需要列入保單的條款叫做特約條款。

1. 基本條款

保險合同的基本條款主要包括以下十項：

(1) 當事人的姓名和住所。明確當事人的姓名和住所是為保險合同的履行提供一個前提。因為在合同訂立後，保險費的繳納、保險金額的賠償均與當事人及其住所有關。由於保單是由保險人印刷的，因此保險公司的名稱及住所已列在上面，保單上需要填寫的是被保險人或相關人的姓名和住所。如果被保險人不止一個人，則需要在保險合同中列明。

(2) 保險標的。保險合同必須明確載明保險標的。保險標的是投保人申請投保的財產及其有關利益或者人的壽命和身體。保險標的是確定保險合同關係和保險責任的依據。保險標的性質不同，保險利益、保險責任也不相同。

同一保險合同中並不限於單一的保險標的。在很多情況下集合多數保險標的而訂立一份保險合同也是常見的，如團體保險合同和綜合保險合同。

(3) 保險金額。保險金額是指保險人承擔賠償或者給付保險金責任的最高限額，是由保險合同的當事人確定的、並在保單上載明的被保險標的的金額。保險金額涉及保險人與投保人（被保險人、受益人）之間的權利與義務的關係。對於保險人來說，保險金額既是收取保險費的計算標準，也是補償給付的最高限額；對於投保人（被保險人、受益人）來說，保險金額既是繳納保險費的依據，也是索賠和獲得保險保障的最高數額。因此，保險金額對於正確計算保險費、進行保險賠付、穩定合同關係等，都具有非常重要的意義。

(4) 保險費。保險費又稱保費，是指投保人向保險人購買保險所支付的對價，是建立保險基金的來源。保險費通常以保險金額乘以保險費率計算，保險費率常為按照每千元保額計算的繳費標準。

保險合同應對保險費的支付和方式作出明確規定，保險費可按照合同約定一次支付也可分期支付。此外，投保人支付保險費，在某些保險中是保險合同生效的條件之一。

(5) 保險責任和責任免除。保險責任是指保險人依照保險合同的約定，在保

險事故發生時或者在保險合同約定的給付條件具備時，應當承擔賠償或給付保險金的責任。保險人並不對所有風險承擔責任，此條款明確了保險人承擔風險責任的範圍，是確定保險人合同義務的基本依據。與此條款相對應的是責任免除條款（簡稱免責條款），它規定了保險人承擔賠償或者給付責任的具體條件範圍，是排除和限制其保險責任的合同條款。保險合同的免責條款必須是明示的，不允許以默示的方式表示。

（6）保險期間。保險期間是指保險人為被保險人提供保險保障的起止時間，在該期間內發生保險事故或者保險合同約定的給付保險金條件具備時，保險人按照合同約定向被保險人和受益人承擔賠償或給付保險金責任。保險期間決定著保險人和投保人權利義務的存續與否，也是計算保險費的重要根據。保險期間可以按年、月、日計算，也可以按照航次、工期或生長期計算。

（7）保險價值。保險價值是指保險標的在某一特定時期內以貨幣估計的價值總額，是被保險人向保險人索賠的最高限額。保險標的的保險價值可以在投保時由投保人和保險人約定並在合同中載明，也可以按照保險事故發生時保險標的實際價值或者重置價值確定。保險價值在財產保險中可以為確定保險金額和計算賠償金額提供計算依據。

（8）保險金賠償或給付方法。保險金賠償或給付方法包括以下兩個問題：

①保險人支付多少保險金，即計算賠償或給付金額所應採取的計算方式。保險種類不同，賠償和給付保險金的計算方式也不同。人身保險中給付保險金的計算方式依險別不同也有差異。財產保險中，定值保險按保險金額實足賠償；不定值保險有第一危險賠償方式、比例分攤賠償方式、限額賠償方式等。

②保險金如何給付。保險合同有約定的，從其約定，約定的給付保險金期間應當符合保險賠付及時的原則；沒有約定的，依法律規定的方式辦理。

（9）違約處理和爭議處理。保險合同當事人違反保險合同的約定，沒能全面履行自己的合同義務，應當向對方當事人承擔違約責任。當事人承擔違約責任的方式除繼續履行交付保險費或給付保險金義務外，還應當賠償對方當事人因此受到的損失。爭議處理是指保險合同發生爭議後的解決方式。保險合同的爭議處理主要有四種方式：和解、調解、仲裁與訴訟。

（10）訂立合同的時間和地點。訂立合同的時間可以用來判斷保險合同成立的時間、在投保時投保人對保險標的有無可保利益，以及在投保時保險事故是否發生。保險合同的訂約地對於保險合同的生效、爭議的法院管轄、法律適用等均有直接影響。因此，保險合同應當明確規定訂約的保險合同時間和地點。

2. 特約條款

除了基本條款，當事人還可以根據特殊需要約定其他條款。為區別於基本條款，這類條款被稱為特約條款。特約條款主要有附加條款和保證條款。

（1）附加條款。附加條款是指保險合同當事人在基本條款的基礎上約定的補充條款，以增加或限制基本條款規定的權利義務。由於基本條款通常是事先印在保

險單上的，所以附加條款一般採取在保險單空白處批註或在保險單上附貼批單的方式使之成為保險合同的一部分。附加條款是對基本保險條款的修改和變更，其效力優於基本條款。

（2）保證條款。保證條款是指投保人與被保險人就特定事項擔保的條款。例如，人身保險合同的投保人保證其申報的被保險人年齡真實。保證條款一般由法律規定和同業協會制定，是保險合同的基礎，也是投保人和被保險人必須遵守的條款，如有違反，保險人有權解除保險合同或拒絕賠償。

（二）保險合同的形式

保險合同依照其訂立的程序，大致可以分為以下幾種書面形式：

1. 投保單

投保單是投保人向保險人申請訂立保險合同的書面要約。投保單由保險人準備，通常有統一的格式。投保人依照保險人所列項目逐一填寫。不論是出於投保人的主動，還是保險人（代理人或經紀人）的邀請，投保單的填寫均不改變其要約性質。

投保單並非正式合同的文本，但投保人在投保單中所填寫的內容會影響到合同的效力。投保單上如有記載，保單上即使有遺漏，其效力也是與記載在保單上一樣的。如果投保人在投保單中告知不實，在保險單上又沒有修正，保險人即可以投保人未遵循合同的誠信原則為由而在規定的期限內宣布合同無效。

2. 暫保單

暫保單又稱臨時保單，是正式保單發出前的臨時合同，出立暫保單不是訂立保險合同的必經程序。暫保單內容比較簡單，只記載被保險人、保險標的、保險金額等事項，以及保險單以外的特別保險條件，有關保險雙方當事人的權利義務要以保險單的規定為準。暫保單的法律效力與正式保單完全相同，但有效期短，大多由保險人具體規定。當正式保單交付後，暫保單即自動失效。保險人亦可在正式保單發出前終止暫保單效力，但必須提前通知投保人。

3. 保費收據

保費收據是在人壽保險中使用的、在保險公司發出正式保單之前出具的一個文件。保費收據與財產保險中的暫保單很相似，但是也有一些重要的差異。最主要的差異表現在暫保單在出具時即完全生效，並持續有效至正式保單送達時為止；保費收據只是投保人繳納保費（通常是首期保費）和可能獲得預期保障的證據。這種預期的保險保障通常取決於一些事先規定的先決條件。如果不存在這些先決條件，保險人可以不承擔任何保險責任。

4. 保險單

保險單簡稱保單，是投保人與保險人之間保險合同行為的一種正式書面的形式。保險單必須明確、完整地記載有關保險雙方的權利和義務。保險單記載的內容是雙方履約的依據。中國《保險法》第十三條第二款規定：「保險單或者其他保險憑證應當載明當事人雙方約定的合同內容。當事人也可以約定採用其他書面形式載

明合同內容。」保險單只是保險合同成立的憑證之一，不構成保險合同成立的條件。保險合同成立與否並不取決於保險單的簽發，只要投保人與保險人就保險合同的條款協商一致，保險合同即告成立，即使尚未簽發保險單，保險人也應負賠償責任，除非投保人與保險人約定簽發保險單為保險合同生效的要件。

5. 保險憑證

保險憑證也稱為「小保單」，是一種簡化了的保險單，是保險人向投保人簽發的證明保險合同已經成立的書面憑證。保險憑證的法律效力與保險單相同，只是內容較為簡單。在保險實務中，保險憑證沒有列明的內容，以同一種險種的正式保單為準；保險憑證與正式保單內容有衝突的，以保險憑證的特約條款為準。保險憑證只在少數幾種保險業務，如貨物運輸保險、機動車輛第三者責任險中使用，另外在團體保險中也使用保險憑證。

6. 批單

在保險合同有效期內，投保人和保險人經協商同意，可以變更保險合同的有關內容。變更保險合同的，應當由保險人在原保險單或者其他保險憑證上批註，或者附貼批單，或者由投保人和保險人訂立變更的書面協議。

批單是保險人應投保人或被保險人的要求出立的變更保險合同有關內容的證明文件。批單通常在以下四種情況下使用：一是擴大或縮小保險責任範圍；二是保險標的的價值發生變化；三是保險標的的種類發生變化；四是保險標的的所有權發生變化。

批單一經簽發，就自動成為保險單的一個重要組成部分。凡是經過批改的合同內容，均以批單為準；多次批改的，應以最後的批改為準。

第三節 保險合同的訂立與履行

一、保險合同的訂立

保險合同的訂立是指投保人與保險人之間約定權利義務關係，協商合同內容的法律行為。

(一) 保險合同的成立

1. 保險合同成立的含義

保險合同成立是指投保人與保險人就保險合同條款達成一致協議。《保險法》第十三條第一款規定：「投保人提出保險要求，經保險人同意承保，保險合同成立。」由此可見，保險合同的成立需要經過兩個步驟：一是投保人提出保險要求，二是保險人同意承保。跟其他合同一樣，保險合同的訂立也要經過要約和承諾這兩

個程序。① 正確理解要約、承諾的含義，對正確理解保險合同的成立乃至保險責任都具有重要的意義。

2. 保險合同訂立的程序

（1）要約。要約是要約人希望和他人訂立合同的意思表示。保險合同的要約又稱為要保，通常由投保人提出。投保人為訂立保險合同，向保險人提出投保申請且完成投保單的填寫並遞交給保險公司或其代理人的行為即為要約。提出要約的投保人稱為要約人，接受要約的保險人稱為受約人。保險合同的要約一般表現為投保單或其他書面形式。在保險實務中，保險公司的銷售代表或代理人往往會積極主動地開展業務，通過險種介紹、資料宣傳等手段促使潛在消費者與其訂立保險合同，這種展業活動並不是法律意義上的要約，而只是要約邀請，即希望潛在投保人向自己發出要約的意思表示。

（2）承諾。承諾是受要約人同意要約的意思表示。保險合同的承諾又稱為承保，通常由保險人作出。投保人提出投保要約，將填好的投保單遞交給保險人，保險人審查後無異議的，一般都予以接受，即承諾承保，此時保險人為承諾人。若保險人對投保人的要約有異議，可以提出反要約，投保人無條件接受的，即作出承諾，此時投保人為承諾人。值得注意的是，在保險合同成立前，要約和反要約往往不止一次，訂立合同就是要約、反要約、再要約直至承諾的過程。無論是保險人還是投保人，一旦無條件接受對方的要約，即為承諾，保險合同即告成立。保險合同成立後，保險人應當及時向投保人簽發保險單或者其他保險憑證。

（二）保險合同的生效

1. 保險合同生效的含義

保險合同的生效是指依法成立的保險合同產生法律效力，對合同主體產生約束力。一般而言，合同成立即生效。然而在中國，保險合同的生效起始時間通常採用「零時起保制」。例如，國內很多財產保險合同規定「保險期限為一年，從簽單次日零時起至保險到期日二十四時止」，某終身壽險合同規定「本合同的保險期間為被保險人終身，自本合同生效日零時開始，至被保險人身故時止」。那麼，保險公司的條款與法律條款是否相衝突呢？答案是否定的。中國《保險法》第十三條第三款規定：「依法成立的保險合同，自成立時生效。投保人和保險人可以對合同的效力約定附條件或附期限。」這一法律條款賦予了合同雙方可以對合同的效力約定附條件或附期限，也就是說，投保人和保險人有權協商決定合同在何時何地以及何種條件下生效。因此，保險合同的成立與生效的時間關系有兩種情形：一是合同一經成立立即生效；二是合同成立後不立即生效，而是等到投保人和保險人約定的生效的附條件成立或附期限到達後才生效。保險合同生效後，合同當事人便開始享有權利，承擔義務。

---

① 《中華人民共和國合同法》（以下簡稱《合同法》）第十三條規定：「當事人訂立合同，採取要約、承諾方式。」

2. 保險合同生效的要件

保險合同成立是保險合同生效的前提條件，但是保險合同的成立不一定標誌著保險合同的生效，還有一種情形就是保險合同雖已成立，但在合同訂立時由於合同主體不合格、雙方當事人的意思表示不真實或合同內容不合法等原因而無效①，合同自始不具有法律效力，不受國家法律保護。保險合同有效是保險合同生效的必要條件，保險合同生效前必須具備以下有效條件：

(1) 合同主體合格。中國《合同法》第九條規定：「當事人訂立合同，應當具有相應的民事權利能力和民事行為能力。」因此，訂立保險合同時，雙方當事人應具有民事行為能力。投保人必須是具有完全民事行為能力的自然人、依法成立的法人或者其他經濟組織；保險人必須是依法設立的保險公司，且須在其營業執照核准的營業範圍內訂立保險合同。

(2) 意思表示真實。意思表示真實是指雙方當事人在自覺、自願的基礎上，作出符合其內在意志的表示行為。若投保人採用故意謊報被保險人的健康狀況或隱瞞保險標的真實情況等手段與保險人簽訂了合同，則該保險合同無效。這是因為保險人受到了詐欺，雖然與投保人就保險合同內容達成了協議，但是沒有反應出當事人的真實內在意志，因此該合同雖成立但無效。

(3) 合同內容合法。保險合同的內容不得以合法形式掩蓋非法目的，不得損害國家利益、社會公共利益和第三人利益，不得違反法律、行政法規的強制性規定，否則該保險合同將自始不產生法律效力。由於保險市場是信息嚴重不對稱的市場，為防止當事人利用保險合同謀取不當利益，保險法中包含了很多強制性的法律規範，當事人必須遵守，否則合同無效。根據《保險法》的規定，在訂立人身保險合同時，投保人必須對被保險人具有保險利益，若違反這一法律規定則合同無效；以死亡為給付保險金條件的合同，未經被保險人同意並認可保險金額的，合同無效；在財產保險中，保險金額不得超過保險價值，超過保險價值的，超過部分無效。這些強制性的法律條款可以降低道德風險或賭博行為的發生概率。

二、保險合同的履行

保險合同是投保人與保險人約定保險權利義務關系的協議。保險合同的履行是指雙方當事人依法全面完成合同約定義務的行為。合同當事人在擁有權利的同時，也必須承擔相應的義務。

(一) 投保方的義務

1. 繳納保險費

中國《保險法》第十四條規定：「保險合同成立後，投保人按照約定交付保險

---

① 根據《合同法》第五十二條的規定，導致保險合同無效的原因主要包括以下幾個方面：第一，保險合同一方以詐欺、脅迫的手段訂立合同，損害國家利益；第二，惡意串通，損害國家、集體或者第三人利益；第三，以合法形式掩蓋非法目的；第四，損害社會公共利益；第五，違反法律、行政法規的強制性規定。

費，保險人按照約定的時間開始承擔保險責任。」繳納保險費是投保人要履行的主要義務。投保人在保險合同成立後應該按照合同約定的時間、地點、金額、方式等向保險人繳納保險費。

2. 如實告知

中國《保險法》第十六條第一款規定：「訂立保險合同，保險人就保險標的或者被保險人的有關情況提出詢問的，投保人應當如實告知。」如實告知是投保人的法定義務，投保人的告知義務以保險人詢問的內容為限，即詢問告知，對於保險人沒有詢問的問題，投保人無須告知。投保人履行如實告知義務的時間為訂立保險合同時，即投保人通過填寫投保單向保險人提出保險要約時。

對於投保人違反如實告知義務的後果，中國《保險法》第十六條二、三、四、五、六款有明確規定。

（1）投保人故意或者因重大過失未履行前款規定的如實告知義務，足以影響保險人決定是否同意承保或者提高保險費率的，保險人有權解除合同（第十六條第二款）。但是，中國法律對於投保人未履行如實告知義務時保險人的合同解除權做了時間限制，即「自保險人知道有解除事由之日起，超過三十日不行使而消滅。自合同成立之日起超過二年的，保險人不得解除合同；發生保險事故的，保險人應當承擔賠償或者給付保險金的責任」（第十六條第三款）。

（2）投保人故意不履行如實告知義務的，保險人對於合同解除前發生的保險事故，不承擔賠償或者給付保險金的責任，並不退還保險費（第十六條第四款）。

（3）投保人因重大過失未履行如實告知義務，對保險事故的發生有嚴重影響的，保險人對於合同解除前發生的保險事故，不承擔賠償或者給付保險金的責任，但應當退還保險費（第十六條第五款）。

（4）保險人在合同訂立時已經知道投保人未如實告知的情況的，保險人不得解除合同；發生保險事故的，保險人應當承擔賠償或者給付保險金的責任（第十六條第六款）。

**閱讀材料 3-1：中國保監會關於提醒人身保險投保人正確履行
如實告知義務有關事項的公告**

保監公告〔2003〕第 55 號

為了維護廣大投保人的合法權益，提醒人身保險投保人正確履行如實告知義務，現就有關事項公告如下：

一、如實告知不僅是投保人的義務，也是投保人維護自身合法權益的前提和基礎。投保人應當按照《保險法》的規定和保險合同的約定履行如實告知義務。

二、投保單以及健康證實書、重要事項告知書、批單、產品說明書等有關單證是保險合同的重要組成部分，投保人在投保時應當仔細閱讀投保單及有關單證的有關內容。投保人需要向保險公司如實告知的事項以投保單及有關單證提示的範圍為準，並以書面方式履行告知義務。

三、由於投保人的簽名具有相應的法律效力，在推銷人員代投保人填寫投保單及有關單證時，投保人在簽署投保單以前應當確認推銷人員代為填寫的內容是否屬實。

四、假如投保人發現推銷人員的宣傳與投保單的內容不一致，請向保險公司作具體諮詢，核實以後再簽署投保單。

五、投保人在購買包含死亡賠付責任的人身保險產品時，必須經被保險人書面同意該項保險並認可保險金額。

中國保監會
2003 年 9 月 1 日

3. 維護保險標的安全

中國《保險法》第五十一條第一款規定：「被保險人應當遵守國家有關消防、安全、生產操作、勞動保護等方面的規定，維護保險標的的安全。」《保險法》對於投保人、被保險人違反維護保險標的安全義務的後果也有明確的規定，第五十一條第二款和第三款規定：「保險人可以按照合同約定對保險標的的安全狀況進行檢查，及時向投保人、被保險人提出消除不安全因素和隱患的書面建議。投保人、被保險人未按照約定履行其對保險標的的安全應盡責任的，保險人有權要求增加保險費或者解除合同。」由此可知，如果投保人、被保險人沒有履行維護保險標的安全的義務，那麼保險人就有權要求增加保險費或者解除保險合同。這一條款僅適用於財產保險合同。

投保人通過購買保險將保險標的的風險轉嫁給了保險公司，當保險標的出險時，被保險人可以獲得保險人支付的保險金。因此，投保人購買保險後，被保險人有可能放松對保險標的的管理，這會導致保險事故發生率的上升，保險人支付的保險金也會隨之提高。由於保險賠償基金來源於全體投保人繳納的保險費，這最終會導致保險費的提高。因此，在法律條文中明確投保人、被保險人維護保險標的安全的義務，不但有利於全體被保險人，而且也有利於社會財富的安全。

4. 危險增加及時通知

中國《保險法》第五十二條第一款規定：「在合同有效期內，保險標的的危險程度顯著增加的，被保險人應當按照合同約定及時通知保險人，保險人可以按照合同約定增加保險費或者解除合同。保險人解除合同的，應當將已收取的保險費，按照合同約定扣除自保險責任開始之日起至合同解除之日止應收的部分後，退還投保人。」在被保險人履行了危險程度顯著增加的通知義務後，保險人即可以要求增加保險費，也可以解除保險合同。若被保險人不同意保險人增加保險費的要求，保險人也可以解除合同。保險人解除保險合同時，需依規定將保險費退還給投保人。但是如果被保險人保險期限內履行了保險標的的危險程度顯著增加時的通知義務，而保險人未作任何表示的，當保險事故發生時，保險人需承擔賠償責任，不得再要求增加保險費或者解除保險合同。

中國《保險法》第五十二條第二款規定：「被保險人未履行前款規定的通知義務的，因保險標的的危險程度顯著增加而發生的保險事故，保險人不承擔賠償保險金的責任。」保險人是承擔保險標的風險的一方，保險標的的危險程度直接影響到保險人的權益。因此，保險人有權知曉保險標的的風險程度，並對其進行安全管理，以減少保險事故的發生。在被保險人沒有履行危險增加的通知義務時，免除保險人的賠償責任可以降低被保險人的道德風險，降低保險事故的發生率。值得注意的是，《保險法》將危險增加的通知義務放在財產保險合同一節中，表明此項義務只適用於財產保險合同，不適用於人身保險合同，而且通知義務人為被保險人而非投保人，這是因為財產保險的保險標的一般由被保險人實際佔有或控制，並且投保人與被保險人往往是同一人。

5. 發生保險事故時及時通知保險人

中國《保險法》第二十一條規定：「投保人、被保險人或者受益人知道保險事故發生後，應當及時通知保險人。」由此可知，履行保險事故及時通知義務的人員包括投保人、被保險人、受益人。在發生保險事故後，投保方及時通知保險人有利於保險人及時勘查，確定保險事故發生的原因、性質和損害程度並及時是否承擔賠償責任的決定。

對於投保方未履行或未嚴格履行及時通知義務的後果，《保險法》第二十一條也作出了明確規定：「故意或者因重大過失未及時通知，致使保險事故的性質、原因、損失程度等難以確定的，保險人對無法確定的部分，不承擔賠償或者給付保險金的責任，但保險人通過其他途徑已經及時知道或者應當及時知道保險事故發生的除外。」由此可見，履行出險後的及時通知義務對於投保人、被保險人、受益人及保險人都十分重要。

另外，根據《保險法》第五十六條的規定，在財產保險中，重複保險的投保人應當將重複保險的有關情況通知各保險人，這可以防止被保險人獲得超過其損失的額外收益，降低投保人或被保險人的道德風險。

閱讀材料 3-2：出險後，應該如何報案和理賠

保戶購買壽險的最終目的是在事故發生時或達到領取保險金年齡時，能夠得到壽險公司的賠償或給付。因此，為了維護保戶的利益，應注意以下事項：

第一，出險報案。被保險人發生保險事故後應立即通知保險公司。

第二，填寫申請。由被保險人或受益人填寫「理賠申請書」。申請書必須如實填寫，以免延長案件調查時間。

第三，出具證明。持保險單、理賠申請書、最近一次交費憑證及有關證明交保險公司驗證。如死亡、傷殘，需提供死亡證明和傷殘鑒定書；如門診治療，需提供門診處方箋、病歷；如交通事故，需提供交管部門出具的事故裁決書或認定書。

第四，調查核實。保險公司接到上述單證後要調查核實，核定是否屬於保險責任。

第五，領取保險金。經保險公司核賠同意後，即通知被保險人或受益人領取保險金。

根據《保險法》第二十六條的規定，人壽保險的索賠時效為五年，自其知道或應當知道保險事故發生之日起五年內仍然有權向保險公司索賠。

資料來源：出險後，應該如何報案和理賠［EB/OL］. http://www.taikang.com/tab2309/info248179.htm.

6. 出險時及時施救

對於財產保險合同，保險事故發生時，投保方不但應及時通知保險人，還應當採取積極的施救行為，防止損失的進一步擴大。《保險法》第五十七條明確規定：「保險事故發生時，被保險人應當盡力採取必要的措施，防止或者減少損失。保險事故發生後，被保險人為防止或者減少保險標的的損失所支付的必要的、合理的費用，由保險人承擔；保險人所承擔的費用數額在保險標的損失賠償金額以外另行計算，最高不超過保險金額的數額。」對於被保險人在施救過程中所支付的必要的、合理的費用，由保險人承擔，但最高不超過保險金額。

（二）保險人的義務

1. 承擔保險責任

中國《保險法》第十四條規定：「保險合同成立後，投保人按照約定交付保險費，保險人按照約定的時間開始承擔保險責任。」承擔保險責任是保險人應履行的最重要、最基本的義務。保險合同成立並生效後，一旦發生責任範圍內的保險事故，保險人就要按合同的規定賠償或者給付保險金。保險人承擔保險責任的主要內容包括保險賠償及相關費用的支付。其中，相關費用主要包括施救費用、爭議處理費、檢驗費用等，支付相關費用的義務主要由財產保險公司承擔，這在《保險法》第五十七條第二款、第六十四條中有明確的規定。

對於保險人履行賠償和給付義務的期限，《保險法》也作出了明確的規定。《保險法》第二十三條第一款規定：「保險人收到被保險人或者受益人的賠償或者給付保險金的請求後，應當及時作出核定；情形複雜的，應當在三十日內作出核定，但合同另有約定的除外。保險人應當將核定結果通知被保險人或者受益人；對屬於保險責任的，在與被保險人或者受益人達成賠償或者給付保險金的協議後十日內，履行賠償或者給付保險金義務。保險合同對賠償或者給付保險金的期限有約定的，保險人應當按照約定履行賠償或者給付保險金義務。」這一條款保障了被保險人或受益人能夠及時獲得保險金。

如果保險人未按照《保險法》的規定和保險合同的約定履行賠償或給付義務的，則構成違法。在此種情況下，保險人除支付保險金外，還應當賠償被保險人或者受益人因此受到的損失①。

---

① 詳見《保險法》第二十三條第二款。

2. 條款說明

中國《保險法》第十七條第一款規定：「訂立保險合同，採用保險人提供的格式條款的，保險人向投保人提供的投保單應當附格式條款，保險人應當向投保人說明合同的內容。」保險人之所以應履行條款說明義務是因為大多數保險合同是附和合同，採用格式條款，而格式條款大多是由保險人單方制定，投保人缺乏相應的專業知識，對合同條款內容的理解可能有偏差或誤解，這可能導致被保險人、受益人的利益受損。

對於保險合同中的責任免除條款，《保險法》有更為明確和嚴格的規定。《保險法》第十七條第二款規定：「對保險合同中免除保險人責任的條款，保險人在訂立合同時應當在投保單、保險單或者其他保險憑證上作出足以引起投保人注意的提示，並對該條款的內容以書面或者口頭形式向投保人作出明確說明；未作提示或者明確說明的，該條款不產生效力。」由於免責條款是保險合同當事人雙方約定的免除保險人責任的條款，當發生免責範圍內的保險事故時，被保險人或受益人將得不到保險保障，直接影響投保方的利益。因此，在訂立保險合同時，對於免責條款，保險人不但要在保險單上明確列明，還需向投保人明確說明，否則該免責條款不產生法律效力，一旦發生免責範圍內的保險事故，保險人依然要進行賠償或給付。

3. 及時簽發保險單證

投保人提出保險要求，經保險人同意承保，保險合同成立。保險人應當及時向投保人簽發保險單或者其他保險憑證。

4. 退還保險費與現金價值

在特定情況發生時，保險人應退還保險費或者現金價值。該義務在《保險法》的許多條文中均有體現，關於退還保險費的規定，可以參見《保險法》第十六條、第三十二條、第五十四條、第五十五條、第五十六條、第五十八條的規定。關於退還現金價值的規定，可以參見《保險法》第四十三條、第四十四條、第四十五條、第四十七條的規定。例如，投保人因重大過失未履行如實告知義務，對保險事故的發生有嚴重影響的，保險人對於合同解除前發生的保險事故，不承擔賠償或者給付保險金的責任，但應當退還保險費。投保人故意造成被保險人死亡、傷殘或者疾病的，保險人不承擔給付保險金的責任。投保人已交足二年以上保險費的，保險人應當按照合同約定向其他權利人退還保險單的現金價值。

三、保險合同的變更

保險合同的變更是指在保險合同有效期內，投保人和保險人在協商的基礎上對原合同進行修改和補充。在保險期限內，保險合同的主體、保險標的的危險程度等有可能發生變化，雙方當事人所享受的權利及應承擔的義務也隨之變化，因此保險合同的變更在所難免。各國保險法一般都允許對保險合同進行變更，中國《保險法》第二十條規定：「投保人和保險人可以協商變更合同內容。變更保險合同的，應當由保險人在保險單或者其他保險憑證上批註或者附貼批單，或者由投保人和保

險人訂立變更的書面協議。」由此可見，保險合同的變更必須由投保人和保險人共同協商決定且必須採用書面形式。

（一）保險合同主體的變更

保險合同主體的變更主要是指保險人、投保人、被保險人、受益人的變更。保險人變更主要是指因保險企業破產、解散、合併、分立等原因導致的。投保人、被保險人、受益人的變更為常見。

1. 投保人、被保險人的變更

（1）財產保險的情形。投保人是保險合同的一方當事人，財產保險合同的投保人變更又稱為保險合同的轉讓。由於保險合同的主要形式是保單，因此這種變更又稱為保單轉讓。在財產保險中，投保人、被保險人通常為同一人。一般情況下，財產保險的投保人、被保險人必須得到保險人同意才可變更，保險合同才可繼續有效，否則保險合同終止。這是因為投保人、被保險人通常是保險標的的實際控制人，保險標的的安全程度隨著控制人的變化而變化，保險人作為風險的承擔者有權在審查新的投保人或被保險人後再決定是否繼續承保或者是否增加保費。但是在一些特殊險種中，投保人、被保險人可隨保險標的的轉讓而自動變更，無須徵得保險人的同意，保險合同繼續有效，如貨物運輸保險。

（2）人身保險的情形。在人身保險中，只要新的投保人具有法律規定的保險利益，無需經保險人同意，但必須告知保險人。如果是以死亡為給付保險金條件的保險合同，必須經被保險人書面同意。

在人身保險中，被保險人的壽命或身體是人身保險合同的標的，被保險人變更則意味著保險合同的標的發生了變更，保險人承擔的風險也隨之變更。因此，在個人人身保險中，保險人一般不允許個人保險的被保險人發生變更。但在團體人身保險中，被保險人的變更則比較常見，一般會對被保險人的變更進行規定，如某團體人身意外傷害保險合同中規定：「在保險期間內，投保人因其人員變動，需增加、減少被保險人時，應以書面形式向保險人提出申請。保險人同意後出具批單，並在本保險合同中批註。」團體人身保險的保險人在審核同意被保險人的變更的通常做法是：被保險人人數增加時，按約定收取未滿期保險費；被保險人人數減少時，對減少的被保險人終止保險責任，並按約定退還未滿期淨保險費，但減少的被保險人本人或其保險金申請人已領取過任何保險金的，保險人不退還未滿期淨保險費。

2. 受益人的變更

受益人是人身保險中特有的關係人。《保險法》第四十一條規定：「被保險人或者投保人可以變更受益人並書面通知保險人。保險人收到變更受益人的書面通知後，應當在保險單或者其他保險憑證上批註或者附貼批單。投保人變更受益人時須經被保險人同意。」在人身保險中，只要投保人、被保險人指定變更，無須經保險人同意，但應通知保險人，並辦理變更手續。本質上，變更受益人的權利歸屬於被保險人，投保人未經被保險人同意不能隨意變更受益人，而被保險人則可以隨時變更受益人，但須通知保險人。受益人的變更要採用書面形式，保險人收到變更受益

人的書面申請後，應在保險單上批註。

（二）保險合同內容的變更

保險合同內容的變更是指當事人雙方享受的權利、承擔的義務發生了變更，包括保險責任範圍、保險期限、保險費、保險金額、繳費方式、被保險人職業、當事人住址及聯繫方式、保險標的數量或存放地點、爭議處理等有關事項的變更。有些事項變更與保險人所承擔的風險密切相關，比如保險財產的存放地點發生變更、被保險人的職業發生變動，可能導致保險費率變化或者保險人解除保險合同。有些事項的變更則不影響保險人承擔的風險，比如投保人的住址、電話等的變更，其主要目的是確保業務聯繫的通暢，此種事項的變更一般不會導致保險費率的變更。

四、保險合同的終止

保險合同的終止是指保險合同成立後，因法定或約定的事由發生，使合同中確定的當事人之間的權利義務歸於消滅，法律效力完全消失。終止是保險合同發展的最終結果。保險合同終止的原因主要有以下幾種：

（一）因期限屆滿而終止

無論在保險期限內是否發生過保險事故以及是否得到過保險賠付，保險期限屆滿後保險合同自然終止，這是保險合同終止的最基本、最普遍的原因。例如，在定期壽險中，保險期滿時被保險人依然生存，也就是說沒有發生保險責任事故，保險人不需支付死亡保險金。保險合同終止，保險人的保險責任隨之終止。

（二）因保險合同完全履行而終止

保險事故發生後，保險人完全履行了賠償或給付保險金義務後，保險責任即告終止。例如，終身壽險中的被保險人因保險事故死亡，保險人全額支付保險金給受益人後，保險合同終止；在財產保險中，保險標的被大火焚毀，保險人賠償被保險人全部損失後，保險合同終止。

（三）因保險標的全部滅失而終止

保險標的由於非保險事故發生而滅失的，保險標的已不存在，保險合同終止，保險人無須承擔賠償或支付保險金責任。例如，人身意外傷害保險的被保險人因疾病而死亡，企業財產保險的保險標的因遭受責任免除事故而滅失，保險合同終止。

（四）因保險合同解除而終止

保險合同的解除是指在保險合同有效期滿之前，當事人雙方依照法律或約定事由解除約定的法律關係，使保險合同的效力提前消滅的行為。解除合同是保險合同終止的常見原因之一。《保險法》第十五條規定：「除本法另有規定或者保險合同另有約定外，保險合同成立後，投保人可以解除合同，保險人不得解除合同。」《保險法》的這一規定明確了投保人具有可以任意解除保險合同的權利和自由，只需通知保險人，無需徵得保險人同意。然而投保人享有的解除權在某些情況下也受到法律規定和合同約定的限制。對於保險費，《保險法》第五十四條規定：「保險責任開始前，投保人要求解除合同的，應當按照合同約定向保險人支付手續費，保

險人應當退還保險費。保險責任開始後，投保人要求解除合同的，保險人應當將已收取的保險費，按照合同約定扣除自保險責任開始之日起至合同解除之日止應收的部分後，退還投保人。」

中國《保險法》對於保險人解除保險合同進行了嚴格限制，一般情況下保險人不能解除合同。法律制定此項規定主要原因包括兩個方面：一方面，在保險合同中投保人一般代表被保險人、受益人的利益，是通過購買保險產品轉移風險的主體，其權益受合同保障，有權決定是否繼續享受保險保障，即意味著其既有投保的權利和自由，也有退保的權利和自由；另一方面，保險人是保險保障的提供者，若其在保險事故即將發生前解除合同，被保險人或受益人將得不到賠付，直接損害投保方的利益，保險也即失去了其保險保障的職能。

保險合同解除權的形式主要有兩種：一種是法律的規定，即法定解除；另一種是保險合同的約定，即約定解除。

1. 法定解除

保險合同的法定解除權是《保險法》或相關法律法規直接規定的保險合同雙方當事人可以解除合同的權利。

（1）投保人的法定解除權。中國《保險法》中對於合同解除的主旨是以投保人可以任意解除保險合同為原則，以不能解除保險合同為例外。也就是說，投保人可以隨時解除合同，但是其解除權也有法律規定的限制情形。《保險法》第五十條規定：「貨物運輸保險合同和運輸工具航程保險合同，保險責任開始後，合同當事人不得解除合同。」一般情況下，貨物運輸保險合同和運輸工具航程保險合同是以運動中的財產作為保險標的，以貨物運輸的過程或運輸工具航程為保險期限，保險期限相對較短且保險責任開始時間不同於其他險種。例如，某國境內的水路、陸路貨物運輸保險合同對於保險期限的規定為：「保險責任的起訖期是自簽發保險憑證和保險貨物離起運地發貨人的最後一個倉庫或儲存處所時起，至該保險憑證上註明的目的地的收貨人在當地的第一個倉庫或儲存處所時終止。」保險責任開始後，保險標的已處於運動之中，保險人無法時刻掌控保險標的的安全和使用情況，保險人承擔了很大的風險，若此時投保人解除保險合同，對保險人是非常不利的，因此保險責任開始後，投保人不能解除合同。

（2）保險人的法定解除權。與投保人相比，保險人可以依法行使的解除權非常有限，《保險法》中對於保險人有權解除保險合同的情形制定了明確的規定，主要有以下幾種：

①投保人違反如實告知義務。中國《保險法》第十六條第二款規定：「投保人故意或者因重大過失未履行前款規定的如實告知義務，足以影響保險人決定是否同意承保或者提高保險費率的，保險人有權解除合同。」

②投保人或被保險人詐欺。保險詐欺行為發生後，保險人有權解除保險合同的情形主要有兩種：一是被保險人或受益人謊稱發生保險事故；二是故意製造保險事故。《保險法》第二十七條規定：「未發生保險事故，被保險人或者受益人謊稱發

生了保險事故，向保險人提出賠償或者給付保險金請求的，保險人有權解除合同，並不退還保險費。投保人、被保險人故意製造保險事故的，保險人有權解除合同，不承擔賠償或者給付保險金的責任；除本法第四十三條規定外，不退還保險費。」

③被保險人年齡誤告。根據《保險法》第十六條和第三十二條的規定，投保人申報的被保險人年齡不真實，並且其真實年齡不符合合同約定的年齡限制的，保險人可以在合同訂立兩年內解除合同，並按照合同約定退還保險單的現金價值。然而保險人在合同訂立時已經知道投保人未如實告知真實年齡的，保險人不得解除合同；發生保險事故的，保險人應當承擔賠償或者給付保險金的責任。

④投保人、被保險人未履行維護保險標的安全的義務。中國《保險法》第五十一條第三款規定：「投保人、被保險人未按照約定履行其對保險標的的安全應盡責任的，保險人有權要求增加保險費或者解除合同。」

⑤被保險人未履行危險增加通知的義務。中國《保險法》第四十九條第三款規定：「因保險標的轉讓導致危險程度顯著增加的，保險人自收到前款規定的通知之日起三十日內，可以按照合同約定增加保險費或者解除合同。保險人解除合同的，應當將已收取的保險費，按照合同約定扣除自保險責任開始之日起至合同解除之日止應收的部分後，退還投保人。」

⑥人身保險合同效力中止逾兩年。分期支付保險費的合同，投保人在支付了首期保險費後，未按約定或未定期限支付當期保險費的，合同效力中止。合同效力中止2年後雙方未就恢復保險合同效力事宜達成協議的，保險人有權解除。

⑦標的物發生部分損失。中國《保險法》第五十八條規定：「保險標的發生部分損失的，自保險人賠償之日起三十日內，投保人可以解除合同；除合同另有約定外，保險人也可以解除合同，但應當提前十五日通知投保人。合同解除的，保險人應當將保險標的未受損失部分的保險費，按照合同約定扣除自保險責任開始之日起至合同解除之日止應收的部分後，退還投保人。」

2. 約定解除

保險合同的約定解除權是指保險合同雙方當事人在合同中約定的在一定情況下可以解除合同的權利。只要保險合同中約定的解除事由不違反法律規定並且不損害社會公共利益及第三方利益，則為有效。一旦約定的解除事由出現，一方當事人就可以依約解除保險合同。在保險合同訂立時，當事人既可以約定解除合同的事由，也可以約定解除合同的行使期限。

第四節　保險合同的爭議處理和解釋原則

保險合同爭議是指在保險合同訂立後，合同主體在合同履行過程中產生意見分歧或糾紛。這種意見分歧或糾紛有些是合同條款的文字表達不清、不夠準確造成的；有些是雙方對合同條款及文字的理解不同造成的；有些是由於違約造成的。不

管產生爭議的原因是什麼，發生爭議以後都需要按照一定的程序進行處理和解決。保險合同發生爭議時主要涉及兩個問題：一是爭議處理方式，二是保險合同的解釋。

一、保險合同爭議的處理方式

中國《合同法》第一百二十八條規定：「當事人可以通過和解或者調解解決合同爭議。當事人不願和解、調解或者和解、調解不成的，可以根據仲裁協議向仲裁機構申請仲裁。涉外合同的當事人可以根據仲裁協議向中國仲裁機構或者其他仲裁機構申請仲裁。當事人沒有訂立仲裁協議或者仲裁協議無效的，可以向人民法院起訴。當事人應當履行發生法律效力的判決、仲裁裁決、調解書；拒不履行的，對方可以請求人民法院執行。」由此可見，保險合同爭議處理的方式主要有以下幾種：

（一）和解

和解是指在保險合同爭議產生後，爭議雙方或多方在自願、平等、互諒、互利的基礎上，通過協商對爭議事項達成一致，消除糾紛，保證合同的繼續履行。採用協商和解的方式解決保險合同爭議簡單、便利，有助於提高彼此之間的信任感及合作意識，有利於合同的順利執行。

（二）調解

調解是指保險合同的爭議各方在第三方的主持下，通過教育疏導，擺事實講道理，促成各方求同存異、達成協議、解決糾紛的辦法。第三方主要包括人民法院、合同管理機關、人民調解委員會等。如果一方當事人不願意調解，則不能進行調解。如果調解不成立或調解後又反悔的，可以申請仲裁或者直接向法院起訴。

（三）仲裁

仲裁是指爭議各方依照仲裁協議，自願將爭議交由其共同信任、法律認可的仲裁機構的仲裁員進行裁判，並受該裁判約束的一種制度。仲裁具有法律效力，當事人必須執行。仲裁通常也是以爭議各方事前約定為前提，而調解的基礎是爭議各方的自由意志。

理解仲裁有三點需要注意。一是申請仲裁必須以雙方自願為基礎，沒有達成仲裁協議或單方申請仲裁的，仲裁委員會將不予受理。二是仲裁和訴訟互斥，訂有仲裁協議的，一方向人民法院起訴，人民法院將不予受理。三是仲裁實行一裁終局的制度，裁決作出後，當事人就同一糾紛再次申請仲裁或者向人民法院起訴的，仲裁委員會或者人民法院不予受理。

（四）訴訟

訴訟是指國家司法機關依照法定程序，解決糾紛、處理案件的專門活動。發生糾紛時，保險合同爭議各方有權以自己的名義提起訴訟，請求人民法院通過審判來保護自身的權益。訴訟必須遵循一定的程序，包括提起訴訟、法院的審理和裁決、執行等。訴訟是解決保險合同爭議的最激烈的、最終的方式，具有強制性、權威性。

《中華人民共和國民事訴訟法》第二十四條對保險合同糾紛的管轄法院作了明確規定：「因保險合同糾紛提起的訴訟，由被告住所地或者保險標的物所在地人民法院管轄。」最高人民法院為了進一步明確涉及運輸工具和貨物運輸的保險糾紛的管轄，在《最高人民法院關於適用〈中華人民共和國民事訴訟法〉的解釋》中，第二十一條規定：「因財產保險合同糾紛提起的訴訟，如果保險標的物是運輸工具或者運輸中的貨物，可以由運輸工具登記註冊地、運輸目的地、保險事故發生地人民法院管轄。因人身保險合同糾紛提起的訴訟，可以由被保險人住所地人民法院管轄。」

二、保險合同的解釋原則

保險合同的解釋是對保險合同條款內容的理解和說明。合同解釋的目的是通過闡明合同條款的含義，明確當事人的真實意思表示，明確當事人的權利義務關係，正確處理保險合同的爭議。雖然在訂立保險合同時要求合同條款的文字應清楚準確、內容應明確具體，但是文字表達的多義性與不確定性、保險合同內容的專業性、合同當事人之間的利益衝突或未預知事項的發生等均會造成當事人對保險合同條款的理解不一致，從而影響保險合同的有效執行。因此，正確解釋保險合同具有十分重要的現實意義。保險合同的解釋原則主要包括文義解釋原則、意圖解釋原則、有利於被保險人和受益人的解釋原則以及補充解釋原則。保險合同的解釋比較複雜，在保險實踐中，往往需要採取多種解釋原則才能達到確定合同含義、明確當事人權利義務的目的。

（一）文義解釋原則

文義解釋也稱語法解釋、文法解釋、文理解釋，是最基本、最初步的解釋方法，是按照保險合同條款所用的文字、詞句、用語使用方式並結合合同上下文內容對合同條款內容所做的解釋。合同條款由語言文字構成，文義解釋原則專注於法律條文本身，尊重保險合同條款所使用的詞句，盡量避免條文之外事物的干擾，從而正確理解合同條款所要表達的內容和意義。如果同一詞語多次出現在同一保險合同中，其前後解釋應當一致。對於保險專業術語或其他專門術語，有立法解釋的，以立法解釋為準；沒有立法解釋的，以司法解釋、行政解釋為準；對於沒有立法、司法或行政解釋的專業術語，應按本行業的通用含義解釋。一般情況下，保險合同的解釋僅靠文義解釋是不夠的，是很難確切地闡釋法條的真意的，還需借助其他解釋方法，但文義解釋是其他解釋方法適用的前提。文義解釋原則是保險合同解釋的最基本原則。

（二）意圖解釋原則

意圖解釋是指按照合同當事人訂立保險合同時的真實意思進行的解釋。意圖解釋尊重當事人在保險合同中表達的真實意思。在訂立保險合同時往往要求要求內容明確、文字清晰準確，但是即使是合同當事人在訂約時字斟句酌、深思熟慮地制定出最完備、最周全的合同條款，也仍然會存在諸多的不足與漏洞，如語焉不詳、用

詞不當、規則缺失、不合時宜等。當保險合同條款用語模糊不清，若按照文義解釋便會違背當事人訂立保險合同的目的時，應當根據保險合同的條款內容、當事人訂約的目的和背景以及其他客觀實際情況推定當事人的真實意思，進而明確保險合同的條款含義。

推定當事人真實意思的做法包括：當事人的書面約定與口頭約定的內容不一致時，以書面約定為準；投保單與保險單或其他保險憑證的內容不一致時，以保險單或其他保險憑證為準；合同的基本條款與特約條款內容不一致時，以特約條款為準；保險合同的條款內容採用批註優於正文、後批註優於先批註、手寫優於打印、加貼批註優於正文批註的規則進行解釋。這樣就更能反應當事人的真實意圖。值得注意的是，意圖解釋原則往往用於保險合同條款文義不清導致當事人對同一條款理解有異議的情形。

（三）有利於被保險人和受益人的解釋原則

中國《保險法》第三十條規定：「採用保險人提供的格式條款訂立的保險合同，保險人與投保人、被保險人或者受益人對合同條款有爭議的，應當按照通常理解予以解釋。對合同條款有兩種以上解釋的，人民法院或者仲裁機構應當作出有利於被保險人和受益人的解釋。」《合同法》第四十一條規定：「對格式條款的理解發生爭議的，應當按照通常理解予以解釋。對格式條款有兩種以上解釋的，應當作出不利於提供格式條款一方的解釋。格式條款和非格式條款不一致的，應當採用非格式條款。」由此可見，《保險法》對保險條款解釋的規定與《合同法》對格式條款解釋的規定是高度一致的。

保險合同是附和合同，具有很強的專業性，其格式條款由保險人單方面制定，更多地體現了保險人的意志。在訂立保險合同時，投保方只能選擇接受或拒絕保險人事先已擬定好的條款。因此，為了保障合同非起草方的權益，法律明確規定，對合同條款有兩種以上解釋的，人民法院或者仲裁機構應當作出有利於被保險人和受益人的解釋，這體現了法律的公平性和公正性。但是關於這一規定的適用應當注意的是，並非雙方當事人對保險條款的任何爭議都必須作出有利於被保險人和受益人的解釋。當雙方當事人對保險條款的內容理解不一致時，應當遵循公平和誠實信用原則，按照合同所使用的詞句、合同的目的、保險交易習慣等進行合理解釋。只有當保險條款的含義含混不清或產生多種理解時，才應當援引上述規定，作出有利於被保險人和受益人的解釋。

（四）補充解釋原則

補充解釋是指當保險合同條款約定內容有遺漏或不完整時，應當借助於商業習慣、國際慣例，在公平原則的基礎上，對保險合同欠缺的內容進行務實、合理的補充解釋，以便合同能夠繼續履行。

重要術語

保險合同　雙務合同　附和合同　射幸合同　定值保險合同　不定值保險合同
保險人　投保人　被保險人　受益人　保險標的　保險金額　保險費　保險責任
責任免除　保險期限　保險價值　投保單　暫保單　保險單　有效合同　無效合同
要約　承諾　保險合同的成立　保險合同的生效　保險合同的變更　保險合同的終止

復習思考題

1. 什麼是保險合同？保險合同的主要特點有哪些？
2. 保險合同的要素包括哪些內容？
3. 保險合同成立的要件有哪些？
4. 保險合同生效的要件有哪些？
5. 簡述投保人的主要義務。
6. 簡述保險人的主要義務。
7. 保險合同的爭議處理方式有哪些？
8. 簡述保險合同的解釋原則。

參考文獻

1. 趙苑達. 保險學［M］. 2版. 上海：立信會計出版社，2013.
2. 魏華林，林寶清. 保險學［M］. 2版. 北京：高等教育出版社，2006.
3. 蘭虹. 保險學基礎［M］. 3版. 成都：西南財經大學出版社，2010.
4. 張洪濤. 保險學［M］. 4版. 北京：中國人民大學出版社，2014.
5. 王海豔，郭振華. 保險學［M］. 北京：機械工業出版社，2011.
6. 賈林青. 保險法［M］. 北京：中國人民大學出版社，2013.

第四章 保險的基本原則

第一節 保險利益原則

所謂保險利益原則，也稱為可保利益原則，是指在簽訂和履行保險合同的過程中，投保人或被保險人對保險標的必須具有保險利益。保險利益既是訂立保險合同的前提條件，也是保險合同生效及在存續期間保持效力的前提條件。無論是財產保險還是人身保險，投保人只有對保險標的具有保險利益，才有條件或有資格與保險人訂立保險合同，簽訂的保險合同才能生效，否則為非法的或無效的合同。在保險合同生效及履行過程中，如果投保人或被保險人失去了對保險標的的保險利益，保險合同也隨之失效。

一、保險利益及其確立條件

（一）保險利益的含義

中國《保險法》第十二條規定：「人身保險的投保人在保險合同訂立時，對被保險人應當具有保險利益。財產保險的被保險人在保險事故發生時，對保險標的應當具有保險利益。人身保險是以人的壽命和身體為保險標的的保險。財產保險是以財產及其有關利益為保險標的的保險。被保險人是指其財產或者人身受保險合同保障，享有保險金請求權的人。投保人可以為被保險人。保險利益是指投保人或者被保險人對保險標的具有的法律上承認的利益。」

保險利益是指投保人或被保險人對保險標的具有的法律上承認的經濟利益。這種經濟利益因保險標的的完好、健在而存在，因保險標的的損毀、傷害而受損。從法學的角度看，保險利益作為保險合同的效力要件，投保人或被保險人對保險標的不具有保險利益的，保險合同不具有法律效力。這主要包含兩層含義：其一，只有對

保險標的有保險利益的人才具有投保的資格；其二，是否具有保險利益是判斷保險合同能否生效或賠償的依據。

例如，某人擁有一套住房，如果房子安全存在，他可以居住或者出租、出售以獲得利益，但是如果房子損毀，他不僅無法居住，更談不上出租、出售，經濟上顯然要遭受到損失。因此，保險利益體現的是投保人或被保險人與保險標的之間的經濟利益關係。

（二）保險利益成立的條件

保險利益是保險合同得以成立的前提，無論是財產保險合同，還是人身保險合同，都應以保險利益的存在為前提。保險利益的構成必須具備下列條件：

1. 保險利益必須是合法的利益

投保人或被保險人對保險標的利益必須是法律認可並受到法律保護的利益，即在法律上可以主張的利益，必須符合法律規定，與社會公共利益相一致。違法或損害社會公共利益而產生的利益都不能成為保險利益。例如，在財產保險中，投保人對保險標的所有權、佔有權、使用權、收益權或對保險標的所承擔的責任等，必須是依照法律法規、有效合同等合法取得、合法享有、合法承擔的利益，因違反法律規定或損害社會公眾利益而產生的利益，不能作為保險利益。又如，以盜竊、詐騙、貪污、走私等非法手段所獲取的財物都不能成為保險合同的標的，由此而產生的利益不能構成保險利益，如果投保人為不受法律認可的利益投保，則保險合同無效。

2. 保險利益必須是確定的利益

確定的利益包括客觀上或事實上已經存在或已經確定和能夠確定的利益。已經確定的利益是指事實上的利益，即現有利益。例如，投保人已取得財產所有權或使用權而由此享有的利益。能夠確定的利益是指客觀上可以實現的利益，即預期利益或期待利益。預期利益是基於現有利益在未來可能產生的利益，必須具有客觀依據，僅憑主觀預測、想像可能會獲得的利益不能成為保險利益。例如，生產型企業因其生產、銷售產品而未來能夠實現的利潤，即預期利潤屬於期待利益。現有的運費保險和利潤損失保險等均是直接以預期利益作為保險標的。

3. 保險利益必須是經濟上的利益

經濟上的利益是指投保人或被保險人對保險標的的利益價值必須能夠用貨幣衡量。保險的目的是為了彌補被保險人因保險標的出險所遭受的經濟損失，如果當事人對經濟損失的利益無法用貨幣計量，則保險人將無法對該經濟損失進行補償或給付。因此，無法用貨幣衡量其價值的利益不能成為保險利益。在財產保險中，由於保險標的本身是可以估價的，保險利益也可以用貨幣來衡量。然而人身保險合同的保險利益則有一定的特殊性。由於人身無價，只要求投保人對被保險人具有法律上承認的利害關係，就認為投保人對被保險人具有保險利益，人身保險的保險利益也就不能用貨幣來衡量。在個別情況下，人身保險的保險利益也可以加以計算和限定，如債權人對債務人生命的保險利益可以確定為債務的金額。

二、堅持保險利益原則的意義

在保險的理論與實踐中,堅持保險合同的成立必須具有保險利益這一原則的意義在於:

(一) 限制損失賠償金額

財產保險合同是補償性合同,保險合同保障的是被保險人的經濟利益,補償的是被保險人的經濟損失,而保險利益以投保人對保險標的的現實利益以及可以實現的預期利益為範圍,因此是保險人衡量損失及被保險人獲得賠償的依據。保險人的賠償金額不能超過保險利益,否則被保險人將因保險而獲得超過其損失的經濟利益,這既有悖於損失補償原則,又容易誘發道德風險和賭博行為。另外,如果不以保險利益為原則,還容易引起保險糾紛。例如,借款人以價值 100 萬元的房屋作抵押向銀行貸款 80 萬元,銀行將此抵押房屋投保,房屋因保險事故全損,作為被保險人的銀行其損失是 80 萬元而非 100 萬元,其最多只能獲得 80 萬元的賠償。

(二) 防止道德風險的發生

保險賠償或保險金的給付以保險標的遭受損失或保險事件的發生為前提條件,如果投保人或被保險人對保險標的無保險利益,那麼該標的受損,對他來說不僅沒有遭受損失,相反還可以獲得保險賠償,這樣就可能誘發投保人或被保險人為牟取保險賠償而故意破壞保險標的的道德風險。反之,如果有保險利益存在,即投保人或被保險人在保險標的上具有經濟利益,這種經濟利益因保險標的受損而受損,因保險標的的存在而繼續享有,這樣投保人或被保險人就會關心保險標的的安危,認真做好防損防險工作,使其避免遭受損害。即使有故意行為發生,被保險人充其量也只能獲得其原有的利益,因為保險利益是保險保障的最高限度,保險人只是在這個限度內根據實際損失進行賠償,因此也無利可圖。而在人身保險方面,保險利益的存在更為必要,如果投保人可以以任何人的死亡為條件獲取保險金,其道德風險發生的後果是不堪設想的。

(三) 防止賭博行為的發生

保險與賭博均是基於偶然事件的發生而受損或獲益,但是賭博是完全基於偶然因素,通過投機取巧牟取不當利益的行為。有人為了僥幸獲取暴利,會不惜一切代價去冒險,甚至以他人的損失為代價。由於賭博將確定的賭註變成了不確定的輸贏,增加甚至創造了風險,導致了社會的不安定,因此被世界上大多數國家的法律所禁止。保險是基於人類互助共濟的精神,通過保險補償被保險人由於保險事故所造成的經濟損失,從而保障社會再生產的順利進行,保障人民生活的安定。因此,為了使保險區別於賭博,並使其不成為賭博,就必須要求投保人對保險標的具有保險利益,被保險人只有在經濟利益受損的條件下,才能得到保險賠償,從而實現保險損失補償的目的。如果保險不以保險利益存在為前提,則將與賭博無異。

在保險發展歷史上,在 16 世紀末 17 世紀初的英國曾出現過保險賭博。投保人對與自己毫無利害關系的標的進行投保,一旦發生保險事故就可以獲得相當於保險

費千百倍的巨額賠款，於是人們就像在賽馬場上下賭註一樣買保險。這嚴重影響了社會的安定，於是英國政府於 17 世紀中葉通過立法禁止了這種行為，從而維護了正常的社會秩序，保證了保險事業的健康發展。

三、各類保險的保險利益來源

由於財產保險與人身保險的保險標的性質不同，因此在保險合同的訂立和履行過程中對保險利益原則的應用也不盡相同。各類保險的保險利益來源如下：

（一）財產保險的保險利益來源

財產保險的保險利益體現的是投保人或被保險人與保險標的之間的經濟利益關系。這種利益關系包括現有利益和期待利益。現有利益隨物權的產生而存在，但不以所有權利益為限。抵押權人、留置權人對相應的標的物都擁有保險利益。預期利益不是一種空想的利益，必須具有得以實現的合同根據或法律依據，是法律上認可的利益。例如，正常營運的企業的預期利潤、房東預期的租金收入、貨物運輸承運人的預期運費收入等。預期利益不能是一種虛幻的期待，如平民選秀活動與明星夢。

財產保險的保險利益來源於投保人對保險標的所擁有的各種權利，這些權利包括：

1. 財產所有權

財產所有人對其擁有的財產具有保險利益，如果財產遭受損害，財產所有人將蒙受經濟損失。

2. 財產經營權、使用權

雖然財產並不為投保人所擁有，但是由於投保人對財產擁有經營權或使用權而享有由此產生的利益及承擔相應的責任，所以財產的經營者或使用者對其負責經營或使用的財產具有保險利益。例如，酒店的業主將酒店交由酒店管理公司管理，酒店管理公司擁有酒店的管理權並享有管理酒店而產生的經濟利益，同時也對酒店資產的安全性和完整性負責，因此酒店管理公司對對其所管理的酒店具有保險利益。又如，租車人在承租期間對其所租用的車輛具有保險利益，因為如果車輛完好，租車人可以根據租車合同的規定使用，以實現其租車的目的，但是如果車輛受損，租車人必須對車主賠償損失。

3. 財產承運權、保管權

財產的承運人或保管人對其負責運輸或保管的財產具有保險利益。因為雖然財產的承運人或保管人不是該財產的所有人，但他們與該財產具有法律認可的經濟利害關系。承運人將貨物安全運至目的地則可以向托運人收取運費，如果貨物在運輸途中遭受損失，則承運人必須對托運人賠償損失。同樣，財產的保管人，如倉儲公司要對受託倉儲的貨物和商品的安全負責，如果貨物在倉儲期間受損，倉儲公司要對貨主承擔賠償責任，反之則可以取得保管費收入。

4. 財產抵押權、留置權

抵押是一種債務的擔保，抵押人為債務人，抵押權人為債權人。債務人提供給債權人作為抵押擔保的財產，雖然並不轉移其所有權或佔有權，但是當債務人不能依據合同約定償還借款時，債權人有權處理抵押財產，從而得到賠償。因此，抵押權人對抵押財產具有經濟上的利害關系，即保險利益。留置也是一種債務的擔保，留置與抵押的區別是債權人在債權受償之前即擁有對債務人作為清償債務擔保的財產的佔有權，即留置權，當債務人不能依約償還債務時，留置權人即有權處理留置的財產，因而也具有保險利益。

（二）責任保險的保險利益來源

責任保險的保險利益來源於被保險人在生產經營、業務活動以及日常生活中因疏忽或過失造成他人人身傷害或財產損失，按照法律規定對受害人應當承擔的經濟賠償責任。各國法律都規定，行為人侵犯他人民事權利應承擔相應的法律後果——民事責任。民事責任的表現形式之一是賠償損失。因此，只要存在發生民事賠償責任的可能性，因承擔賠償責任而支付賠償金額和其他費用的人就具有責任保險的保險利益。例如，醫生在行醫過程中因其過錯或疏忽致病人死亡或傷殘、病情加劇、痛苦增加等；律師在自己的能力範圍內、職業服務中所發生的一切疏忽、錯誤或遺漏過失行為而給當事人帶來損失；會計師違反會計業務上應盡的責任和義務而使他人遭受損害；等等。又如，根據有關法律的規定，產品的製造商、銷售商、修理商等由於產品的缺陷造成消費者的人身傷害或財產損失，應承擔經濟賠償責任，因此產品的製造商、銷售商、修理商等對消費者使用其產品造成的損害賠償具有可保利益。這些應負的民事賠償責任即為責任利益，責任利益因民事責任而產生，也以民事責任的賠償數額為限額。

（三）信用保證保險的保險利益來源

信用保險的保險標的是各種信用行為。在經濟交往中，權利人與義務人之間基於各類經濟合同而存在經濟上的利益關系，當義務人因種種原因不能履約時，會使權利人遭受經濟損失。例如，國際貿易中，賣方對已售出的貨物具有保險利益，因為賣方的貨物雖已發運，但買方可能會拒收貨物，拒付貨款。信用和保證保險是典型的以合同違約責任產生的保險利益。在經濟合同中因義務人不履行合同條件，致使權利人受到經濟損失，權利人或義務人可以通過投保信用保證保險，由保險人承擔經濟賠償責任。在這裡保險人承擔的是一種信用危險，權利人或義務人對於這種信用具有保險利益。

信用保險是權利人要求保險人擔保對方（義務人）信用的保險，一旦義務人不履行義務，就會造成權利人的經濟損失，因此權利人對於義務人的信用有保險利益。保證保險是義務人根據權利人的請求，要求保險人擔保自己本人信用的保險，由於義務人不履行義務，致使權利人受到損失，由義務人的擔保人即保險人負責賠償，因此義務人對請求保險人對信用給予保證有保險利益。

（四）人身保險的保險利益來源

人身保險的保險利益來源於投保人與被保險人之間所具有的各種利害關系。

1. 人身關系

這種情況是指投保人以自己的生命或身體作為保險標的。任何人對自己的生命或身體都有處分權，當然具有保險利益。

2. 親屬關系

這種情況是指投保人的配偶、子女、父母等家庭成員，即血緣、婚姻及撫養關系。根據倫理觀點，這種情況一般不會出現道德風險，並且他們相互間還負有法律規定的撫養或贍養義務。但各國對於親屬關系的範圍規定不同，有的僅限於直系近親，有的則範圍較大。

3. 債權債務關系

由於債權人債權的實現有賴於債務人依約履行義務，債務人的生死存亡，關系到債權人的切身利益，因此債權人對債務人具有保險利益。但保險利益的數額應以債務人實際承擔的債務為限。

4. 雇傭關系

由於企業或雇主與其雇員之間具有經濟利益關系，因此企業或雇主對雇員具有保險利益。企業或雇主可以作為投保人為其雇員訂立人身保險合同。

世界各國對於人身保險保險利益的立法有所不同。例如，英美法系國家基本採用「利益主義原則」，投保人以他人的壽命或者身體為保險標的所訂立的保險合同是否具有保險利益，以投保人和被保險人相互間是否存在金錢上的利害關系或者其他私人相互間的利害關系為判斷依據，有利害關系則有保險利益。大陸法系國家大多採用「同意主義原則」，投保人以他人的壽命或者身體為保險標的所訂立的保險合同是否具有保險利益，不論投保人和被保險人之間有無利害關系，均以投保人是否已經取得被保險人的同意為判斷依據，投保人徵得被保險人同意訂立保險合同的，對被保險人有保險利益。還有一些國家採用了「利益和同意兼顧的原則」。

中國的保險立法和實務基本上是實行「利益和同意兼顧的原則」。中國《保險法》第三十一條規定，「投保人對下列人員具有保險利益：（一）本人；（二）配偶、子女、父母；（三）前項以外與投保人有撫養、贍養或者扶養關系的家庭其他成員、近親屬；（四）與投保人有勞動關系的勞動者。除前款規定外，被保險人同意投保人為其訂立合同的，視為投保人對被保險人具有保險利益。訂立合同時，投保人對被保險人不具有保險利益的，合同無效。」另外，為了保證被保險人的人身安全，《保險法》還嚴格限定了人身保險利益。《保險法》第三十四條規定：「以死亡為給付保險金條件的合同，未經被保險人同意並認可保險金額的，合同無效。」

四、保險利益的時效要求

（一）財產保險保險利益的時效規定

財產保險通常不僅要求投保人在投保時對保險標的具有保險利益，而且要求保

險利益在保險有效期內始終存在，特別是發生保險事故時，被保險人對保險標的必須具有保險利益。如果投保人或被保險人在訂立保險合同時具有保險利益，但在保險合同履行過程中失去了保險利益，則保險合同隨之失效，保險人不承擔經濟賠償責任。這是由財產保險的補償性所決定的，沒有保險利益就無所謂損失，自然也就無需補償。中國在2009年對《保險法》進行修訂之後，保險人一般只對保險事故發生時是否具有保險利益有嚴格要求，而對於投保時是否具有保險利益已不再追究。《保險法》第十二條規定：「財產保險的被保險人在保險事故發生時，對保險標的應當具有保險利益。」《保險法》第四十八條規定：「保險事故發生時，被保險人對保險標的不具有保險利益的，不得向保險人請求賠償保險金。」由此可見，財產保險對保險利益的要求重點在保險事故發生時。

（二）人身保險保險利益的時效規定

人身保險強調投保人在訂立保險合同時對被保險人必須具有保險利益，保險合同生效後，就不再追究投保人對被保險人的保險利益問題，法律允許人身保險合同的保險利益發生變化，合同的效力依然保持。

當投保人為自己買保險時，當然對保險標的具有保險利益，在保險合同有效期內也具有保險利益。但人身保險合同投保人與被保險人不是同一人的情況比較多見，如丈夫為妻子投保、企業為職工投保等，如果投保人簽約時對被保險人具有保險利益，那麼保險合同生效後即使投保人與被保險人的關係發生了變化，如夫妻離婚、職工離開原企業等，投保人對被保險人沒有了保險利益，保險合同的效力不受影響，保險事故發生時保險人應承擔保險金給付責任。原因在於：人身保險合同是給付性合同，不是補償性合同，因而不必要求保險事故發生時投保人對保險標的一定具有保險利益，另外人身保險合同的保險標的是人，且壽險合同多數具有儲蓄性，被保險人受保險合同保障的權利不能因為投保人與被保險人保險利益的喪失而被剝奪，否則就會違背保險的宗旨，有失公平。

五、確定保險利益價值的依據

財產保險保險利益價值的確定是依據保險標的的實際價值，即投保人對保險標的所具有的保險利益的價值。投保人只能根據保險標的的實際價值投保，在保險標的實際價值的限度內確定保險金額，如果保險金額超過保險標的的實際價值，超過部分無效。《保險法》第五十五條第三款規定：「保險金額不得超過保險價值。超過保險價值的，超過部分無效，保險人應當退還相應的保險費。」

人身保險由於保險標的是人的生命或身體，是無法估價的，其保險利益無法以貨幣計量，因此人身保險金額的確定是依據被保險人的需要與支付保險費的能力。

六、保險利益的轉移

保險利益的轉移是個比較複雜的問題，它往往與保險標的轉移、保險合同轉讓密切相關。在人身保險中，一般不存在保險利益的轉移問題。在財產保險中，保險

利益的轉移主要是由於財產保險標的物的轉讓引起。財產保險標的轉讓的，保險標的的受讓人承繼被保險人的權利和義務，但是被保險人或受讓人應當及時通知保險人，貨物運輸保險合同和另有約定的合同除外。《保險法》第四十九條第一、二款規定：「保險標的轉讓的，保險標的的受讓人承繼被保險人的權利和義務。保險標的轉讓的，被保險人或者受讓人應當及時通知保險人，但貨物運輸保險合同和另有約定的合同除外。」

閱讀材料 4-1：保險標的轉讓效力與立法約束

新《保險法》第四十九條的修訂，將因保險標的轉讓而發生保險合同的變更由「通知變更」改為「自動變更」，有助於實現保險保障的自動延續，避免了因保險標的轉讓而產生的保險人是否繼續承保原保險標的或原保險合同是否依然有效的「空白期」。從第四十九條的修訂內容可知：第一，財產保險合同發生的保險標的轉讓，被保險人的權利義務隨之轉移給受讓人，原保險合同繼續有效，並且不以通知保險人為條件即「自動變更」；第二，被保險人轉讓保險標的，受讓人接管後導致了該保險標的危險程度顯著增加而引發的保險事故，被保險人或受讓人在轉讓時或轉讓後均未「及時通知」保險人的，保險人可免除其保險責任；第三，因轉讓未導致保險標的危險程度顯著增加而發生的保險事故，被保險人或受讓人無須履行通知保險人的義務，保險人依然需要承擔賠償保險金的責任。

從法律條文來看，新《保險法》第四十九條的修訂有利於保險標的受讓人的權益保護，也有助於社會財產關系的穩定。但是保險合同區別於其他合同的最大特點就是最大誠信原則和風險的射幸性，保險標的轉讓並不僅僅是保險合同雙方當事人的事情，還涉及受讓人，除了原有的保險合同外還存在轉讓合同，保險合同與轉讓合同之間並不發生直接的法律關係。保險標的轉讓後危險程度增加的界定較為模糊和無法量化，就此免除被保險人在保險標的轉讓時的通知義務違背了保險的最大誠信原則，而且轉讓後受讓人的保險利益效力也存在疑問。新《保險法》第四十九條立法的初衷是保護被保險人權益，但實踐證明，此規定表面上是保護保險消費者權益，實際上並沒有真正保護到被保險人，而是將爭議推給保險人與被保險人（或受讓人）處理，或者推給法院審判。法律規定的不嚴謹和模棱兩可使保險人和被保險人（或受讓人）無所適從，保險事故的處理無法根據法律和保險條款規定處理，嚴重損害了保險合同當事人的權益，進而損害了整個保險業的形象。

資料來源：岑敏華，張偉，羅向明. 保險標的轉讓效力與立法約束研究——兼論《保險法》第 49 條之立法缺陷 [J]. 保險研究，2012（10）.

根據國際慣例，在海上保險中對保險利益的要求有所例外，即不要求投保人在訂立保險合同時具有保險利益，只要求被保險人在保險標的遭受損失時，必須具有保險利益，否則就不能取得保險賠償。英國《1906 年海上保險法》第六條第一款規定：被保險人在保險標的物發生損失時必須享有保險利益，儘管在訂立保險契約

時其沒取得保險利益的必要。這是由於海上保險的利益方比較多，經濟關系複雜，保險合同經常隨物權的轉移而轉讓，保險標的不受被保險人所控制，而財產保險的目的是補償被保險人所遭受的經濟損失，所以海上保險只要求被保險人在保險標的受損時具有保險利益即可。《中華人民共和國海商法》（以下簡稱《海商法》）第二百二十九條規定：「海上貨物運輸保險合同可以由被保險人背書或者以其他方式轉讓，合同的權利、義務隨之轉移。合同轉讓時尚未支付保險費的，被保險人和合同受讓人負連帶支付責任。」

海上保險中船舶的轉讓與貨物的轉讓是不同的，貨物的轉讓可以不經保險人同意而自由轉讓保險合同，船舶的轉讓不允許船舶的被保險人背書轉讓船舶保險合同。中國《海商法》第二百三十條規定：「因船舶轉讓而轉讓船舶保險合同的，應當取得保險人同意。未經保險人同意，船舶保險合同從船舶轉讓時起解除；船舶轉讓發生在航次之中，船舶保險合同至航次終了時解除。合同解除後，保險人應當將自合同解除之日起至保險期間屆滿之日止的保險費退還被保險人。」

第二節　最大誠信原則

最大誠信原則作為保險的四大基本原則之一，最早起源於海上保險。在早期的海上保險中，投保人投保時作為保險標的的船舶或者貨物經常已經航行在海上或停靠在其他港口。在當時的條件下，真實情況如何只能依賴於投保人的告知，保險人根據投保人的告知決定是否承保及估算保險風險、確定保險費率。因此，投保人或被保險人告知的真實性對保險人來說有重大的影響。誠信原則對保險合同當事人的要求較一般的民事合同要求就更高、更具體，即要遵守最大誠信原則。英國《1906年海上保險法》第十七條規定[①]：海上保險合同是建立在最大誠信原則基礎上的合同，如果任何一方不遵守這一原則，另一方可以宣告合同無效。

一、最大誠信原則的含義

誠信就是「誠實守信」。誠實，即任何一方當事人對另一方當事人不得隱瞞、欺騙。守信，即任何一方當事人必須善意、全面地履行自己的義務。誠信原則是各國立法對民事、商事活動的基本要求。例如，中國《合同法》第六條規定：「當事人行使權力、履行義務應當遵循誠實信用原則。」如果當事人在訂立合同過程中故意隱瞞與訂立合同有關的重要事實或者提供虛假情況，以及有其他違背誠實信用原則的行為，給對方造成損失的，應當承擔損害賠償責任。

由於保險經營活動的特殊性，保險活動中對誠信的要求更為嚴格，要求合同雙

---

① 英文原文：A contract of marine insurance is a contract based upon the utmost good faith, and, if the utmost good faith be not observed by either party, the contract may be avoided by the other party.

方在訂立和履行保險合同過程中做到最大誠信。最大誠信原則的基本含義是：保險合同當事人訂立合同及在合同有效期內，應依法向對方提供足以影響對方作出訂約與履約決定的全部實質性重要事實，同時絕對信守合同訂立的約定與承諾；否則，受害方可主張合同無效或不履行合同約定的義務或責任，還可以對因此受到的損害要求對方予以賠償。

閱讀材料 4-2：中國保險業的誠信體系建設

2014 年 11 月 18 日，中國保監會印發了《關於加強保險消費者權益保護工作的意見》，明確了中國保險消費者權益保護工作八項主要任務及政策措施。在加強行業誠信和信用體系建設方面，保監會按照國務院《社會信用體系建設規劃綱要（2014—2020 年）》的總體部署，深入推進保險業信用體系建設和誠信建設，建立保險公司、保險仲介機構信用評價體系，充實完善信用記錄，健全保險從業人員信用檔案制度和失信懲戒機制，形成全行業誠實守信的良好氛圍；保險公司要將誠信融入企業文化之中，建立健全誠信管控制度，對守信者予以激勵，對失信者進行約束；保險行業協會要建立行業誠信記錄查詢平臺，建立守信激勵和失信懲戒制度，組織開展行業誠信服務窗口、服務標兵的評選表彰和宣傳活動。

二、最大誠信原則產生的原因

（一）信息的不對稱

在保險經營活動中，由於保險市場的特殊性，保險合同雙方當事人對與保險合同有關的信息瞭解程度不一樣，也就是存在信息不對稱。

一方面，信息不對稱表現為有關保險標的的信息不對稱。由於保險標的具有廣泛性、複雜性，只有投保方對保險標的的風險狀況最為瞭解，而保險人作為風險承擔者卻難以完全把握。受成本費用所限，保險人也不可能對每一保險標的的風險狀況進行實地調查，只能根據投保人的告知與陳述來決定是否承保、如何承保及確定費率。為了保證保險人的利益，必須要求投保方基於最大誠信原則履行告知與保證義務。

另一方面，信息不對稱表現為有關保險合同條款的信息不對稱。由於保險合同是附合合同，合同中的內容都是由保險人制定的，投保方只能表示接受或不接受。而保險條款比較複雜、專業性強、技術含量高，一般的投保人和被保險人難以全面瞭解，這就需要保險人本著最大誠信原則，履行其應盡的責任和義務。

（二）保險合同的附合性

保險合同因投保人與保險人意思表示一致而成立，並以雙方相互誠實信用為基礎，投保人向保險人支付保險費轉移風險，相當程度上是基於信賴保險人對保險條款所作的解釋和說明。保險合同是典型的附合合同，合同中的內容都是由保險方單方制定的，而保險合同條款又較為複雜，專業性強，一般的投保人和被保險人不易

理解與掌握，保險費率是否合理、承保條件及賠償方式是否苛刻等投保方是難以瞭解的，最大誠信原則要求保險人基於最大誠信，履行其應盡的責任與義務。

(三) 保險合同的射幸性

保險合同是一種典型的射幸合同。保險合同是約定未來保險事故發生時，由保險人承擔賠償損失或給付保險金責任的合同。投保人購買保險後能否獲得保險金的賠付取決於在保險合同有效期內保險事故是否發生，這在財產保險合同中表現得尤為明顯。從個體保障角度看，保險人的保險責任遠遠高於其所收取的保費，倘若投保方不誠實（欺騙與隱瞞）或不守信用（不遵守承諾），保險的賠付水平將高於保險人的最初預計，從而導致保險人無法持續經營。

三、最大誠信原則的內容

最大誠信原則的內容包括告知、保證、棄權與禁止反言。告知與保證主要是對投保人或被保險人的約束，棄權與禁止反言則主要是對保險人的約束。

(一) 告知

1. 告知的含義

告知是指投保人在訂立保險合同時，應當將與保險標的有關的重要事實如實地向保險人陳述，以便讓保險人判斷是否接受承保或以什麼條件承保。告知是投保人或被保險人應盡的法定義務。

對於什麼是重要事實，英國《1906年海上保險法》是這樣來表述的[1]：影響謹慎的保險人在厘定保險費和決定是否接受承保的每一項資料都認為是重要事實。中國《保險法》第十六條也對此作出相應的規定：「投保人故意不履行如實告知義務的，保險人對於合同解除前發生的保險事故，不承擔賠償或者給付保險金的責任，並不退還保險費。投保人因重大過失未履行如實告知義務，對保險事故的發生有嚴重影響的，保險人對於合同解除前發生的保險事故，不承擔賠償或者給付保險金的責任，但應當退還保險費。」由此可見，重要事實是指對保險人決定是否接受或以什麼條件接受投保起決定作用的事實，如有關投保人和被保險人的詳細情況，有關保險標的的詳細情況，危險因素及危險變化、增加的情況，曾經發生的損失記錄以及向保險人索賠的情況等。

2. 告知的形式

告知的形式有兩種，即無限告知和詢問告知兩種。

無限告知又稱事實告知，是指法律或保險人對告知的內容沒有明確規定，投保方須主動地將保險標的的狀況及有關重要事實如實告知保險人。詢問告知又稱有限告知、主觀告知，是指投保方只對保險人所詢問的問題如實回答，而對詢問以外的問題投保方可無須告知。

---

[1] 英文原文：A representation is material which would influence the judgment of a prudent insurer in fixing the premium, or determining whether he will take the risk.

無限告知對投保人的要求比較高，大多數國家的保險立法是採用詢問告知的形式，中國也採用了這一形式。《保險法》第十六條規定：「訂立保險合同，保險人就保險標的或者被保險人的有關情況提出詢問的，投保人應當如實告知。」因此，對於某一事項是否為重要事實，在詢問告知的立法形式下，通常將保險人詢問的事項推定為重要事實，而保險人未詢問的事項推定為非重要事項，由於什麼才是與保險標的有關的重要事實只有保險專業人士清楚，所以以保險人依其專業知識制定的詢問內容作為重要事實的推定。

3. 投保人告知的內容

在保險合同訂立和保險合同有效期內，投保方應向保險人告知的主要內容如下：

（1）訂立保險合同，保險人就保險標的或者被保險人的有關情況提出詢問的，投保人應當如實告知；

（2）在合同有效期內，保險標的的危險程度顯著增加的，被保險人應當按照合同約定及時通知保險人；

（3）保險標的轉移時或保險合同有關事項有變動時投保人或被保險人應通知保險人，經保險人的確認後，方可變更合同並保證合同的效力；

（4）投保人、被保險人或者受益人知道保險事故發生後，應當及時通知保險人；

（5）重複保險的投保人應當將重複保險的有關情況通知各保險人。

4. 投保人無需告知的情況

投保人或被保險人並不一定要告知保險人其知道的一切情況，對下列情況無需申報：

（1）危險程度降低的任何情況；

（2）保險人知道或推定應該知道的情況；

（3）保險人表示不要知道的情況；

（4）根據保險單明示保證條款，無需申報的事實。

5. 保險人的告知

除了投保人或被保險人在訂立保險合同時須向保險人如實告知外，保險人也有義務向投保人或被保險人如實告知保險合同條款的內容，特別是免責條款內容。保險人的告知也稱保險人的說明義務，說明內容主要是影響投保人是否投保及如何投保的一切事項。保險人有義務在訂立保險合同前向投保人詳細說明保險合同的各項條款，並對投保人有關合同條款的提問作出直接、真實的回答，就投保人有關保險合同的疑問進行正確的解釋。保險人說明義務的重點是保險合同的免責條款，因為免責條款直接關系保險人對被保險人是否承擔賠償責任的範圍，對投保決策具有決定性的作用。如果不對這些條款予以說明，投保人的投保決策可能與其真正的需要發生衝突，會影響投保人或被保險人的利益。

保險人的告知形式有兩種，即明確列明和明確說明。明確列明是指保險人把投

保人決定是否投保的有關內容，以文字形式在保險合同中明確載明；明確說明則不僅要將有關保險事項以文字的形式在保險合同中載明，而且還須對投保人進行明確的提示，對重要條款作出正確的解釋。中國法律採取後一種方式，《保險法》第十七條第二款規定：「對保險合同中免除保險人責任的條款，保險人在訂立合同時應當在投保單、保險單或者其他保險憑證上作出足以引起投保人注意的提示，並對該條款的內容以書面或者口頭形式向投保人作出明確說明；未作提示或者明確說明的，該條款不產生效力。」

(二) 保證

1. 保證的含義

保證是最大誠信原則的另一項重要內容。所謂保證，是指保險人要求投保人或被保險人對某一事項的作為或不作為，或對某種事態的存在或不存在作出的許諾。保證是保險人簽發保險單或承擔保險責任的條件，其目的在於控制風險，確保保險標的及其周圍環境處於良好的狀態中。保證屬於保險合同的重要內容。

2. 保證的分類

(1) 根據保證事項是否已存在，保證可分為確認保證與承諾保證。

確認保證是指投保人或被保險人對過去或現在某一特定事實的存在或不存在的保證。確認保證主要是基於特定事實是否存在的狀態的確認，而不是對該事實以後的發展情況作出保證。例如，投保人身保險時，投保人保證被保險人在過去和投保時健康狀況良好，但不保證今後也一定健康。正是被保險人未來面臨患病的風險，現在才有投保的必要。

承諾保證是指投保人對將來某一特定事項的作為或不作為的保證，即對該事項今後的發展作出保證。例如，投保家庭財產保險時，投保人或被保險人保證不在家中放置危險品；投保家庭財產盜竊險時，投保人或被保險人保證家中無人時門窗要關好、上鎖。這些都屬於承諾保證。

(2) 根據保證存在的形式，保證可分為明示保證與默示保證。

明示保證是指以文字和書面的形式載明於保險合同中，從而成為保險合同的條款。例如，機動車輛保險條款中「被保險人必須對保險車輛妥善保管、使用、保養，使之處於正常技術狀態」以及財產保險條款中「24小時警衛」等都是明示保證，明示保證是保證的重要形式。

默示保證一般是國際慣例通行的準則，習慣上或社會公認的被保險人應當在保險實踐中遵守的規則，而不載明於保險合同中。默示保證的內容通常是以往法庭判決的結果，是保險實踐經驗的總結。默示保證在海上保險中運用相對較多，如海上保險的默示保證有三項：保險的船舶必須有適航能力；按預定的或習慣的航線航行；必須從事合法的運輸業務。

默示保證與明示保證具有同等的法律效力，被保險人都必須嚴格遵守。

3. 告知和保證的區別

告知與保證都是對投保人或被保險人誠信的要求，但二者還是有區別的。對此

英國著名的大法官曼斯菲爾德是這樣解釋的:「告知與保證不同,告知僅須實質上正確即可,而保證必須嚴格遵守。例如,被保險船舶保證於 8 月 1 日開船,而延遲至 8 月 2 日才解纜,這即為違反保證條款。」在鄧晗訴哈特萊(Dehann V Hartley)一案中,一艘船舶被保證開航前需配備 50 名以上船員,可是事實上船舶開航時只配備了 46 名船員,以後在航行途中又增加了 6 名船員,法院判定保險人有權宣告保險單無效。可見,告知強調的是誠實,對有關保險標的的重要事實如實申報;而保證則強調守信,恪守諾言,言行一致,許諾的事項與事實一致。因此,保證對投保人或被保險人的要求比告知更為嚴格。此外,告知的目的在於使保險人能夠準確估計其承擔的風險,而保證的目的則在於控制風險。

(三)棄權與禁止反言

從上述告知和保證的內容及其要求可見,雖然從理論上來說,最大誠信原則適用於保險雙方當事人,但是在保險實踐中,更多的是體現在對投保人或被保險人的要求上。由於保險人控制著保險合同的擬定,並在保險合同中約定諸多投保人或被保險人應當履行的特定義務,以此作為保險人承擔保險責任的前提條件,因此保險人在保險合同的履行過程中,特別是對保險合同的解除和保險賠償金的給付享有十分廣泛的抗辯機會。有鑒於此,為了保障被保險人的利益,限制保險人利用違反告知或保證而拒絕承擔保險責任,各國保險法一般都有棄權與禁止反言的規定,以約束保險人及其代理人的行為,平衡保險人與投保人或被保險人的權利義務關係。

棄權是指保險人放棄其在保險合同中可以主張的某種權利,保險人一旦棄權,則不得重新主張該項權利。禁止反言是指保險人明知有影響保險合同效力的因素或者事實存在,卻以其言辭或行為誤導不知情的投保人或被保險人相信保險合同無瑕疵,則保險人不得再以該因素或者事實的存在對保險合同的效力提出抗辯,即禁止保險人反言。

棄權一般因保險人單方面的言辭或行為而發生效力。構成保險人的棄權必須具備兩個條件:第一,保險人必須知道投保人或被保險人有違反告知義務或保證條款的情形,因而享有合同解除權或抗辯權。第二,保險人必須有棄權的意思表示,包括明示表示和默示表示。例如,在海上保險中,保險人已知被保險船舶改變航線而沒有提出增加保險費或解除合同,則視為保險人放棄對不能改變航線這一要求的權利,如因改變航線而發生的保險事故造成的損失,保險人不能拒絕賠償。

棄權與禁止反言往往產生於保險代理人與投保人之間的關係上。棄權與禁止反言的限定,不僅可約束保險人的行為,要求保險人為其行為及其代理人的行為負責,同時也維護了被保險人的權益,有利於保險雙方權利義務關係的平衡。《保險法》第十六條第二款規定:「投保人故意或者因重大過失未履行前款規定的如實告知義務,足以影響保險人決定是否同意承保或者提高保險費率的,保險人有權解除合同。」《保險法》第十六條第三款規定:「前款規定的合同解除權,自保險人知道有解除事由之日起,超過三十日不行使而消滅。自合同成立之日起超過二年的,保險人不得解除合同;發生保險事故的,保險人應當承擔賠償或者給付保險金的責

任。」《保險法》第十六條第六款規定：「保險人在合同訂立時已經知道投保人未如實告知的情況的，保險人不得解除合同；發生保險事故的，保險人應當承擔賠償或者給付保險金的責任。」

(四) 違反最大誠信原則的法律後果

1. 投保人違反告知義務的法律後果

在保險實務中，投保人或被保險人違反告知義務的情形主要如下：

(1) 由於疏忽而未告知，或者對重要事實誤認為不重要而未告知；

(2) 誤告，即由於對重要事實認識的局限，包括不知道、瞭解不全面或不準確等而導致的誤告，但並非故意欺騙；

(3) 隱瞞，即明知某些事實會影響保險人承保的決定或承保的條件而故意不告知；

(4) 詐欺，即懷有不良的企圖，捏造事實，故意進行不實告知。

不管投保人或被保險人的動機如何，未盡如實告知義務時，根據各國保險法的規定，保險人有解除保險合同的權利。因為投保人或被保險人違反如實告知的義務，會使得保險人在承保後處於不利的地位，若繼續維持保險合同的效力，不僅對保險人不公平，也損害了其他被保險人的利益。正是基於此種考慮，中國《保險法》對此制定了具體的規定：

(1) 關於解除保險合同的規定。《保險法》第十六條第二款規定：「投保人故意或者因重大過失未履行前款規定的如實告知義務，足以影響保險人決定是否同意承保或者提高保險費率的，保險人有權解除合同。」

《保險法》第二十七條第一款、第二款規定：「未發生保險事故，被保險人或者受益人謊稱發生了保險事故，向保險人提出賠償或者給付保險金請求的，保險人有權解除合同，並不退還保險費。投保人、被保險人故意製造保險事故的，保險人有權解除合同，不承擔賠償或者給付保險金的責任；除本法第四十三條規定外，不退還保險費。」

(2) 關於不承擔賠償或給付保險金責任的規定。《保險法》第十六條第四款規定：「投保人故意不履行如實告知義務的，保險人對於合同解除前發生的保險事故，不承擔賠償或者給付保險金的責任，並不退還保險費。」

《保險法》第二十七條第三款規定：「保險事故發生後，投保人、被保險人或者受益人以偽造、變造的有關證明、資料或者其他證據，編造虛假的事故原因或者誇大損失程度的，保險人對其虛報的部分不承擔賠償或者給付保險金的責任。」

《保險法》第四十九條第二款規定：「保險標的轉讓的，被保險人或者受讓人應當及時通知保險人，但貨物運輸保險合同和另有約定的合同除外。」《保險法》第四十九條第四款規定：「被保險人、受讓人未履行本條第二款規定的通知義務的，因轉讓導致保險標的危險程度顯著增加而發生的保險事故，保險人不承擔賠償保險金的責任。」

(3) 關於退還保險費或按比例減少保險金的規定。《保險法》第十六條第五款

規定:「投保人因重大過失未履行如實告知義務,對保險事故的發生有嚴重影響的,保險人對於合同解除前發生的保險事故,不承擔賠償或者給付保險金的責任,但應當退還保險費。」

《保險法》第三十二條規定:「投保人申報的被保險人年齡不真實,並且其真實年齡不符合合同約定的年齡限制的,保險人可以解除合同,並按照合同約定退還保險單的現金價值。保險人行使合同解除權,適用本法第十六條第三款、第六款的規定。投保人申報的被保險人年齡不真實,致使投保人支付的保險費少於應付保險費的,保險人有權更正並要求投保人補交保險費,或者在給付保險金時按照實付保險費與應付保險費的比例支付。投保人申報的被保險人年齡不真實,致使投保人支付的保險費多於應付保險費的,保險人應當將多收的保險費退還投保人。」

2. 保險人違反告知義務的法律後果

保險人違反告知義務的常見情形如下:

(1) 未盡責任免除條款明確說明義務;
(2) 在保險業務活動中隱瞞與保險合同有關的重要情況,欺騙投保方;
(3) 拒不履行保險賠付義務;
(4) 阻礙投保方履行如實告知義務;
(5) 誘導投保方不履行如實告知義務;
(6) 承諾給投保方非法保險費回扣或其他利益等。

對於保險人未履行告知義務的法律後果,中國《保險法》第十七條第二款進行了規定:「對保險合同中免除保險人責任的條款,保險人在訂立合同時應當在投保單、保險單或者其他保險憑證上作出足以引起投保人注意的提示,並對該條款的內容以書面或者口頭形式向投保人作出明確說明;未作提示或者明確說明的,該條款不產生效力。」

3. 違反保證的法律後果

保險活動中,無論是明示保證還是默示保證,保證的事項均屬重要事實,因而被保險人一旦違反保證的事項,保險合同即告失效,或者保險人拒絕賠償損失或給付保險金,而且除人壽保險外,保險人一般不退還保費。

符合下列情況之一,保險人不得以被保險人破壞保證為由使合同失效或解除合同:

(1) 因環境變化使被保險人無法履行保證事項;
(2) 因國家法律、法令、行政規定等變更,使被保險人不能履行保證事項,或履行保證事項就會違法時;
(3) 被保險方破壞保證由保險人事先棄權所致,或保險人發現破壞保證仍保持沉默,亦視為棄權。

保證是對某個特定事項的作為與不作為,不是對整個保險合同的保證,因此在某種情況下,違反保證條件只部分地損害了保險人的利益,保險人只應就違反保證部分拒絕承擔履行賠償義務。違反確認保證,保險合同自始無效;違反承諾保證,

保險合同自違背之時起歸於無效。被保險人破壞保證而使合同無效時，保險人無須退還保險費。

第三節　近因原則

一、近因原則的含義

當保險標的遭受損害時，被保險人能否得到保險賠償或取得保險金，取決於損害事故發生的原因是否屬於保險責任，若屬於保險責任，保險人責無旁貸，必須承擔賠償損失或給付保險金的義務；若是除外責任，保險人可以免責。

但是在保險實踐中，保險標的的損害並不總是由單一的原因造成的，損害發生的原因經常是錯綜複雜的，其表現形式也是多種多樣的，有的是同時發生，有的是不間斷地連續發生，有的則是時斷時續，而且這些原因有的屬於保險責任，有的又不屬於保險責任。對於這一類因果關系較為複雜的賠案，保險人應如何判定責任歸屬呢？這就需要根據近因原則來進行分析。

所謂近因，不是指在時間上或空間上與損失結果最接近的原因，而是指造成損失的最直接、最有效、起主導作用或支配作用的原因。近因原則是指在風險事故與保險標的損害關系中，如果近因屬於保險風險，保險人應付賠付責任；如果近因屬於不保風險，保險人不負賠償責任。也就是說，只有當承保風險是損失發生的近因時，保險人才負責賠償。英國《1906年海上保險法》第五十五條第一款規定[①]：本法規定及除保險單另有規定外，保險人對承保風險作為近因而導致的任何損失承擔保險責任，但是，如前所述，保險人將不對承保風險並非近因而導致的任何損失承擔保險責任。

在保險的發展歷史中，1918年萊蘭船舶有限公司訴諾維奇聯合火災保險公司案（Leyland Shipping Co. V Norwich Union Fire Insurance Society-1918）是一個著名的案例，這一案例有助於我們對近因原則的理解。第一次世界大戰期間，一艘名為「艾卡麗亞號」的船舶在駛往法國勒哈佛爾港的途中，被德國潛艇發射的魚雷擊中後出現了一個大洞，嚴重受損，但船長依然將船舶駛到了目的港。船舶到達目的港後即進行修理，後天氣預報有暴風雨來臨，港口當局害怕船舶沉沒在碼頭泊位而妨礙其他船舶的進出，遂命令該船舶駛往外港停泊。後暴風雨侵襲，在風浪的作用下船舶進水沉沒，該船舶只投保了普通船舶保險而未投保戰爭險。船舶公司向保險人提出索賠，保險人以船舶的損失並非保險近因而拒賠。船舶公司索賠遭拒後訴至法院。審理此案的英國上議院大法官羅得·肖（Lord Shaw）認為，導致船舶沉沒的原

[①] 英文原文：Subject to the provisions of this Act, and unless the policy otherwise provides, the insurer is liable for any loss proximately caused by a peril insured against, but, subject as aforesaid, he is not liable for any loss which is not proximately caused by a peril insured against.

因包括魚雷擊中和海浪衝擊，但船舶在魚雷擊中後始終沒有脫離危險，因此船舶沉沒的近因是魚雷擊中而不是海浪衝擊。他認為，近因不是指時間上的接近，真正的近因是指效果上的接近，是導致承保損失的真正有效原因。近因所表示的是對結果產生作用的最有效的因素。如果在各種因素或原因同時存在的情況下選擇一個作為近因，那麼必須選擇那個具有現實性、決定性和有效性的原因。英國通過該案確立了「近因原則」，後來這一原則很快被其他國家的立法所確認。

近因原則是保險理賠中必須遵循的重要原則，堅持近因原則，有利於正確、合理地判定損害事故的責任歸屬，從而有利於維護保險雙方當事人的合法權益。

二、近因原則的應用

從理論上來說，近因原則比較簡單，但在實踐中要從錯綜複雜的眾多原因中找出近因則有相當的難度。認定近因的關鍵是確定風險因素與損失之間的關系，確定這種因果關系的基本方法有兩種：一是從最初事件出發，按邏輯推理直到最終損失發生，最初事件就是最後一個事件的近因；二是從損失開始，沿系列自後往前推，追溯到最初事件，如沒有中斷，最初事件即為近因。從近因的認定與保險責任的確定來看，主要包括以下幾種情況：

（一）單一原因造成的損害

單一原因造成的損害，即損失由單一原因造成。如果保險標的損失由單一原因所致，則該原因即為近因。若該原因屬於保險責任事故，則保險人應負賠償責任；反之，若該原因屬於責任免除項目，則保險人不負賠償責任。

（二）同時發生的多種原因造成的損害

同時發生的多種原因造成的損害，即損失由多種原因造成，而且這些原因幾乎同時發生，無法區分時間上的先後順序。如果損失的發生有同時存在的多種原因，且對損失都起決定性作用，則它們都是近因。保險人是否承擔賠付責任，應區分兩種情況：第一，如果這些原因都屬於保險責任，保險人則承擔賠付責任；相反，如果這些原因都屬於除外責任，保險人則不承擔賠付責任。第二，如果這些原因中既有保險責任，也有除外責任的，保險人是否承擔賠付責任則要看損失結果是否能夠分清，對於損失結果可以分別計算的，保險人只負責保險責任所致損失的賠付；對於損失難以劃分的，保險人一般不予負責賠付或者與被保險人協商解決，對損失按比例分攤。

（三）連續發生的多種原因造成的損害

如果損失的發生是由具有因果關系的連續事故所致，保險人是否承擔賠付責任，要區分兩種情況：第一，如果這些原因中沒有除外風險，則這些保險風險即為損失的近因，保險人應負賠付責任。第二，如果這些原因中既有保險風險，又有除外風險，則要看損失的前因是保險風險還是除外風險。如果前因是保險風險，後因是除外風險，且後因是前因的必然結果，則保險人應承擔賠付責任；相反，如果前因是除外風險，後因是保險風險，且後因是前因的必然結果，保險人則不承擔賠付

責任。

例如，二戰時英國曾經有一倉庫投保了火災保險後因德國飛機的轟炸而起火受損，於是該倉庫投保人向法院提起訴訟，要求保險人賠償。法院經審理認為，造成該倉庫起火的近因是戰爭行為，不屬於一般的火災保險範圍，因此判決保險人不予承擔責任。

又如，上海一大樓起火，本身損失不大，但是由於火災燒及電線造成短路，致使樓下機器停轉，並引發一系列事故，最終使機器和大樓受到嚴重損失。法院判決，頂樓失火是造成上述事故的近因，保險人應當在火災保險單的範圍內賠償損失。

以上案例說明了損失的發生至少有兩種風險，有保險風險和除外風險，需要判斷前因還是後因才是導致損失發生最直接、最有效的近因。

(四) 間斷發生的多種原因造成的損害

造成損失的風險事故先後出現，但前因與後因之間不相關聯，即後來發生的風險是另一個新爆發而有完全獨立的原因造成的，而不是前因造成的直接或自然的結果。這種情況下，新介入的獨立原因即為近因。如果該近因屬於保險責任範圍內的風險，保險公司應該對風險所致損失承擔賠償責任；反之，則保險公司不負責賠償。

在保險實踐中，由於致損原因的發生與損失結果之間的因果關系錯綜複雜，判定近因和運用近因原則並不是件容易的事。中國的《保險法》和《海商法》都沒有關於「近因原則」的明確規定，使得保險合同雙方當事人在處理相關案件時缺乏足夠的法律依據，在一定程度上影響了保險工作的開展和賠案的處理。雖然中國的法律沒有關於「近因原則」的規定，但一個新的司法動向是《最高人民法院關於審理保險糾紛案件若干問題的解釋》（徵求意見稿）第十九條對「近因」作出了規定：「人民法院對保險人提出的其賠償責任限於以承保風險為近因造成損失的主張應當支持。近因是指造成承保損失起決定性、有效性的原因。」

第四節　損失補償原則

一、損失補償原則的概念

損失補償是保險的基本職能，也是保險事業的出發點和歸宿點，因而損失補償原則是保險的重要原則。損失補償原則是指保險合同生效後，當保險標的發生保險責任範圍內的損失時，通過保險賠償，使被保險人恢復到受災前的經濟原狀，但不能因損失而額外受益。

損失補償原則體現了保險的宗旨，即確保被保險人通過保險可以獲得經濟保障，同時又要防止被保險人利用保險從中牟利，從而保證保險事業健康、有序地

發展。

損失補償原則主要適用於財產保險以及其他補償性保險合同。

二、損失補償原則的基本內容

(一) 被保險人請求賠償的條件

被保險人請求保險賠償時必須具備以下條件：

1. 被保險人對保險標的具有保險利益

根據保險利益原則，財產保險不僅要求投保人或被保險人投保時對保險標的具有保險利益，而且要求在保險合同履行過程中，特別是保險事故發生時，被保險人對保險標的必須具有保險利益，否則就不能取得保險賠償。

2. 被保險人遭受的損失在保險責任範圍內

被保險人遭受的損失在保險責任範圍內包括兩個方面：一是遭受損失的必須是保險標的；二是保險標的的損失必須是由保險風險造成的。只有符合這兩個條件，被保險人才能要求保險賠償，否則保險人不承擔賠償責任。

3. 被保險人遭受的損失能用貨幣衡量

如果被保險人遭受的損失不能用貨幣衡量，保險人無法核定損失，從而也無法支付保險賠償。保險賠償應以補償實際損失金額為限。

(二) 損失補償原則的限制條件

1. 以實際損失為限

在補償性保險合同中，保險標的遭受損失後，保險賠償以被保險人所遭受的實際損失為限，全部損失全部賠償，部分損失部分賠償。例如，企業投保財產綜合險，確定某類固定資產保險金額為 30 萬元，一起重大火災事故發生使其全部毀損，損失時該類固定資產的市價為 25 萬元，保險人按實際損失賠償被保險人 25 萬元。

2. 以保險金額為限

保險金額是指保險人承擔賠償或給付保險金責任的最高限額。賠償金額只應低於或等於保險金額而不應高於保險金額，因為保險金額是以保險人已收取的保費為條件確定的保險最高責任限額，超過這個限額，將使保險人處於不平等的地位。即使發生通貨膨脹，仍以保險金額為限。例如，某套房屋按實際價值 100 萬元投保火災保險，3 個月後房屋毀於火災，發生火災當時該房屋的市價上漲為 120 萬元。此時被保險人的實際損失是 120 萬元，但由於保險金額是 100 萬元，所以保險人只賠付 100 萬元。

3. 以保險利益為限

保險人的賠償以被保險人所具有的保險利益為前提條件和最高限額，被保險人所得的賠償以其對受損標的的保險利益為最高限額。財產保險中，如果保險標的受損時財產權益已全部轉讓，則被保險人無權索賠；如果被保險人喪失了對保險標的部分保險利益，那麼保險人對被保險人的賠償僅以仍然存在的那部分保險利益為限。

(三) 損失補償範圍與實現方式

1. 損失補償範圍

損失補償首先必須以保險事故發生為前提，以造成保險標的的損失為結果。補償既包括保險標的的損失，也包括造成保險標的損失的各種費用。損失補償範圍主要包括：

(1) 對被保險人因自然災害或意外事故造成的經濟損失的補償；

(2) 對被保險人依法應對第三者承擔的經濟賠償責任的經濟損失的補償；

(3) 對商業信用中違約行為造成的經濟損失的補償；

(4) 對被保險人支付的必要的合理的費用的補償（包括損失施救費用、查勘檢驗鑒定費用及訴訟仲裁費用）。

2. 損失補償的實現方式

損失補償方式的選擇主要是依據受損標的性質以及受損狀況。通常採用的損失補償方式有以下幾種：

(1) 現金賠付。現金賠付方式是保險人最常用的一種方式，尤其是財產損失保險、責任保險等，通常都採用現金賠付的方式。

(2) 修理。當保險標的發生部分損失或部分零部件的殘損時，通常保險人委託有關維修部門對受損標的物予以修理，修理費用由保險人予以承擔，如汽車保險。

(3) 更換。更換作為一種損失補償方式，在個別情況下也是有效的。當受損標的物的零部件因保險事故滅失而無法修復時，保險人通常採用替代、更換的方式進行補償，如機動車輛的擋風玻璃保險。

(4) 重置。重置是當被保險標的損毀或滅失時，保險人負責重新購置與原被保險標的等價的標的，以恢復被保險人財產的原來面目。因重置的風險較大，除有特殊規定，保險人一般不採取這種方式。

(四) 損失補償的方式

損失補償的方式是損失補償原則的具體應用，財產保險補償方式主要有以下兩種：

1. 第一危險賠償方式

第一危險賠償方式又稱第一損失賠償方式，把保險財產的價值分為兩個部分：第一部分為保險金額以內的部分，這部分已投保，保險人對其承擔損失賠償責任；第二部分為超過保險金額的部分，這部分由於未投保，因此保險人不承擔損失賠償責任。由於保險人只對第一部分的損失承擔賠償責任，故稱為第一損失賠償方式。

第一危險賠償方式是在保險金額限度內，按照實際損失賠償。計算公式如下：

當損失金額≤保險金額時，賠償金額≤損失金額

當損失金額>保險金額時，賠償金額＝保險金額

2. 比例賠償方式

比例賠償方式是按保障程度，即保險金額與損失發生時保險財產的實際價值的

比例計算賠償金額。計算公式如下：

賠償金額=損失金額×(保險金額/損失發生時保險財產的實際價值)

採用比例計算賠償方式，保障程度越高，即保險金額越接近保險財產的實際價值，賠償金額也就越接近損失金額。如果保障程度是百分之百，賠償金額就等於損失金額。因此，被保險人若想得到十足的補償，就必須按財產的實際價值足額投保。

三、損失補償原則的例外

損失補償原則雖然是財產保險的一項基本原則，但在保險實務中有以下一些特殊的情況：

（一）定值保險

定值保險是指保險合同雙方當事人在訂立保險合同時，約定保險標的的價值，並以此確定為保險金額，視為足額投保。當保險事故發生時，保險人不論保險標的的損失在當時的市價如何，即不論保險標的的實際價值大於或小於保險金額，均按損失程度十足賠付。計算公式如下：

保險賠款=保險金額×損失程度

定值保險合同中的保險賠款可能超過實際損失，如市價下跌，則保險金額可能大於保險標的的實際價值；相反，如果市價上漲，則保險金額可能小於保險標的的實際價值。因此，定值保險是損失補償原則的特例。海上貨物運輸保險通常採用定值保險的方式，這是因為運輸貨物出險地不固定，目的地的市價也不一樣，如果按照損失當時的市價確定損失，不僅麻煩，而且容易引起糾紛甚至誘發道德風險，故採用定值保險的方式。

（二）重置價值保險

重置價值保險是指以被保險人重置或重建保險標的所需費用或成本確定保險金額的保險。一般財產保險是按保險標的的實際價值投保，發生損失時，按實際損失賠付，使受損的財產恢復到原來的狀態，由此恢復被保險人失去的經濟利益。但是由於通貨膨脹、物價上漲等因素，有些財產（如建築物或機器設備）即使按實際價值足額投保，保險賠款也不足以進行重置或重建。為了滿足被保險人對受損的財產進行重置或重建的需要，保險人允許被保險人按超過保險標的實際價值的重置或重建價值投保，發生損失時，按重置費用或成本賠付。這樣就可能出現保險賠款大於實際損失的情況，因此重置價值保險也是損失補償原則的特例。

（三）人身保險

人身保險合同不是補償性合同，而是給付性合同。由於人身保險的保險標的是無法估價的人的生命或身體機能，其保險利益也是無法估價的。被保險人發生傷殘、死亡等事件，給其本人及家庭所帶來的經濟損失和精神上的痛苦都不是保險金所能彌補得了的，保險金只能在一定程度上幫助被保險人及其家庭緩解由於保險事故的發生而帶來的經濟困難，幫助其擺脫困境，給予其精神上的安慰。人身保險的

保險金額或賠償限額是根據被保險人的需要和支付保險費的額度來確定，當保險事故或保險事件發生時，保險人按雙方事先約定的金額或限額賠付。因此，損失補償原則不適用於人身保險。

第五節　損失補償原則的派生原則

損失補償原則的派生原則包括代位原則和分攤原則，它們是遵循損失補償原則的必然要求和結果。

一、代位原則

代位原則是損失補償原則的派生原則，是指在財產保險中，由於第三者責任導致發生保險事故造成保險標的的損失，保險人按照保險合同的約定履行保險賠償義務後，依法取得對保險標的的所有權或對保險標的的損失負有責任的第三者的追償權。

代位原則包括權利代位和物上代位。

（一）權利代位

權利代位又稱代位求償權，是指在財產保險中，保險標的由於第三者責任導致保險損失，保險人向被保險人支付保險賠款後，在賠償金額的限度內，依法取得對第三者的索賠權。

《保險法》第六十條第一款規定：「因第三者對保險標的的損害而造成保險事故的，保險人自向被保險人賠償保險金之日起，在賠償金額範圍內代位行使被保險人對第三者請求賠償的權利。」

《海商法》第二百五十二條規定：「保險標的發生保險責任範圍內的損失是由第三人造成的，被保險人向第三人要求賠償的權利，自保險人支付賠償之日起，相應轉移給保險人。」

在財產保險中，當保險標的發生損失，既屬於保險責任，又屬於第三者負有經濟賠償責任時，被保險人有權向保險人請求賠償，也可以向第三者責任方請求賠償。如果被保險人已從責任方取得全部賠償，保險人即可免去賠償責任；如果被保險人從責任方得到部分賠償，保險人在計算賠償金時，將相應扣減被保險人從第三者已取得的賠償。如果被保險人首先向保險人提出索賠，保險人應當按照保險合同的規定支付保險賠款，被保險人取得保險賠款後，應將向第三者責任方追償的權利轉移給保險人，由保險人代位行使向第三者追償的權利。被保險人不能同時取得向保險人和第三者的賠款而獲得雙重或多於保險標的實際損害的補償。

1. 權利代位的作用

（1）維護補償原則，防止被保險人得到雙重賠償。由於損失補償原則要求被保險人獲得的補償不得超過其遭受的損害，而當保險事故是由第三者責任造成且該

種損害的原因又屬保險責任時，被保險人有權依據保險合同向保險人請求賠償，也有權對造成損害的第三者要求賠償。由於被保險人同時擁有兩方面的損害賠償請求權，被保險人行使請求權的結果就可能就其同一保險標的的損害獲得雙重的或多於保險標的實際損害的補償，這不符合損失補償原則。因此，在被保險人取得保險賠償後，應當將向第三者請求賠償的權利轉移給保險人，由保險人代位追償。代位追償原則的規定的目的就在於防止被保險人獲得雙重利益。

（2）有利於被保險人及時獲得經濟補償，盡快恢復正常的生產和生活。被保險人之所以購買保險，就是為了在發生損失後能夠及時得到賠償以迅速恢復正常的生產和生活。第三者的侵權行為對被保險人而言也屬於意外風險，但在實務中，向第三者追償往往是漫長的過程。因此，先由保險人定損理賠，再由保險人向第三者追償，這樣被保險人就能及時得到賠付，保護被保險人的利益。

（3）有利於維護社會公共利益和保險人的合法利益。為了維護社會公共利益，保障公民、法人的合法權益不受侵害，要求致害人應對受害人承擔經濟賠償責任，不能因為受害人已經得到了保險賠償就免除致害人的責任，否則就不符合公平原則。通過代位求償，保險人可以向致害人追回支付的賠償費用，從而維護保險人的合法利益。

2. 代位求償權產生的條件

代位求償權產生必須具備下列四個條件：

（1）保險標的損失的原因屬於保險責任範圍，保險人應當承擔賠償責任。只有保險責任範圍內的事故造成保險標的的損失，保險人才負責賠償，否則保險人無需承擔賠償責任。受害人只能向有關責任方索賠或自己承擔損失，與保險人無關，也就不存在保險人代位追償的問題。

（2）保險事故的發生是由第三者的責任造成的，被保險人對第三者享有賠償請求權。只有被保險人有權向第三者請求賠償，並在取得保險賠償後才能將向第三者請求賠償的權利轉移給保險人，由保險人代位追償。

（3）被保險人不能放棄向第三方追償的權利。

（4）保險人必須首先向被保險人履行賠償責任。因為代位追償權是債權的轉移，在債權轉移之前是被保險人與第三者之間特定的債權債務關係，與保險人沒有直接的法律關係。保險人只有依照保險合同的規定向被保險人給付保險賠償金後，才能依法取得對第三者請求賠償的權利。

3. 保險人在代位求償中的權益範圍

（1）保險人在代位求償中享有的權益以其向被保險人賠付的金額為限，如果保險人向第三者追償到的款額大於其對被保險人的賠償，其超過部分應歸還給被保險人所有。保險人不能通過行使代位追償權而獲得額外的利益，損害被保險人的利益。

（2）當第三者造成的損失大於保險人支付的賠償金額時，被保險人有權就未取得賠償部分對第三者請求賠償。《保險法》第六十條第三款規定：「保險人依照

本條第一款規定行使代位請求賠償的權利，不影響被保險人就未取得賠償的部分向第三者請求賠償的權利。」

(3) 被保險人不能損害保險人的代位求償權並要協助保險人行使代位追償權。《保險法》第六十一條規定：「保險事故發生後，保險人未賠償保險金之前，被保險人放棄對第三者請求賠償的權利的，保險人不承擔賠償保險金的責任。保險人向被保險人賠償保險金後，被保險人未經保險人同意放棄對第三者請求賠償的權利的，該行為無效。被保險人故意或者因重大過失致使保險人不能行使代位請求賠償的權利的，保險人可以扣減或者要求返還相應的保險金。」《保險法》第六十三條規定：「保險人向第三者行使代位請求賠償的權利時，被保險人應當向保險人提供必要的文件和所知道的有關情況。」

4. 保險人取得代位求償權的方式

保險人取得代位求償權的方式一般有兩種：一是法定方式，即權益的取得無須經過任何人的確認；二是約定方式，即權益的取得必須經過當事人的磋商、確認。《保險法》第六十條第一款規定：「因第三者對保險標的的損害而造成保險事故的，保險人自向被保險人賠償保險金之日起，在賠償金額範圍內代位行使被保險人對第三者請求賠償的權利。」無須經過被保險人的確認。

但是在保險實踐中，保險人支付保險賠款後，通常要求被保險人簽署「賠款收據與權益轉讓書」，特別是海上貨物運輸保險，保險人在確認保險責任和理賠金額後即預先安排被保險人簽署「賠款收據與權益轉讓書」，貨物的損失往往涉及船方或其他第三者的責任，而保險人向責任方追償的時間卻受到時效的限制。「賠款收據與權益轉讓書」能起到確認保險賠款的時間和賠款金額，同時也就確認了保險人取得代位追償權的時間和向第三者追償所能獲得的最高賠償額的作用。

5. 代位求償的對象及其限制

保險代位求償的對象為對保險事故的發生和保險標的的損失負有民事賠償責任的第三者，可以是自然人，也可以是法人。保險人賠償被保險人損失後，依法取得對第三者代位追償的情況包括：

(1) 第三者對被保險人的侵權行為，導致保險標的遭受保險事故和損失，依法應承擔損害賠償責任。《中華人民共和國民法通則》（以下簡稱《民法通則》）第一百零六條第二款和第三款規定：「公民、法人由於過錯侵害國家的、集體的財產，侵害他人財產、人身的，應當承擔民事責任。沒有過錯，但法律規定應當承擔民事責任的，應當承擔民事責任。」民事責任是以經濟利益為特點，即受害人所遭受的經濟損失要由致害人給予補償。因此，第三者應對其侵權行為導致的保險標的的損失承擔賠償責任。例如，第三者違章行駛，造成交通事故，導致被保險車輛的損失，第三者依法應對被保險人承擔侵權的民事損害賠償責任。

(2) 第三者不履行合同規定的義務，造成保險標的的損失，根據合同的約定，第三者應對保險標的的損失承擔賠償責任。例如，在貨物運輸保險中，由於承運人的野蠻裝卸，造成運輸貨物的損毀，根據運輸合同的規定，承運人應對被保險人承

擔損害賠償責任。

（3）第三者不當得利行為造成保險標的的損失，依法應承擔賠償責任。例如，第三者通過盜竊行為，非法佔有保險標的，造成被保險人的損失，根據法律規定，如案件破獲，應當向第三者即竊賊進行追償。

（4）其他依據法律規定，第三者應承擔的賠償責任。例如，海上保險中，共同海損的受益人對共同海損負有分攤損失的責任。

代位求償的對象往往受到法律的限制或約束。《保險法》第六十二條規定：「除被保險人的家庭成員或者其組成人員故意造成本法第六十條第一款規定的保險事故外，保險人不得對被保險人的家庭成員或者其組成人員行使代位請求賠償的權利。」這是因為被保險人的家庭成員或其他組成人員往往與被保險人具有一致的利益，某一個成員的利益受損，被保險人的利益同樣遭受損失；某一成員的利益得到保護，被保險人的利益實質上也得到保護。如果保險人對被保險人先行賠付，然後再向被保險人的家庭成員或其組成人員追償損失，則等於又向被保險人索還，被保險人的損失將得不到真正的補償，保險也就失去了其以保障為內涵的意義了。

此外，如前所述，代位求償權一般不適用於人身保險。中國《保險法》第四十六條規定：「被保險人因第三者的行為而發生死亡、傷殘或者疾病等保險事故的，保險人向被保險人或者受益人給付保險金後，不享有向第三者追償的權利，但被保險人或者受益人仍有權向第三者請求賠償。」但是從理論上來講，在醫療保險中，保險人賠付的醫療費用保險金應屬於對被保險人支出醫療費用的補償，不僅有價值，而且還是可以確定。因此，在費用型的醫療保險中，保險人對於因第三者責任而支付的保險金在理論上仍然是可以進行追償的。

（二）物上代位

物上代位是指保險標的遭受保險責任保險範圍內的損失，保險人按保險金額全部賠付後，依法取得該標的的所有權，即代位取得對受損保險標的的權利與義務。

1. 物上代位產生的基礎

物上代位通常產生於對保險標的的推定全損的處理。所謂推定全損，是指保險標的遭受保險事故，尚未達到完全損毀或完全滅失的狀態，但實際全損已不可避免；或者修復和施救費用將超過保險價值；或者失蹤達一定時間，保險人按照全損處理的一種推定性損失。由於推定全損是保險標的並未完全損毀或者滅失，即還有殘值，而失蹤可能是被他人非法佔有並非物質上滅失，日後或許能夠得到索還，所以保險人在按全損支付保險賠款後，理應取得保險標的的所有權，否則被保險人就可能由此而獲得額外的利益。

2. 物上代位權的取得

保險人物上代位權的取得是通過委付來實現的。所謂委付，是指保險標的發生推定全損時，投保人或被保險人將保險標的的一切權益轉移給保險人，而請求保險人按保險金額全數賠償的行為。委付是一種放棄物權的法律行為，在海上保險中經常採用。

委付的成立必須具備以下的條件：

（1）委付必須由被保險人向保險人提出。中國《海商法》第二百四十九條第一款規定：「保險標的發生推定全損，被保險人要求保險人按照全部損失賠償的，應當向保險人委付保險標的。保險人可以接受委付，也可以不接受委付，但是應當在合理的時間內將接受委付或者不接受委付的決定通知被保險人。」委付通知是被保險人向保險人作推定全損索賠之前必須提交的文件，被保險人不向保險人提出委付，保險人對受損的保險標的只能按部分損失處理。委付通知通常採用書面的形式。

（2）委付應是就保險標的的全部提出請求。由於保險標的的不可分性，委付也具有不可分性，所以委付應就保險標的的全部提出。如果僅委付保險標的的一部分，而其餘部分不委付，則容易產生糾紛。但如果保險標的是由獨立可分的部分組成，其中只有一部分發生委付原因，可僅就該部分保險標的請求委付。

（3）委付不得附有條件。中國《海商法》第二百四十九條第二款明確規定：「委付不得附帶任何條件。」例如，船舶失蹤而被推定全損，被保險人請求委付，但不得要求日後如若船舶被尋回，將返還其受領的賠償金而取回該船。因為這會增加保險合同雙方關係的複雜性，從而增加保險人與被保險人之間的糾紛。

（4）委付必須經過保險人的同意。被保險人向保險人發出的委付通知，必須經保險人的同意才能生效。保險人可以接受，也可以不接受。因為委付不僅將保險標的的一切權益轉移給保險人，同時也將被保險人對保險標的的所有義務一起轉移給了保險人。中國《海商法》第二百五十條規定：「保險人接受委付的，被保險人對委付財產的全部權利和義務轉移給保險人。」因此，保險人在接受委付之前必須慎重考慮，權衡利弊，即受損保險標的的殘值是否能大於將要由此而承擔的各種義務和責任風險所產生的經濟損失，不能貿然從事。例如，船舶因沉沒而推定全損，被保險人提出委付，保險人要考慮打撈沉船所能獲得的利益是否大於打撈沉船以及由此而產生的各項費用支出。

被保險人提出委付後，保險人應當在合理的時間內將接受委付或不接受委付的決定通知被保險人。如果超過合理的時間，保險人對是否接受委付仍然保持沉默，應視為不接受委付的行為，但被保險人的索賠權利並不因保險人不接受委付而受到影響。在保險人未作出接受委付的意思表示之前，被保險人可以隨時撤回委付通知。但保險人一經接受委付，委付即告成立，雙方都不能撤銷，保險人必須以全損賠付被保險人，同時取得保險標的物上代位權，包括標的物上的所有權利和義務。

3. 保險人在物上代位中的權益範圍

由於保險標的的保障程度不同，保險人在物上代位中所享有的權益也有所不同。《保險法》第五十九條規定：「保險事故發生後，保險人已支付了全部保險金額，並且保險金額等於保險價值的，受損保險標的的全部權利歸於保險人；保險金額低於保險價值的，保險人按照保險金額與保險價值的比例取得受損保險標的的部分權利。」即在足額保險中，保險人按保險金額支付保險賠償後，即取得對保險標

的的全部所有權。在這種情形下，由於保險標的的所有權已經轉移給保險人，保險人在處理標的物時所獲得的利益如果超過所支付的賠償金額，超過的部分歸保險人所有。此外，如有對第三者損害賠償請求權，索賠金額超過其支付的保險賠償金額，也同樣歸保險人所有，這一點與代位求償權不同。而在不足額保險中，保險人只能按照保險金額與保險價值的比例取得受損標的的部分權利。由於保險標的的不可分性，保險人在依法取得受損保險標的的部分權利後，通常將該部分權利作價折給被保險人，並在保險賠償中作相應的扣除。

物上代位是一種所有權的代位。代位求償權中可以取得的是向第三者的追償權。與代位求償權不同，保險人一旦取得物上代位權，就擁有了該受損標的的所有權，處理該受損標的的所得的一切收益歸保險人所有，即使該利益超過保險賠款仍歸保險人所有。委付在海上保險中最為常見。例如，某公司從國外進口一批散裝原糖，卸貨後發現原糖受到硫酸銨的殘餘物污染，收貨人估計精煉加工整理費會超過原糖的價值，於是將受損貨物委付給保險人，保險人按推定全損賠付，並接受了委付，受損貨物的所有權即歸屬保險人。日後，因原糖價格上漲，保險人處理受損貨物的所得利益超過了賠款，則全歸保險人獲得。又如，假定某公司船舶保險金額為 1 億元，因保險責任範圍內的損失原因在某海域發生觸礁而沉沒，由於技術條件的限制而不能及時打撈，因此保險人很難確定沉船的損失情況，對被保險人提出的委付申請決定接受，並對此事故按推定全損方式賠付了全部保險金額。事故發生 3 年後，保險人委託打撈公司將沉船成功打撈，此時由於國際海運的復甦，船舶價格上漲，該沉船經修復後以 1.3 億元價格出售，打撈和修復費用為 2,000 萬元，保險人獲利 1,000 萬元。被保險人認為保險人不當得利，要求保險人將其收益的 1,000 萬元歸還被保險人。後經司法判決，被保險人敗訴。因為被保險人通過委付已經喪失了對於這艘船舶的全部利益。

二、分攤原則

(一) 分攤原則的含義

分攤原則也是損失補償原則的派生原則，是指在重複保險的情況下，當保險事故發生時，各保險人採取適當的分攤方法分配賠償責任，使被保險人既能得到充分的補償，又不會超過其實際損失而獲得額外的利益。分攤原則主要運用於重複保險的情況。

中國《保險法》第五十六條第四款規定：「重複保險是指投保人對同一保險標的、同一保險利益、同一保險事故分別與兩個以上保險人訂立保險合同，且保險金額總和超過保險價值的保險。」對於重複保險，各國保險立法都規定，投保人有義務將重複保險的有關情況告知保險人。《保險法》第五十六條第一款規定：「重複保險的投保人應當將重複保險的有關情況通知各保險人。」《保險法》並未對重複保險行為加以禁止，但為了防止重複保險的存在所產生的不良後果，防止被保險人獲得額外利益，對各保險人如何承擔賠償責任進行了規定，並對各保險人的賠償金

額總和進行了限制。

(二) 重複保險的分攤方式

在重複保險情況下，當保險事故發生時，保險標的遭受的損失由各保險人分攤。分攤的方式主要有以下三種：

1. 比例責任分攤方式

比例責任分攤方式是指按各保險人所承保的保險金額與總保險金額的比例分攤保險賠償。計算公式為：

$$某保險人賠償責任 = \frac{某保險人的保險金額}{所有保險人的保險金額之和} \times 損失金額$$

例如，甲、乙兩家保險公司同時承保同一保險標的的同一風險，甲保險單的保險金額為 8 萬元，乙保險單的保險金額為 12 萬元，損失金額為 10 萬元。兩家保險人的保險金額總和為 20 萬元。

甲保險人應賠付款額＝10×8/20＝4（萬元）

乙保險人應賠付款額＝10×12/20＝6（萬元）

甲、乙兩家保險公司分別承擔 4 萬元和 6 萬元的賠款，賠款總額為 10 萬元，正好等於被保險人的實際損失。

2. 限額責任分攤方式

限額責任分攤方式是以在沒有重複保險的條件下，各保險人依其承保的保險金額應負的賠償限額與各保險人應負賠償限額總和的比例承擔損失賠償責任。計算公式為：

$$某保險人賠償責任 = \frac{某保險人獨立責任限額}{所有保險人獨立責任限額之和} \times 損失金額$$

例如，仍以上述例題為例，甲保險人的獨立責任限額為 8 萬元，乙保險人的獨立責任限額為 10 萬元。

甲保險人應賠付款額＝10×8/(8+10)≈4.44（萬元）

乙保險人應賠付款額＝10×10/(8+10)≈5.56（萬元）

甲公司承擔賠償 4.44 萬元，乙公司承擔賠償 5.56 萬元，兩家保險公司賠款的總和也是 10 萬元。限額責任分攤方式與比例責任分攤方式的共同點是各保險人都是按照一定的比例分攤賠款責任，兩者的區別是計算分攤比例的基礎不同，前者以賠償責任為計算基礎，後者則以保險金額為計算基礎。

3. 順序責任分攤方式

順序責任分攤方式是指由先出單的保險人先在其保險金額限度內負責賠償，後出單的保險人只有在損失金額超出前一家保額的情況下，才依次在自身保額限度內賠償超出的部分。用此方式計算上例，甲保險人的賠償金額為 8 萬元，乙保險人的賠償金額是 2 萬元。

中國《保險法》第五十六條第二款規定：「重複保險的各保險人賠償保險金的總和不得超過保險價值。除合同另有約定外，各保險人按照其保險金額與保險金額

總和的比例承擔賠償保險金的責任。」顯然，中國《保險法》規定的重複保險的分攤方法主要採用的是保險金額比例責任制。

重要術語

保險利益　最大誠信原則　告知　重要事實　保證　明示保證　默示保證
棄權　禁止反言　近因原則　損失補償原則　代位原則　權利代位　物上代位
推定全損　委付　重複保險　分攤原則

復習思考題

1. 什麼是保險利益原則？為什麼保險合同的成立必須具有保險利益的存在？
2. 保險利益成立的條件是什麼？
3. 分析財產保險的保險利益來源。
4. 保險利益時效的要求是什麼？
5. 什麼是最大誠信原則？其主要內容有哪些？
6. 違反最大誠信原則的法律後果有哪些？
7. 何謂近因原則？如何判定損失近因？
8. 什麼是損失補償原則？損失補償原則的派生原則是什麼？
9. 保險人代位求償權的產生必須具備哪些條件？
10. 權利代位與物上代位有什麼區別？
11. 委付的成立必須具備哪些條件？
12. 重複保險的分攤方式有哪幾種？請掌握各種分攤方式的具體計算方法。

參考文獻

1. 項俊波. 保險原理與實務 [M]. 北京：中國財政經濟出版社，2013.
2. 魏華林，林寶清. 保險學 [M]. 3 版. 北京：高等教育出版社，2011.
3. 鐘明. 保險學 [M]. 2 版. 上海：上海財經大學出版社，2011.
4. 王緒瑾. 保險學 [M]. 5 版. 北京：高等教育出版社，2011.
5. 孫蓉，蘭虹. 保險學原理 [M]. 3 版. 成都：西南財經大學出版社，2010.
6. 庹國柱. 保險學 [M]. 6 版. 北京：首都經濟貿易大學出版社，2011.
7. 保險原理與實務編寫組. 保險原理與實務（指南）[M]. 北京：中國財政經濟出版社，2005.

第五章 財產保險

第一節 財產保險概述

一、財產保險的概念與特點

(一) 財產保險的概念

財產保險有廣義與狹義之分。廣義的財產保險是指以物質財產及相關的經濟利益和損害賠償責任為保險標的，以補償被保險人的經濟損失為目的的保險。狹義的財產保險也稱財產損失保險，專指以物質財產為保險標的的各種保險業務。

財產是金錢、財物以及民事權利義務的總和，既包括有形的物質財產（如房屋、機器設備、家庭財產等），又包括無形的財產權利（如債權、著作權等）、財產責任（如產品責任）、商業信用及其他經濟利潤（如預期利潤）等，這些有形財產和無形財產均可作為財產保險的標的。中國《保險法》第十二條第四款規定：「財產保險是以財產及其有關利益為保險標的的保險。」

(二) 財產保險的特點

與人身保險相比較，財產保險具有以下幾個特點：

1. 保險標的具有可估價性

財產保險合同中有一項特殊的內容——保險價值。這意味著財產保險的保險標的的價值是確定的、可以用金錢來衡量的。對於有形財產而言，其本身就具有客觀的市場價值；對於無形財產而言，投保人對其具有的經濟利益也必須是確定的、可以用貨幣來估算的。作為人身保險標的的人的生命和身體是難以用金錢衡量價值的。這是財產保險和人身保險最大的區別。

2. 保險金額的確定以保險價值為標準

財產保險的保險標的本身具有保險價值，因此保險金額是在對保險標的進行估

價的基礎上確定的，既可以按照保險標的的市場價值確定，也可以按照其帳面價值或重置價值去確定。與財產保險不同，人身保險的保險金額通常是根據投保方的需求和繳費能力，由投保人與保險人進行協商來確定的。

3. 財產保險是補償性保險

基於財產保險標的的性質，財產保險是補償性保險，保險標的的損失可以用貨幣來衡量。保險事故發生後，保險人對被保險人的賠償要遵循損失補償原則，即在保險金額限度內，按保單約定的賠償方式，損失多少賠償多少，被保險人不得獲得超過實際損失的利益。因此，財產保險中出現重複保險時會按照約定賠償方式由多家保險公司分攤賠款，最終達到被保險人的賠償不能超過其損失的目的。多數人身保險，尤其是人壽保險是給付性保險，人的生命和身體不能用金錢來衡量價值，因此不存在通過重複保險不當得利的問題。

4. 財產保險的保險期限較短

人身保險，特別是人壽保險，其保險期限較長，因此有以下特點：

（1）採用年度均衡保險費制，保險費多為按年度分期交納，保險費按複利計算；

（2）對被保險人而言，既具有保障性，又具有儲蓄性，保險單有現金價值；

（3）保險人每年都有固定的保險費收入由此形成的保險基金可供保險人進行中長期投資。

財產保險與人身保險不同，大部分險種的保險期限為一年期或一年內的短期。由於期限短，保險實務中要求投保人投保時一次性交清保險費，保險費不計利息。財產保險形成的保險基金一般不能作為保險人中長期投資的資金來源。財產保險只有保障性，不具有儲蓄性，保險單沒有現金價值。

5. 財產保險的風險管理專業化

與人身保險相比，財產保險的保險標的來自各行各業，種類繁多，所承保的風險類別也隨保險技術的發展而增加。首先，保險人對風險的識別、評估和費率測算工作中涉及的技術和知識比較多，顯示其業務經營的複雜性和技術性。其次，財產保險風險分佈不均衡、損失集中。例如，承保的高額保險（如飛機保險、衛星保險）和巨災保險，一旦發生保險事故，保險人的賠償金額非常巨大，嚴重影響保險人的經營穩定。因此，為分散風險，使財務穩定，保險人往往要借助再保險在保險人之間再一次分散風險。最後，財產保險不僅需要保前控制風險，而且尤其需要重視保險期間的風險管控。在財產保險經營過程中，防災防損成為業務中的重要內容和經營環節，保險公司內部需要相應設立專門機構和聘請專業人員來進行風險管理工作。

二、財產保險的保險價值和保險金額

(一) 保險價值與保險金額的概念

1. 保險價值的概念

保險價值是保險標的在某一特定時期內用貨幣估算的經濟價值。保險價值是財產保險合同的特有概念，是確定保險金額與賠償計算的依據。

2. 保險金額的概念

保險金額是指保險人在保險合同中承擔賠償或給付保險金責任的最高限額。財產保險的保險金額是根據保險標的的保險價值來確定的，一般作為保險人對受損標的的最高賠償額度，以及施救費用的最高賠償額度，也是保險人計算保險費的依據。

(二) 足額保險、不足額保險和超額保險

1. 足額保險

足額保險是指財產保險合同的保險金額與保險標的出險時的保險價值相等。在足額保險中，當保險標的發生保險事故使被保險人遭受損失時，保險人對被保險人按實際損失進行賠償，損失多少，賠償多少。

2. 不足額保險

不足額保險是指財產保險合同的保險金額小於保險標的出險時的保險價值。不足額保險的產生一般有兩種情況：一是投保時投保人僅以保險價值的一部分投保，使保險金額小於保險價值；二是投保時保險金額等於保險價值，但在保險合同有效期內，保險標的的市場價上漲，造成出險時保險單上約定的保險金額小於保險價值。在不足額保險中，除另有約定外，被保險人發生保險事故遭受損失時，保險人按照保險金額與保險價值的比例承擔賠償責任，也就是說被保險人自己承擔未投保部分的風險。

3. 超額保險

超額保險是指財產保險合同的保險金額大於保險標的出險時的保險價值。超額保險的產生一般有兩種情況：一是投保時投保人以高於保險價值的金額投保，使保險金額大於保險價值；二是投保時保險金額等於保險價值，但在保險合同有效期內，保險標的的市場價下跌，造成出險時保險單上的保險金額大於保險價值。根據損失補償原則，保險金額超過保險價值的，其超過部分無效。

(三) 定值保險、不定值保險、重置價值保險和第一危險責任保險

依據保險價值確定的時間及保險價值確定的方式，財產保險的承保方式分為以下四種：

1. 定值保險

定值保險是指保險合同雙方當事人事先確定保險標的的價值並在合同中載明的財產保險。發生保險事故時，不論出險時保險標的的價值實際是多少，保險人均按保險單上約定的保險價值及保險金額計算賠償。在保險實務中，定值保險一般適用

於不易確定價值或無客觀市場價值的特殊標的，如藝術品等，以避免發生糾紛。除此以外，運輸中的貨物由於流動性較大，各地貨物價格差別也大，實務中也採用定值保險的方式承保。

2. 不定值保險

不定值保險是投保人和保險人在訂立保險合同時不在合同中載明保險價值，只確定保險金額的財產保險。不定值保險的保險價值是在出險時確定的，通常可以按照出險時的實際價值或出險時的重置價值確定。

3. 重置價值保險

重置價值保險是投保人與保險人雙方約定按保險標的重置價值確定保險金額的一種特殊承保方式。其實質是一種經過保險人認可的超額保險。重置價值保險適用於被保險人某些保險標的折舊後仍然獲得全額保障以利於恢復生產經營，如機器設備。

4. 第一危險責任保險

第一危險責任保險是指經保險人同意，投保人以保險標的實際價值的一部分投保，並以此確定保險金額。保險金額一經確定，只要損失金額在保險金額範圍內，就視為足額保險，保險人按保險標的的實際損失賠償。其實質是一種經過保險人認可的不足額保險。即把保險價值分成兩部分，已經投保部分為第一危險，保險人在該範圍內負責賠償，超出保險金額的保險價值部分為第二危險，視為未投保部分，保險人不負責賠償。第一危險責任保險適用於一次保險事故發生不可能發生全損的保險標的且保險標的保險價值完全評估有難度的情形，如家庭財產保險。

三、財產保險的分類

財產保險有狹義和廣義之分。狹義的財產保險僅指財產損失保險，廣義的財產保險按照保險標的的不同可以分為財產損失保險、責任保險和信用保證保險。

（一）財產損失保險

1. 火災保險

火災保險是指以存放在固定場所並處於相對靜止狀態的財產及其有關利益為保險標的的保險，保險人承保被保險人的財產因火災、爆炸、雷擊及其他合同約定的災害事故所造成的損失。中國目前開展的火災保險主要有企業財產保險、家庭財產保險以及各種附加險和特約保險，如盜竊保險、現金保險和機器損壞保險等。

2. 運輸工具保險

運輸工具保險是指保險人承保因災害事故發生造成的運輸工具本身的損失及第三者責任的保險。中國的運輸工具保險主要有機動車輛保險、船舶保險和飛機保險等。

3. 工程保險

工程保險是指保險人承保各類工程項目在建設和施工過程中，因災害事故發生造成的損失、費用和責任的保險。工程保險是一種包括財產損失保險和責任保險在

內的綜合性保險，分為建築工程保險、安裝工程保險和科技工程保險。

4. 農業保險

農業保險是指保險人承保種植業、養殖業保險標的因災害事故的發生而遭受經濟損失的保險。按保險標的分類，種植業保險可分為農作物保險和林木保險；養殖業保險可分為畜牧保險和水產養殖保險，也可以細分為大牲畜保險、中小家畜家禽保險、畜牧保險、淡水養殖保險和海水養殖保險。

5. 貨物運輸保險

貨物運輸保險是指保險人承保貨物在運輸過程中因災害事故及外來風險的發生而遭受損失的保險。中國的貨物運輸保險分為海上貨物運輸保險、內陸貨物運輸保險和郵包保險等。

(二) 責任保險

責任保險是指保險人承保被保險人在進行各種生產經營活動、業務活動或日常生活中，因疏忽、過失等行為造成他人的財產損失或人身傷亡，依法應承擔的經濟賠償責任。責任保險是以民事損害賠償責任為保險對象的保險，屬於廣義財產保險範疇，適用於財產保險的一般經營理論，但責任保險又有獨特的內容和經營特點，從而形成獨立體系的保險業務。

(三) 信用保證保險

信用保證保險是指由保險人作為被保證人向權利人提供擔保的一類保險業務。當被保證人的作為或不作為致使權利人遭受經濟損失時，保險人負經濟賠償責任。信用保證保險分兩類，一類是保證保險，另一類是信用保險，區別在於投保人的不同。信用保險的投保人是權利人，要求保險人擔保義務人的信用；保證保險的投保人是義務人自己，要求保險人向權利人擔保自己的信用。信用保證保險主要有合同保證保險、忠誠保證保險、商業信用保證保險、投資保險和出口信用保險等。

四、財產保險的賠償方式

財產保險有三種基本的賠償方式，依據不同的賠償方式計算的賠償金額是不相同的，保險單上要對賠償方式制定具體的規定。

(一) 比例責任賠償方式

比例責任賠償方式是按保障程度，即按照保險標的的保險金額與損失時保險財產的實際價值的比例計算賠償金額。計算公式為：

賠償金額＝損失金額×保險金額/損失時保險財產的實際價值

採用比例責任賠償方式，保障程度越高，即保險金額越接近保險財產的實際價值，賠償金額就越接近損失金額。

(二) 第一危險責任賠償方式

第一危險責任賠償方式是把保險財產價值分為兩部分，第一部分為保險金額以內的部分，稱其為第一危險責任，保險人對其承擔損失賠償責任；第二部分是超過保險金額的部分，稱其為第二危險責任，保險公司不負責。計算公式為：

當損失金額≤保險金額時，賠償金額＝損失金額

當損失金額 > 保險金額時，賠償金額＝保險金額

（三）限額賠償方式

限額賠償方式分為限額責任賠償方式和免責限度賠償方式。

限額責任賠償方式，即保險人只承擔事先約定的損失額以內的賠償，超過損失限額部分，保險人不負賠償責任。這種賠償方法多應用於農業保險中的種植業與養殖業保險。

免責限度賠償方式，即損失在限度內時，保險人不負賠償責任，超過限度時保險人才承擔賠償或給付責任。免責限度可分為相對免責限度和絕對免責限度兩種。

相對免責限度是指保險人規定一個免賠額或免賠率，當保險財產受損程度超過免賠限度時，保險人按全部損失賠付，不進行任何扣除。計算公式為：

賠償金額＝保險金額×損失率

絕對免責限度是指保險人規定一個免賠額或免賠率，當保險財產受損程度超過免賠限度時，保險人扣除免賠額（率）後，只對超過部分負賠償責任。計算公式為：

賠償金額＝保險金額×（損失率－免賠率）

相對免賠率主要用於減少因零星的小額賠款而必須辦理的理賠手續，以節省費用；絕對免賠率主要用於貨物運輸保險和工程保險中，由正常途耗或自然損耗而非災害事故所導致的損失，保險人不應承擔賠償責任。同時，免賠額或免賠率的規定可以增強被保險人防災防損的責任感，總體上有利於保險經營。

第二節　火災保險

一、火災保險的概念與特點

（一）火災保險的概念

火災保險簡稱火險，是指以存放在固定場所並處於相對靜止狀態的財產物資為保險標的，由保險人承擔保險財產遭受保險事故損失的經濟賠償責任的一種財產保險。

早期的火災保險僅承保火災，承保的對象也僅限於不動產。隨著社會經濟的發展，物質財富不僅種類日益繁雜，而且面臨的其他風險也日漸擴大，因此火災保險也在不斷發展。現在的火災保險承保的風險範圍已經擴展到火災及其他各種自然災害乃至意外事故損失，承保的標的也擴展到各種不動產與動產，在承保形式上既有主險也有附加險。

（二）火災保險的特點

火災保險是一個傳統的財產保險業務，其特點如下：

第一，火災保險的保險標的只能是存放在固定場所並處於相對靜止狀態下的各種財產物資。

第二，火災保險承保財產的地址不得隨意變動，確實需要變動的應徵得保險人的同意。

第三，火災保險承保的保險標的比較繁雜，包括生產、經營、消費、生活等方方面面的財產物資。

二、火災保險的內容

(一) 適用範圍

從保險業務來源看，火災保險是適用範圍最廣泛的一種保險業務，任何組織、家庭、個人自有或代管的財產物資，均可投保。

從保險標的範圍看，火災保險的可保財產包括房屋及其他建築物和附屬裝修設備、各種機器設備、工具、儀器、生產用具、管理用具及低值易耗品、原材料、半成品、在產品、產成品或庫存商品和特種儲備商品，以及各種生活消費資料等。

(二) 保險責任和除外責任

火災保險發展至今，承保的保險責任通常包括以下四個部分：

（1）火災及相關危險，包括火災、爆炸、雷電。

（2）各種自然災害，包括洪水、臺風、龍捲風、暴風、暴雨、泥石流、海嘯、雪災、冰雹、冰凌、崖崩、滑坡等。地震也是可以承保的風險，但許多國家的保險公司往往將其單列出來承保，以便控制這類特殊風險。

（3）有關的意外事故，包括飛行物體及空中運行物體的墜落、被保險人的電、氣、水設備因火災發生的意外等。

（4）施救費用，即採取必要的、合理的施救措施對造成保險財產的損失進行施救、整理所支出的合理費用。

通常以下風險屬於火災保險的除外責任，並在保單上註明：

（1）戰爭、軍事行動或暴力行為、敵對行為、政治恐怖活動。

（2）核反應、核輻射和放射性污染。

（3）被保險人及其代表的故意行為或縱容行為。

（4）保險標的遭受保險事故引起的各種間接損失。

（5）保險標的本身缺陷、保管不善而致的損失，以及變質、霉爛、受潮、蟲咬、自然耗損、自然磨損、自燃等。

（6）行政行為或執法行為所致的損失。

(三) 費率

火災保險的費率通常以每千元保額為計算單位，費率的表達形式為千分率。在厘定火災保險的費率時，通常要綜合考慮以下因素：

1. 建築結構及建築等級

建築結構分為鋼骨結構、磚石結構和木結構。根據建築行業的有關規定，按照

建築質量與抗風險能力從高到低劃分，建築物通常被劃分為一等、二等、三等，這些都是保險人制定火災保險費率的首要依據。

2. 占用性質

相同或相近的建築物，用途不同，風險也不同。占用性質分為工業、倉儲、普通三大類。每類再根據危險大小分等級。工業類按產品、生產過程中的操作工藝和使用原材料的危險程度來劃分；倉儲類按儲存物品的危險程度來劃分；普通類按用途危險程度來劃分。

3. 地理位置和周邊環境

由於火災保險承保的標的必須存放在固定處所，所處的地理位置有無特定風險對火災保險費率的確定影響很大。例如，地勢低窪容易水淹、山下容易有泥石流、沿海容易有臺風等。保險人還要考慮周邊環境對投保標的的影響，如發生火災有沒有被延燒的可能、建築物是否處於狹窄街區、救火通道是否暢通、有無防火阻隔牆等。

4. 投保人安全管理水平

一是管理者對安全工作的態度；二是有無完善的安全管理制度以及落實情況；三是防災防損設施是否齊全，是否處於正常工作狀態。

5. 投保風險的種類和大小

火災保險保單既可以投保一種風險也可以投保多種風險，投保人選擇投保風險的種類與投保金額的多少確定保險人承擔風險的程度，這也是費率厘定時考慮的因素。

6. 其他因素

例如，投保人歷史損失數據、索賠記錄，當地保險市場競爭因素和類似業務承保經驗等。

三、火災保險的主要險種

火災保險按投保人不同可分為團體火災保險和家庭火災保險（家庭財產保險），團體火災保險適用於一切企事業單位和機關團體，其中以企業財產保險為重要業務。

(一) 企業財產保險

1. 保險責任

企業財產保險是火災保險的主要險種，包括企業財產基本險和企業財產綜合險。

根據中國現行財產保險基本險條款，保險責任如下：

(1) 火災、爆炸、雷擊；

(2) 飛行物體和空中運行物體的墜落造成的損失；

(3) 被保險人擁有財產所有權的自用的供電、供水、供氣設備因保險事故遭受破壞，引起停電、停水、停氣以及造成保險標的的直接損失；

（4）發生保險事故時為搶救保險標的或防止災害蔓延，採取合理的必要措施而造成保險標的的損失；

（5）保險事故發生後，被保險人為防止或者減少保險標的的損失所支付的、必要的、合理的費用。

企業財產保險綜合險是在基本險的基礎上，保險責任增加了12種自然災害（洪水、臺風、龍捲風、暴風、暴雨、泥石流、雪災、冰雹、冰凌、崖崩、突發性地陷和滑坡）。

2. 除外責任

企業財產保險基本險的除外責任如下：

（1）戰爭、軍事行動或暴力行為、敵對行為、政治恐怖活動；

（2）核反應、核輻射和放射性污染；

（3）被保險人及其代表的故意行為或縱容行為；

（4）地震、洪水、臺風、龍捲風、暴風、暴雨、泥石流、雪災、冰雹、冰凌、崖崩、地陷、滑坡、水暖管爆裂、搶劫、盜竊；

（5）保險標的遭受保險事故引起的各種間接損失；

（6）保險標的本身缺陷、保管不善而致的損失，以及變質、霉爛、受潮、蟲咬、自然耗損、自然磨損、自燃、烘焙等所造成的損失；

（7）行政行為或執法行為所致的損失；

（8）其他不屬於保險責任範圍的損失和費用。

企業財產保險綜合險的除外責任如下：

（1）戰爭、軍事行動或暴力行為、敵對行為、政治恐怖活動；

（2）核反應、核輻射和放射性污染；

（3）被保險人及其代表的故意行為或縱容行為；

（4）地震所造成的損失；

（5）保險標的遭受保險事故引起的各種間接損失；

（6）保險標的本身缺陷、保管不善而致的損失，以及變質、霉爛、受潮、蟲咬、自然耗損、自然磨損、自燃、烘焙等所造成的損失；

（7）堆放在露天或罩棚下的保險標的以及罩棚由於暴風、暴雨造成的損失；

（8）行政行為或執法行為所致的損失；

（9）其他不屬於保險責任範圍的損失和費用。

3. 保險標的

（1）可保財產。可保財產是指保險人可以直接承保的財產，企業財產保險的可保財產包括屬於被保險人所有或與他人共有而由被保險人負責的財產、由被保險人經營管理或替他人保管的財產、具有其他法律上承認的與被保險人有經濟利害關係的財產。可保財產的物質形態有固定資產和流動資產，通常包括房屋及其他建築物和附屬設備、機器及設備、生產工具、管理工具及低值易耗品、原材料、半成品、成品、帳外及已攤銷的財產等。

（2）特約可保財產。特約可保財產是指須經保險人與被保險人特別約定，並且在保險單上載明，才能由保險人承保的財產。特約可保財產可以分三類：一是財產的市場價格變化大，保險金額難以確定的財產，如金銀、珠寶、玉器、首飾、古玩、古書、字畫、郵票、藝術品、稀有金屬和其他珍貴財物；二是價值高、風險特別的財產，如堤堰、水閘、鐵路、道路、涵洞、橋樑、碼頭；三是風險較大，需要提高費率的財產，如礦井、礦坑內的設備和物資。

（3）不保財產。企業財產保險基本險和綜合險均不予承保的財產主要包括：

①屬於國有資源的財產，如土地、礦藏、礦井、礦坑、森林水產資源；

②不能用貨幣衡量其價值的財產和利益，如文件、帳冊、圖表、技術資料；

③不是實際的物資，容易引起道德風險的財產，如貨幣、票證、有價證券；

④與法律法規或政策相抵觸的財產，如違章建築、危險建築、非法占用的或非法取得的財產（盜竊贓物）；

⑤不屬於企業財產保險的承保範圍，應投保其他險種的財產，如運輸過程中的物資、領取營運執照並正常運行的機動車輛等。

4. 保險金額

企業財產保險的保險金額一般分項確定，主要分為固定資產和流動資產兩大類。

固定資產的保險金額有以下幾種確定方式：

（1）按帳面原值確定；

（2）按帳面原值加成數確定；

（3）按重置重建價值確定；

（4）按其他方式確定。

帳面原值是指在建造或購置固定資產時所支出的貨幣總額，可以以投保人的固定資產明細帳為依據。

流動資產的保險金額有以下幾種確定方式：

（1）按最近12個月的平均帳面餘額確定；

（2）按最近月份，即投保月份上月的流動資產帳面餘額確定；

（3）按最近12個月任意月份帳面餘額確定。

此外，帳外財產和代管財產可以由被保險人自行估價或按重置價值確定保險金額。

5. 賠償處理

企業財產保險的賠償處理中，應注意以下問題：

（1）發生保險責任範圍內的損失，保險人按照保險金額與保險價值的比例承擔賠償責任。

（2）不論何種財產，當發生全部損失時，受損財產保險金額與當時保險價值相比較，賠償限度以較低者為限。當發生部分損失時，若受損財產保險金額高於或等於當時保險價值，按實際損失或修復費用賠償；若受損財產保險金額低於當時保

險價值，屬於不足額保險，按比例計算賠償。

（3）對被保險財產分項計賠。固定資產、流動資產、帳外資產和代保管財產的賠償金額應根據會計明細帳（卡）分項計算，每項財產僅適用自身的賠償限額，不可以互相借用。

（4）施救費用的賠償另行計算。發生合理必要的施救、保護、整理費用，賠付與保險財產的損失賠償金額分別計算，即按另一個保額計算，如果保險標的損失部分按比例計算賠償，則該費用也按相同比例計算賠償。

（5）殘值處理。保險人在計算賠款應考慮財產遭受損失後尚餘可以利用的經濟價值，如果折價歸被保險人，賠款應相應扣除，如果由保險人回收，則計算賠償時不作扣減。

（6）保險金額的減少與恢復。保險標的遭受部分損失經保險人賠償後，其保險金額應相應減少，被保險人需要恢復保險金額時，應補交保險費，由保險人出具批單批註。

（7）重複保險的賠償。若保險財產存在重複保險，各保險人按比例分攤損失的方式承擔各自應負的賠償責任，其總賠償金額以該財產的實際損失為限。

(二) 機器損壞保險

1. 概念

機器損壞保險是從企業財產保險演變而來的一種獨立業務，是以企業、礦山的各類機器、設備、機械、裝置，如車床、電機、發電機組、電力輸送設備、生產加工設備及附屬設備等為保險標的的保險。投保人的機器設備在保險期限內工作、閒置、檢修保養時，因突然發生不可預料的事故，造成的機器設備的全損或零部件的損壞，由保險人負責經濟賠償責任。

2. 特點

機器損壞保險的特點如下：

（1）保險金額根據重置價值確定。

（2）適用於所有安裝驗收完畢並轉入生產經營的機器設備及其配套設施。

（3）承保的損失以電氣事故和（非惡意）人為事故為主。

（4）機器設備的自然磨損、氧化腐蝕、內在缺陷等造成的損失不保。

（5）機器損壞保險既可以單獨出單承保，也可以作為企業財產保險的附加險投保，保險期限一般為一年，或者與企業財產保險的期限一致。

(三) 利潤損失保險

1. 概念

利潤損失保險又稱營業中斷保險，是指對被保險人因物質財產遭受自然災害或意外事故等導致損毀後，在一段時間內停產、停業或營業受影響的間接經濟損失及營業中斷期間發生的必要的費用支出提供保障的保險。利潤損失保險是企業財產險的附加和補充，承保風險與企業財產保險一致。

2. 保險金額與賠償期限

利潤損失保險的保險金額是按企業上年度帳冊中的銷售額或營業額加上本年度業務發展趨勢及通貨膨脹等因素為基礎，計算本年度預期毛利潤額來確定。

保險賠償期限是指在保險期限內發生了災害事故後到恢復正常生產經營的一段時期。利潤損失保險只負責保險賠償期內所遭受的損失，即由保險雙方事先估計企業財產受損後要恢復原有的生產經營狀況所需要的時間，確定為賠償期限，該期限是影響保險費率的因素之一。

（四）家庭財產保險

1. 概念

家庭財產保險是以城鄉居民的家庭財產為保險標的，由於火災及有關自然災害、意外事故造成保險財產損失，保險人承擔經濟賠償責任的財產損失保險。

2. 特點

家庭財產保險的特點如下：

（1）業務來源廣。家庭財產保險的保險標的是各類擁有所有權的家庭財產。統計數據顯示，2013年中國人口為13.6億人，約4.3億個家庭。[①] 這為家庭財產保險提供了廣闊的業務來源。

（2）業務分散，額小量大。城鄉居民均是以家庭或個人為單位的，不僅居住分散，而且物質財產的累積有限，單個保單的承保額不高、保費支出少，但業務量很大。

（3）危險結構比較單一。家庭財產面臨的主要是火災、盜竊等危險，這種危險結構與團體火災保險有著巨大的差異。因此，保險人需要有針對性地做好危險選擇與防損工作。

（4）保險賠償有特色。一方面，家庭財產保險的賠案大多表現為零散小額賠案，需要保險人投入相當多的人力來處理；另一方面，保險人對家庭財產保險的理賠一般採取有利於被保險人的第一危險賠償方式，在保險金額內損失多少賠償多少，而不需要像團體火災保險那樣按照保險金額與投保財產實際價值的比例分攤損失。

（5）險種設計不斷創新。為滿足大眾需要，家庭財產保險除了傳統的保障性業務，還有兼顧儲蓄性、投資性的產品，居民家庭最為關心的現金、金銀、珠寶、玉器、鑽石、首飾等貴重物品也可以受到保障。根據現代家庭風險特點，保險人提供更多的附加險給投保人選擇，如室內財產盜搶綜合險、水暖管爆裂及水漬險、家用電器用電安全損失險、居家責任險、高空墜物責任險、家庭雇傭責任險、家政服務人員第三者責任險、房屋出租人責任險及家養寵物責任險等，保障十分全面。

---

① 數據來源：中華人民共和國國家衛生和計劃生育委員會在2014年6月6日發布的《中國家庭發展報告（2014）》。

3. 保險責任

保險財產只有在保險單載明的地址內，由於遭受保險事故而造成的損失，保險人負責賠償，具體包括：

（1）火災、爆炸、雷電、冰雹、雪災、洪水、地陷、崖崩、冰凌、龍捲風、泥石流、地面突然下陷、突發性滑坡；

（2）空中運行物體墜落，以及外來的建築物或其他固定物體的倒塌；

（3）暴風或暴雨使房屋主要結構（外牆、屋頂、屋架）倒塌造成保險財產的損失；

（4）因防止保險責任範圍內的災害事故蔓延或因施救、保護所採取必要的措施而造成保險財產的損失和支出的合理費用。

4. 保險金額

房屋及室內附屬設備、室內裝修的保險金額由被保險人根據財產的購置價或市場價自行確定。室內財產的保險金額由被保險人根據當時的實際價值自行確定，並且按照保險單上規定的保險財產項目列明。特約財產的保險金額由被保險人和保險人雙方約定。家庭成員可以就同一家庭財產投保多份家庭財產保險，但保險金額超過保險價值的部分無效。

5. 賠償處理

家庭財產保險對室內財產的損失一般採用第一危險賠償方式，即在發生保險責任範圍內的損失時，應按實際損失賠償，但須按照分項投保、分項賠償原則，且最高賠償金額不得超過保險金額。但是對房屋的損失仍採取比例賠償方式賠償。

對於合理的施救保護費用，最高賠償金額以不超過該險別的保險金額為限。

發生重複保險，保險人要按照比例分攤損失責任。

6. 主要險種及附加險

（1）普通家庭財產保險。普通家庭財產保險是專門為城鄉居民家庭開設的一種通用性家庭財產保險業務，保險期限為1年，保險費率採用千分率，由投保人根據保險財產實際價值確定保險金額作為保險人賠償的最高限額。

（2）家庭財產兩全保險。家庭財產兩全保險在普通家庭財產保險的基礎上衍生的一種家庭財產保險業務，具有保險和儲蓄雙重功能，即投保人向保險人交付保險儲金，保險人以儲金在保險期內所生利息為保險費收入，當保險期滿，無論是否發生保險事故或是否進行過保險賠償，其本金均須返還給被保險人。保險金額以每份計算，投保份數依投保人家庭財產的實際價值估計，保險期限為1年、3年、5年等多種。

（3）長效還本家庭財產保險。長效還本家庭財產保險簡稱長效家財險，是在家庭財產兩全保險的基礎上衍生的一個險種，主要特點是一次投保，長期有效。投保人在投保時交付一定數額的保險儲金，保險期滿1年後，若被保險人不領取所交的儲金，保險期限自動續傳，不需要另辦手續，直至被保險人退保或者死亡，保險責任才終止。長效家財險的優點主要在於：一是簡化投保手續，二是降低業務成

本，三是為保險人提供了可進行長期投資的資金來源。

（4）團體家庭財產保險。團體家庭財產保險是為適應機關、團體、學校、企事業單位為職工統一辦理家財險及附加盜竊險的需要而採用的一種承保方式。一般採用固定保險金額的辦法，不考慮各個家庭的不同情況和需求。被保險人可根據自己實際情況再另外購買家庭財產保險。

（5）個人貸款抵押房屋綜合保險。個人貸款抵押房屋綜合保險包括財產損失保險和還貸保證保險，是適應個人貸款購買商品房日益增多、貸款人有發生意外影響還貸能力的風險而開發的保險業務。保險責任分兩部分：一部分是因火災爆炸、指定自然災害造成抵押房屋的損失以及合理施救費用；另一部分是因意外傷害事故導致房屋抵押貸款人死亡或傷殘，而喪失全部或部分還貸能力，造成連續 3 個月未履行或未完全履行抵押合同約定的還貸責任的，保險人承擔全部或部分還貸責任。

（6）投資保障型家庭財產保險。投資保障型家庭財產保險是集保障性、儲蓄性、投資性於一身的新型家庭財產保險。投保人交納保險投資金，保險投資金由保險人運用，保險期限內發生保險事故造成保險財產損失，保險人負責賠償。合同期滿後，無論被保險人是否獲得過保險賠償，均可以領取本金並獲得保險人所承諾的投資收益。

（7）附加盜竊險。附加盜竊險是家庭財產保險的附加險，相同地址的保險財產由於遭受外來盜搶、有明顯現場痕跡，經公安部門確認的盜搶行為所致丟失、損毀的直接財產損失且 3 個月內未能破案的，保險人負責賠償。無明顯入屋盜竊痕跡所致損失、門窗未上鎖所致損失或內部人員盜竊所致的損失除外。

（8）附加家用電器用電安全保險。附加家用電器用電安全保險是家庭財產保險的附加險，因為電壓異常或供電線路因自然災害、意外事故、人為事故等造成供電線路事故，造成家用電器的損壞損毀，保險人負責賠償。對惡意行為、違規用電、超負荷用電及電器自然老化、內在缺陷等所致損失除外。

（9）附加管道破裂及水漬保險。附加管道破裂及水漬保險負責被保險人室內的自來水管道、下水管道和暖氣管道（含暖氣片）突然破裂致使水流外溢或鄰居家漏水造成被保險人保險財產的損失。對故意行為、私自改動原管道設計、施工或試壓過程造成損失不負責。

（10）附加居家責任保險。附加居家責任保險，被保險人及其同住的家庭成員在保單載明地址的住所，因使用、安裝或存放其所有或租借的財產時，由於過失或疏忽造成第三者的人身傷亡或財產的直接損毀，在法律上應由被保險人承擔民事損毀賠償責任的，以及引起的相關法律費用，保險人負責賠償。

第三節　運輸工具保險

一、運輸工具保險的概念與特點

(一) 運輸工具保險的概念

運輸工具保險是指專門承保各種機動運輸工具，包括機動車輛、船舶、飛機、摩托車等各種以機器為動力的運載工具，因其在使用過程中遭受自然災害或意外事故，導致保險財產直接損失的，由保險人負責賠償的保險。

(二) 運輸工具保險的特點

由於運輸工具保險承保的保險標的運輸工具處於經常移動的狀態中，所以運輸工具保險具有以下特點：

(1) 保險標的具有流動性和多樣性；
(2) 因運輸方式不同而風險不同；
(3) 運輸工具在使用過程中發生事故，往往會損害第三者或公眾的利益。

二、機動車輛保險

(一) 機動車輛保險的概念與特點

1. 機動車輛保險的概念

機動車輛保險承保機動車輛因遭受自然災害和意外事故所造成的保險車輛本身的損失、合理的施救和保護費用，以及對第三者的人身傷害和財產損失依法應由被保險人承擔的經濟賠償責任。

隨著中國經濟和交通的不斷發展，機動車輛保險業務發展迅猛，成為國內財產保險業務中業務量最大的險種。

2. 機動車輛保險的特點

(1) 保險標的出險概率較高。機動車輛經常處於運動狀態，很容易發生碰撞及其他意外事故，從而造成財產損失和人身傷亡。加上駕駛人員的疏忽、過失等人為因素，導致交通事故發生頻繁，車輛出險概率較高。

機動車輛具有高度的流動性，出險面廣且分散。機動車輛的流動性決定了機動車輛保險查勘定損服務具有地點上的不確定性，服務的數量和難度高於普通的財產保險，因而無論是承保還是理賠，保險服務的投入都是比較大的。

(2) 業務量大，普及率高。在中國，一方面現代物流以及汽車工業的迅猛發展使社會上各種車輛的數量日益增多；另一方面交通設施建設和城市管理水平嚴重滯後，機動車輛所帶來的風險成為人們生產、生活中急需轉嫁的主要風險，保險公司為此提供全方位的保障，業務量激增。為保障受害人的利益，2004年5月1日實施的《中華人民共和國道路交通安全法》第十七條規定「國家實行機動車第三者

責任強制保險制度」，更加大了機動車輛保險的普及率。

（3）擴大保險利益。機動車輛保險中，針對車輛所有者和使用者可能出現不是同一個人的情況，為了對被保險人和第三者提供更充分的保障，條款中明確規定只要是被保險人允許的合格的駕駛員使用保險車輛，也視為其對保險標的具有保險利益，但在保險有效期內，保險車輛轉賣、轉讓、贈送應通知保險人，否則保單有可能失效。

（4）被保險人自負責任與無賠款優待。為了有利於被保險人維護、養護車輛，使其保持安全行駛的良好狀態，並督促駕駛員安全行車，以減少事故的發生，保險合同一般規定：根據駕駛員在交通事故中所負責任，車輛損失險和第三者責任險在保險人賠償的過程中實行絕對免賠率；保險車輛在一年保險期限內無賠款，第二年續保時可以按保險費的一定比例享受無賠款優待。

（二）機動車輛保險的費率

機動車輛保險在經營中主要考慮人、車、路、環境四大風險要素，根據風險類別和風險大小實施風險等級費率，使投保人所交納的保險費與其風險狀況相匹配。

1. 駕駛員特徵

主要根據被保險車輛駕駛員的各種風險因素，如年齡、性別、駕駛年限、婚姻狀況、職業、安全行駛記錄等來確定費率。

2. 車輛使用性質

按使用性質分類，車輛可以分為營業車輛和非營業車輛。受利益驅動，營業車輛通常比非營業車輛使用率高、風險也高。

3. 車輛種類

車輛包括各種客車、貨車、特種車、拖拉機、摩托車以及掛車等。車輛種類不同，風險不同。

4. 車輛產地

車輛按產地分為進口車和國產車兩大類，因產地不同帶來的價值差異而採用不同的費率。

5. 車輛品牌

不同的品牌費率系數不同。

6. 車輛行駛區域

按照車輛使用地區的地理環境、道路狀況、治安狀況等不同而採用不同的費率。

7. 無賠款優待

車輛上一保險年度或連續保險年度內無賠款，續保時可享受無賠款優惠費率。

（三）機動車輛保險的種類

1. 車輛損失險

車輛損失險的保險責任範圍包括以下兩個方面：

（1）被保險人或其允許的合格駕駛員在使用保險車輛過程中，由於保險單上約定的災害事故發生造成保險車輛損失，保險人負賠償責任。這些災害事故有：

①碰撞、傾覆；

②火災、爆炸；

③外界物體倒塌、空中運行物體墜落、保險車輛行駛中平行墜落；

④雷擊、暴風、龍捲風、暴雨、洪水、海嘯、地陷、冰陷、崖崩、雪崩、雹災、泥石流、滑坡；

⑤載運保險車輛的渡船遭受自然災害（僅限於有駕駛員隨車照料者）。

（2）發生保險事故時，被保險人為防止或減少保險車輛的損失所支付的必要的、合理的施救費用由保險人承擔，但最高不超過保險金額。

車輛損失險的保險金額可由保險雙方根據新車購置價、車輛實際價值或在新車購置價中協商確定。

2. 機動車輛交通事故責任強制保險

2004 年 5 月 1 日，《中華人民共和國道路交通安全法》實施。該法第一次以法律的形式明確規定中國實行機動車輛第三者責任強制保險制度。機動車輛交通事故責任強制保險於 2006 年 7 月 1 日正式實施。

機動車輛交通事故責任強制保險（以下簡稱交強險）與機動車第三者責任險（以下簡稱三責險）在保險種類上屬於同一個險種，都是保障道路交通事故中第三方受害人獲得及時有效賠償的險種。但交強險是法定強制保險，而三責險是商業性的保險。兩者存在以下差別：

（1）三責險採取的是過錯責任原則，即保險人根據被保險人在交通事故中所承擔的事故責任來確定其賠償責任。交強險實行的是「無過錯責任」原則，即無論保險人是否在交通事故中負有責任，保險人均在責任限額內分項予以賠償。

（2）出於有效控制風險的考慮，三責險規定了較多的責任免除事項和免賠率（額）。交強險的保險責任幾乎涵蓋了所有道路交通風險，且不設免賠率（額），其保障範圍遠遠大於三責險。

（3）三責險以盈利為目的，屬於商業保險業務。交強險實行不盈利、不虧損的經營原則，要求分開管理，單獨核算。

（4）三責險的條款費率各家保險公司可以存在差異，並設有若干檔次的責任限額。交強險是全國統一條款費率，並按照被保險人在事故中有責任或無責任設定了死亡傷殘賠償限額①、醫療費用賠償限額②和財產損失賠償限額③，實行分項限額

---

① 死亡傷殘賠償限額是指被保險機動車發生交通事故，保險人對每次保險事故所有受害人的死亡傷殘費用所承擔的最高賠償金額。死亡傷殘費用包括喪葬費、死亡補償費、受害人親屬辦理喪葬事宜支出的交通費用、殘疾賠償金、殘疾輔助器具費、護理費、康復費、交通費、被撫養人生活費、住宿費、誤工費、被保險人依照法院判決或調解承擔的精神損害撫慰金。

② 醫療費用賠償限額是指被保險機動車發生交通事故，保險人對每次保險事故所有受害人的醫療費用所承擔的最高賠償金額。醫療費用包括醫藥費、診療費、住院費、住院伙食補助費，必要的、合理的後續治療費、整容費、營養費。

③ 財產損失賠償限額是指被保險機動車發生交通事故，保險人對每次保險事故所有受害人的財產損失所承擔的最高賠償限額。

賠付。交強險的責任限額如表 5-1 所示：

表 5-1　　　　　　　　　　　交強險責任限額　　　　　　　　　　單位：元

	死亡傷殘	醫療費用	財產損失
有責任	110,000	10,000	2,000
無責任	11,000	1,000	100

由於交強險實行廣覆蓋、低限額的保障模式，投保人在投保交強險的基礎上，可以根據自身的保障需求，加保商業三責險以獲得更加充分的保障。

3. 第三者責任保險

第三者責任保險是指被保險人或其允許的合格駕駛員在使用保險車輛過程中發生意外事故，致使第三者遭受人身傷亡或財產的直接損毀，依法應由被保險人支付的賠償金額，保險人在保險單賠償限額內負責賠償的保險。

這裡的第三者是指除投保人、被保險人和保險人以外的，因保險車輛發生意外事故遭受人身傷亡或財產損失的受害者；造成損害的事故必須是非故意行為所致的意外事故；保險人賠償的範圍通常是交強險保障範圍以上的部分，並且只是賠償事故造成的直接損失，對間接損失保險人不負責。

第三者責任保險的責任限額通常為 5 萬元、10 萬元、20 萬元、50 萬元和 100 萬元等各檔次。投保人可根據自身需要選擇投保。

4. 附加險

車輛損失險項下附加險主要有全車盜搶險、玻璃單獨破碎險、自燃損失險、新車劃痕損失險、新增設備損失險、機動車停駛損失險、發動機特別損失險等。

第三者責任險項下附加險主要有無過失責任險、車上責任險、車載貨物掉落責任險，車輛損失險和第三者責任險共同附加的不計免賠特約保險。

近年來，機動車輛保險在開發產品上有了更多的服務延伸，如提車保險、拖車服務保險、代步車服務保險、更換輪胎服務保險和法律費用特約保險等，投保人可根據需要選擇投保。

(四) 機動車輛保險的理賠注意事項

第一，被保險人發生保險事故應盡快向交通管理部門報案，並在規定時間內向保險公司報案。

第二，被保險車輛發生保險事故遭受損失，保險人依照保險合同承擔相應的賠償責任，應盡量採取修復的方式。在修理前，被保險人應當會同保險人檢驗定損，確定修理項目、修理方式和修理費用，否則保險人有權重新核定或拒絕賠償。

第三，交通事故責任分為全部責任、主要責任、同等責任和次要責任四個等級，實際認定以交警部門出具的「交通事故責任認定書」為準。商業三責險理賠中，上述責任屬於保險責任範圍，保險人應當在賠償限額內承擔賠償責任；否則，即使被保險人被裁定有責任，保險人也可以依照責任免除條款而不予承擔賠償

責任。

第四，商業三責險中，根據被保險人車輛在事故中所承擔的責任比例不同，免賠率也不同，負全部責任的免賠20%、負主要責任的免賠15%、負同等責任的免賠10%和負次要責任的免賠5%。

第五，保險事故造成人員傷亡時，保險人按照「交通事故人員創傷臨床診療指南」和國家基本醫療保險的標準核定醫療費用。

第六，全車盜搶險中，如被盜搶的被保險車輛找回，應將該車輛歸還被保險人，同時收回相應的賠款；若被保險人不願意收回原車，則車輛的所有權益歸屬保險人。

第七，由於機動車輛保險賠案多涉及第三者責任方，保險人根據被保險人賠償請求，按照保險合同約定予以賠償後，在賠償金額範圍內代為行使被保險人對第三者請求賠償的權利。

三、船舶保險

船舶保險是指以各種船舶、水上裝置及其碰撞責任為保險標的的一種運輸工具保險，是財產保險業務的重要險種之一，在保險業的發展史上具有特殊的地位。

船舶保險適用於各種團體單位、個人所有或與他人共有的機動船舶與非機動船舶，以及水上裝置等，一切船東或船舶使用人都可以投保。投保船舶必須具有港航監督部門簽發的適航證明和按規定配備持有職務證書的船員，從事客貨營運的船舶必須持有工商部門核發的營業執照。建造或修理中的船舶、試航的船舶、石油鑽探船，以及從事捕撈作業的漁船，都不屬於船舶保險的保險範圍。

船舶保險主要負責賠償有關自然災害、意外事故造成船舶本身損失，由此產生的施救費用、救助費用、共同海損分攤，並承擔因碰撞造成對方損失應由被保險人承擔的經濟賠償責任。

船舶保險的保險金額通常採取一張保險單一個保險金額的形式，但承保船舶本身的損失、費用支出和碰撞責任等，分別以船舶保險的保險金額為最高賠償限額。費率釐定需要綜合考慮船舶的種類、結構、新舊程度、航行區域、噸位大小、使用性質等因素，同時參照歷史損失記錄和國際船舶保險界的費率標準。

四、飛機保險

飛機保險是隨著飛機製造業和航空運輸業的發展而興起的險種，也稱航空保險。該保險是以飛機及其相關責任風險為保險對象的保險，主要包括飛機機身保險、戰爭及劫持保險、飛機第三者責任保險、旅客責任保險、貨物責任保險等若干業務。

(一) 飛機機身保險

飛機機身保險以飛機機身，包括機殼、推進器、儀器及特別安裝的附件為保險標的，當保險標的發生損失或損壞，保險人均負責賠償。飛機機身保險的保險金額

通常採用不定值方式承保。

（二）戰爭及劫持保險

戰爭及劫持保險是指凡由於戰爭、敵對行為或武裝衝突、拘留、扣押、沒收、被劫持和被第三者破壞等原因造成的保險飛機的損失、費用，以及引起的被保險人對第三者、旅客應負的法律責任及費用，由保險人負責賠償的保險。

（三）飛機第三者責任保險

飛機第三者責任保險承保投保人依法應負的有關飛機對地面、空中或機外的人員造成意外傷害、死亡事故、財物損毀的損失賠償責任，第三者不包括機上乘客及航空公司雇傭人員。

（四）旅客責任保險

旅客責任保險承保旅客在乘坐或上下飛機時發生意外事故，致使旅客受到人身傷害和財產損失，由保險人承擔賠償責任。

（五）貨物責任保險

貨物責任保險是指航空公司對委託人托運的貨物負有法定或合同責任，已辦理托運手續裝載在保險飛機的貨物，如在運輸過程中發生損失，根據法律、合同規定應由承運人負責的，由保險人給予賠償的保險。

第四節　工程保險

一、工程保險的概念與特點

（一）工程保險的概念

工程保險是指以各種工程項目為主要承保對象，承保工程期間建築物及其材料可能遭受的物質損失和費用損失及被保險人對第三者的人身傷害與財產損失所應承擔的賠償責任的保險。現代工程保險除了包括傳統的建築工程險和安裝工程險外，還包括了技術含量更高的科技工程險。

（二）工程保險的特點

與傳統的財產保險相比，工程保險具有以下特點：

1. 保險標的的特殊性

工程保險承保的標的大部分處於暴露狀態，既會受到各種自然災害的影響，也會受到人為因素，如施工經驗、施工方式、技術設計和管理水平、防災水平、道德水平等的影響，抵禦風險的能力大大低於普通財產保險標的。

2. 被保險人的廣泛性

工程項目涉及方很多，主要有業主、承包人、分承包人、技術顧問、設備供應商、貸款銀行等，每一方都有與工程相關的各自利益，為充分保障各方利益，工程保險常常以一張保險單的形式把所有利益方列為共同被保險人，即共保交叉責任

條款。

3. 承保風險的綜合性

建築工程本身是一個動態的過程，涉及的風險類型比較廣泛，因此工程保險的風險保障具有綜合性，既承保工程期間工程本身、施工機具或工地設備、物料所遭受的損失，也承保因施工給第三者造成的物質損失或人身傷亡的責任風險。工程保險採用一攬子保險形式。

4. 保險期限的不確定性

工程保險的保險責任限期一般根據工期來確定，工期自工程動工之日起或項目的材料設備卸至工地開始，直至工程竣工驗收或投入使用時止，一年兩年甚至數年都有，投保時投保人和保險人根據工程計劃確定，隨工程變化也可以申請延長。

5. 保險金額的變動性

工程保險的保險標的價值隨工程的進度與工程材料以及人工的不斷投入而逐漸增加，因此保險金額的確定以及修正有別於其他財產保險。

二、建築工程保險

(一) 保險標的與保險金額

建築工程保險的保險標的範圍廣泛，既有物質財產部分，也有第三者責任部分，為了方便確定保險金額，在建築工程保險單明細表中列出的保險項目通常包括以下幾個部分：

1. 物質財產部分

物質財產部分包括建築工程本身、工程所有人提供的物料和項目、安裝工程項目、建築用機械、裝置及設備、工地內現成的建築物、場地清理費以及所有人或承包人在工地上的其他財產七項。每一項均須獨自確定保險金額，七項保險金額之和構成建築工程物質損失項目的總保險金額。

2. 第三者責任

第三者責任是指被保險人在工程保險期間因意外事故造成工地附近的第三者人身傷亡或財產損失依法應負的賠償責任，保險人對該項責任採用賠償限額制。

(二) 保險責任與保險期限

建築工程保險的保險責任分為物質部分的保險責任和第三者責任兩大部分。其中，物質部分的保險責任主要有保險單上列明的各種自然災害和意外事故，如洪水、風暴、水災、暴雨、地陷、冰雹、雷電、火災、爆炸等多項，同時還承保盜竊、工人或技術人員過失等人為風險。

與一般財產保險不同的是，建築工程保險採用的是工期保險單，即保險責任的起訖通常以建築工程的開工到竣工為期。

三、安裝工程保險

（一）安裝工程保險的概念與特點

1. 安裝工程保險的概念

安裝工程保險是指專門承保新建、擴建或改造的工礦企業的機器設備、鋼結構建築物，在整個安裝、調試期間由於除外責任以外的一切危險造成保險財產的物質損失、間接費用以及安裝期間造成的第三者財產損失或人身傷亡，被保險人依法應承擔的經濟賠償責任的保險。

2. 安裝工程保險的特點

安裝工程保險與建築工程保險在形式上和內容上基本一致，但也存在以下一些區別：

（1）建築工程保險的標的是隨著工程進度逐步增加的，風險責任也隨標的增加而增加；安裝工程保險一開始就負有全部的風險責任。

（2）建築工程保險的標的多數處於暴露狀態，遭受自然災害損失的可能性較大；安裝工程保險的標的多數在建築物內，遭受自然災害的可能性較小，但技術性強，受人為事故損失的可能性大。

（3）建築工程保險不負責因設計錯誤而導致的一切損失；安裝工程保險負責因設計錯誤所引起的其他財產損失，但因設計錯誤造成的財產本身損失除外，安裝工程險偏重於承保人為風險。

（4）安裝工程保險中，機器設備未正式運轉，許多風險不容易發生，只有到安裝完畢後的試車階段，各種問題會集中顯露，即安裝工程保險存在試車風險；建築工程保險沒有試車風險。

（二）保險標的與保險金額

1. 保險標的

安裝工程保險的保險標的主要包括安裝項目、土建工程項目、場地清理費、工程所有人或承包人在工地上的其他財產（如施工機具、工地內現有建築物等）。

2. 保險金額

安裝工程保險根據保險標的的不同，保險金額的確定可以分為以下四種情況：

（1）安裝項目的保險金額為該項目完成時的總價值，包括設備費用、原材料費用、安裝費、建造費、運費、保費、關稅、其他稅項和費用，以及由工程所有人提供的原材料和設備費用。

（2）土建工程項目以不超過該工程總保額的 20% 為限。

（3）場地清理費按總工程價一定比例為限（一般大工程 5% 以內，小工程 10% 以內）。

（4）工程所有人或承包人在工地上的其他財產的保險金額與建築工程保險相同。

3. 保險期限

安裝工程保險的保險期限為工程期限，但一般包括試車期。只有試車考核通過之後，工程才正式移交。對舊的機器設備不負責試車風險。

四、科技工程保險

科技工程保險是以各種重大科技工程或科技產業為保險標的的綜合性財產保險，主要有海洋石油開發保險、航天保險和核能保險等。

（一）海洋石油開發保險

海洋石油開發保險是以現代海洋石油工業從勘探到建成、生產整個開發過程中的風險為承保責任，以工程的所有人或承包人為被保險人的一種科技工程保險。海洋石油開發保險作為一種工程保險業務，分四個階段進行：普查勘探階段、鑽探階段、建設階段和生產階段，每一階段均以工期為保險責任起訖期。海洋石油開發保險的主要險種有勘探作業工具保險和鑽探設備保險，主要風險有海洋風險、井噴風險、火災爆炸風險和損害賠償責任。

（二）航天保險

航天保險是以航天產品的生產與應用為保險內容，以航天活動中的各種意外事故風險為保險責任，並根據航天產品的研製、安裝、發射、運行等分階段提供風險保障的一種科技工程保險業務。航天保險的主要險種有發射前保險、發射保險和壽命保險，主要風險有爆炸、運行失常、意外故障、氣候因素、太空意外碰撞以及人為疏忽或過失等。

（三）核能保險

核能保險是指以核能工程項目為保險標的、以核能工程中的各種核事故和核責任風險為保險責任的科技工程保險。核能保險是核能民用工業發展的必要風險保障措施，也是對其他各種保險均將核風險除外不保的一種補充。因核能保險的風險的特殊性，需要有政府作為後盾。

核能保險的險種主要有財產損毀保險、核能安裝工程保險、核能工程責任保險和核原料運輸保險等，其中財產損毀保險與核能工程責任保險是主要業務。核能保險的主要風險有核事故風險、自然災害、設備運轉故障以及人為因素等。在保險經營方面，保險人一般按照核電站的選址勘測、建設、生產等不同階段提供相應的保險，從而在總體上仍然具有工期性，當核電站正常運轉後，則可以採用定期保險單承保。

科學技術發展永無止境，科技成果轉化及其產業化發展也永無止境，保險為科學技術保駕護航，不斷設計出新的保險產品，如科技成果保險（承保科技成果在轉化與應用過程中的風險，包括高科技全產品研發責任保險、關鍵研發設備保險、高管人員及關鍵研發人員團體健康保險和意外保險等）和計算機及網絡技術保險（承保計算機與網絡技術應用過程中的各種風險，如計算機硬件損失保險、軟件保險、網絡安全保險、病毒保險等）。

第五節　農業保險

一、農業保險的概念與特徵

（一）農業保險的概念

農業保險是指種植業、養殖業在生產、哺育以及成長過程中，當遭到自然災害或意外事故而產生經濟損失時，由保險人提供經濟賠償的一種保險。農業是利用動物、植物的生活機能，通過人工培育，以獲得大量產品，提供給社會各個階層一個基礎產業。農業是國民經濟的基礎，為社會大眾提供消費品，為國家建設提供糧食、副食品和輕化工業原料等。農業保險作為財產保險的有機組成部分，是服務於農業生產發展的一種風險管理工具。

（二）農業保險的特點

農業保險的標的物是有生命的動、植物。動物和植物的成長受自然界客觀條件的影響很大，無論是經濟發達的國家，還是經濟欠發達的國家都是一樣。農業生產的豐收與否不僅影響從事農業的生產者，而且關系到廣大消費者、加工工業部門以及外貿部門。農業保險的特點概括起來有以下幾點：

1. 農業保險具有季節性、連續性和不穩定性的特點

種植業和養殖業生產週期有長有短，在生產過程中，資金的投放、物料的消耗、產品的收穫、資金的回收具有明顯的季節性、連續性和不穩定性。

2. 農業保險面廣量大

種植業和養殖業的特點決定農業保險是大規模成片投保的，農業保險需要投入的人力和物力比其他財產保險要多。

3. 農業保險受自然風險和經濟風險、技術風險的多重制約

農業生產除了受自然界地理、氣象的影響外，還受當時與當地的經濟環境、技術水平的影響和制約，農業保險也必然要受到自然風險和經濟風險、技術風險的多重制約。

4. 農業保險的風險結構具有特殊性

農業保險主要面對各種氣象災害和生物災害，尤其是水災、冰雹、低溫災害、干熱風、病蟲害等。

5. 農業保險需要政府的支持

由於農業生產面臨的風險大、損失率高，單憑商業保險營運，賠付率高居不下令保險公司壓力很大，需要政府在財政稅收、貸款政策等方面的支持。

二、農業保險的險種結構

（一）種植業保險

種植業保險是指以各種糧食作物、經濟作物、林木、水果及果樹為主要對象的

保險，主要有農作物保險、林木保險、水果和果樹保險等。農作物保險是以水稻、小麥、大豆、高粱、玉蜀黍、棉花、菸葉、茶、桑、麻、甘蔗、藥材、烤菸、蔬菜等糧食作物和經濟作物為承保對象的保險。種植業保險一般又分為生長期農作物保險和收穫期農作物保險。前者只承保作物生長階段的風險損失，後者承保農作物成熟後收穫期、儲藏和初加工期的風險損失。林木保險是指不同的經濟實體所營造的人工林和自然林為承保對象的保險。

（二）養殖業保險

養殖業保險是指以各種畜禽和水產動物為主要對象的保險，包括大牲畜保險、小牲畜保險、家禽保險、水產養殖保險和其他特種養殖保險。

三、農業保險的保險金額

2005年12月29日，第十屆全國人大常委會第十九次會議高票通過決定，自2006年1月1日起廢止《中華人民共和國農業稅條例》，取消除菸葉以外的農業特產稅，全部免徵牧業稅。中國延續了2,600多年的「皇糧國稅」歷史宣告結束。近幾年來，中國政府對農業保險的投入逐年加大，政府對農業保險的保險金額和保費進行補貼。根據不同的險種，保險金額的確定不大一樣。以水產養殖業保險為例，一般是以承保的水面積作為承保單位，然後據此計算保險金額。以種植業保險為例，以承保面積（畝、公頃）作為承保單位，計算保險金額，比如每畝（1畝約等於666.67平方米）保險金額1,000元。以能繁母豬保險為例，能繁母豬存欄量為30頭以上，可以享受政府對能繁母豬提供的保險進行補貼。對於中西部地區，在地方財政部門補貼30%保費的基礎上，財政部補貼50%保費，養豬戶承擔20%保費。對於新疆生產建設兵團及中央直屬的黑龍江省農墾總局、廣東省農墾總局和海南省農墾總局，由財政部補貼80%的保費，養豬戶承擔20%的保費。[1] 比如每頭母豬的保險金額為1,000元，保險費為60元，養殖戶只需支付12元，政府承擔了48元。總之，農業保險的險種不同，保險金額的確定也不一樣。

鑒於農業保險風險大、損失率高的特點，在確定保險金額方面應實行較低保額制，以利於保險公司控制風險。常見的保險金額確定方式主要有以下幾種方式：

（一）按產量確定保險金額

保險人根據各地同一風險區域同一類標的一定時期平均產量作為保險標的的預期收穫量，並以其作為保險價值，保險金額則按該保險價值的一定成數確定。生長期農作物保險和水產養殖保險適用這種方式。

（二）按成本確定保險金額

保險人根據各地同類保險標的投入的平均成本作為確定保險金額的依據，一般以費用成本為多，主要為了控制道德風險。

---

[1] 《財政部關於印發〈能繁母豬保險保費補貼管理暫行辦法〉的通知》（財金〔2007〕66號）。

（三）按市場價格或協商價格確定保險金額

由保險人與被保險人雙方協商確定投保標的的保險金額。一般根據投保標的的生長期、用途、價值等進行估價，然後按照一定成數確定保險金額。

四、農業保險的風險控制

農業保險的保險標的面臨的風險多而且頻繁，風險單位大，風險難以有效分散。受保險意識和保險技術的制約，在自願投保的條件下，逆選擇屢屢發生，道德風險也難以防範。因此，保險人在經營農業保險時要採取有效措施加強風險控制。常見的主要方式如下：

第一，因地制宜選擇可保風險，偏重於損失率較低的風險，合理釐定費率。

第二，實行不足額保險，合理確定保險金額，承擔產量或價值的60%~80%為宜，採取與被保險人共擔風險的做法來防止道德風險。

第三，擴大承保範圍，分散保險風險。採取國家、集體、農民共擔保費做法鼓勵農民投保，以擴大保險覆蓋面，或在一定範圍實行協商統保來達到分散風險的目的。

第四，實行差別費率和絕對免賠，鼓勵被保險人加強管理、減少索賠。

第五，加強防災防損。保險人與當地農技、氣象、植保、水利等部門密切配合，做好防災宣傳、災情預告、災後施救等各項工作，避免或減輕災害所造成的損失。

第六，實行無賠款保費優待。目的在於鼓勵被保險人精心管理保險財產並做好防災防損工作。

第七，養殖業保險實行承保觀察期，防止投保人將帶病的養殖對象投保，特別是新購進的養殖標的，應隔離觀察，避免疾病傳染造成更大損失，也避免保險人不必要的賠付。

閱讀材料5-1：中國農業保險再保險共同體在京成立

中國農業保險再保險共同體（以下簡稱農共體）成立大會於2014年11月21日在北京召開。中國保監會、中央農村工作領導小組辦公室、財政部、農業部、國家林業局代表，以及部分專家學者出席會議。

農共體由中國人民財產保險股份有限公司等23家具有農業保險經營資質的保險公司和中國財產再保險有限責任公司共同發起組建。農共體立足中國國情，借鑒國際經驗，通過制度化安排和市場化模式，充分整合國內保險行業資源，提升農業保險整體的風險管理水平，為農業保險提供持續穩定的再保險保障。

受全球變暖的影響，極端氣候事件發生的概率在不斷增加，區域性、流域性風險正在逐步暴露。2013年黑龍江特大洪澇災害、2014年遼寧特大旱災和海南兩次臺風，相關省份均出現了巨額超賠。從國際市場看，2011年泰國洪水和2012年美國特大旱災，都出現了創紀錄的賠付，給相關國家保險體系的穩健運行帶來較大

影響。

中國正處於推進農業現代化的新時期，農業生產逐步向適度規模經營轉變，投入的規模更大，面臨的風險更高，對農業保險的風險保障需求也必然更加強烈。但是大災風險分散機制不健全影響了農業保險體系運行的穩健性，制約了保險水平的提高和覆蓋面的進一步擴大，成為農業保險下一步發展迫切需要解決的瓶頸性問題。黨中央、國務院高度重視農業保險大災風險分散機制。2007—2013 年連續 7 個中央「1 號文件」都對此項工作提出要求。相關部門也出抬了《農業保險大災風險準備金管理辦法》，並通過窗口指導等多種方式，積極推進相關工作。

中國保監會有關部門負責人在致辭中指出，成立農共體是貫徹落實黨中央國務院指示精神的具體體現，是為支持農業保險穩健發展進行的機制創新，標誌著中國農業保險發展進入一個新的階段。中國農業保險仍處在發展初級階段，還存在著保障水平有限、服務能力不足、大災風險分散機制不健全等問題，需要努力予以解決。農共體成員公司要有責任意識、長遠意識和大局意識，要敢於擔當，充分體現國家政策設計初衷，確保國家優惠政策不折不扣地落實到農民手裡。要不斷完善運行機制，加強風險數據累積與研究，提升經營管理水平，切實增強農業保險應對大災風險的能力，克服外部市場短期性、波動性對中國農業保險持續穩定發展的影響，確保大災之後農業保險風險分散渠道的穩定。

會上，24 家農共體發起公司共同簽署了《中國農業保險再保險共同體章程》，審議通過了農共體相關規章制度，並推選中國人民財產保險股份有限公司作為農共體成員大會第一屆輪值主席，明確中國財產再保險有限責任公司作為農共體管理機構。

資料來源：中國農業保險再保險共同體在京成立［EB/OL］. http://www.circ.gov.cn/web/site0/tab5207/info3942388.htm.

第六節　貨物運輸保險

一、貨物運輸保險的概念與特徵

（一）貨物運輸保險的概念

貨物運輸保險是以海洋貨物運輸有關的財產、利益或責任作為保險標的一種保險，被保險人或投保人繳納保險費，保險人按照約定的條款承擔保險賠償責任。貨物運輸保險分為鐵路貨物運輸保險、水路貨物運輸保險、航空貨物運輸保險、公路貨物運輸保險。由於投保險別不同，其保險費率各異，賠償的範圍也有區別。貨物運輸保險在性質上屬於財產保險範疇，是一種特殊形式的財產保險。

（二）貨物運輸保險的特徵

貨物運輸保險的保障對象大多為從事國際國內貿易的經營者，貨物從一個國家

或地區到運送到另一個國家或地區。因此，貨物運輸保險有許多與眾不同的特點。

1. 承保風險的綜合性

貨物運輸保險承保的風險已經超過一般財產保險的承保風險範圍。既有財產和利益上的風險，又有責任上的風險；既有海上風險，又有陸上風險；既有自然災害和意外事故引起的客觀風險，又有外來原因引起的主觀風險；既有靜止狀態中的風險，又有流動狀態中的風險等。

2. 保險種類的多樣性

在貨物運輸保險中，由於運輸方式及各種保險標的需要獲得的風險保障多種多樣，客觀上要求多種多樣的險種和險別，以滿足不同的需求。貨物運輸保險的險種包括運輸貨物保險、運輸工具保險和運費保險等，而各種保險又因運輸方式的不同，分為海洋貨物運輸保險、陸上貨物運輸保險、航空貨物運輸保險等。在同一類險種中，根據承保責任範圍的不同又可以分為平安險、水漬險和一切險等。

3. 保障對象的多變性

貨物運輸保險保障對象的多變性是指被保險人發生變更。由於貨物所有人將貨物托運之後，就失去了對貨物的控制與管理。貨物是否發生損失取決於貨物本身因素和運送人的因素，與貨主沒有必然的聯繫。因此，貨物運輸保險單可以隨著保險標的物的轉讓而轉讓，也不需要徵得保險人的同意，只要原被保險人在保險單上背書即可。貨物在運輸過程中不斷變換其所有人，貨物所有者的不斷更換使被保險人不斷發生變化。

4. 保險關系的國際性

除國內貨物運輸保險之外，海洋貨物運輸保險的保障對象大都從事國際貿易、遠洋運輸。國際貿易本身就是國與國之間、地區與地區之間的貿易往來，貨物通過運載工具，運往全球各地。貿易的國際性使海洋貨物運輸保險也成為一種國際性的保險。正是由於這種原因，海洋貨物運輸保險的買賣，應當遵循國際慣例和通用準則的有關規定。解決海洋貨物運輸保險發生的糾紛，同樣應當遵循國際慣例和通用準則。

5. 理賠過程的複雜性

貨物運輸保險的承保標的以運輸的貨物為主。貨物要求從起運港運到目的港，一般採用「倉至倉」條款，以實現其航運經營的目的。因此，保險標的在長途運輸中，經常處於流動狀態，保險標的出險的概率較大。對於小的賠案，可以在當地委託對船舶、貨物的檢驗和理賠代理，但是對於大的案件，出險之後需要派理賠人員到異地對貨損檢驗和理賠。如果發生糾紛，需要聘請懂英語、熟悉貨物運輸的律師，因而增加了理賠過程的複雜性。

二、貨物運輸保險的分類

貨物運輸保險的分類跟其他財產保險一樣，可以從不同的角度加以劃分。根據國際保險市場上通常使用的幾種分類標準，對貨物運輸保險進行以下分類。

（一）按承保標的分類

按承保標的分類，貨物運輸保險可分為運輸貨物保險、船舶保險、運費保險、保障與賠償保險。

1. 運輸貨物保險

運輸貨物保險是指以各種運輸工具，包括海輪、火車、汽車、飛機、郵運或聯運等作為保險標的的保險。此類貨物基本上是貿易貨物，但也可以是援助物質、展品、私人行李等。運輸貨物保險可以分為海上運輸貨物保險、陸上運輸貨物保險、航空運輸貨物保險以及郵包運輸保險等。

2. 船舶保險

船舶保險是以各種水上交通運輸工具及其附屬設備為標的。這裡所說的船舶，除了船體以外，還包括機器、鍋爐、設備、燃料、救生艇，以及供給船舶和機器使用的儲備物品等。保險人承保的船舶分為兩大類：一類是普通商船，如各種貨船、客船等；另一類是特殊用途船，如油輪、漁船、遊船、拖船、駁船、渡船、集裝箱船、液化天然氣船、挖泥船、浮船塢、浮吊、躉船、水上倉庫以及鑽井平臺等各種海上作業船。

3. 運費保險

運費保險以運費為保險標的，運費又分為普通運費和租船運費兩種。普通運費是承運人為他人運送貨物得到的報酬。在國際貿易實務中，運費支付的方式主要有兩種：一種是預付運費，即約定在裝貨港預先付清的運費；另一種是到付運費，通常是貨物達到目的港後支付。在這種情況下，運費保險的被保險人大都是船東或是向船東租船承擔貨物運輸任務的營運人。

4. 保障與賠償保險

保障與賠償保險最初由船東相互保險組織—船東保險協會負責承辦。由參加協會的船東會員相互提供資金，共同承擔那些不屬於保險公司負責的風險，包括由於航運管理上的錯誤和疏忽等原因引起的，在法律上對第三者應負的經濟賠償責任。

（二）按保險期限分類

按保險期限分類，貨物運輸保險可分為航程保險、定期保險和混合保險三種。

1. 航程保險

航程保險是指按保險合同規定保險人只負責指明的港口之間的一次航程，往返程或多次航程為責任起訖。貨物運輸保險及不定期航行的船舶往往採用這種保險。這種保險並不規定起訖時間，不受時間限制。但是起運港從什麼時候開始、目的港到什麼時候終止必須加以明確，否則會造成責任上的爭執，如果保險單上載有保險期限「從貨物裝船時起」，就意味著貨物裝上船以後，保險責任才算開始，保險人對裝船前的風險，包括從岸上到船邊的運輸風險不承擔責任。如附加駁運保險條款，則這段責任又可包括進去。保險單有關保險責任的終止，根據海上保險法的規定，保險人負責到「安全卸岸」為止，但是貨物運抵卸貨港後，必須採取習慣做法，在合理的時間裡卸到岸上。習慣方法還包括用駁船從大船上運到岸上。因此，

責任的終止與責任的開始相比，較為寬松。對於保險責任的開始，有的國家規定，貨物一經到岸，就開始承擔責任。有的國家還規定，貨物運到碼頭、準備裝船時，就開始承擔責任。

2. 定期保險

定期保險承保一定航期內保險標的遭受風險的損失。船舶保險一般採用定期保險，保險期限可由保險合同的雙方協商確定，可以是 1 年，也可以是半年或 3 個月，其保險責任起訖同其他保險一樣，通過約定載於保險單上。假如保險單上約定的保險期已滿，而船舶仍在海上航行，只要被保險人事先通知保險人，保險合同繼續有效，直至船舶抵達目的港為止。延續期間按月比例增收保險費。定期保險的索賠權利要受到保險單規定的航行區域的限制。

3. 混合保險

混合保險是一種航程保險與定期保險相結合的保險。混合保險承保的是一定時間內特定航程過程中的風險，這種保險對規定的保險期限以外的期間所發生的損失不負責賠償，因此具有定期保險的性質。混合保險對於原定航程以外航行區域發生的損失也不承擔賠償責任，因此又具有航程保險的性質。在貨物運輸保險實務中，混合保險以承保航程為主，但為避免航程中拖延時間過長，保險人常用時間加以限制。在這種情況下，保險人的責任期限終止是以先發生者為標準。

(三) 按承保方式分類

按承保方式分類，貨物運輸保險可分為逐筆保險、預約保險、流動保險和總括保險。

1. 逐筆保險

逐筆保險是指對一批貨物，由投保人逐筆向保險人申請保險。保險人根據每批貨物或每艘船舶的航程、危險程度、標的狀況以及要保條件等情況考慮是否承保和確定費率，這是最普遍的承保方式。每張保險單上必須明確保險名稱、保險數量、保險金額、運輸工具、保險期限、保險條件和保險費率，不需要其他證明或文件。

2. 預約保險

預約保險是由保險人與被保險人雙方訂立一個協議，規定總的保險範圍，包括險別、費率、運輸工具、航程區域以及每批貨物的最高保險金額等。保險期限可以是定期的，如 1 年、2 年等也可以是長期的，即沒有確切的終止期限，如果任何一方需要取消合同，僅需提前 30 天提交書面通知（但是戰爭險通知期限為 7 天）。被保險人的出口貨物索賠將由保險人在目的港的分支機構直接處理，就地賠付既方便又快捷。

3. 流動保險

流動保險是一種預約的定期保險，期限不少於 3 個月，一般不規定船名和航線，只對船型進行限制，並對每條船每次事故的貨物損失確定一個限額。被保險人在保險期限內，對於需要運輸貨物的總價值進行估計，每批貨物發運時，通知保險人自動承保。每批申報的出運金額，要在該流動保險單的保險總額內扣除，當保險

總額被每批申報出運金額扣除完後，保險人的責任終止。當保險合同到期時再結算保險費，多退少補。這種流動保險的好處在於一次解決問題，不需要對每批貨物逐一協議保險條件和臨時確定保險費率。但是流動保險的適用範圍比預約保險要狹窄得多。

4. 總括保險

總括保險基本上與流動保險相同，不同的是總括保險在確定總保險金額後，採取一次收齊保險費的辦法，然後逐筆遞減每裝運一批貨物的保險金額，直到總金額全部扣除完畢。總保險金額如在保險期滿時尚有結餘則保險費不退。如發生損失，根據恢復條款規定，經保險人同意可以在已扣減的保險金額中，按照損失賠款數字給予補足。但是此項補足部分應按規定另加收保險費。

三、海上貨物運輸保險

海上貨物運輸保險是指保險人承保貨物在運輸途中因海上自然災害、意外事故或外來原因而導致的損失承擔保險賠償的責任的保險。

（一）海上貨物運輸保險的特點

除了上述談到的貨物運輸的基本特徵外，海上貨物運輸有其自身的特點。

1. 承保時間長於其他貨物運輸保險

海上貨物運輸是跨國遠洋運輸，根據目的地距離的遠近，保險承保時間有所不同。例如，中國沿海港口運往歐洲（如漢堡、鹿特丹）的貨物時間長，一般需要30～35天時間，因而承保的時間也長。中國沿海港口運往韓國、日本一般只需要一個星期左右的時間。從武漢到歐洲的鐵路國際貨運專線，單程運輸耗時僅17天左右[①]。

2. 承保風險大於路上貨物運輸保險的風險

由於海上貨物運輸時間長，面臨的風險較大。特別是全天候運輸，即不分白晝於黑夜，「風雨無阻」的航行，其風險遠遠大於公路運輸的風險。相對來說，公路貨物運輸保險的風險要小於海上貨物運輸保險承保的風險，因為公路運輸遇到惡劣天氣時，可以暫停運輸。

3. 運輸條款採用漢英對照的形式

中國國內貨物運輸保險條款、投保單、保險合同統一採用中文格式，而海上貨物運輸保險條款、投保單以及保險合同統一採用漢英對照的形式。這種設計旨在讓國內外商投保人以及外國投保人能讀懂條款的內容，也體現海上貨物運輸保險從語言的角度也能夠體現具有的國際性特點。

（二）海上貨物運輸保險的險種和保險責任

中國海上貨物運輸保險的險種分為基本險和附加險。基本險包括平安險、水漬

---

① 萬進，呂作武. 武漢本月開通至歐洲貨運專列，貨運時間大大縮短［EB/OL］. http://info.3g.qq.com/g/s?g_f=18449&aid=bb_ss&id=hb_20140404022755&g_ut=3&rloop=1.

險和一切險三種。附加險包括一般附加險、特別附加險和特殊附加險三種。

1. 平安險的保險責任

平安險的英文簡稱是「FPA」，英文原意是「不負責單獨海損」。隨著國際航運和國際貿易發展的需要，這一險種經過多年的實踐與發展，平安險的保險責任已經超出僅對全損賠償的範圍，保險人對某些原因造成的部分損失也負責賠償。平安險的責任範圍如下：

（1）貨物在運輸途中，因惡劣氣候、雷電、海嘯、地震、洪水等自然災害造成整批貨物的全部損失或推定全損。

（2）運輸工具遭受擱淺、觸礁、沉沒、互撞、與流冰或其他物體碰撞以及失火、爆炸等意外事故造成貨物的全部或部分損失。

（3）運輸工具發生擱淺、觸礁、沉沒、焚毀等意外事故的情況下，貨物在此前後又在海上遭受惡劣氣候、雷電、海嘯等自然災害所造成的部分損失。

（4）在裝卸或轉運時，由於一件或數件、整件貨物落海造成的全部或部分損失。

（5）被保險人對遭受承保責任危險的貨物採取搶救、防止或減少貨損的措施而支付的合理費用，但以不超過該批被救貨物的保險金額為限。

（6）運輸工具遭遇海難後，在避難港卸貨、存倉及運送貨物所產生的特別費用。

（7）共同海損的犧牲、分攤和救助費用。

（8）運輸契約訂有「船舶互撞責任」條款，根據該條款規定應由貨主償還船主的損失。

2. 水漬險的保險責任

水漬險的英文簡稱是「WA」或「WPA」，英文原意是「負責單獨海損的賠償」。水漬險承保的責任範圍除包括平安險的各項責任外，還負責由於惡劣氣候、雷電、海嘯、地震、洪水等自然災害所造成的部分損失。水漬險對於貨物因自然災害造成的部分損失也負賠償責任，而平安險對於這種部分損失不負賠償責任，這就是兩者的區別所在。因此，水漬險的保險責任大於平安險的保險責任。

3. 一切險的保險責任

一切險的保險責任，除承保上述平安險和水漬險的責任外，還承保被保險貨物在海上運輸途中由於各種外來原因造成的全部損失或部分損失。一切險中的保險責任指的「外來原因」並非運輸途中的一切外來風險，而是一般附加險中的11種風險。

由於一切險的保險責任範圍最大，提供的保險保障比較充分，各類貨物都能適用，特別是糧油食品、紡織纖維類商品和精密儀器儀表等都應投保一切險。

4. 基本險的除外責任

除外責任是指保險人不承擔的損失或費用。保險人在保險條款中規定除外責任的目的，在於進一步明確自己承保的責任範圍，對於條款中列明的不屬於保險責任

範圍內的風險事故造成的被保險貨物的損失或由此而產生的費用不承擔賠償責任。中國《海洋貨物運輸保險條款》基本險（平安險、水漬險和一切險）的除外責任如下：

（1）被保險人的故意行為或過失造成的損失。

（2）屬於發貨人責任引起的損失。

（3）在保險責任開始前，被保險貨物已存在的品質不良或數量短差造成的損失。

（4）被保險貨物的自然耗損、本質缺陷、特性以及市價跌落、運輸延遲引起的損失或費用。

（5）屬於戰爭險條款和罷工險條款規定的保險責任和除外責任的貨損。

（三）海上貨物運輸保險的保險期限

保險期限是指保險人承擔保險責任的起訖期限。中國海上貨物運輸保險基本險的保險期限以「倉至倉條款」為準。這規定了保險人對被保險貨物承擔責任的空間範圍，從貨物運離保險單載明起運港發貨人的倉庫時開始，一直到貨物運抵保險單載明的目的港收貨人的倉庫時為止。

1. 正常運輸情況下的保險期限

正常運輸是指按照正常的航程、航線行駛並停靠港口，貨物到達收貨人的最後倉庫，保險責任即行終止。

（1）被保險貨物運抵目的港，並全部卸離船舶後，未被收貨人立即運到自己的倉庫。遇到這種情況，保險責任可以從貨物全部卸離船舶時起算滿 60 天終止。如果在 60 天內貨物到達收貨人倉庫，保險責任即在到達倉庫時終止。

（2）被保險貨物運抵卸貨港，收貨人提貨後並不將貨物運往自己的倉庫，而是將貨物進行分配、分派或分散轉運。遇到這種情況，保險責任就從開始分配時立即終止。

（3）被保險貨物以內陸為目的地，收貨人提貨後運到內陸目的地自己的倉庫，保險責任從啟運起立即終止。

（4）收貨人提貨後沒有將貨物直接運往自己在內陸目的地的倉庫，而是先行存入某一倉庫，然後在這個倉庫對貨物進行分配、分派或分散轉運，即使其中一部分貨物運到了保單所載明的內陸目的地的最後倉庫，則先行存入的某一倉庫視為收貨人的最後倉庫，保險責任在貨物到達該倉庫時終止。

2. 非正常運輸情況下的保險責任期限

（1）被保險貨物如在非保險單載明的目的地出售，保險責任至交貨時終止，但不論任何情況，均以被保險貨物在卸貨港全部卸離船舶滿 60 天為止。

（2）被保險貨物如在上述 60 天期限內繼續運往保險單載明的原目的地或其他目的地時，保險責任仍按正常運輸情況下所規定的「倉至倉」條款內容辦理。

（四）海上貨物運輸保險的保險金額與保險費計算

1. 保險金額的概念

保險金額是被保險人對保險標的實際投保金額，是保險人承擔賠償或者給付保險金責任的最高限額。這是保險公司承擔保險責任的標準和計收保險費的基礎。當保險貨物發生保險責任範圍內的損失時，保險金額就是保險公司賠償的最高限額。因此，投保人購買貨物運輸保險時，一般向保險公司申報保險金額。

一般來講，保險金額應與保險價值相等，但實際上也常出現不一致的情況。保險金額與保險價值相等稱之為足額保險。被保險人申報的保險金額小於保險價值稱之為不足額保險。在此情況下，保險貨物發生損失時，保險公司按保險金額與保險價值的比例承擔補償責任。被保險人申報的保險金額大於保險價值，就是超額保險。在不定值保險條件下，超額部分無效。

2. 保險金額與保險費的計算

國際貿易中的貨物運輸保險的保險金額一般以發票價值為基礎來確定。按照國際貿易慣例，進出口貨物運輸保險的保險金額在 CIF 價格基礎上適當加成。CIF 是成本（Cost）、保險（Insurance）和運費（Freight）的縮寫，保險費由賣方承擔。根據國際商會制定的《國際貿易術語解釋通則》和《跟單信用證統一慣例》中有關規定，在 CIF 價格的基礎上加成 10%。

（1）CIF 價格條件下，保險金額與保險費的計算。公式表示如下：

保險金額＝CIF 價格×（1+加成率）

保險費＝保險金額×費率

（2）CFR 價格條件下，保險金額與保險費的計算。CFR 是成本（Cost）和運費（Freight）的縮寫，保險費由買方承擔。凡是以 CFR 價格成交的貨物，都不能以 CFR 價格為基礎直接加成計算保險金額和保險費，而應先把 CFR 轉化為 CIF 價格再加成計算保險金額和保險費。公式表示如下：

$$CIF = \frac{CFR}{1-(1+加成率)\times 保險費率}$$

保險金額＝CIF×（1+加成率）

保險費＝保險金額×費率

例如，廣州機器進出口公司出口廣州本田轎車 50 輛到巴西，啟運港是廣州，目的港是里約熱內盧。以 CFR 價格成交，每輛 12,000 美元，保險費率為 1%，以 CIF 價格加成 10% 計算保險金額和保險費。

第一步：換算成 CIF 價格。

$$CIF = \frac{50\times 12,000}{1-(1+10\%)\times 1\%} \approx 606,673（美元）$$

第二步：計算保險金額。

保險金額＝CIF 價格×（1+加成率）

＝606,673×（1+10%）＝667,340（美元）

第三步：計算保險費。

保險費＝保險金額×費率

＝667,340×1%＝6,673.4（美元）

（3）FOB價格條件下，保險金額與保險費的計算。

FOB是英文「Free on Board」的縮寫，即船上交貨價，也稱離岸價格，保險費由買方承擔。凡是以FOB價格成交的貨物，都不能以FOB價格為基礎直接加成計算保險金額和保險費，而應先把FOB價格轉化為CIF價格再加成計算保險金額和保險費。

$$CIF = \frac{FOB+運費}{1-(1+加成率)×保險費率}$$

保險金額＝CIF×(1+加成率)

保險費＝保險金額×費率

(五) 海上貨物運輸保險被保險人的義務

根據《中華人民共和國海商法》的規定，海上運輸貨物保險被保險人的義務如下：

第一，及時繳納保險費。除貨物保險合同另有約定外，被保險人應當在合同訂立後立即支付保險費；被保險人支付保險費前，保險人可以拒絕簽發保險單證。

第二，被保險人違反合同約定的保證條款時，應當立即書面通知保險人。保險人收到通知後，可以解除合同，也可以要求修改承保條件、增加保險費。

第三，發生保險事故，立即報案。一旦海上運輸貨物的保險事故發生，被保險人應當立即通知保險人，並採取必要的合理措施，防止或者減少損失。被保險人收到保險人發出的有關採取防止或者減少損失的合理措施的特別通知的，應當按照保險人通知的要求處理。對於被保險人違反此規定造成的擴大的損失，保險人不負賠償責任。

四、內陸貨物運輸保險

內陸貨物運輸保險是指以國內運輸過程中的貨物為保險標的，在標的物遭遇自然災害或意外事故造成的損失時，保險公司給予經濟補償的保險。

(一) 保險責任

貨物在運輸過程中由於下列原因造成的損失，保險公司負賠償責任：

(1) 火災、爆炸、雷電、冰雹、暴風、暴雨、洪水、海嘯、地震、地陷、崖崩造成的損失。

(2) 運輸工具發生火災、爆炸、碰撞造成的損失，以及因運輸工具在危難中發生卸載造成的損失或支付的合理費用。

(3) 在裝貨、卸貨或轉載時發生意外事故造成的損失。

(4) 利用船舶運輸時因船舶擱淺、觸礁、傾覆、沉沒或遭到碼頭坍塌造成的損失，以及依照國家法令或一般慣例應分攤的共同海損費用和救助費用。

（5）利用火車、汽車、大車、板車運輸時，因車輛傾覆、出軌、隧道坍塌或人力、畜力的失足造成的損失。

（6）利用飛機運輸時，因飛機傾覆、墜落、失蹤以及遭遇惡劣氣候或其他危難事故發生抛棄行為造成的損失。

（7）在發生上述災害或事故時，遭受盜竊或在紛亂中造成的散失。

（8）施救或救助保險貨物支出的合理費用。

（二）保險期限

保險責任自保險貨物離開起運地點的倉庫或儲存處所時生效，至到達目的地收貨人的倉庫或儲存處所時終止。如果未到達收貨人的倉庫或儲存處所，則其最長責任有效期以保險貨物在卸離最後運輸工具的10天為限。

五、航空貨物運輸保險

航空貨物運輸保險是指以航空運輸過程中的各類貨物為保險標的，客戶投保了航空貨物保險之後，貨物在運輸途中因保險責任造成貨物損失時，由保險公司承擔賠償責任的保險。

（一）保險責任

下列保險事故造成保險貨物的損失，保險人應該負航空貨物保險賠償責任：

（1）火災、爆炸、雷電、冰雹、暴風、暴雨、洪水、海嘯、地陷、崖崩造成的損失。

（2）因飛機遭受碰撞、傾覆、墜落、失蹤（在3個月以上），在危難中發生卸載以及遭受惡劣氣候或其他危難事故發生抛棄行為造成的損失。

（3）因受震動、碰撞或壓力而造成破碎、彎曲、凹癟、折斷、開裂的損失。

（4）因包裝破裂致使貨物散失的損失。

（5）凡屬液體、半流體或者需要用液體保藏的保險貨物，在運輸途中因受震動、碰撞或壓力致使裝容器（包括封口）損壞發生滲漏而造成的損失，或用液體保藏的貨物因液體滲漏而致保藏貨物腐爛的損失。

（6）遭受盜竊或者提貨不著的損失。

（7）在裝貨、卸貨時和港內地面運輸過程中，因遭受不可抗力意外事故及雨淋造成的損失。

（8）施救或救助保險貨物而支付的直接合理費用，但以不超過保險金額為限。

（二）保險期限

航空貨物運輸保險的保險責任期限是自保險貨物經承運人收訖並簽發保險單時起，至該保險單上的目的地的收貨人在當地的第一個倉庫或儲存處所時終止。但保險貨物運抵目的地後，如果收貨人未及時提貨，則保險責任的終止期最多延長至以收貨人接到到貨通知單以後的15天為限。

六、郵包保險

郵包運輸保險是指承保郵包通過海、陸、空三種運輸工具在運輸途中由於自然災害、意外事故或外來原因造成的包裹內物件的損失的保險。以郵包方式將貨物發送到目的地可能通過海運，也可能通過陸上運輸或航空運輸，或者經過兩種或兩種以上的運輸工具運送。不論通過何種和幾種運送工具，凡是以郵包方式將貿易物貨運達目的地的保險均屬郵包保險。

郵包保險按其保險責任分為郵包險和郵包一切險兩種。郵包險與海洋運輸貨物保險水漬險的責任相似，郵包一切險與海洋運輸貨物保險一切險的責任基本相同。

（一）保險責任

郵包保險分為郵包險和郵包一切險。被保險貨物遭受損失時，保險公司按保險單上訂明的承保險別的條款規定，負賠償責任。

1. 郵包險保險責任

（1）被保險郵包在運輸途中由於惡劣氣候、雷電、海嘯、地震、洪水自然災害，或者由於運輸工具遭受擱淺、觸礁、沉沒、碰撞、傾覆、出軌、墜落、失蹤，或者由於失火、爆炸意外事故造成的全部或部分損失。

（2）被保險人對遭受危險的貨物採取搶救，防止或減少貨損的措施而支付的合理費用，但以不超過該批獲救貨物的保險金額為限。

2. 郵包一切險保險責任

除包括上述郵包險的各項責任外，本保險還負責被保險郵包在運輸途中由於外來原因所致的全部或部分損失。

（二）保險期限

本保險期限自被保險郵包離開保險單所載起運地點寄件人的處所運往郵局時開始生效，直至該項郵包運達保險單所載目的地郵局，自郵局簽發到貨通知書當日午夜起算滿 15 天終止。但在此期限內郵包一經遞交至收件人的處所時，保險責任即行終止。

第七節　責任保險

一、責任保險的概念與特徵

（一）責任保險的概念

責任保險是指保險人承保被保險人因過失造成他人財產損失和人身傷害、依法承擔民事損害賠償責任的保險，主要有公眾責任保險、產品責任保險、雇主責任保險、職業責任保險等險種。

(二) 責任保險的特徵

1. 第三方承擔賠償責任

責任險與財產險不同，財產險的目標是補償特定資產損失，責任保險是為被保人向遭受損失的第三方賠償。因為許多個人與組織的活動都會對第三方造成潛在不良後果，這種保險因而可以在個人與商業領域中得到廣泛的應用。

2. 受法律與監管環境的制約

由於購買責任保險的目的是減少被保險人的法律風險，所以該保險的發展在常見的司法管轄範圍內對法律與監管環境的敏感度很高。例如，強制責任險是政府的一種工具，用來解決許多涉及公眾權益的問題，如公眾的健康與環境。

3. 保險人難以對責任風險進行評估

責任保險屬於一種「長尾巴」式的業務，其索賠在保單過期很長時間之後還繼續存在。由於無法預知法律環境中的潛在因素與不利於己的變化，保險人常受到索賠頻率突然提高、索賠金額突然上升等問題的困擾。

二、責任保險與法律關系

(一) 責任保險與法律關系的內容

責任保險與法律關系的內容是指在責任保險主體之間所具有的聯繫方式。這種聯繫是以平衡責任為追求，因此其作為貫徹責任保險法律關系的內容，本質是調整各自主體間的權利義務關系。

(二) 責任保險法律關系的主體

責任保險法律關系主體是建立在「人與人」之間的。人是責任保險法律關系的具體承受者和參加者，可以是自然人也可以是法人。在責任保險法律關系中，保險人、被保險人（投保人）相互享有權利並負擔義務。

(三) 責任保險法律關系的客體

責任保險法律關系的客體是被保險人對第三人依法應負的賠償責任。責任保險的標的是具有財產性質的民事賠償責任，而不包括其應負的刑事責任、行政責任和非財產性質的民事責任。

三、責任保險的種類

(一) 產品責任保險

產品責任保險是指當產品製造者、銷售者等生產、銷售有缺陷的造成他人財產損失或人身傷亡時，由保險公司承擔經濟賠償責任的保險。產品責任以各國的產品責任法律制度為基礎。

1. 保險責任

（1）被保險人生產、銷售、分配或修理的產品發生事故，造成用戶、消費者或其他任何人的人身傷害或財產損失，依法應由被保險人承擔的損害賠償責任，保險人在保險單規定的賠償限額內予以賠償。

（2）被保險人為產品責任事故支付的法律費用及其他經保險人事先同意支付的合理費用，保險人也負賠償責任。

2. 除外責任

（1）被保險人承擔的合同責任，除非這種責任變成法律責任。

（2）不屬於產品責任範圍的其他法律責任，如雇主對其雇員應負的工傷責任可由勞工險或雇主責任保險負責。

（3）屬於被保險人所有、照管或控制的財產的損失。

（4）被保險人未按有關法律、法規生產或銷售的產品發生事故導致的責任和費用。

（5）產品本身的損失以及回收有缺陷的產品所需的費用等（由產品保證保險負責賠償）。

（二）雇主責任保險

雇主責任險是指當被保險人雇傭的員工在受雇過程中，因遭受意外事故或職業性疾病導致傷殘或死亡時，由保險人承擔賠償責任的保險。

1. 保險責任

在保險合同期間內，凡被保險人的雇員，在其雇傭期間因從事保險單所載明的被保險人的工作而遭受意外事故或患與工作有關的國家規定的職業性疾病所致傷殘或死亡，對被保險人因此依法應承擔的下列經濟賠償責任，保險公司依據保險合同的約定，在約定的賠償限額內予以賠付：

（1）死亡賠償金；

（2）傷殘賠償金；

（3）誤工費用；

（4）醫療費用。

2. 除外責任

（1）被保險人的雇員由於職業性疾病以外的疾病、傳染病、分娩、流產以及因上述原因接受醫療、診療所致的傷殘或死亡；

（2）由於被保險人的雇員自傷、自殺、打架、鬥毆、犯罪及無照駕駛各種機動車輛所致的傷殘或死亡；

（3）被保險人的雇員因非職業原因而受酒精或藥劑的影響所致的傷殘或死亡；

（4）被保險人的雇員因工外出期間以及上下班途中遭受意外事故而導致的傷殘或死亡；

（5）被保險人直接或指使他人對其雇員故意實施的騷擾、傷害、性侵犯，而直接或間接造成其雇員的傷殘、死亡；

（6）任何性質的精神損害賠償、罰款、罰金；

（7）被保險人對其承包商雇傭雇員的責任；

（8）在中華人民共和國境外，包括中國香港、澳門和臺灣地區，發生的被保險人雇員的傷殘或死亡；

（9）國務院發布的《工傷保險條例》規定的工傷保險診療項目目錄、工傷保險藥品目錄、工傷保險住院服務標準之外的醫藥費用；

（10）勞動和社會保障部發布的《國家基本醫療保險藥品目錄》規定之外的醫藥費用；

（11）假肢、矯形器、假眼、假牙和配置輪椅等輔助器具；

（12）住宿費用、陪護人員的誤工費、交通費、生活護理費、喪葬費用、供養親屬撫恤金、撫養費；

（13）戰爭、軍事行動、恐怖活動、罷工、暴動、民眾騷亂或由於核子輻射所致被保險人雇員的傷殘、死亡或疾病；

（14）其他不屬於保險責任範圍內的損失和費用。

（三）職業責任保險

職業責任保險是指當各種專業技術人員由於工作上的疏忽或過失，造成合同一方或他人的人身傷害或財產損失時，由保險人承擔經濟賠償責任的一種保險。在保險實務中，主要有醫生、藥劑師、會計師、律師、建築工程師、美容師等職業責任保險。

1. 保險責任

職業責任保險的責任範圍因職業間的差異而有較大的不同，職業責任保險的保險人主要負責以下賠償：

（1）賠償金。賠償金是指專業人員由於職業上的疏忽、錯誤或失職造成的損失的賠償金，且無論損失是否發生在保險合同的有效期內，只要受損害的第三人在合同有效期內提起索賠的應由被保險人承擔的賠償金都在此列。

（2）費用。費用是指事先經保險人同意支付的各項費用，一般包括訴訟費用及律師費用等。

2. 除外責任

職業責任保險中保險人的除外責任根據所承保職業的類別的不同存在較大的差異，除了責任保險的一般除外責任外，通常規定保險人對下列事項不負責賠償：

（1）被保險人與未取得相關專業技術任職資格的人員發生的業務往來導致的損失；

（2）超越代理權的行為導致的損失；

（3）洩露個人隱私或商業秘密等造成的損失等。

（四）公眾責任保險

1. 保險責任

公眾責任保險是指以被保險人的公眾責任為承保對象，當致害人在公眾活動場所的過錯行為致使他人的人身或財產遭受損害時，保險人對依法應由致害人承擔的對受害人的經濟賠償責任進行賠償的保險。公眾責任保險的保險責任，包括被保險人在保險期內、在保險地點發生的依法應承擔的經濟賠償責任和有關的法律訴訟費用等。

2. 除外責任

（1）被保險人故意行為引起的損害事故；

（2）戰爭、內戰、叛亂、暴動、騷亂、罷工或封閉工廠引起的任何損害事故；

（3）人力不可抗拒的原因引起的損害事故；

（4）核事故引起的損害事故；

（5）有缺陷的衛生裝置及除一般食物中毒以外的任何中毒；

（6）由於震動、移動或減弱支撐引起的任何土地、財產或房屋的損壞責任；

（7）被保險人的雇員或正在為被保險人服務的任何人所受到的傷害或其財產損失，他們通常在其他保險單下獲得保險；

（8）各種運輸工具的第三者或公眾責任事故，由專門的第三者責任保險或其他責任保險險種承保；

（9）公眾責任保險單上列明的其他除外責任等。

第八節　信用保證保險

一、信用保證保險的概念與特徵

（一）信用保證保險的概念

信用保證保險是以信用風險為保險標的保險，實際上是由保險人（保證人）為信用關系中的義務人（被保證人）提供信用擔保的一類保險業務。在業務習慣上，因投保人在信用關系中的身分不同，信用保證保險分為信用保險和保證保險兩類。

1. 信用保險

信用保險是權利人投保義務人的信用，對義務人不守信用給權利人造成的經濟損失由保險人承擔的賠償責任的保險。例如，商品的出口方（權利人）擔心進口方（義務人）不遵守合同約定支付貨款或不能如期支付貨款，而要求保險人擔保，保證其在遇到上述風險而受到損失時，由保險人給予經濟補償。

2. 保證保險

保證保險是被保險人根據權利人的要求，請求保險人擔保自己信用的保險。如果由於被保證人的違約或者違法行為導致權利人遭受經濟損失，保險人將給予賠償。例如，建築工程承包合同規定，承包人應在和業主簽訂承包合同後 15 個月內交付工程項目，業主（權利人）為了能夠按時接收項目，可以要求承包人（被保證人）提供保險公司的履約保證，保證業主因承包人不能按時完工所致經濟損失由保險公司（保證人）賠償。

（二）信用保證保險的特徵

信用保證保險的特徵如下：

第一，信用保證保險承保的是一種信用風險。

第二，信用保證保險只是對權利人的擔保。

第三，保險人經營信用保證保險業務只收取擔保費而無盈利。

第四，信用保證保險的實質是一種以經濟合同所約定的合同責任為保險標的的一種保險。

二、信用保證保險與一般財產保險的區別

第一，信用保證保險承保的是信用風險，補償因信用風險給債權人造成的經濟損失，而不是承保物質風險，補償由於自然災害和意外事故造成保險標的的經濟損失。因而無論權利人還是義務人要求投保，保險人事先都必須對被保險人的資信情況進行嚴格審查，認為確有把握才能承保，如同銀行對貸款申請人的資信必須嚴格審查後才能貸款一樣。

第二，在信用保險與保證保險中，實際上涉及三方的利益關系，即保險人（保證人）、權利人和義務人（被保證人）。當保險合同約定的事故發生致使權利人遭受損失，只有在義務人（被保證人）不能補償損失時，才由保險人代其向權利人賠償，從而表明這只是對權利人經濟利益的擔保。在一般財產保險中，只涉及保險人和被保險人的利益關系，而且因約定保險事故發生所造成的損失，無論被保險人有無補償能力，保險公司都得予以賠償。

第三，從理論上講，保險人經營信用保證業務只是收取擔保服務費而無盈利可言，因為信用保險與保證保險均由直接責任者承擔責任，保險人不是從抵押財物中得到補償，就是行使追償權追回賠款。保險費精算基礎也不相同，一般財產保險的費率主要涉及自然風險因素，相對容易一些，而信用保證保險的費率主要涉及的是政治、經濟和個人品德因素，相對困難一些。

三、信用保險的種類

（一）國內信用保險

國內信用保險又稱商業信用保險，是指在商業活動中，一方當事人為了避免另一方當事人的信用風險，其作為權利人要求保險人將另一方當事人作為被保證人並承擔由於被保證人的信用風險而使權利人遭受商業利益損失的保險。

國內信用保險主要有賒銷信用保險、貸款信用保險和個人信用保險。

1. 賒銷信用保險

賒銷信用保險又稱賣方保險，是保險人為賣方進行的各種形式的延期付款或分期付款行為提供信用擔保的一種信用保險業務。

2. 貸款信用保險

貸款信用保險是保險人對貸款人（銀行或其他金融機構）與借款人之間的借貸合同進行擔保並承保其信用風險的保險。

3. 個人信用保險

個人信用保險是以各類企事業單位和社會團體在與具有權利能力和行為能力的自然人發生民事行為中可能發生因自然人侵犯而產生的利益損失為保險標的的保險。

(二) 出口信用保險

出口信用保險是承保出口商在經營出口業務的過程中因進口商方面的商業風險或進口國方面的政治風險而遭受的一種特殊的保險。

根據保險期限不同，出口信用保險可分為短期出口信用保險和中長期出口信用保險；根據保險責任起訖時間不同，出口信用保險可分為運前的保險和出運後的保險；根據承保方式不同，出口信用保險可分為綜合承保和選擇承保；根據承保風險不同，出口信用保險可分為商業風險保險和政治風險保險。

(三) 投資保險

投資保險是承保被保險人因投資引進國的政治局勢動盪或政府法令變動引起的投資損失的保險，又稱政治風險保險。開展投資保險的主要目的是為了鼓勵資本輸出。作為一種新型的保險業務，投資保險於20世紀60年代在歐美國家出現以來，現已成為海外投資者進行投資活動的前提條件。國外的投資保險，一般由投資商在本國投保，保障的是本國投資商在外國投資的風險，投資商是被保險人。中國的投資保險則可由保險公司為外國的投資商保險，保障的是外國投資商在中國投資的風險，以配合國家引進外資的政策，從而帶有保證保險的性質。

四、保證保險的種類

(一) 合同保證保險

合同保證保險又稱為履約保證保險，是承保因被保證人不履行各種合同義務而造成權利人的經濟損失的一種保險。合同保證保險的保險標的是被保證人的履約責任。

(二) 忠誠保證保險

忠誠保證保險又稱為誠實保證保險，是指因被保證人（雇員）的不誠實而且使權利人（雇主）遭受損失時，由保證人（保險人）承擔經濟賠償責任的一種保證保險。

(三) 產品保證保險

產品保證保險又稱為產品質量保證保險，是指承保製造商、銷售商或修理商因製造、銷售或修理的產品本身的質量問題而造成被保險人遭受諸如修理、重新購置等經濟損失賠償責任的保險。

重要術語

財產保險　定值保險　不定值保險　重置價值保險　第一危險　財產損失保險
火災保險　機器損壞保險　利潤損失保險　家庭財產保險　運輸工具保險
機動車輛保險　機動車輛交通事故責任強制保險　船舶保險　飛機保險　工程保險
建築工程保險　安裝工程保險　科技工程保險　農業保險　貨物運輸保險
海上貨物運輸保險　責任保險　產品責任保險　公眾責任保險　職業責任保險
雇主責任保險　信用保險　保證保險

復習思考題

1. 簡述財產保險的特點。
2. 簡述機動車輛保險的特點。
3. 簡述機動車輛保險費率厘定的考慮因素。
4. 試比較商業第三者責任保險與機動車輛交通事故責任強制保險。
5. 簡述工程保險的特點。
6. 簡述農業保險的特點。
7. 簡述農業保險的保險金額確定方式。
8. 簡要說明貨物運輸保險的特點。
9. 海洋貨物運輸保險的種類有哪些？
10. 平安險的保險責任包括哪些？
11. 簡述責任保險的類別。
12. 信用保證保險與一般財產保險的區別有哪些？

參考文獻

1. 許謹良. 財產保險原理與實務 [M]. 上海：上海財經大學出版社，2010.
2. 袁建華. 海上保險原理與實務 [M]. 4 版. 成都：西南財經大學出版社，2014.
3. 魏華林，林寶清. 保險學 [M]. 3 版. 北京：高等教育出版社，2011.
4. 張虹，陳迪紅. 保險學教程 [M]. 2 版. 北京：中國金融出版社，2012.
5. 孫蓉，蘭虹. 保險學原理 [M]. 3 版. 成都：西南財經大學出版社，2010.

第六章 人身保險

第一節 人身保險概述

一、人身保險的概念與分類

(一) 人身保險的概念

人身保險是指以人的壽命和身體為保險標的的一種保險。人身保險的投保人根據保險合同的約定，向保險人支付保險費，當被保險人在保險期限內發生保險責任範圍內的保險事故導致死亡、傷殘、疾病、年老等事故或生存至保險期滿時，保險人承擔給付保險金的責任。

普通的人身保險主要用以應付人們在日常生活中遭受的各種意外傷害、疾病、死亡等不幸事故以及在年老退休時經濟上可能面臨的困難。隨著保險經營的不斷創新，一些新型的人身保險產品在具有保險保障功能的同時，還具有一定的投資功能，用以滿足保單持有人對投資的需求。

(二) 人身保險的分類

人身保險按照不通的劃分標準，可以分為不同的種類。常見的分類方式如下：

1. 按照保障範圍分類

按照保險的保障範圍不同，人身保險可以分為人壽保險、人身意外傷害保險和健康保險。這是人身保險最主要的分類方式。

(1) 人壽保險。人壽保險是以人的壽命作為保險標的，以被保險人在保險期限內生存或死亡作為給付保險金條件的一種人身保險。人壽保險是最主要、最基本的人身保險，又可以分為死亡保險、生存保險、生存兩全保險三種。

(2) 人身意外傷害保險。人身意外傷害保險是指以被保險人的身體作為保險標的，以被保險人在保險期限內因遭受意外傷害造成死亡、殘疾作為給付保險金條

件的一種人身保險。

（3）健康保險。健康保險是以被保險人的身體為保險標的，保障被保險人在疾病或意外事故所致傷害時的費用或收入損失獲得補償的一種人身保險，包括疾病保險、醫療保險、失能收入損失保險和護理保險。

2. 按照投保方式分類

按照投保方式不同，人身保險可以分為個人人身保險、聯合保險和團體人身保險。

（1）個人人身保險。個人人身保險是一張保單僅承保一個被保險人，是最普通、最常見的一種投保方式。

（2）聯合保險。聯合保險是以兩個或兩個以上、有一定經濟利害關系的被保險人作為一個聯合體（如夫妻）投保的人身保險。

（3）團體人身保險。團體人身保險是以一張總的保單為某一個團體的絕大多數（一般要求至少為總人數的75%以上）或全部成員提供保險保障的人身保險。

3. 按照保單是否參與分紅分類

按照保單是否參與分紅，人身保險可以分為分紅保險和不分紅保險。

（1）分紅保險。分紅保險是保險公司在每個會計年度結束後，將上一個年度該類分紅保險的可分配盈餘，按一定比例，以現金紅利或增值紅利的形式分配給保單持有人的一種壽險產品，被保險人不僅得到了保險保障，還可以分享保險公司的經營成果。紅利的分配方式有多種，可以領取現金，可以抵充保費，可以累積生息，可以購買增額繳清保險，被保險人可以根據自己的需求選擇分紅方式。

（2）不分紅保險。不分紅保險是傳統的人壽保險，被保險人在繳納保費後不參與保險人的經營，沒有任何盈餘分配的保險。購買此類保險，被保險人主要目的是為了得到保險保障。

4. 按照被保險人的風險程度分類

按照被保險人的風險程度不同，人身保險可以分為標準體保險、弱體保險和完美體保險。

（1）標準體保險。標準體保險又稱為健體保險，是指被保險人的風險程度屬於正常的標準範圍，可以按照標準費率承保，絕大多數被保險人都屬於標準體。

（2）弱體保險。弱體保險又稱為次健體保險，是指由於被保險人的風險程度高於正常的風險範圍，不能用標準費率承保，需要採取一些限制條件承保的人身保險，如延期承保、加費等。

（3）完美體保險。完美體保險是指被保險人的風險程度低於正常的標準範圍，可以採用比標準費率更為優惠的費率承保。

5. 按照保險期限分類

按照保險期限不同，人身保險可以分為長期保險和短期保險。

（1）長期保險。長期保險是指保險期限在一年以上的人身保險業務，人壽保險一般屬於長期業務，保險期限一般為十幾年、幾十年，甚至人的一生。

(2) 短期保險。短期保險是指保險期限在一年以下（包含一年）的人身保險業務，人身意外傷害保險、健康保險大多數屬於短期保險。

二、人身保險的特徵

由於人身保險的保險標的的特殊性，使得人身保險具有與其他保險類別不同的特點，主要表現在以下幾點：

(一) 保險標的不能用貨幣衡量其價值

財產保險的保險標的是物質財產及其相關利益，保險標的的價值可以用貨幣來衡量。人身保險的保險標的是人的壽命和身體，人的壽命和身體是無價的，因此不能用貨幣來衡量，也不存在不同被保險人的保險價值高低不同。

在實務中，人身保險的保險金額是由投保人和保險人共同協商來確定，通常需要考慮以下幾個方面：

一是被保險人的實際需求，保險金額不能定得太高，超出了投保人的保費負擔，也不能定得太低，使得不能發揮保險的保障功能。對於人身保險的需求程度可以採用「生命價值理論」或者「人身保險設計」的方法來進行粗略的計算。

二是要和投保人的繳費能力相匹配，投保人不能不顧自身的保費負擔能力，一味貪圖較高的保險金額，否則一旦投保人不能持續繳納保費，保險合同就會因此而失效，從而損壞被保險人的利益。

三是要在保險公司的承保能力範圍內，一旦被保險人的需求超出保險人的承保能力，則雙方也無法達成保險合同。

(二) 保險金額的定額給付性

由於人身保險的保險標的是人的壽命和身體，不能用貨幣來衡量，因此保險人在履行保險合同的賠付義務時，只能按照雙方事先約定的保險金額來給付保險金，而不能像財產保險那樣，依據損失補償原則，按照被保險人的實際損失來賠償。正因為如此，從補償原則裡面派生出來的分攤原則和代位原則不適用於人身保險，在人身保險中也不存在重複保險、不足額保險、超額保險的問題，但健康保險中的醫療費用保險例外。

(三) 保險利益的特殊性

財產保險的保險利益是依據保險標的的保險價值來確定的，因此財產保險的保險利益有量的限制，不能超出保險財產的實際價值，超出的部分也無效。人身保險的保險利益是依據人與人之間的關係而確定的，這種關係無法用貨幣來衡量其價值，只能考慮投保人對被保險人有沒有保險利益，而不考慮保險利益的金額是多少。人身保險的保險利益的特殊性還體現在保險利益的存在時間上。一般來說，在人身保險中，只要求投保人在投保的時候對被保險人具有保險利益即可，至於在保險事故發生的時候有沒有保險利益則沒有硬性要求。例如，一對夫婦在婚姻關係存續期間，丈夫為妻子購買了一份人身保險，投保當時，由於雙方是配偶關係，所以丈夫對妻子具有保險利益，保險合同有效。在保險合同有效期間，雙方離婚，配偶

關系解除，投保人對被保險人不再具有保險利益，但保險合同依然有效。在財產保險中，一般只要求發生保險事故的時候對保險標的具有保險利益。

（四）保險期限的長期性

人身保險合同，特別是人壽保險合同往往是長期合同，保險期限短則數年，長則十幾年、幾十年，甚至人的一生。保險期限的長期性，使得人身保險的經營極易受到外界影響，如利率、通貨膨脹以及保險公司對未來預測的偏差等因素的影響。

三、人身保險的作用

（一）為人們提供經濟保障

人們的日常生活常常會由於受到一些突然的變故而受到經濟衝擊，致使家庭和個人的經濟生活失去平衡，甚至難以為繼。人身保險的作用之一就是在各種風險事故發生的時候能夠為人們的生活帶來經濟上的安定。例如，某家庭的主要經濟來源者因為意外事故或疾病導致傷殘、死亡或喪失工作能力而使家庭經濟陷入困境，或者由於年老而喪失勞動能力不能為自己提供良好的養老保證。人身保險的投保人通過事先的財務安排，通過繳納保費的方式，向保險人轉嫁死亡、傷殘、疾病、年老等風險，當發生保險事故的時候，能夠從保險公司得到一筆保險金為個人和家庭提供經濟保障。

（二）成為重要的投資手段

長期壽險的儲蓄性使得人身保險可以成為一種良好的投資手段，特別是分紅保險、投資連結保險和萬能壽險等新型壽險產品，在向保單持有人提供保險保障的同時，還可以向保單持有人提供投資收益，分享保險公司的經營成果。隨著保險業的不斷發展以及保險消費者保險觀念的不斷提升，具有投資功能的人身保險，特別是分紅保險，逐步成為人身保險的重要組成部分。

（三）保持社會的穩定

人身保險可以保持社會的安定，這正是由於人身保險的保障作用可以使人們解除後顧之憂，並具有一定的安全感，從而使社會秩序得以穩定，起到「社會穩定器」的作用。

閱讀材料6-1：讓保險實現人生承諾

美國科幻巨制《星際穿越》自上映以來，在全球範圍引發觀影熱潮。影片中展現的蟲洞、多維空間等天文物理技術元素絢爛無比，而輿論普遍認為，該片更加難能可貴的是將親情和愛完美地融入其中，打動了無數影迷。不過，你知道嗎，影片中體現的人文情懷，很大程度上與保險產品理念是不謀而合的。

保險關愛子女

「爸爸，你說你回來的時候，咱們可能一樣年齡了，可是現在我和你走的時候一樣大了，你卻還沒有回來。我今天過生日，希望你在這裡。」

《星際穿越》男主角庫珀的女兒墨菲通過飛船信息傳遞系統給父親的留言讓人

淚點爆發。時間可以伸縮和折疊，你的鶴髮或許是我的童顏，而我一次呼吸能抵過你一輩子的歲月。庫珀沒有讓人失望，穿越黑洞後的五維空間讓他見到女兒，歷經千辛萬苦最終兌現對女兒的承諾，只不過女兒此時已經年過百歲，在醫院相逢的這一幕令很多觀眾潸然淚下。

電影通過藝術手法演繹出一位父親兌現對女兒跨越百年的承諾，現實中是否能夠實現呢？中宏保險的專家指出，長輩對子女的關愛，通過一些少兒保險也許能夠更加真切地實現。以「中宏陪伴成長少兒理財計劃」為例，該產品由中宏陪伴成長年金保險、中宏附加複利寶兩全保險（萬能型）和中宏附加少兒專項疾病保險（滿足一定條件予以贈送）組成。被保險人從猶豫期結束後至100週歲，能夠每年領取1倍保額的生存年金；附加萬能帳戶複利計息，父母可根據需要為孩子量身定制專屬理財計劃；子女在大學4年（18歲、19歲、20歲、21歲）期間，每年可領取6倍保額的教育金；在子女60週歲之際還將給付一筆專項退休金。此外，「中宏陪伴成長少兒理財計劃」包含萬能附加險，能夠根據客戶需要具體訂制，更好地實現財富穩健增值和合理使用。在滿足一定保費的條件下，針對兒童高發重疾之一的白血病額外贈送保障，做到教育、健康保障兩不誤。

未雨綢繆合理保險

「不要溫順地走入那個良宵，龍鐘之年在日落時光也要燃燒並痛斥，要咆哮、對著光明的消泯咆哮。」

影片中，當庫珀一行人離開地球時，布蘭德教授用詩歌為他們送別，此後這首詩以臺詞、旁白的形式，多次在片中出現。片中反覆吟唱的這首詩，選自英國詩人狄蘭·托馬斯1951年的代表作《不要溫順地走入那個良宵》。

狄蘭認為自己是樂觀的，人類應該是自己的主宰。從這首詩中，何嘗不能看出對美好老年生活的寄望？當今社會物價高企、環境惡化，傳統的「4+2+1」的家庭模式受到挑戰，養老問題受到越來越多的關注。

一般而言，個人養老保障由三部分構成：一是社會基本養老保險，二是企業年金，三是個人為養老準備的資金，包括銀行儲蓄、養老保險、基金等。一個完整的養老理財組合中，保險能夠提供穩健而全面的保障。養老資金最基本的要求是追求本金安全，並可適度收益、抵禦通脹，這也是穩健理財型的商業保險輔助養老的優勢所在。商業養老保險還可以強制個人儲蓄，這一特點對於平常消費傾向明顯、儲蓄率低、投資習慣較差的人群而言，具有「他律」的效果。

無論內外環境如何變化，未雨綢繆都是一種積極的應對。保險在一個家庭扮演的角色充滿了愛心和責任。通過制訂合理的保險計劃，能夠切實地給全家許下久遠的幸福承諾。

資料來源：讓保險實現人生承諾［N］．上海金融報，2014-12-12．

第二節　人身保險合同的常見條款

人身保險合同條款是保險合同雙方當事人權利義務的約定。在長期實踐的過程中，有些合同條款逐漸規範化、標準化，成為保險人共同採用的標準條款。中國《保險法》對人身保險合同也規定了若干標準條款內容，如不可抗辯條款、年齡誤告條款、寬限期條款、復效條款、自殺條款等。本節討論的重點內容為國內外常見的人身保險合同條款。

一、不可抗辯條款

不可抗辯條款又稱不可爭條款，是指自人身保險合同訂立時起，超過法定時限（通常為2年）後，保險人將不得以投保人在投保時違反如實告知義務，如誤告、漏告、隱瞞某些事實為理由，而主張合同無效或拒絕給付保險金。

不可抗辯條款的產生與最大誠信原則有直接關係。人身保險合同是最大誠信合同，根據最大誠信原則的要求，投保時要如實告知被保險人的年齡、職業、健康狀況等足以影響保險人是否同意承保以及以何種條件承保的因素。如果投保人隱瞞真實情況，保險人查實後可主張合同無效，從而不承擔保險責任。但人身保險合同的期限一般較長，投保多年後，被保險人的情況必然發生變化，如果不加限制，保險人有可能濫用這一權利，從而侵害投保人的權益。因此，法律上規定一個期間，保險人可在此期間內對投保人的不實告知進行審查，並有權解除合同，一旦超過該期限，保險人不得再主張合同無效或不承擔給付保險金的責任。

中國《保險法》第十六條規定：「訂立保險合同，保險人就保險標的或者被保險人的有關情況提出詢問的，投保人應當如實告知。投保人故意或者因重大過失未履行前款規定的如實告知義務，足以影響保險人決定是否同意承保或者提高保險費率的，保險人有權解除合同。前款規定的合同解除權，自保險人知道有解除事由之日起，超過三十日不行使而消滅。自合同成立之日起超過二年的，保險人不得解除合同；發生保險事故的，保險人應當承擔賠償或者給付保險金的責任。」

二、年齡誤告條款

年齡誤告條款是針對投保人申報的被保險人年齡不真實，而真實年齡又符合合同限制年齡的情況設立的。中國《保險法》第三十二條規定：「投保人申報的被保險人年齡不真實，致使投保人支付的保險費少於應付保險費的，保險人有權更正並要求投保人補交保險費，或者在給付保險金時按照實付保險費與應付保險費的比例支付。投保人申報的被保險人年齡不真實，致使投保人支付的保險費多於應付保險費的，保險人應當將多收的保險費退還投保人。」年齡誤告條款調整的對象不僅包括投保人申報的被保險人的年齡不真實，而真實年齡符合合同限制的合同，也包括

被保險人真實年齡不符合合同約定的年齡限制，但自合同成立之日起已超過 2 年的有效合同。

如若投保時投保人申報的被保險人年齡不真實，並且其真實年齡不符合合同約定的年齡限制的，保險人可以解除合同，按照合同約定退還保單的現金價值即可。該合同解除權適用不可抗辯條款規定。

三、寬限期條款

寬限期條款適用於合同約定分期支付保險費的壽險合同，是指投保人支付首期保險費後，未按時繳納續期保險費的，法律規定或合同約定給予投保人一定的寬限時間（一般規定為 30 天或 60 天），在此期間，保險合同效力正常，若保險事故發生，則保險人按規定承擔給付保險金的責任，但可以扣除所欠保費及利息；超過寬限期仍未支付保險費的，則保險人有權終止保險合同效力。

中國《保險法》第三十六條規定：「合同約定分期支付保險費，投保人支付首期保險費後，除合同另有約定外，投保人自保險人催告之日起超過三十日未支付當期保險費，或者超過約定的期限六十日未支付當期保險費的，合同效力中止，或者由保險人按照合同約定的條件減少保險金額。被保險人在前款規定期限內發生保險事故的，保險人應當按照合同約定給付保險金，但可以扣減欠交的保險費。」

閱讀材料 6-2：如何正確理解寬限期的規定？

理解寬限期的規定，應當注意：

第一，寬限期有法定寬限期與約定寬限期之分。當事人可以在保險合同中自行約定一定的寬限期。一般情況下，當事人自行規定的寬限期應當被認為有效。《保險法》第三十六條的規定是關於法定寬限期的規定。

第二，法定寬限期屆滿有兩種情況：投保人自保險人催告之日起超過 30 日未支付當期保險費，或者超過保險合同約定的期限 60 日未支付當期保險費。

保險人催告的時間應當是指在保險合同約定的繳納保險費期限屆滿之後的時間，而不是繳納保險費期限屆滿之前。如果後續保險費未到繳納之時，即使保險人進行催告並且自催告之日起超過 30 日，也不能視為寬限期屆滿。寬限期的本意在於給予投保人一定時間範圍內延期繳納保險費的優惠，如果將寬限期在當期保險費繳納時間到期之前就開始計算，則有違寬限期的設置本意。

四、復效條款

為保護被保險人和受益人的利益，投保人支付首期保費後，在寬限期結束後仍未繳納續期保險費的，保險合同效力中止。保險合同效力中止後，經投保人與保險人協商並達成協議，在投保人補繳保險費本息後，合同效力恢復。但是自合同效力中止之日起 2 年雙方未達成復效協議的，保險人有權解除合同。

《保險法》第三十七條規定：「合同效力依照本法第三十六條規定中止的，經保險人與投保人協商並達成協議，在投保人補交保險費後，合同效力恢復。但是，自合同效力中止之日起滿二年雙方未達成協議的，保險人有權解除合同。保險人依照前款規定解除合同的，應當按照合同約定退還保險單的現金價值。」

復效條款僅適用於因投保人欠繳保險費而導致保單效力中止的情形，其他原因引起的失效則不在此範圍內。投保人申請復效時須滿足以下條件：第一，必須在規定的期限內提出申請；第二，提供被保險人的可保證明；第三，補繳失效期間未繳的保險費及利息。

復效條款對於被保險人來說更為有利，與重新投保不同，復效是原合同的延續，原合同的主體、客體與權利義務約定不變。

五、自殺條款

所謂自殺，是指個體蓄意或自願採取各種手段結束自己生命的行為。在人壽保險產生之初的很長一段時間內，「自殺」一直被作為合同除外責任，主要是為了防止道德風險，避免蓄意自殺時通過保險方式謀取保險金。但對於包含死亡保險責任的人身保險來說，自殺也是死亡的一種，某些時候被保險人可能是因為遭受意外打擊或心態失常而選擇自我結束生命，並非有意圖謀保險金。因此，為了保障投保人、被保險人和受益人的利益，現在很多壽險合同都將自殺列入合同條款，規定合同生效之日起一定期限（通常是2年）後被保險人自殺身故的，保險人可以按照合同約定給付保險金。

中國《保險法》第四十四條規定：「以被保險人死亡為給付保險金條件的合同，自合同成立或者合同效力恢復之日起二年內，被保險人自殺的，保險人不承擔給付保險金的責任，但被保險人自殺時為無民事行為能力人的除外。保險人依照前款規定不承擔給付保險金責任的，應當按照合同約定退還保險單的現金價值。」

六、共同災難條款

共同災難條款是確定被保險人與受益人同時遇難事件時，保險金歸屬問題的條款。該條款規定，受益人與被保險人在同一事件中死亡，且不能確定死亡先後順序的，推定受益人死亡在先。若有第二受益人的，則由第二受益人領取保險金；若沒有，則保險金作為被保險人的遺產處理。

中國《保險法》第四十二條規定：「受益人與被保險人在同一事件中死亡，且不能確定死亡先後順序的，推定受益人死亡在先。」受益人先於被保險人死亡，沒有其他受益人的，被保險人死亡後，保險金作為被保險人的遺產，由保險人依照《中華人民共和國繼承法》的規定履行給付保險金的義務。

共同災難條款的出現，避免了理賠中很多糾紛，使問題的處理得以簡化。

七、不喪失現金價值條款

不喪失現金價值條款是指長期性壽險合同的保單持有人享有保單現金價值的權利，不因合同效力的變化而喪失。這意味著，即使保險單失效了，保單持有人仍享有保險單的現金價值。中國《保險法》規定繳費滿 2 年的人身保險合同即產生現金價值，但自殺條款例外，即使被保險人在合同成立後 2 年內自殺，也應計算其保單的現金價值，而無論其是否繳足 2 年以上保險費。

因為長期性的壽險合同一般實行均衡保險費率，在合同生效後的初始階段，投保人繳納的保費超過當時的自然保費，預繳的保費加上利息形成責任準備金。當投保人在交付一定時期（一般為 2 年）保險費後，壽險合同就有了一定量的現金價值。該部分現金價值的所有權歸屬保單持有人，不因效力的變化而喪失。保單持有人可以選擇有利於自己的方式來處理保單的現金價值，一般有三種方式：第一，退保，領取退保金。第二，將原保單改為繳清保單，即將現金價值作為躉繳保費，在原保單的保險期限和保險責任不變的情況下，重新確定保險金額。繳清保險的保險金額比原保單的保險金額小。第三，將原保單改為展期保單，即將現金價值作為躉繳保費，改為與原保單保險金額相同的死亡保險，保險期限相應縮短。

八、保險費自動墊繳條款

保險費自動墊繳條款是指分期支付保險費的長期人身保險合同中，投保人已按期繳足一定時期（一般為 2 年）分期保費的，若以後分期保費超過寬限期仍未交納，而保單當時的現金價值足以墊繳保險費及利息時，保險人將自動墊繳其應付保險費和利息，使得保單繼續有效，直至累計的墊繳本息達到保單的現金價值為止。

保險費自動墊繳條款適用於分期支付保費的人壽保險，以保單所具有的現金價值幫助投保人渡過經濟難關，維持合同效力。當保單終止時，保險人無須再支付退保金，只需註銷保單，並向保單持有人發出終止保險合同的書面通知。因此，保險人用保單的現金價值自動墊繳保費時，必須事先徵得投保人的同意，即在保險合同中事先約定，或者由投保人簽章委託。

九、保單貸款條款

保單貸款條款是指在長期性人身保險合同中，投保人可以以具有現金價值的保險單作為質押，在現金價值數額內，向其投保的保險人申請貸款。保單貸款後，投保人應按期歸還貸款本金及利息，如果在到期前或歸還前發生保險事故，則保險人在支付保險金時扣除貸款本息；如果投保人未按時歸還貸款本息，當貸款本息達到保單現金價值時，保險合同自行終止，保險人應向投保人或被保險人發出終止保險合同的書面通知。

保單貸款的金額一般為現金價值的 80%～90%，貸款的期限多以 6 個月為限，通常到期後可以續貸，貸款利率等於或略高於金融機構的類似貸款利率。保單貸款

條款的目的主要是為了方便投保人融通資金，降低保單解約率，同時也增加了保險人資金運用的渠道。但保單貸款的淨收益率遠小於保險人將該筆資金運用於其他投資所能得到的淨收益率。因此，保單貸款實際上是保險人給予投保人的優惠條款。

十、保單轉讓條款

長期性壽險保單一般具有現金價值，是有價證券，而有價證券的所有人可以對其持有的財產進行合法處理。因此，投保人在不侵害受益人既得權益的情況下，保單可以轉讓。保單的轉讓分為絕對轉讓和抵押轉讓。

絕對轉讓是指投保人將其對保單的權益完全轉移給他人，且這一轉讓不能撤銷。絕對轉讓必須以被保險人的生存為前提，在絕對轉讓下，如果被保險人死亡，則保險金將全部歸屬於受讓人，而不是原受益人。

抵押轉讓是指投保人暫時將保單的某些權益轉讓給銀行或其他債權人，為貸款提供擔保，在抵押轉讓狀態下，如果被保險人死亡，受讓人得到的是已轉讓權益的那部分保險金，其餘的仍然歸受益人所有。

大多數壽險保單的轉讓都是抵押轉讓，在保單轉讓時，保單所有人應書面通知保險人，由保險人批單方能生效。

十一、紅利選擇權條款

如果投保人購買的保險是分紅保險，則可以獲得保單紅利，分享保險人的經營成果。紅利選擇權條款是指分紅保單的保單持有人可以選擇領取紅利的方式。一般情況下，保險人提供以下6種紅利領取方式供其選擇：

第一，領取現金，即保單持有人以現金方式領取保險人已經公布的紅利。

第二，抵減保費，即用紅利支付到期的續期保險費，保險人向保單持有人寄送一份紅利通知書，列明紅利金額和扣除紅利後應繳的保險費。

第三，累積生息，即將紅利留存在保險公司，保險人支付相應的利息，保單持有人可以在任何時候提取累積的紅利和利息。

第四，增加保險金額，即將紅利作為躉繳保險費，購買到期日與原保單相同的繳清保險。

第五，購買定期壽險，即用紅利作為躉繳淨保費購買一年期定期保險，但該保險的最高保險金額不能超過保單的現金價值。

第六，提前滿期，即在生存性質的保險中，將紅利並入責任準備金內，使被保險人可以提前領取保險金。

十二、戰爭除外條款

戰爭除外條款規定將戰爭和軍事行動作為人身保險的除外責任。因為戰爭中往往有大量的人員死亡，遠遠超過了正常的死亡率。這種不可預期的傷亡將給保險公司的經營帶來不穩定因素，因此各國保險公司通常將戰爭和軍事行動作為其除外責

任。運用戰爭除外條款時，通常有兩種標準：第一，因果型標準，即要求造成死亡的直接原因是戰爭；第二，事態型標準，即只要是被保險人在服兵役期間的死亡，無論其是否因為戰爭，保險人均可以免除責任。

第三節　人壽保險

一、普通型人壽保險

人壽保險是以被保險人的生命為保險標的，以被保險人的生存或死亡作為保險事故，在保險期間內發生保險事故時，保險人依照保險合同給付保險金的一種人身保險。人壽保險分為普通型人壽保險和創新型人壽保險。普通型人壽保險包括死亡保險、生存保險、生死兩全保險和年金保險等；新型人壽保險包括分紅保險、萬能保險和投資連結保險等。

（一）死亡保險

死亡保險是以被保險人在保險期間內死亡為給付保險金條件的保險。按照保險期限的不同，死亡保險又分為定期死亡保險和終身死亡保險。

1. 定期死亡保險

定期死亡保險即定期壽險，是指在保險合同約定的期間內，被保險人發生死亡事故，保險人按照合同約定給付保險金的一種人壽保險。如果被保險人在保險期間屆滿時仍然生存，保險合同即行終止，保險人既不給付保險金，也不退還已繳的保險費。

與其他人壽保險相比，定期壽險有以下明顯的特點：

（1）保險期限一定。定期壽險的保險期限可以為 5 年、10 年、15 年、20 年、25 年或 30 年不等，有的以達到特定年齡（如 60 歲、70 歲）為保險期限，也有的應保戶的要求而提供的 1 年或短於 1 年的定期壽險。

（2）名義保費比較低廉。定期壽險提供的危險保障不含有儲蓄的性質，如果被保險人生存，則其繳納的保險費及其利息用於分攤死亡者的保險金。因此，在相同保險金額、相同投保期限的情況下，購買定期壽險較終身壽險、兩全保險等其他壽險保費更加低廉。

（3）保險費不退還。定期壽險在合同中規定一定時期為保險有效期，若被保險人在約定期限內死亡，保險人給付受益人約定的保險金；若被保險人在保險期限屆滿時仍然生存，保險合同即行終止，保險人無給付義務，亦不退還已收的保險費。

（4）容易增加逆向選擇和誘發道德風險。定期壽險的低保費和高保障使得被保險人的逆向選擇增加，同時也容易誘發道德風險。

（5）可續保性。可續保的定期壽險保單給予保單持有人在保險期間結束時繼

續投保的權利，而無需提供可保證明。幾乎所有的 1 年期、5 年期、10 年期定期壽險保單都包含可續保條款。為了控制逆選擇，一般會在續保的最高次數以及被保險人的最高續保年齡上進行限制。

（6）可轉換性。很多定期壽險都可以進行轉換，允許保單持有人將定期壽險轉換為終身壽險或兩全保險，而無需提供額外的可保證明。為了防止逆選擇，具有可轉換權的定期壽險保單費率比類似沒有轉換權的保單要高。

近年來，具有低保費、高保障特點的定期壽險越來越受到消費者的青睞，特別為中低收入群體分散風險起到了至關重要的作用。

2. 終身死亡保險

終身死亡保險即終身壽險，是指保險人對被保險人終身提供死亡保障的人壽保險。對每一個被保險人來說，死亡是確定的，只是死亡的時間不確定，因此終身壽險實質上是一種不定期的死亡保險。

通常，終身壽險具有以下特點：

（1）沒有確定的保險期限。終身壽險合同自生效之日起，至被保險人死亡為止，無論死亡何時發生，保險人均按照合同約定給付保險金。

（2）給付的確定性。人終有一死，因此，每一張有效的終身壽險保單必然發生給付，只是給付的時間不確定而已。

（3）儲蓄性。終身壽險的保險費中包含儲蓄成分，保單生效一定時期後具有現金價值。現金價值等於過去繳納保費的累積值與過去保險成本累積值之間的差額，現金價值不會因為保單效力的改變而喪失，若保單持有人中途退保可獲得一定數額的退保金。

（4）在某種程度上，終身壽險具有兩全保險和定期壽險的特性。終身壽險可以看成基於假設所有的被保險人在一定年齡前死亡的生命表來定價的。例如，在中國，生命表中規定的最高年齡為 105 歲。實際上，並非所有的被保險人都會在這一年齡前死亡。因此，從公平性角度出發，對於生存到這一年齡的被保險人，保險人應該向其支付保險金，因為在被保險人達到 105 歲時，該保單的責任準備金已經等於保險金額，超過 105 歲後已經不存在純粹的保障功能了，所以保險人可以終止保單。因此，終身壽險就好比是一種特殊的兩全保險，即保險期間至被保險人 105 歲的兩全保險。另外，從精算的角度看，終身壽險可以視為保險期間到 105 歲的定期壽險，終身壽險定價方式與定期壽險定價方式相同。在此觀點下，用於定價的生命表中已經假設所有活過 104 歲的被保險人都在 105 歲這一年中死亡，因此 105 歲時的給付也等同於死亡給付。

（5）保險費率高於定期壽險。終身壽險是一種不定期的死亡保險，對被保險人的終身負責，無論被保險人何時死亡，保險人都有給付保險金的義務。因此，終身壽險保險費率高於定期壽險。終身壽險集合了保險保障與儲蓄投資功能於一身，對家庭資產保全、儲蓄投資等起到積極作用。

(二) 生存保險

生存保險是以被保險人在保險期限屆滿或達到某一年齡時仍然生存為給付條件，並一次性向被保險人給付保險金的人壽保險。若在保險期間內被保險人死亡，則被保險人不能得到保險金，且所繳納的保費不予退還。

生存保險的特點主要如下：

(1) 保險期間內被保險人死亡，保險人不負保險責任，也不退還已經繳納的保險費。保險人按照合同給付生存者的保險金，不僅包含本人所繳納的保費及利息，而且還包括了保險期間內死亡者所繳納的保費及利息。

(2) 投保生存保險的目的是滿足被保險人一定期限之後的特定需要。例如，為年幼的子女投保子女教育金保險，在子女讀大學時可以有一筆教育基金；為被保險人自己投保年金保險，在年老時可以有一筆養老基金。

(3) 生存保險具有儲蓄性。生存保險為被保險人今後的生活或工作提供基金，以滿足未來消費開支，類似於一種儲蓄。

現在的人壽保險公司單獨經營此險種的不多，而是和其他壽險險種結合使用。例如，將生存保險和死亡保險結合，成為生死兩全保險；將死亡保險、年金保險結合，成為綜合保障型年金保險。

(三) 生死兩全保險

生死兩全保險又稱儲蓄保險、混合保險、生死合險、兩全保險，是指保險期間內以被保險人的生存或死亡為給付保險金條件的人壽保險。無論被保險人在保險期間內死亡，還是在保險期間屆滿時仍然生存，保險人都承擔給付保險金的責任。

生死兩全保險的主要特點如下：

(1) 兩全保險是死亡保險和生存保險的結合。

(2) 儲蓄性強。兩全保險是定期的死亡保險和生存保險的結合，無論被保險人生存或死亡，保險人都給付保險金，從而使得兩全保險具有儲蓄性質，保單具有現金價值。

(3) 保險費率高。兩全保險承保被保險人的生存或死亡，所以每張保單的保險金給付是必然的，因此其保險費率較高。

在國內保險市場上，由於兩全保險兼具儲蓄和保障的雙重功能，兩全保險尤其是分紅型兩全保險的市場接受程度很高，該類業務占據了壽險市場的很大份額。

二、創新型人壽保險

創新型人壽保險是指包含保險保障功能並至少在一個投資帳戶中擁有一定資產價值的人身保險。20世紀70~80年代，歐美國家正值高通貨膨脹及高利率時代，消費者想通過購買金融工具來獲得高回報，銀行和證券公司開發出大量創新的金融產品，從而吸引了大量的個人金融資產，而保險公司傳統型保險產品的給付無法應對高通脹，造成保險公司資金外流，這就迫使歐美的壽險業者紛紛調整傳統型壽險產品設計方向，開發出「投資型保險」，即創新型壽險產品。

目前，中國市場上創新型壽險主要有分紅保險、萬能保險和投資連結保險。

(一) 分紅保險

1. 分紅保險的概念

分紅保險又稱利益分配保險，是指保險公司將其實際經營成果優於定價假設的盈餘，按一定比例向保單持有人進行分配的人壽保險。這裡的保單持有人，是指按照合同約定享有保險合同利益及紅利請求權的人。分紅保險、非分紅保險以及分紅保險產品與其附加的非分紅保險產品必須分設帳戶，獨立核算。

2. 分紅保險的特點

(1) 保單持有人與保險人共享經營成果。與傳統型壽險相比，分紅保險的被保險人不僅能獲得合同規定的各種保障，而且保險公司每年還要將分紅保險產生的部分盈餘以紅利的形式分配給保單持有人。《分紅保險管理暫行辦法》規定：保險公司每一會計年度向保單持有人實際分配盈餘的比例不低於當年全部可分配盈餘的70%。因此，分紅保險的保單持有人實際上與保險公司共享經營成果。

(2) 保單持有人與保險人共擔經營風險。在傳統型人壽保險中，保險公司的盈利與投保人無直接關系，而在分紅保險中，投保人所獲得的紅利與保險公司的經營狀況息息相關。在保險公司經營狀況較好的年份，投保人分到的紅利會多一些；在保險公司經營狀況不佳的年份，投保人分到的紅利會少一些，甚至沒有紅利。因此，分紅保險中的保險人和保單持有人是共同承擔投資風險的。

(3) 定價的精算假設比較保守。壽險產品的定價主要以預定死亡率、預定收益率和預定費用率三個因素為依據，預定因素與實際經營情況的差距將會直接影響到保險公司的經營成果。對於分紅保險來說，由於保險公司要將可分配盈餘以分紅的形式分配給保單持有人，所以在定價假設時較為保守，即保單的價格較高，從而在實際經營過程中可能產生更多的可分配盈餘，為保單持有人提供更多的紅利。

(4) 保證利益與非保證利益相結合。分紅保險的保險利益主要有保險保障和盈餘分配，在保險期間內，被保險人能按照合同約定獲得保險保障，該部分不受保險公司經營狀況影響，因而該部分利益是保證利益。保單紅利部分則受到保險公司經營狀況的影響，可高可低，甚至可以沒有，該部分利益是非保證的。

(5) 保險金給付、退保金中含有紅利。在身故給付時，分紅保險的受益人除了獲得合同約定的保險金外，還可以得到未領取的累積紅利和利息；在滿期給付時，被保險在獲得保險金的同時，還可以領取未領取的累積紅利和利息。分紅保險的保單持有人在退保時除了可以得到保單的現金價值，還可以領取未領取的累積保單紅利及其利息。

(6) 經營公開透明。在傳統型人壽保險中，投保人對保險人的經營狀況是不瞭解的。在分紅保險中，保險人對經營的分紅保險實行單獨立帳、單獨核算，並定期向投保人寄送分紅業績報告等相關資料。分紅保險、非分紅保險以及分紅保險產品與其附加的非分紅產品必須分設帳戶，獨立核算。分紅保險採用固定費用率方法的，其相應的附加保費收入和佣金、管理費用支出等不列入分紅保險帳戶；採用固

定死亡率方法的，其相應的死亡保費收入和風險保額給付不列入分紅保險帳戶。

3. 分紅保險紅利的來源

分紅保險的紅利實質上是保險公司保單盈餘的分配。盈餘是保單資產份額高於負債的那部分價值。每年由公司的精算等相關部門計算盈餘中可作為紅利分配的數額，並由公司董事基於商業判斷予以決定，由此決定分配的數額即為可分配盈餘。保單盈餘的來源主要有三個，即死差益（損）、利差益（損）、費差益（損）。

（1）死差益（損）。死差益是指被保險人中的實際死亡人數比預定死亡人數少時所產生的盈餘。反之，則為死差損。

死差益＝(預定死亡率−實際死亡率)×風險保額[①]
　　　＝風險保費總額−實際支付的保險金

（2）利差益（損）。利差益是指保險公司實際的投資收益率高於預定的投資收益率時所產生的盈餘。反之，則為利差損。

利差益＝(實際利率−預定利率)×責任準備金總額
　　　＝實際利息收入−預定利息收入

（3）費差益（損）。費差益是指保險公司實際營業費用率低於預定附加費用率時所產生的盈餘。反之，則為費差損。

費差益＝(預定費用率−實際費用率)×保險費總額
　　　＝附加保費總額−實際營業費用總額

除了上述三個主要紅利來源外，還有失效收益，資產增值，殘疾給付、意外加倍給付、年金預計給付額等與實際給付額的差額。

4. 紅利的分配方式

紅利的分配方式包括增加保額和現金分配兩種方式。保險公司會在保險條款中載明保單採用的紅利分配方式，且紅利的分配滿足公平性和可持續性原則。

（1）增加保額。增加保額即增額紅利分配，是指在整個保險期間內每年以增加保險金額的方式分配紅利，增加的保額一旦公布，則不得取消。採用增額紅利分配方式的保險公司可以在合同終止時以現金方式給付終了紅利。

（2）現金分配。現金分配即現金紅利分配，是指直接以現金的方式將盈餘分配給保單持有人。保險公司為了滿足投保人的不同需求，通常會提供多種現金紅利領取方式，比如現金、抵繳保費、累積生息以及購買繳清保險等。

（二）萬能保險

1. 萬能保險的概念

萬能保險是一種產品運作機制完全透明、可靈活繳納保費、可隨時調整保障水平、將保障和投資功能融於一體的新型人壽保險。保單持有人繳納首期保險費後，可以按照自己的意願選擇任何時候繳納任何數量的保費，只要保單的現金價值足以支付保單的相關費用，有時甚至可以不再繳納保費。在保險期間內，保單持有人在

---

① 風險保額是指保險金額與壽險責任準備金的差額。

具備可保性的前提下，可以根據自己的需要提高保險金額，也可以降低保險金額。

2. 萬能保險的經營流程

萬能保險的保單持有人先交納一筆首期保費，首期保費有一個最低限額，首期的各種費用支出要從保費中扣除。根據被保險人的年齡、性別、保險金額計算出死亡給付分攤額以及一些附加優惠條件（如可變保費）等費用，並從所交保費中扣除。死亡給付分攤是不確定的，而且常常是低於保單預計的最高水平。進行這些扣除後，剩餘部分就是保單最初的現金價值，這部分價值通常是新投資利率計息計到期末，成為第一期期末帳戶價值。許多萬能保險收取較高的首年退保費用以避免保單過早終止。在保單的第二個週期（通常1個月為1週期），期初的帳戶價值為上一週期期末的帳戶價值，在這一週期內，保單持有人可以根據自己的情況繳納保費，如果首期保費足以支付第二個週期的費用及死亡給付分攤額，在第二個週期內保單持有人就可以不繳納保費。如果前期的帳戶價值不足，保單就會由於保費繳納不足而失效，本期的死亡給付分攤及費用分攤也要從上期期末現金價值餘額及本期保費中扣除，餘額就是第二期期初的保單帳戶價值。這部分餘額按照新投資利率累積至期末，成為第二個週期末的帳戶價值。這一過程不斷重複，一旦帳戶價值不足以支付死亡給付分攤額及費用，又沒有新的保費繳納，該萬能保單就會失效。萬能保險的經營流程如圖6-1所示：

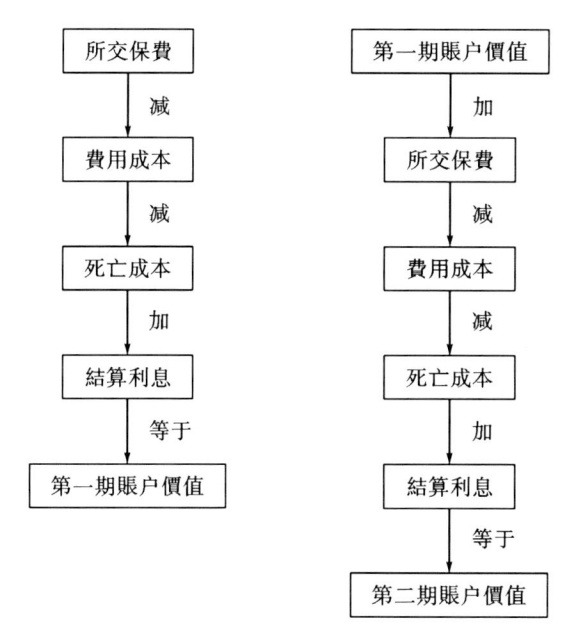

圖6-1 萬能保險經營流程圖

3. 萬能保險的特點

（1）帳戶式管理，交費靈活。保險公司為每個購買萬能保險的投保人設立獨立的現金價值帳戶，帳戶包括收入和支出兩個項目。收入項目包括新交付保險費、保證獲得利息、額外投資回報；支出項目包括死亡及其他保障費用、管理費用和手續費用、退保及部分提取等費用。此外，萬能保險的投保人交費方式靈活，保險公司一般會對每次交費的最高和最低限額進行規定，只要符合保單規定，投保人可以在任何時間不定額地繳納保費。大多數保險公司僅規定第一期保費必須足以涵蓋第一個月的費用和死亡成本，但實際上大多數投保人支付的首期保費會遠遠高於規定的最低金額。繳納首期保費後，如果保單的現金價值足以支付第二期及以後各期的風險保費及保單管理費，投保人也可以不繳納保費，保單仍然有效。

（2）運作機制透明。萬能保險經營具有較高的透明度，投保人可以瞭解保單內部經營情況，如保費、死亡給付、利息率、死亡率、費用率和現金價值以及它們之間相互作用的各種預期結果等情況。保單的現金價值每年隨保費繳納情況、費用估計、死亡率及收益率等變化而變化。保險公司定期公布結算利率及帳戶價值，每年或每半年，也可以每季度向保單持有人寄送財務報告。

（3）保險金額可以靈活調整。在整個保險期間內，萬能保險的保單持有人在具有可保性的條件下可以增加保險金額，也可以減少保險金額。

（4）死亡給付模式的特殊性。萬能保險通常提供兩種死亡給付方式，即 A 方式和 B 方式。A 方式是一種均衡給付的方式，B 方式是隨著保單現金價值的變化而變動的給付方式。A 方式中，死亡給付的金額在保險期間內固定，淨風險保額每期都進行調整，使得淨風險保額和現金價值之和等於均衡的死亡給付額（見圖 6-2）。因此，如果保單的現金價值增加了，風險保額就會等額減少；反之，如果現金價值減少了，風險保額就會等額增加。A 方式與其他傳統的具有現金價值的給付方式的保單較為類似。B 方式中，規定了死亡給付金額為均衡的淨風險保額與現金價值之和（見圖 6-3）。因此，如果保單現金價值增加了，則死亡給付額也會等額增加。

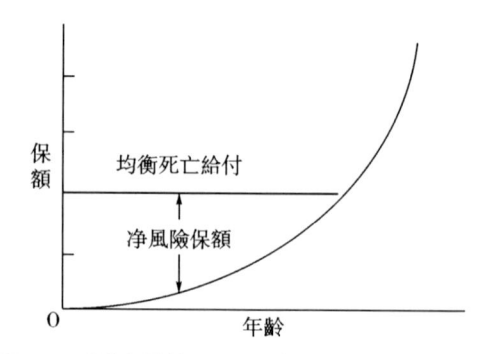

圖 6-2　萬能保險的固定死亡給付金額模式（A 方式）

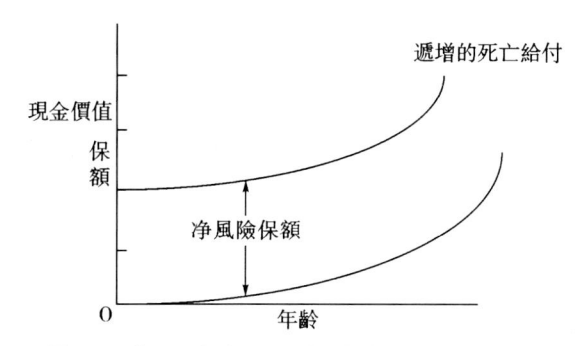

圖 6-3　萬能保險的固定風險保額給付模式（B 方式）

（5）結算利率的特殊性。萬能保險為保單持有人提供最低保證利率，且最低保證利率不得為負。保險公司為保單持有人設立萬能帳戶，萬能帳戶可以是單獨帳戶，也可以是公司普通帳戶的一部分。保險公司為萬能帳戶設立平滑準備金，用於平滑不同結算期的結算利率，平滑準備金不可以為負，且只能來自於實際投資率與結算利息之差的累積。當萬能帳戶的實際投資收益率小於最低保證利率時，保險公司可以通過減小平滑準備金彌補其差額。不能補足時，保險公司應當通過向萬能帳戶註資補足差額。萬能帳戶不得出現資產小於負債的情況。

（6）費用收取的特殊性。與傳統的人壽保險相比，萬能保險收取的費用具有項目上的特殊性。萬能保險可以並且僅可以收取以下幾種費用：

①初始費用，即保險費進入萬能帳戶之前扣除的費用，萬能保險初始費用不得以減少保單帳戶價值的形式扣除。

②風險保險費，即保單死亡風險保額的保障成本，其計算方法為死亡風險保額乘以死亡風險保險費費率。風險保險費通過扣減保單帳戶價值的方式收取。

③保單管理費，即為維護保險合同向投保人或被保險人收取的管理費用。保單管理費是一個與保單帳戶價值無關的固定金額，在保單首年度與續年度可以不同，且保險公司不得以保單帳戶價值的一定比例收取保單管理費。

④手續費。保險公司可在提供部分領取等服務時收取，用於支付相關的管理費用。

⑤退保費用，即保單退保或部分領取時保險公司收取的費用，用以彌補尚未攤銷的保單獲取成本。退保費用在第一保單年度不得超過領取部分個人帳戶價值的10%，保單生效若干年（如 5 年）後該項目費用應降為零。

（三）投資連結保險

1. 投資連結保險的概念

投資連結保險簡稱投連險，是指包含保險保障功能並至少在一個投資帳戶擁有一定資產價值的人身保險。投資連結保險的投資帳戶是資產單獨管理的資金帳戶，投資帳戶劃分為等額單位，單位價值由單位數量及投資帳戶中資產或資產組合的市場價值決定。投保人可以自由選擇投資帳戶，投資風險完全由投保人承擔。除有特

殊規定外，保險公司的投資帳戶與其管理的其他資產帳戶或投資帳戶之間不得存在債權、債務關係，也不承擔連帶責任。

投資連結保險的保單現金價值與單獨投資帳戶（或稱基金）資產相匹配，現金價值直接與獨立帳戶資產投資業績相連，一般沒有最低保證。大體而言，獨立帳戶的資產免受保險公司其餘負債的影響，資本利得或損失一旦發生，無論其是否實現，都會直接反應到保單的現金價值上。不同的投資帳戶，可以投資在不同的投資工具上，比如股票、債券和貨幣基金等。投資帳戶可以是外部現有的，也可以是公司自己設立的。除了各種專類基金供投保人選擇外，由壽險公司確立原則，組合投資的平衡式或管理式基金也非常流行。約定條件下，保單持有人可以在不同的基金間自由轉換，而不需支付額外的費用。

一般而言，投資連結保險具備的特點如下：

(1) 包含一項或多項保險責任；
(2) 至少連結到一個投資帳戶上；
(3) 保險的保障風險和費用風險由保險公司承擔；
(4) 投資帳戶的資產單獨管理；
(5) 保單價值應當根據該保單在每一投資帳戶中佔有的單位數及其單位價值確定；
(6) 投資帳戶中對應某張保單的資產產生的所有投資淨收益（損失），都應當劃歸該保單；
(7) 每年至少應當確定一次保單的保險保障；
(8) 每月至少應當確定一次保單價值。

此外，《投資連結保險精算規定》規定：個人投資連結保險在保單簽發時的死亡風險保額不得低於保單帳戶價值的5%；年金保險[①]的死亡風險保額可以為零；團體投資連結保險的死亡風險保額可以為零。投資連結保險及投資帳戶均不得保證最低投資回報率。

2. 投資連結保險的特點

(1) 投資帳戶獨立。設置單獨的投資帳戶管理投資連結保險資產是投資連結保險的重要特徵。保險人收到投保人繳納的保險費後，按照事先約定將保費的一部分或全部分配到投資帳戶，並轉換為投資單位。保險人每過一段時間對投資帳戶進行評估，公布投資單位價格，評估間隔有的按月，有的按周。

(2) 運作機制透明。與分紅保險、萬能保險一樣，投資連結保險也具有很強的透明性。這主要體現在資金管理透明和信息發布上。

①投資連結保險為每個客戶單獨設立保單帳戶，記錄其投資單位數量及變化狀況，且其投資管理的每項費用比例均明確列明於合同條款之中。

②保險公司定期對投資帳戶的資產價值進行評估，並定期向投保人公布計價日

---

① 此處的年金保險是指提供有年金選擇權的投資連結保險。

投資帳戶單位價格；保險公司定期向投保人寄送投資報告書報告投資狀況；保險公司定期向保監會報送投資帳戶年度財務報告，接受保監會的監督。

（3）保險費交費的靈活性。與傳統壽險相比，投資連結保險交費靈活，保險金額可以靈活調整，投資帳戶之間也可以靈活轉換。從設計方法上來看，投資連結保險主要有兩種不同的交費方式：一種方式是在固定交費的基礎上增加保險費假期，允許投保人不必按約定的日期交費，而保單照樣有效，避免了因為超過60天寬限期而致的失效。另外還允許投保人在交納約定的保險費外，可以隨時再支付額外的保險費，增加了產品的靈活性。另一種方式是取消了交費期間、交費頻率、交費數額的概念。投保人可以隨時支付任意數額（有最低數額的限制）的保險費，並按約定的計算方法進入投資帳戶。這種方式對客戶來說靈活性最高，但保險公司對保費支付的可控性與可預測性降低，同時也提高了對內部操作系統的要求。

（4）保險責任和保險金額的特殊性。投資連結保險不僅有死亡給付、殘疾給付、生存領取等傳統壽險的基本保險責任，一些產品還加入了保費豁免、失能保險金、重大疾病、醫療給付等保險責任。在死亡保險金額的設計上，存在兩種方法：一種是死亡保險金額以保險金額和投資帳戶價值兩者較大的為準（方式A）；另一種是死亡保險金額以保險金額和投資帳戶價值之和為準（方式B）。

方式A的死亡給付金額在保單年度前期是不變的，當投資帳戶價值超過保險金額後，隨投資帳戶價值波動。方式A的優點在於被保險人的死亡保障不會低於預先確定的金額，同時降低了投保人的保險保障成本。因為隨著被保險人年齡的增加，預期死亡率也升高，保險保障成本也相應上漲，特別是在高年齡段尤其明顯，採用方式A，可以避免被保險人在需要養老時反而要支付過高的保險保障成本。方式B的死亡給付金額隨投資帳戶價值而不斷波動，但風險保額（死亡給付金額與投資帳戶價值之差）保持不變。方式B的優點是便於客戶理解，但在高年齡段，被保險人要支付較高的保險保障成本，這時一般需要提供轉換年金的選擇權，否則有可能出現投資收益不足以支付保險保障成本而導致投資帳戶價值減少的情況。

（5）費用收取的透明性。與傳統壽險和分紅保險相比，投資連結保險費用收取十分透明，投資連結保險可以收取的費用如下：

①初始費用，即保險費進入投資帳戶之前扣除的費用。

②買入賣出差價，即投保人買入和賣出投資單位的價格之間的差價。

③死亡風險保險費，即保單死亡風險保額的保障成本。風險保險費是通過扣除投資單位數的方式收取的，其計算方法為死亡風險保額乘以死亡風險保險費費率。保險公司可以通過扣除投資單位數的方式收取其他保險責任的風險保險費。

④保單管理費，即為維護保險合同向投保人或被保險人收取的管理費用。保單管理費是一個與保單帳戶價值無關的固定金額，在保單首年度與續年度可以不同，保險公司不得以帳戶價值一定比例的形式收取保單管理費。

⑤資產管理費。資產管理費按帳戶資產淨值的一定比例收取，該比例每年不超過2%。

⑥手續費。保險公司在提供帳戶轉換、部分領取等服務時收取，用以支付相關的管理費用。

⑦退保費用，即保單退保或部分領取時保險公司收取的費用，用以彌補尚未攤銷的保單獲取成本。

三、年金保險

（一）年金保險的概念

年金保險是指在被保險人生存期間，保險人按照合同約定的金額、方式，在約定的期限內，有規則地、定期地向被保險人給付保險金的人壽保險。

年金保險是以被保險人的生存為給付條件的，因此具有生存保險的特點。年金保險是為了避免壽命較長者的經濟收入無法得到充分保障而進行的一種經濟儲備，故年金又稱為養老金，許多時候不做特別說明用途時，年金保險多數指養老年金保險。

（二）年金保險的分類

1. 按繳費方式不同，年金保險可以分為躉繳年金和期繳年金。

（1）躉繳年金。躉繳年金是指投保人一次性繳清全部保險費，然後從約定的年金給付開始日起，受領人按期領取年金。

（2）期繳年金。期繳年金是指保險費由投保人採用分期支付的方式繳納保險費，然後於約定年金給付開始日起，受領人按期領取年金。

2. 按被保險人人數不同，年金保險可以分為個人年金、聯合年金、最後生存者年金和聯合及生存者年金。

（1）個人年金。以一個被保險人的生存作為年金給付條件的年金稱為個人年金。

（2）聯合年金。以兩個或兩個以上被保險人的生存為年金給付條件的年金稱為聯合年金。在數個被保險人中，任一個被保險人死亡，年金即停止支付。

（3）最後生存者年金。以兩個或兩個以上被保險人中至少尚有一個人生存作為年金給付條件，且給付金額不發生變化的年金稱為最後生存者年金。年金的給付持續到其中最後一個生存者死亡為止，且給付金額保持不變。

（4）聯合及生存者年金。以兩個或兩個以上被保險人中至少尚有一個人生存作為給付條件，但給付金額隨著被保險人人數的減少而進行調整的年金稱為聯合及生存者年金。年金的給付持續到最後一個被保險人死亡為止，但給付金額根據仍存活的被保險人數進行相應的調整。

3. 按年金給付起始時間不同，年金保險可以分為即期年金和延期年金。

（1）即期年金。合同成立後，保險人即行按期給付年金的稱為即期年金。即期年金必須以躉繳保費的方式購買。

（2）延期年金。給付時間雙方約定，投保後間隔一定時期開始領取年金的稱為延期年金。延期年金可以躉繳，也可以期繳。

4. 按給付方式不同，年金保險可以分為純粹終身年金、最低保證年金和定期生存年金。

（1）純粹終身年金。純粹終身年金是以被保險人生存為給付條件，當被保險人死亡時，即停止給付，既不退還保費，也不給付現金價值的年金。該款年金適合無繼承人且身體健康的人購買。

（2）最低保證年金。最低保證年金是為了防止被保險人過早死亡而喪失領取年金的權利而產生的年金形式。最低保證年金分為確定給付年金和退還年金兩種。確定給付年金按給付年度數來保證被保險人及其受益人的利益，這種年金形式確定給付的最少年數，若在規定期內被保險人死亡，被保險人指定的受益人將繼續領取年金直至期限結束；退還年金是按照給付的金額來保證被保險人及其受益人的利益，這種形式的年金確定給付的最低金額，當被保險人領取的年金總額低於最低保證金額時，保險人以現金方式一次或分期退還其差額。

（3）定期年金。定期年金是指保險人與被保險人約定年金給付期限的年金。定期年金分為確定年金和生存年金。確定年金是指在約定的給付期限內，無論被保險人是否生存，保險人都必須給付年金直至約定的年金給付期限結束；生存年金是指在約定給付期限內，只要被保險人生存就給付年金，直至被保險人死亡為止。

5. 按給付金額是否變化，年金保險可以分為定額年金和變額年金。

（1）定額年金，即保險人每次按固定金額給付的年金。這種年金的給付數額是固定的，不隨投資收益水平的變動而變動。

（2）變額年金，即保險人根據資金帳戶的資產價值變動情況確定每次給付年金金額的年金。這種年金可以克服定額年金在通貨膨脹下保障水平降低的缺點。

6. 按照是否參與分紅，年金保險可以分為分紅型年金和非分紅型年金。

（1）分紅型年金，即保險人在保險費收取、給付期間以及給付年金條件確定的基礎上，根據保險人相關業務經營成果確定發放紅利數額，並隨年金一起發放。

（2）非分紅型年金，即保險費數額、年金金額、給付期間以及給付年金條件等均為固定的年金。

7. 按照保費繳付與年金給付的順序，年金保險可以分為正向繳費年金和反向繳費年金。

（1）正向繳費年金，即保險費繳付在先，年金給付在後，也就是累積期間和給付期間絕對不交叉的傳統年金保險。

（2）反向繳費年金，即年金給付在先，保費繳付在後的年金。反向繳費年金最典型的代表就是住宅反向抵押按揭年金。

閱讀材料6-3：住房反向抵押貸款保險

2014年6月17日，保監會發布《中國保監會關於開展老年人住房反向抵押養老保險試點的指導意見》（以下簡稱《意見》）。《意見》明確將住房反向抵押養老保險界定為「一種將住房抵押與終身養老年金保險相結合的創新型商業養老保險業務」。

所謂住房反向抵押養老保險，即擁有房屋完全產權的老年人，將其房產抵押給保險公司，繼續擁有房屋佔有、使用、收益和經抵押權人同意的處置權，並按照約定條件領取養老金直至身故；老年人身故後，保險公司獲得抵押房產處置權，處置所得將優先用於償付養老保險相關費用。住房反向抵押養老保險在中國屬於新生事物，保監會曾於2005年批復同意幸福人壽保險股份有限公司（以下簡稱幸福人壽）運作反向抵押貸款產品，但幸福人壽在實際經營中並無此種保險業務。

應當說，融合了不動產抵押制度與生存保險制度的住房反向抵押養老保險，與現行法律規範體系存在諸多的不協調，住房反向抵押養老保險賴以生存和發展的法律環境尚不具備，而法律環境的不完備，必然使保險公司和潛在投保人在保險合同建立和履行中存在風險。具體而言，不論保險公司或投保人，都應對以下問題給予特別的關注：

第一，盡量以老年夫妻作為共同投保人。

《意見》規定，投保人應為60週歲以上的老年人，未規定老年人夫妻能否共同作為投保人的情況。

隨著生活質量的提高，60歲以上的老年夫妻共同生存的情況非常普遍，如果僅由夫或妻一方投保，則在投保人死亡後，另一方可能面臨喪失房屋處置權的不利局面。從周延保護老年人合法權益角度考慮，應盡量使老年夫妻作為共同投保人，只有在夫妻均身故後保險公司才取得抵押房屋的處置權。

第二，不是所有的房屋都可設立反向抵押。

《意見》規定，老年人需對設定反向抵押的房屋具有完全的產權，這裡包含了三層意思：第一層意思是要求老人年對房屋享有產權，而非使用權，或受限制的產權；第二層意思是老年人對房屋必須享有完全產權；第三層意思是房屋不存在法律規定禁止設定抵押權的情況，尤指宅基地上房屋。

第三，投保人享有什麼權利。

在住房反向抵押養老保險關係中，投保人的權益主要根據保險合同確定，其中最重要條款應包括：

一是對抵押房屋的權利條款，即按照抵押權的一般理解，投保人仍應保有對抵押房屋的佔有、使用、收益權益和有限的處分權。

二是房屋升值利益歸誰所有。老年人身故後，房屋由保險人處置，此時如房屋存在升值利益如何分配。《意見》根據保險公司對投保人所抵押房產增值的處理方式不同，將保險產品分為參與型反向抵押養老保險產品和非參與型反向抵押養老保險產品。參與型反向抵押養老保險產品指保險公司可參與分享房產增值收益，通過評估，對投保人所抵押房產價值增長部分，依照合同約定在投保人和保險公司之間進行分配。非參與型反向抵押養老保險產品指保險公司不參與分享房產增值收益，抵押房產價值增長全部歸屬於投保人。老年人如希望在身故後將升值利益歸於子女繼承，則需要與保險人簽訂非參與型的住房反向抵押養老保險合同。

三是不受追索的權利。老年人去世後，如果房產處置所得不足以償付保險公司

已支付的養老保險相關費用，由保險公司承擔房價不足的風險，保險公司不得以老年人的其他財產追償，也不得再向老年人家屬追償。

四是保險合同的任意解除權。對於投保人對保險合同是否享有任意解除權這一問題，《保險法》規定，除法律另有規定或保險合同另有約定外，投保人可以解除合同。具體到住房反向抵押養老保險至今仍有疑義，考慮到合同履行期限長，保險公司合同風險較大的特點，保險人完全可以通過約定的形式排除投保人此項權利。

五是養老金請求權。

老年人投保住房反向抵押養老保險應特別注意養老金的取得方式，就國外模式，大體有一次性領取、定期分批領取、定期分批及一定授信額度內領取相結合的方式。

第四，如實披露很重要。

《保險法》第十六條規定了投保人就保險標的和被保險人情況對保險人的如實告知義務。在住房反向抵押養老保險合同關係中，投保人需要注意的告知義務至少可以包括三個方面，即人的告知、物的告知、自身財產情況的告知。老年人在保險合同簽訂中應當恪守上述告知義務。如因投保人自身故意或重大過失未履行如實告知義務導致保險人解除保險關係的，老年人可能面臨無法及時清償貸款和利息的風險。

第五，土地使用權期限屆滿後怎麼辦。

中國城鎮建設住宅用地的使用年限是70年。雖然《中華人民共和國物權法》第一百四十九條規定住宅建設用地使用權期間屆滿的，自動續期，但是在住房反向抵押養老保險可行的諸多研究中，對於保險合同履行中超過70年，保險合同效力怎麼看待、如何履行仍然是人們關注的焦點。

資料來源：住房反向抵押貸款保險［N］. 經濟參考報，2014-07-29.

第四節　人身意外傷害保險

一、人身意外傷害保險的概念

（一）人身意外傷害的含義

人身意外傷害包含傷害和意外兩層含義。傷害是指保險人的身體受到侵害的客觀事實；意外是就被保險人的主觀狀態而言，是指傷害的發生是被保險人事先沒有預見到的或傷害的發生違背被保險人的主觀意願的。

人身意外傷害保險中所稱的意外傷害是指在被保險人沒有預見到或違背被保險人意願的情況下，突然發生的外來致害物對被保險人的身體明顯、劇烈地侵害的客觀事實。

1. 傷害

傷害是指被保險人身體遭受外來事故的侵害發生了損失、損傷，使人體完整性遭到破壞或器官組織生理機能遭受阻礙的客觀事實。意外傷害保險中，傷害必須是由外來致害物、侵害對象和侵害事實三個要素構成，缺一不可。

（1）致害物。致害物即直接造成傷害的物體或物質。沒有致害物，就不能構成傷害，在意外傷害保險中，只有致害物是外來的，才被認為是傷害。按照致害物的不同，傷害可以分為：

①機械傷害，如機械設備、勞動工具、建築物、凶器等對人體的傷害；

②自然傷害，如暴風、暴雨、洪水、雷電等對人體的傷害；

③化學傷害，如酸、鹼、有毒氣體、有毒液體等化工產品對人體的傷害；

④生物傷害，如野獸、家畜、花粉等生物對人體的傷害。

（2）侵害對象。侵害對象是致害物侵害的客體。在意外傷害保險中，只有致害物侵害的對象是被保險人的身體才能構成傷害，並且這種傷害是生理上的傷害，而不是指精神上、權利上的傷害。

（3）侵害事實。侵害事實即致害物以一定的方式破壞性地接觸、作用於被保險人身體的客觀事實。如果致害物沒有接觸或作用於被保險人的身體，就不能構成傷害。侵害方式一般分為碰撞、撞擊、墜落、跌倒、坍塌、淹溺、灼燙、火災、輻射、爆炸、中毒、觸電、接觸（包括接觸高低溫環境、接觸高低溫物體）、掩埋、傾覆等。

2. 意外

意外是就被保險人的主觀狀態而言，指傷害的發生是被保險人事先沒有預見到的或傷害的發生違背被保險人的主觀意願。

（1）被保險人事先沒有預見到的傷害。

①傷害的發生是被保險人事先不能預見或無法預見的，如飛機失事等。

②傷害的發生是被保險人事先能夠預見到的，但由於被保險人的疏忽而沒有預見到，如停電時未切斷電源修理電路，恢復供電時觸電死亡等。

（2）傷害的發生違背被保險人的主觀意願。

①被保險人預見到傷害即將發生時，在技術上已不能採取措施避免，如海上航行突遇暴風雨，無法自救。

②被保險人已經預見傷害即將發生，在技術上也可以採取措施避免，但由於法律或職責上的規定，不能躲避，如警察與歹徒搏鬥受傷。

3. 意外傷害

意外的條件下構成的傷害才稱之為意外傷害。僅有主觀意外，而無客觀傷害事實，不是意外傷害；僅有客觀的傷害事實，而無主觀的意外，也不是意外傷害。

（二）人身意外傷害保險的含義

人身意外傷害保險簡稱意外險，是指投保人向保險人繳納保費後，如果被保險人在保險期間內遭受意外傷害並以此為直接原因或近因，在自遭受意外傷害之日起

的一定時期內造成死亡、殘疾、支出醫療費用或暫時喪失勞動能力，保險人給付被保險人或其受益人保險金的人身保險。

人身意外傷害保險有三層含義：首先，必須有客觀意外事故發生，且事故原因是意外的、偶然的、不可預見的；其次，被保險人必須有因客觀事故造成死亡或身體殘疾的結果；最後，意外事故的發生和被保險人遭受人身傷亡的結果之間有著內在的、必然的聯繫，即意外事故是被保險人遭受傷害的直接原因，而被保險人遭受傷害是意外事故的後果。

人身意外傷害保險的保障項目主要有兩類：第一類是死亡給付，即被保險人因遭受意外傷害造成死亡時，保險人給付死亡保險金；第二類是殘疾給付，即被保險人因遭受意外傷害造成殘疾時，保險人給付殘疾保險金。

閱讀材料6-4：廣州將推老人意外險，鼓勵好心人敢扶老人

廣州2015年起將啟動「銀齡安康行動」，年滿60週歲的廣州特困戶籍老人和常住老年人將可享受24小時不限地域的意外傷害保障。

通過廣泛徵求意見，廣州市確定從市福利彩票公益金出資，從2015年起，為本市戶籍60週歲及以上的享受最低生活保障待遇的城鎮、農村老年人，享受低收入困難家庭待遇的城鎮、農村老年人、農村戶籍老年五保戶、老年優撫對象、計劃生育特扶老人共計3.7萬人購買一份20元的意外傷害綜合險。不限地域，一旦發生意外需住院，老年人將能享受每天60元，最高可達180天的意外住院津貼，津貼可用於伙食補貼或請護工護理，可一定程度上解決廣州市護理費用高昂的難題。

同時，廣州市60週歲及以上的常住老年人也可通過自行購買的方式享受這一全方位的保障。這也意味著，在廣州居住超過6個月的非廣州戶籍老年人也能享受同等待遇。

「該老人意外險突破了65歲以上老年人難以購買商業人壽保險的年齡限制，解決了老年人因意外住院照護費用不能由醫保支付的難題，減輕了政府和個人負擔。」廣州市民政局局長、市老齡委副主任莊悅群介紹稱，有了意外保障，在一定程度上也能鼓勵好心人敢於扶起摔倒的老年人。

數據顯示，截至2013年12月，廣州市80週歲及以上戶籍人口21.2萬人，與2012年相比年增長率超過8.7%。老年人由於人體機能隨著年齡的增長逐漸退化，遭受意外傷害的可能性增大。

老年人意外傷害綜合險，其「意外傷害」是指遭受外來的、突發的、非本意的、非疾病的客觀事件直接致使身體受到的傷害。但是因猝死或疾病引起的身故、傷殘、醫療費用、住院津貼等，均不屬於保險責任範圍。

中國人壽將設置綠色通道，優先辦理老人保險業務，深入社區、街道提供現場諮詢、投保、理賠等服務工作，方便市民參與「銀齡安康行動」。

在投保方面，老年人及其子女自費購買的，可通過所在社區、村（居）委會進行投保，投保時僅需提交被保險人姓名、身分證號即可辦理。

理賠方面，中國人壽為老年人設立理賠綠色通道，理賠簡單快捷，出險後可直接聯繫服務人員辦理或直接撥打 95519 報案，有專人指導理賠辦理手續，多途徑地服務方便老年人。

資料來源：廣州將推老人意外險，鼓勵好心人敢扶老人〔EB/OL〕. http://news.ycwb.com/2014-10/23/content_7986297.htm

二、人身意外傷害保險的種類

人身意外傷害保險按保險責任、保險期限、投保動因、承保方式、保險危險、險種結構等方面的不同有不同的分類。

（一）按保險責任分類

按保險責任的不同，人身意外傷害保險可以分為以下三種：

（1）意外傷害死亡殘疾保險，其保險責任是死亡給付和殘疾給付。

（2）意外傷害醫療保險，其保險責任是意外傷害造成的醫療費用給付。

（3）意外傷害停工收入損失保險，其保險責任是意外傷害造成的暫時喪失勞動能力的停工收入給付。

（二）按保險期限分類

按保險期限的不同，人身意外傷害保險可以分為以下三種：

（1）一年期意外傷害保險，即保險期限為一年的意外傷害保險業務。

（2）極短期意外傷害保險，即保險期限不足一年，往往只有幾天、幾小時甚至更短的意外傷害保險。目前中國開辦的公路旅遊意外傷害保險、索道旅客意外傷害保險等，均屬於極短期意外傷害保險。

（3）多年期意外傷害保險，即保險期限超過一年的意外傷害保險，保險期限可以是 3 年、5 年。

把人身意外傷害保險分為一年期、極短期和多年期的意義在於，不同的保險期限，計算未到期責任準備金的方法不同。

（三）按投保動因分類

按投保動因不同，人身意外傷害保險可以分為以下兩種：

（1）自願意外傷害保險，即投保人和保險人在自願基礎上通過平等協商訂立保險合同的意外傷害保險。投保人可以選擇是否投保以及向哪家保險公司投保，保險人可以選擇是否承保，只有雙方意思表示一致時才訂立保險合同，確定雙方的權利和義務。

（2）強制意外傷害保險又稱法定意外傷害保險，即國家機關通過頒布法律、行政法規、地方性法規強制施行的意外傷害保險。

（四）按承保方式分類

按承保方式不同，人身意外傷害保險可以分為以下兩種：

（1）個人意外傷害保險，即以個人方式投保的人身意外傷害保險，一張保險單只承保一名被保險人。

（2）團體意外傷害保險，即以團體方式投保的人身意外傷害保險，該保險是一個團體內的全部或大部分成員集體向保險公司辦理投保手續，以一張保險單承保的意外傷害保險。團體指投保前已經存在的機關、學校、社會團體、企業、事業單位等，而不是為了投保結成的團體。與個人意外傷害保險相比，團體意外傷害保險具有簡化手續、節省費用、有效防止逆選擇等優越性。因此，在保險責任相同的條件下，團體意外傷害保險的費率要比個人意外傷害保險低。

（五）按保險危險分類

按保險危險不同，人身意外傷害保險可以分為以下兩種：

（1）普通意外傷害保險承保的危險是在保險期限內發生的各種意外傷害，該保險是被保險人在保險有效期內，因遭受意外傷害而致死亡、殘疾或暫時喪失工作能力時，由保險人給付保險金的保險。

（2）特定意外傷害保險，即以特定時間、特定地點或特定原因發生的意外傷害為保險危險的意外傷害保險。例如，旅行意外傷害保險、索道遊客意外傷害保險、登山意外傷害保險和電梯乘客意外傷害保險等。

（六）按險種結構分類

按險種結構不同，人身意外傷害保險可以分為以下兩種：

（1）單純意外傷害保險，即一張保險單承保的保險責任只限於意外傷害。

（2）附加意外傷害保險有兩種情況：一是其他保險附加意外傷害保險；二是意外傷害保險附加其他保險責任。

三、人身意外傷害保險的內容

（一）人身意外傷害保險的保險責任

1. 保險責任的內容

保險責任是指保險人承擔的經濟損失補償或人身保險金給付的責任。人身意外傷害保險的保險責任項目包括死亡給付、殘疾給付、醫療給付、住院津貼、失能津貼等。醫療給付、住院津貼和失能津貼通常附加於意外身故及殘疾責任項下，保險人只有投保了前兩項責任，才可以附加投保後三種責任。

死亡保險的責任是被保險人因疾病或意外傷害所致死亡，不負責意外傷害所致的殘疾。兩全保險的保險責任是被保險人因疾病或意外傷害所致的死亡以及被保險人生存到保險期結束。人身意外傷害保險、死亡保險和兩全保險的責任比較如圖6-4所示：

```
保險責任                              險種
意外傷害所致殘疾 ─┐
                 ├─ 人身意外傷害保險
意外傷害所致死亡 ─┘
                    ─ 死亡保險 ─┐
疾病所致死亡 ──────             ├─ 兩全保險
                                │
生存到保險期限結束 ─────────────┘
```

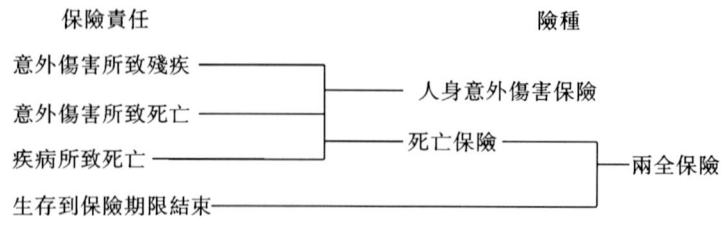

圖6-4　人身意外傷害保險、死亡保險和兩全保險責任對比圖

2. 保險責任的構成條件

（1）被保險人在保險期限內遭受了意外傷害。被保險人在保險期限內遭受意外傷害是構成意外傷害保險責任的首要條件。這一條件包括兩方面的要求：一方面是意外傷害必須是客觀發生的事實，而不是臆想或推測的；另一方面是被保險人遭受的意外傷害的客觀事實必須發生在保險期限之內。

（2）被保險人死亡或殘疾。被保險人在責任期限內死亡或殘疾，是構成意外傷害保險責任的必要條件之一。這一條件包括以下兩方面要求：

①被保險人死亡或殘疾。死亡是指個人生命活動的永久終止。公民死亡分為生理死亡和宣告死亡。生理死亡是指個體的心跳、呼吸、大腦均告停止時被確定的死亡；宣告死亡是指人民法院對下落不明滿一定時期的公民，經利害關系人的申請而對其作出的宣告死亡的行為。《中華人民共和國民法通則》第二十三條規定：「公民有下列情形之一的，利害關系人可以向人民法院申請宣告他死亡：（一）下落不明滿四年的；（二）因意外事故下落不明，從事故發生之日起滿二年的。戰爭期間下落不明的，下落不明的時間從戰爭結束之日起計算。」

殘疾包括兩種情況：第一種情況是人體組織的永久性殘缺（或稱缺損），如肢體斷離；第二種情況是人體器官正常機能的永久喪失，如喪失視覺、聽覺、嗅覺、語言機能、運動障礙等。

②被保險人的死亡或殘疾發生在責任期限內。責任期限是人身意外傷害保險和健康保險特有的概念。責任期限是指當保險期限結束，保險公司仍無法判斷、鑒定被保險人最終結果時，可適當延長一段時間，以對結果作出合理、公平的判斷，這段延長的時間稱為責任期限。人身意外傷害保險中，責任期限有90天、180天，一般不超過1年。如果被保險人在保險期限內遭受意外傷害，在責任期限內死亡，則構成保險責任。但是，如果被保險人在保險期限內因意外事故下落不明，自事故發生之日起滿2年，法院宣告被保險人死亡後，責任期限已經超過，為瞭解決這一問題，可以在人身意外傷害保險中訂有失蹤條款或在保險單上簽註關於失蹤的特別約定。失蹤條款規定被保險人確因意外傷害事故下落不明超過一定期限（如3個月、6個月等）時，視同被保險人死亡，保險人給付死亡保險金，如果被保險人以後生還，受領保險金的人應把保險金返還給保險人。

責任期限對於意外傷害造成的殘疾實際上是確定殘疾程度的期限。如果被保險

人在保險期限內遭受意外傷害，責任期限內治療結束並被確定為殘疾，則根據確定的殘疾程度給付殘疾保險金；如果被保險人在保險期限內遭受意外傷害，責任期限結束時治療仍未結束，尚不能確定最終是否造成被保險人殘疾以及何種程度的殘疾，即以責任期限結束時的殘疾情況確定殘疾程度，並按照這一殘疾程度給付殘疾保險金。此後，即使被保險人經過治療痊愈或殘疾程度減輕，保險人也不追回全部或部分殘疾保險金；反之，即使被保險人加重了殘疾程度或死亡，保險人也不追加給付保險金。

（3）意外傷害是死亡或殘疾的直接原因或近因。人身意外傷害保險中，被保險人在保險期限內遭受了意外傷害，並且在責任期限內死亡或殘疾，並不意味著構成保險責任，只有當意外傷害與死亡、殘疾之間存在因果關係，即意外傷害是死亡或殘疾的直接原因或近因時，才構成保險責任。意外傷害與死亡、殘疾之間的因果關係包括以下三種情況：

①意外傷害是死亡、殘疾的直接原因，即當意外傷害是被保險人死亡、殘疾的直接原因時，才構成保險責任，保險人才按照保險金額給付死亡保險金或按照保險金額和殘疾程度給付殘疾保險金。

②意外傷害是死亡或殘疾的近因，即意外傷害是引起直接造成被保險人死亡、殘疾的事件或一連串事件的最初原因。

③意外傷害是死亡或殘疾的誘因，即意外傷害使被保險人原有的疾病發作，從而加重後果，造成被保險人死亡或殘疾。當意外傷害是被保險人死亡、殘疾的誘因時，保險人不是按照保險金額和被保險人的最終後果給付保險金，而是比照身體健康者遭受這種意外傷害會造成何種後果給付保險金。

（二）人身意外傷害保險的給付方式

人身意外傷害保險屬於定額給付型保險，當發生保險責任範圍內的保險事故時，保險人按合同約定的保險金額給付死亡保險金或殘疾保險金。

在人身意外傷害保險合同中，死亡保險金的數額是保險合同中約定的，當被保險人死亡時按合同約定保險金額進行支付。殘疾保險金的數額則是由保險金額和傷殘等級兩個因素確定，在計算殘疾保險金時，應先根據傷殘情況，在同類別傷殘下，確定傷殘等級。然後根據傷殘等級對應的百分比，確定保險金給付比例，殘疾保險金的計算公式如下：

殘疾保險金＝保險金額×保險金給付比例

《人身保險傷殘評定標準》對功能和殘疾進行了分類和分級，將人身保險傷殘程度劃分為1~10級，最重為第1級，最輕為第10級。與人身保險傷殘程度等級相對應的保險金給付比例分為10檔，傷殘程度第1級對應的保險金給付比例為100%，傷殘程度第10級對應的保險金給付比例為10%，每級相差10%。例如，眼球損傷或視功能障礙，《人身保險傷殘評定標準》中根據實際情況，將殘疾程度分為1~7級（見表6-1）。

表 6-1　　　　　　　　　眼球損傷或視功能障礙

雙側眼球缺失	1 級
一側眼球缺失，且另一側眼盲目 5 級	1 級
一側眼球缺失，且另一側眼盲目 4 級	2 級
一側眼球缺失，且另一側眼盲目 3 級	3 級
一側眼球缺失，且另一側眼低視力 2 級	4 級
一側眼球缺失，且另一側眼低視力 1 級	5 級
一側眼球缺失	7 級

註：視功能是指與感受存在的光線和感受視覺刺激的形式、大小、形狀和顏色等有關的感覺功能。人身保險傷殘評定標準中的視功能障礙是指眼盲目或低視力。

人身意外傷害保險中，保險金額不僅是確定死亡保險金、殘疾保險金數額的依據，而且是保險人給付保險金的最高限額，即保險人給付每一被保險人死亡保險金、殘疾保險金累計不超過該被保險人的保險金額為限。

當同一次保險事故造成被保險人兩處或兩處以上傷殘時，應首先對各處傷殘程度分別進行評定，如果幾處傷殘等級不同，以最重的傷殘等級作為最終的評定結論；如果兩處或兩處以上傷殘等級相同，傷殘等級在原評定基礎上最多晉升 1 級，最高晉升至第 1 級。

若被保險人在保險期限內多次遭受意外傷害，則保險人對每次意外傷害造成的殘疾或死亡均按照保險合同中的規定給付保險金，但給付的保險金累計不超過保險金額。

第五節　健康保險

一、健康保險的概念

健康保險有狹義和廣義之分，狹義的健康保險是指商業健康保險；廣義的健康保險包括社會醫療保險和商業健康保險。本書所指的健康保險是商業健康保險。

健康保險是指以被保險人的身體為保險標的，對被保險人因遭受疾病或意外傷害事故所發生的醫療費用或導致工作能力喪失所引起的收入損失，以及因為年老、疾病或意外傷害導致需要長期護理的損失獲得經濟補償的一種人身保險。

二、健康保險的特徵

雖然健康保險是以人的身體為保險對象，屬於人身保險的範疇，但是事實上健康保險有許多不同於人身保險的特點，一般來說，健康保險有以下幾方面的特徵：

（一）醫療適用代位原則和分攤原則

人身保險由於保險標的是被保險人的壽命和身體，不能用貨幣來衡量其價值，

所以人身保險不適用損失補償原則及其派生原則——代位原則和分攤原則，但健康保險中的醫療保險例外。醫療保險由於是對被保險人由於意外傷害或者疾病導致的醫療費用進行補償，由於這種醫療費用是可以實際確定和計算的，因此當這種費用損失是由於第三者的責任造成的時候，如果該醫療費用已經從第三方得到全部補償或部分補償，保險人就可以不再給付，或者只給付第三方補償後的差額。如果保險人已經支付了醫療保險金，則被保險人應當將向第三者請求賠償的權利轉讓給保險人。[①] 同樣地，如果被保險人在兩家或兩家以上的保險公司投保了醫療保險，當發生保險事故導致醫療費用支出的時候，醫療費用的損失則在幾家保險公司之間進行分攤。

(二) 承保標準較為嚴格

一方面，由於承保疾病造成的醫療費用、喪失勞動能力的損失等，健康保險的承保條件較人壽保險要嚴格得多，通常需要被保險人進行體檢，並填寫詳細的投保單，告知既往病史、家族遺傳疾病等。另一方面，由於信息的不對稱，在健康保險中保險公司也比較容易面臨道德風險和逆選擇的風險。投保人帶病投保、冒名頂替體檢，被保險人無病住院、小病大養、偽造或者塗改醫療費用收據等情況時有發生，因此核保人員需要對健康保險的被保險人仔細審核，除了考慮其體格、家族病史等因素以外，其從事的職業、居住的地理位置等也是需要重點考慮的因素。在健康保險的承保標準方面，保險人一般會通過觀察期、弱體保險、除外責任等方式來控制被保險人的逆選擇和道德風險。

(三) 採取成本分攤的方法

在保險理賠的過程中，保險公司理賠人員為了防止有偽造醫療發票、塗改發票等詐欺行為的發生，必須對被保險人提供的醫療單證進行認真的審查。儘管如此，仍然還存在著道德風險發生的可能性。因此，為了盡可能地控制道德風險，在健康保險特別是醫療保險中，保險人對所承擔的給付責任採用免賠額條款、比例共付、給付限額條款、觀察期等規定進行成本分攤。

1. 免賠額條款

免賠額是保險公司在承保時規定的、發生保險事故所致的損失由被保險人自行負擔的金額，免賠額也可以稱之為自付額、扣除額。實行免賠額的基本做法是：當被保險人就醫時，其費用在免賠額之內，病人自付，超出部分由保險公司補償。超出免賠額保險公司開始償付時的界限稱為起付線。

在醫療保險中設置免賠額的主要目的是控制道德風險，減少醫療資源的浪費。如果被保險人無原則地多支付醫療保險費，則既損害了保險公司的利益，也損害了

---

① 中國《保險法》第四十六條規定：「被保險人因第三者的行為而發生死亡、傷殘或者疾病等保險事故的，保險人向被保險人或者受益人給付保險金後，不享有向第三者追償的權利，但被保險人或者受益人仍有權向第三者請求賠償。」這樣就導致在實踐中操作起來比較困難，法院通常會認為在醫療費用保險中保險人不得享有代位求償權。

自己的利益，於是被保險人會主動地督促醫療服務單位盡量避免不必要的醫療費用支出。當然，降低了醫療費用的支出，會減少保險公司的經營成本。實際上設置免賠額還有一層考慮，那就是把輕微疾病所致的小額零星的醫療費用視為被保險人正常的生活費用，保險公司不予補償不會造成被保險人的生活困難，還能減少被保險人的保費支出，顯然是可行的。免賠額的明顯缺陷是被保險人的醫療費用一旦超出了免賠額，無論醫療價格或醫療費用多麼昂貴都由保險公司承擔，與病人的自身利益無關。被保險人就會在沒有任何經濟負擔的情況下毫無顧忌地大量消耗不必要的醫療服務，從而造成保險公司醫療保險成本的大幅度上升。

免賠額的形式有以下幾種：

（1）絕對免賠額。被保險人支出的醫療費用只有超過免賠額才能得到賠付，賠付的金額為超過免賠額部分與除外醫療費用的差額，用公式表示如下：

保險公司賠付金額=（實際醫療費用支出-除外醫療費用支出）-免賠額

（2）相對免賠額。被保險人支出的醫療費用只有超過免賠額才能得到給付，得到的金額為醫療費用實際發生額與除外醫療費用的差額，用公式表示如下：

保險公司賠付金額=實際醫療費用支出額-除外醫療費用支出

2. 比例給付條款

給付比例是指保險人給付的醫療保險費占被保險人實際支出醫療費用的比重。大多數醫療保險合同中，對超過免賠額以上的醫療費用，採用按比例給付的方式，以分攤醫療成本。這樣做，既保障了被保險人的經濟利益，也促使被保險人節約醫療費用，有助於被保險人精打細算。

從國外的情況來看，自負比例一般為約20%。該費用的分攤特點是被保險人與保險人各方始終都承擔一定比例的醫療費用，其總費用越低，自負比例越高。根據衛生經濟學需求價格彈性理論，給付比例能夠改變醫療費用的分佈。若自負部分定得太低，醫療服務利用對其價格沒有任何反應，醫療消耗就會很大，醫療費用就會很多，道德風險發生的概率就會大大增加。反之，若自負部分定得太高，就會增加醫療保險需求者的心理壓力，影響其經濟承受能力，從而不利於醫療保險的開展。

3. 給付限額條款

限額給付是指在合同中規定最高給付金額，醫療費實際支出超過最高限額部分，由被保險人自己負擔。保險人通常採用這種方法以控制總支出水平。限額給付適用於住院醫療保險，一般說來，超限額醫療費用的發生只是少部分人，所占比例較小。在保險實務中，保險人通常將保險責任限制與醫療費用的分攤方法結合起來控制被保險人的醫療費用支出，降低保險成本。

4. 觀察期

觀察期是指在合同生效一段時間內，被保險人發生保險事故，保險人不負保險責任。設置觀察期的主要目的是減少由於帶病投保導致的經營風險增加，從而降低賠付率。

醫療保險的觀察期通常為30～90天，疾病保險的觀察期大多為180天，意外

傷害及意外醫療保險通常沒有觀察期。健康保險理賠過程中，需要首先審核被保險人出險時是否尚在保單觀察期內，若還在觀察期內，則按約定不承擔保險金給付責任。一般情況下，續保或者連續投保一年期的健康保險時，不存在觀察期。

（四）具有「健康風險管理」功能

傳統的健康保險只強調健康風險的分擔以及健康損失的事後補償。隨著健康保險理念的不斷發展，新型的健康保險已經不再僅僅局限於損失的事後補償，更加強調的是事前的風險控制。保險公司在銷售健康保險產品後，不再是被動的處理各種事故發生後的索賠事件，而是對客戶進行全過程的健康風險管理。通過健康教育、健康風險評估、體檢方案設計、診療諮詢、康復指導等多種有效方式，提高客戶的健康水平，從而從源頭上降低發病率和理賠風險，這樣既能給客戶帶來高附加值的客戶服務，提高客戶對保險公司的粘度，又能夠提高健康保險的盈利能力，推動健康保險業務的良性發展。「健康風險管理」的引入給傳統的健康保險經營理念帶來了革命化的變化，使健康保險由過去的「保疾病」變成真正地「保健康」，更加體現出健康保險為居民健康保駕護航的社會責任。

三、健康保險的種類

從不同的角度出發，按照不同的標準，可以對健康保險進行多種不同形式的分類，以下是健康保險較常見的幾種分類形式：

（一）根據投保對象的不同劃分

根據投保對象的不同，健康保險可以分為個人健康保險和團體健康保險。

1. 個人健康保險

個人健康保險是只對一個被保險人提供健康保障的健康保險，一般通過保險個人代理人進行銷售，在承保、理賠和保費等方面都比團體健康保險要複雜。

2. 團體健康保險

團體健康保險是保險公司與團體保單持有人之間訂立的健康保險合同，對該團體的成員提供健康保障。投保團體必須是在投保前就已經依法成立的組織，而不能是因為保險而臨時集結在一起拼湊而成的團體。在團體醫療費用保險保障的對象中，有的產品還可以包括團體成員的家屬和子女。由於團體健康保險的銷售和管理都比個人健康保險簡單，因此在同樣的保障內容下，團體健康保險的管理成本要比個人健康保險低，因而保費也較個人健康保險優惠。

（二）根據保險責任的不同劃分

根據保險責任的不同，健康保險可以分為疾病保險、醫療保險、失能收入損失保險和護理保險。

1. 疾病保險

疾病保險是以保險合同約定的疾病發生為給付保險金條件的保險。只要被保險人得到醫院的疾病確診通知書就可以給付保險金，而不論被保險人是否有因為治療疾病而產生的醫療費用，通常是定額給付型，最主要的產品類型是重大疾病保險。

2. 醫療保險

醫療保險是健康保險的最重要組成部分，是指為被保險人提供醫療費用保障的保險，當被保險人因患病或傷害需支付藥費、手術費、診療費、護理費、住院費等醫療費用時，由保險人按規定給付保險金的保險。被保險人投保醫療保險的目的在於補償醫療費用的支出，所以醫療保險實際就是醫療費用保險，是醫療費用保險的簡稱。醫療保險的保險金給付以醫療費用的支出為條件。不同的醫療保險產品所保障的費用項目和補償內容各不相同。

3. 失能收入損失保險

失能收入損失保險又稱為失能保險、殘疾收入保險、收入補償保險，是指當被保險人由於疾病或意外傷害導致殘疾，喪失勞動能力不能工作，以致失去收入或減少收入時，由保險人在一定期限內給付保險金的保險。失能收入保險的主要目的是為被保險人因喪失工作能力導致收入方面的喪失或減少提供經濟上的保障，它並不承保被保險人因疾病或意外傷害所發生的醫療費用。

4. 護理保險

護理保險是指以因保險合同約定的日常生活能力障礙引發的護理需要為給付保險金條件，為被保險人的護理支出提供保障的保險，主要目的是為因年老、疾病或傷殘而需要長期照顧的被保險人提供護理服務費用補償。護理保險的主要形式是長期護理保險，除此之外，還有少兒看護保險、全殘護理保險等。

（三）根據續保條件的不同劃分

根據續保條件的不同，健康保險可以分為不可撤銷健康保險、保證續保健康保險、有條件續保健康保險、選擇性續保健康保險和可任意撤銷健康保險等。

1. 不可撤銷健康保險

不可撤銷健康保險是指保險公司在任何情況下都不能拒絕投保人的續保申請，只要被保險人預交一定金額的保證費就有權利每年續保直至規定年數或者規定年齡（通常是 60 歲或 65 歲）。殘疾收入損失保單通常是不可撤銷的，而醫療費用保單很少是不可以解除的。這種保單由於保險人承擔的風險大，因此保險成本也高。

2. 保證續保健康保險

保證續保健康保險是指保證被保險人續約至特定年齡為止（通常是 60 歲或終身），保險公司可以依據被保險人續保時的年齡、健康狀況調整保費，而不考慮被保險人當時的健康狀況如何，只要被保險人提出續保申請，保險人就必須繼續承保，但調整權必須對同一類別的所有保單而不是個別保單行使。

3. 有條件續保健康保險

這種保單規定，保險人只能根據保單載明的特定理由拒絕續保（特定理由通常是被保險人的年齡和職業狀況），而不能與被保險人的健康狀況有關。因此，在一般情況下，保險人要按期續保其合同，直至某一特定的時間或年數，如承保 10 年以上或被保險人年齡達 50 歲。

4. 選擇性續保健康保險

這種保單規定，保險人可以在某些約定日期（通常是保單生效對應日或保費到期日）拒絕續保。針對同類保單，保險人還可以增加保障的限制條件或增加保險費率。同類保單是指某一險種的所有保單，或對某一組特定的被保險人簽發的所有保單。例如，在某一地區所有的同類有效保單，對某一特定年齡的被保險人簽發的所有保單。

5. 可任意撤銷健康保險

可任意撤銷健康保險是最早的健康保險合同的形式。這種保單允許保險人在任何期間以任何理由解除保險合同，變更保費或變更責任範圍。保險人只需向被保險人發出通知，保險合同即被解除，但解除合同時，對已經發生尚未處理完畢的保險事故，則仍需按原來合同規定的條件承擔責任。這種保單的優點是保險人承擔的風險小，因此其投保成本低，承保條件也相對寬鬆。

（四）根據給付方式的不同劃分

根據給付方式的不同，健康保險可以分為定額給付型健康保險、費用補償型健康保險和提供服務方式性健康保險等。

1. 定額給付型健康保險

定額給付型健康保險又稱為津貼給付型健康保險，是指在合同中規定疾病種類或者治療方式，保險公司向被診斷患有保險合同規定的疾病被保險人，一次或分期支付保險合同規定的金額。這種保險方式一般不需要提供醫療費用單據，而且與其他社會醫療保險的給付並不發生矛盾，對保險公司而言也比較好控制風險。

2. 費用補償型健康保險

費用補償型健康保險又稱為報銷方式健康保險，是一種較為普遍的給付方式，是指被保險人的患病治療費用如果在保險公司規定的限額、範圍以內，由保險公司予以報銷補償。

3. 提供服務方式性健康保險

提供服務方式性健康保險是指健康保險組織一般都使用向被保險人提供醫療服務方式，並由其向提供服務的醫院和醫生支付費用和報酬，被保險人在接受醫療服務後不用（或較少）支付醫療費用。

（五）根據保險合同結構形式的不同劃分

根據保險合同結構形式的不同，健康保險可以分為健康保險主險和健康保險附加險。

1. 健康保險主險

健康保險主險是指健康保險可以單獨出單，承保由於意外事故或者疾病造成的收入或者醫療費用損失，或者同時承保這兩類損失。

2. 健康保險附加險

健康保險附加險是指不能單獨出單，而是附加於主險之上作為附加險種出單，與主險同時投保的健康保險，如汽車保險中附加特約教師人員意外傷害保險和醫療

費用保險、學生、幼兒平安保險中附加意外傷害醫療保險和住院醫療保險。

閱讀材料6-5：新「國十條」為中國健康保險的發展助力

2014年8月13日，國務院頒布《國務院關於加快發展現代保險服務業的若干意見》（以下簡稱新「國十條」）提出：把商業保險建成社會保障體系的重要支柱。商業保險要逐步成為個人和家庭商業保障計劃的主要承擔者、企業發起的養老健康保障計劃的重要提供者、社會保險市場化運作的積極參與者。支持有條件的企業建立商業養老健康保障計劃。支持保險機構大力拓展企業年金等業務。充分發揮商業保險對基本養老、醫療保險的補充作用。

新「國十條」還提出：發展多樣化健康保險服務。鼓勵保險公司大力開發各類醫療、疾病保險和失能收入損失保險等商業健康保險產品，並與基本醫療保險相銜接。發展商業性長期護理保險。提供與商業健康保險產品相結合的疾病預防、健康維護、慢性病管理等健康管理服務。支持保險機構參與健康服務業產業鏈整合，探索運用股權投資、戰略合作等方式，設立醫療機構和參與公立醫院改制。

2002—2013年，中國健康險保費收入年均增速高達27%，高於同期保險行業保費收入6個百分點。2014—2020年的7年間，健康保險年均增速保監會預計可以達到25%以上，2020年全國健康保險保費收入將達到6,000億元，賠付支出可以達到4,000億元。

也就是說，如果按照平均16%的增速計算，預期到2020年中國醫療衛生費用支出將為9萬億元，屆時商業健康保險的賠付支出將占其4.5%左右，商業健康保險在國民經濟、醫療衛生領域的作用將得到有效發揮。目前，商業健康保險的賠付支出只占國家醫療衛生費用總支出的1.3%，世界平均水平為10%左右；商業健康保險保費收入占全行業保險保費收入的不到7%，而在成熟市場，這一比例一般為30%，因此中國健康險還有巨大的發展空間。

保險業將從簡單的費用報銷和經濟補償，向病前、病中、病後的綜合性健康保障管理方向發展，增進參保人健康水平，減少發病率。保險業還積極開展重大疾病保險，探索開展長期護理保險。

此外，保險業還將積極開發高端醫療產品，推動高端醫療市場的發展，目前國內高端醫療保險保費在20億元左右，一定程度上滿足了高收入人群的醫療保障需求。

重要術語

人身保險　人壽保險　聯合保險　標準體保險　弱體保險　死亡保險　定期死亡保險
終身死亡保險　生存保險　兩全保險　分紅保險　萬能保險　投資連結保險

年金保險　人身意外傷害保險　健康保險　疾病保險　醫療保險　失能收入損失保險　護理保險　保證續保健康保險

復習思考題

1. 簡述人身保險的特點。
2. 簡述人身保險的分類。
3. 簡述定期死亡保險的特點。
4. 簡述分紅保險紅利的來源及紅利的分配方式。
5. 簡述萬能壽險的特點以及與投資連結保險的優劣勢比較。
6. 簡述年金保險的種類。
7. 如何理解人身意外傷害保險中的意外傷害？
8. 簡述人身意外傷害保險中殘疾保險金的給付方式。
9. 簡述健康保險的特徵。
10. 簡述健康保險的分類。

參考文獻

1. 魏華林，林寶清. 保險學［M］. 3版. 北京：高等教育出版社，2011.
2. 王海燕，郭振華. 保險學［M］. 北京：機械工業出版社，2011.
3. 黃守坤，孫秀清. 保險學［M］. 北京：機械工業出版社，2009.
4. 陶存文. 人壽保險理論與實務［M］. 北京：高等教育出版社，2011.
5. 張旭升，周燦. 人身保險理論與實務［M］. 北京：電子工業出版社，2010.
6. 張曉. 商業健康保險［M］. 北京：中國勞動社會保障出版社，2005.
7. 陳滔. 健康保險［M］. 北京：中國財政經濟出版社，2011.

第七章 保險公司經營管理

第一節 保險公司經營管理概述

一、保險公司經營管理的概念

保險業經營是指保險企業為實現一定的經濟目標而進行的籌劃、決策以及決策實施的過程，也就是以獲得一定的經濟利益和實現特定職能為目的的經濟行為。[1] 保險業務經營活動通常包括展業、投保、承保、分保、防災、理賠及資金運用等環節。[2] 狹義的保險公司經營管理是指所有為獲得公司持續發展和盈利所從事的一系列展業、承保、理賠、投資等業務管理活動。廣義的保險公司經營管理還包括為提升經營效率所從事的組織、精算、財務、計劃、人力、償付能力等內部管理活動。本章主要討論狹義的保險公司經營管理。

現代保險運作的思想就是把保險作為一種商品來經營，而不是把保險經營局限在互助互濟方面。保險運作包括承保、核保、分保、投資、理賠等環節。保險公司的運作有經濟核算、隨行就市等一般原則，也有風險大量、風險選擇等特殊原則。現代保險運作特徵是以市場為導向，以競爭為手段，以經濟效益為中心，以法律為準繩。[3]

二、保險公司經營的原則

（一）經濟核算原則

經濟核算原則是一般企業共同遵循的重要原則。經濟核算是指利用價值形式，

---

[1] 劉金章．保險學教程［M］．北京：中國金融出版社，2003：127．
[2] 吳定富．保險原理與實務［M］．北京：中國財政經濟出版社，2005：97．
[3] 劉連生．保險學［M］．北京：中國財政經濟出版社，2013：173．

記錄、計算、分析和比較生產經營活動中的勞動耗費和勞動成果，使公司以收抵支，並取得盈利。① 經濟核算原則就是指自負盈虧的獨立市場主體在日常經營活動中必須堅持經濟核算。

1. 實行經濟核算可以提升勞動生產率

在國內保險業恢復發展的相當長一段時期內，真正意義上的獨立的、自負盈虧的保險市場主體不占主導地位，所以經濟核算沒有得到足夠的重視，從而最終導致1997年年底發生「利差損」事件。直到2003年左右，在傳統保險巨頭陸續改制上市之後，經濟核算原則才得到重視。通過經濟核算，保險公司可以持續優化資源配置和使用方式，有效提升勞動生產率。

2. 實行經濟核算可以比較和發現本公司的競爭優勢

以價值形式進行的量化核算，便於比較不同公司的勞動成本和勞動效率等指標，從而便於進行縱向或橫向的比較，有利於保險公司比較和發現本公司的競爭優勢，有利於推動保險創新實踐。例如，華安財產保險公司「萬家連鎖」門店計劃等一系列改革舉措的推出、平安財產保險公司等主導的車險電銷渠道發展等。

3. 實行經濟核算可以有效處理國家、公司和個人的利益關係

通過經濟核算，可以衡量個人對公司的貢獻，從而判斷其應獲得的合理報酬，有效化解國家、公司和個人的經濟利益衝突，協調三者之間的經濟利益關係，調動個人的積極性。

（二）市場導向原則

保險公司在經營過程中必須以客戶需求為中心，這是因為供給最終是由需求決定。消費者需求的改變會導致保險公司經營重心等一系列要素隨之發生改變。20世紀90年代初，中國改革開放的步伐加快，「下海潮」興起，上海等經濟發達地區出現了一批脫離傳統社會保障體系的人，亟須商業保險填補這一空白。隨後幾年中，保險公司壽險業務經營重心由團體保險轉向個人保險，並得到長足發展。到1997年年底，全國壽險保費收入首次超過財險保費收入。遵循市場導向原則，保險公司較好地抓住了這一次壽險發展機遇。當前正處於互聯網消費快速發展時期，保險公司在經營中要繼續遵循這一原則，把握本次罕見的歷史發展機遇，大力發展互聯網保險業務。

以市場為導向，還必須關注主要競爭者即其他同業保險公司的市場行為。處於市場競爭不同地位的保險公司，對本行業發展和對本企業發展的影響程度有差異。在中國，保險行業經常被標榜為「朝陽行業」，這也說明中國保險市場還處於快速發展的不穩定期。在特殊條件下，保險公司經營方面的細微改變都可能導致競爭力對比發生變化，並最終影響整個保險市場的競爭格局。1999年，平安人壽保險公司在國內率先推出投連險，這種產品策略的改變使平安人壽保險公司與中國人壽保險公司和太平洋人壽保險公司等的競爭態勢出現明顯改變。

---

① 魏巧琴. 保險公司經營管理［M］. 上海：上海財經大學出版社，2012：15.

(三) 薄利多銷原則

薄利多銷的確可以有效擴大銷售量，壓制競爭對手，但是不能保證本公司利潤最大化，也不能保證本公司技術和服務領先必要的成本補償。許多著名企業的發展歷程已經證明這一判斷。薄利多銷原則不能普遍適用，但是保險公司經營有特殊性，這種特殊性主要源於保險職能的特殊性——保險社會管理職能。如果貫徹落實這一職能，保險公司就應該比其他行業企業更注重消費者利益最大化和社會利益最大化，而不是單方面的保險公司利益最大化。換言之，從企業社會責任的角度來看，薄利多銷原則對大多數保險公司是適用的。

(四) 風險大量原則

風險大量原則是指保險人在可保風險的範圍內，根據自己的承保能力，努力承保盡可能多的風險和標的。第一，保險的經營過程實際上就是風險管理過程，而風險的發生是偶然的、不確定的，保險人只有承保盡可能多的風險和標的，才能建立起雄厚的保險基金，以保證保險經濟補償職能的履行。第二，保險經營是以大數法則為基礎的，只有承保大量的風險和標的，才能使風險發生的實際情形更接近預先計算的風險損失概率，從而確保保險經營的穩定性。第三，擴大承保數量是保險企業提高經濟效益的一個重要途徑。

(五) 風險選擇原則

風險選擇原則要求保險人充分認識、準確評價承保標的的風險種類與風險程度，以及投保金額恰當與否，從而決定是否接受投保。保險人對風險的選擇表現在兩方面：一方面是盡量選擇同質風險的標的承保；另一方面是淘汰那些超出可保風險條件或範圍的保險標的。保險公司可以進行事先風險選擇，也可以進行事後風險選擇。

1. 事先風險選擇

事先風險選擇是指保險人在承保前考慮決定是否接受承保。此種選擇包括對「人」和「物」的選擇。所謂對「人」的選擇，是指對投保人或被保險人的評價與選擇。所謂對「物」的選擇，是指對保險標的及其利益的評估與選擇。

2. 事後風險選擇

事後風險選擇是指保險人對保險標的風險超出核保標準的保險合同作出淘汰的選擇。保險合同的淘汰通常有以下三種方式：

(1) 等待保險合同期滿後不再續保；
(2) 按照保險合同規定的事項予以註銷合同；
(3) 保險人若發現被保險人有明顯誤告或詐欺行為，可以中途終止承保，解除保險合同。

(六) 風險分散原則

風險分散原則一般是指由多個保險人或被保險人共同分擔某一風險責任。其實這是從風險分散的主體因素來進行定義。保險公司可以與其他保險人等主體分散風險，如分保（再保險）、共同保險、風險證券化等。保險公司也可以與投保人或被

保險人分散風險，如限制保險金額、規定免賠額（率）、實行比例承保、共付等。

此外，保險公司可以從時間因素方面進行風險分散，即確保保險合同期限不集中在某一特定時期或時點。保險公司也可以從地理因素方面進行風險分散，即確保所承保的業務不集中於某地或某些區域風險特徵明顯地區。保險公司甚至還可以從業務種類因素方面考慮進行風險分散，如確保各項業務相對均衡發展，不過度集中於某一種業務等。保險公司遵循風險分散原則需要綜合考慮多種因素。

三、保險公司經營的目標

（一）長期目標、中期目標和近期目標

從保險公司發展戰略的角度劃分，保險公司經營目標可分為長期目標、中期目標和近期目標。

1. 長期目標

長期目標是保險公司總目標的集中概括，是保險公司經營所要實現的公司未來發展的預期結果。保險公司長遠目標一般指保險公司10年或10年以上的遠期規劃。其主要內容包括保險公司的發展方向、經營規模和主要指標。

2. 中期目標

保險公司中期目標是保險公司長遠目標的進一步分解和具體化，一般指保險公司5年經營活動的預期成果。保險公司中期目標是對保險公司總目標的更一般的概括。

3. 近期目標

保險公司近期目標是保險公司中期目標的分解和具體實施目標，一般指保險公司的年度或季度、月度目標。保險公司的近期目標是保險公司經營總體目標的詳細描述。

（二）社會貢獻目標、公司利益目標和個人利益目標

從利益的角度劃分，保險公司經營目標可分為社會貢獻目標、公司利益目標和個人利益目標。

1. 社會貢獻目標

保險公司經營的社會貢獻目標是由保險公司的社會經濟地位決定的，為實現國民經濟發展戰略目標所制定的、具有良好社會效果的經營目標。保險公司經營的社會貢獻目標的主要內容包括：為社會提供優質的保險服務，滿足社會對保險的需求；利用自身技術優勢，指導社會組織和個人進行風險管理活動，減少社會的淨損失；承擔和分散風險，提高社會抵禦自然災害的能力，促進新技術的運用、推廣和社會資源的有效配置；為國家提供建設資金和稅金等。

2. 保險公司利益目標

保險公司利益目標是保險公司生存和發展所必需的經濟目標，是保險公司經營活動的直接內在動力。保險公司利益目標既關系到保險公司員工的生活水平和公司自身的發展，又關系到保險公司經營社會目標的實現程度。保險公司的利益目標直

接表現為盈利總額、利潤率及利潤留成、獎勵基金等具體目標。對於股份制保險公司而言，保險公司經營的利益目標在很大程度上表現為股東利益目標。保險公司的經濟效益的好壞直接關系到股東的切身利益，股東對保險公司的經營狀況是十分關注的。因此，股份制保險公司應當保證保險公司利益目標的實現，方可確保股東投資的利益。

3. 個人利益目標

個人利益目標是保險公司全體員工在保險經營活動中所追求的物質利益和自我價值實現的目標。個人物質利益是勞動力再生產的需要，是保險公司員工從事保險經營活動的內在動力。從這種意義上講，個人物質利益是保險經營目標的重要內容。自我實現是保險公司員工從事保險經營活動的另一個非常重要的動力。物質利益的需要、安全的需要、情感的需要、地位和尊重的需要、自我實現的需要，是一個人的需要的五大層次。顯然，除物質利益需要外，個人還有其他需要。如果保險公司忽視這些需要，即員工的這些或部分需要不能得到滿足，將降低員工的工作積極性和主動性，影響保險公司總目標的順利實現。保險公司應當將尊重員工的自我價值的實現作為保險公司經營目標的重要內容之一。

閱讀材料 7-1：國壽市場份額再下跌 壓力倒逼改革步伐加速

國壽「三定」(定崗、定編、定職) 方案現已完成，共設置 25 個部門、128 個處室、317 個崗位，撤銷銷售督察部、縣域保險部和總務部，並且個險銷售部應是唯一增加編製的部門。

據國壽 2014 年中報數據顯示，上半年市場份額占比 25.7%，同比下降近 7%，雖然國壽仍是目前市場上份額最大的壽險公司，但危機感已經越來越明顯，最為市場津津樂道的是平安保險在幾年內會實現趕超。實際上這種趕超的壓力已經逐漸增大。記者瞭解到，若根據不同省份市場表現看，國壽僅在少數幾個省份還占據優勢，多數已被平安保險領先。

政策傾斜個險部門

從提出價值轉型的理念到動真刀進行架構改革，國壽的改革決心可見一斑。此次架構改革在國壽股份黨委、總裁室下設 25 個部門，分別為董事會秘書局、戰略與市場部、辦公室、人力資源部、個險銷售部、團體業務部、銀行保險部、健康險部、精算部、電子商務部、財務管理部、資產管理部、產品開發部等。

值得注意的是，調整後個險銷售部共設置處室 10 個、崗位 33 個。這 10 個處室分別為收展規劃發展處、收展人員管理處、市場拓展處、縣域發展處、綜合開拓處（基金銷售管理處）、銷售支持處、營銷人力發展處、營銷人員管理處、銷售管理處、銷售系統管理處。

其中，收展規劃發展處、收展人員管理處、縣域發展處、綜合開拓處（基金銷售管理處）、銷售系統管理處為新設處室；銷售管理處增加銷售行為規範管理、非案件類行為違規處理、銷售人員投訴處理及銷售風險預警、分析排查、督導整改

等；撤銷業績管理處，職責劃歸市場拓展處。

不難發現，新被撤銷的縣域保險處此前主要負責開展小額保險等政策性業務，部分人員可能被調整到個險銷售部，而銷售管理處的職責為撤銷前的銷售督察部職責。

國壽集團一直在謀劃國壽股份的架構改革，國壽股份在半年報中對下半年進行展望時也重點提及接下來的改革創新、轉型升級。在整體精簡製造架構和人員編製的基礎上，加強市場調研和企劃工作，推動人力資源配置向一線業務領域傾斜，提升公司管理效能和營運效率，積極應對市場競爭。

壓力倒逼改革

縱觀 2014 年 1～8 月，國壽股份的整體表現高開低走，後又呈現緩慢爬坡態勢。2014 年 1 月，國壽股份實現保費收入 808.7 億元，同比增長達 70%，順利完成「開門紅」，前兩個月保費增速為 39%，一季度保費增速 18%，前 4 個月保費增速仍在 9%。就在 4 月份，銀保渠道新政實施，多數倚重銀保渠道的壽險公司都受到影響，國壽亦不例外。此後，前 5 個月、前 6 個月、前 7 個月、前 8 個月的保費增速分別為 -7.5%、-5.2%、-4.4% 和 -3.7%。國壽在 2013 年年底將整體經營思路定為「價值優先、規模適度、優化結構、注重創費」，雖然對保費收入增速放緩有提前預期，但市場的挑戰無疑比預期更為嚴峻，特別是銀保渠道的下滑對拉低國壽市場份額具有直接影響。

國壽股份總裁林岱仁在半年報發布會上表示，上半年已賺保費較 2013 年同期減少 60 多億元，主要原因是公司主動收縮價值較低的銀保業務，銀保渠道躉交業務保費較上年同期減少 100 多億元。

據半年報統計，國壽股份銀保渠道總保費同比下降 12.9%，首年保費同比下降 8.3%，首年期繳保費同比增長 26.7%，5 年期及以上首年期繳保費同比增長 52.3%，銀保渠道銷售代理網點 6.7 萬個，銷售人員共計 5.3 萬人。

同時，個險渠道業務結構持續優化。渠道總保費同比增長 0.7%，首年保費同比增長 11.2%，首年期繳保費同比增長 11.5%，10 年期及以上首年期繳保費同比增長 30.4%，5 年期及以上和 10 年期及以上首年期繳保費占首年期繳保費的比重分別為 95.78% 和 57.1%，保險營銷員共計 64 萬人。

業內多家分析師對國壽半年業績多持肯定態度，認為國壽的轉型已初見成效，特別是新業務價值增幅較大。國泰君安分析師趙湘懷在報告中提到，公司壽險新業務價值增長 7%，其中個險渠道貢獻 13 億元，占比 97.5%；個險總人力下降 6%，但人均月產能增長 18%，銀保首年期繳大幅增長 27%。兩渠道價值轉型持續深入，預計全年新業務價值增長 6%。

「因為國壽是最大的壽險公司，又是國企，市場盤子雖然不及三分之一，但仍是最大，因此所謂的架構調整、創新轉型都還比較溫和，因為首先要保證公司的穩健經營。此次架構調整去除了過去的一些職位冗餘，將主要人力、物力向主要業務傾斜。」

資料來源：國壽市場份額再下跌 壓力倒逼改革步伐加速 [EB/OL]. http://insurance.hexun.com.

第二節 保險營銷管理

一、保險營銷與保險營銷理念

(一) 保險營銷的定義

保險營銷是指識別潛在客戶及其需求，制訂促銷計劃和銷售保險產品的一系列活動或過程。保險營銷將營銷學原理運用於保險企業的經營管理和保險產品的開發、生產與銷售，運用整體營銷或協同營銷手段，將保險商品轉移給消費者，從而實現保險公司長遠經營目標。保險營銷不是簡單的保險單售賣或保險推銷，而是包括保險市場調研與預測、銷售渠道選擇、客戶關係管理、後續服務等內容，貫穿於保險產品的售前、售中和售後的一切活動，其核心是滿足保險客戶對風險管理的需要。

(二) 保險營銷的特點

1. 保險營銷是保險企業的一種經營理念

保險營銷是保險企業的一種經營指導思想、一種經營管理的哲學、一種導向、一種理念，具體就是如何處理好保險企業、消費者和社會三者之間的利益關係的問題。

2. 保險營銷不等於保險推銷

保險營銷是以消費者的保險需求為出發點，而保險推銷是以保險公司的產品為出發點；保險營銷通過滿足消費者需求來實現營銷目標，而保險推銷通過擴大消費者需求來實現推銷目標；保險營銷注重保險公司長遠利益整體協調，而保險推銷關注短期利益、缺乏整體協調。總之，保險營銷絕對不是將保險產品推銷出去這麼簡單。

3. 保險營銷特別注重推銷

由於保險商品及其消費具有無形性、非渴求性、消費滯後性、價格水平隱蔽性等特殊性，保險營銷特別依賴推銷。加強保險推銷的管理，是由保險商品的特性決定的，是保險公司保持盈利性和持續性的必備條件。

4. 保險營銷更適於非價格競爭

保險商品價格（費率）是依據對風險、保額損失率、利率等多種因素的分析，通過精確的計算而確定的，因此是較為科學的。為了規範保險市場的競爭，保證保險人的償付能力，國家保險監督部門對保險費率進行統一管理，因此價格競爭在保險營銷中並不佔有重要地位，相反非價格競爭原則更適合於保險營銷活動。當然，這種價格管理不能違反《中華人民共和國反壟斷法》等相關法律規定。

(三) 保險營銷理念

保險營銷理念是指保險營銷的指導思想，主要回答保險企業究竟應以什麼為中

心來開展自己的經營活動的問題。現代市場營銷學稱這種經營管理思想為營銷管理哲學，是保險公司經營管理活動的一種導向、一種觀念，也是保險企業決策人員、營銷人員的經營思想或商業觀。經營管理思想正確與否對保險公司經營的興衰成敗具有決定性的意義。保險營銷理念在不同的經濟發展階段、不同生產力發展水平及不同的市場形勢下，表現出不同的時代特徵。

1. 生產理念

生產理念又稱生產導向，盛行於 20 世紀 20 年代以前，是一般工商企業的經營思想的沿用。這是一種指導保險公司行為的傳統的、古老的理念之一。生產理念認為，企業以改進、增加生產為中心，生產什麼產品就銷售什麼產品，即「以產定銷」。具體到保險業，就是消費者可以接受任何買得到和買得起的保險險種，因而保險公司的任務就是努力提高效率，降低成本，提供更多的保險險種。生產理念產生和適用的條件是：第一，保險市場需求超過供給，保險人之間競爭較弱甚至於毫無競爭，消費者投保選擇餘地很小；第二，保險險種費率太高，只有科學準確地厘定費率並提高效率，降低成本，從而降低保險商品的價格，才能擴大銷路。

當一個國家或地區保險市場主體單一，許多險種的供應還不能充分滿足消費者的需要，市場的主要矛盾是產量的有無或貴賤問題，基本上是賣方市場時這種理念較為流行。例如，中國改革開放初期保險市場剛剛恢復，競爭尚未真正形成，特別是人保「一家獨辦」時期，保險市場處於賣方市場階段，不需開展市場營銷活動，結果滋生官商作風和服務水平差的行業不良風氣。這反應出生產理念的顯著缺陷，即將重點轉移到了生產本身而忽略了其後續的服務。消費者從企業產品中獲取的附加值較少，不利於提高消費者對產品的忠誠度，當競爭對手以更低的價格出手產品時，企業就會失去優勢，難以應對價格競爭。因此，隨著保險市場格局的變化，保險市場多元化競爭，獨家壟斷保險市場的局面被打破，這種理念的適用範圍越來越小。

2. 產品理念

產品理念是一種與生產理念相類似的古老的經營思想，曾流行於 20 世紀 30 年代以前。這種理念認為，消費者最樂意接受高質量的險種，保險公司的任務就是多開發設計一些高質量有特色的險種。在商品經濟不太發達的時代，在保險市場競爭不甚激烈的形勢下，產品理念也許還有一定的道理。但是，在現代商品經濟社會中，在多元化的保險市場形勢下，保險人之間競爭激烈，沒有一個保險公司，更沒有一個險種能永遠保持壟斷地位，即使是再好的險種，沒有適當的營銷，通向市場的道路也不會是平坦的。

產品理念的缺陷主要表現在兩個方面：一方面，產品理念片面強調產品本身，而忽視了市場的需求，主觀上認為消費者總是青睞那些質量高、性能好、有特色、價格合理的險種。這樣可能的結果是保險企業生產出來的保險商品脫離市場實際，消費者並不認同。另一方面，產品理念還會導致「營銷近視症」，即保險公司過分注重自己的產品，高估自己的市場容量，忽視競爭對手的挑戰，無視消費者的需

求，採取了不合理或不符合實際的營銷策略。

3. 推銷理念

推銷理念是生產理念的發展和延伸，流行於 20 世紀 30 年代至 40 年代末。推銷理念的核心主張是企業應把注意力傾註於能生產出來的產品全力賣出去。推銷理念是假設保險公司若不大力刺激消費者的興趣，消費者就不會向該公司投保，或者投保的人很少。這種理念產生的原因是 20 世紀 20 年代，西方國家曾出現經濟大蕭條，市場上出現了產品堆積、供過於求的被動局面。於是很多保險公司紛紛建立專門的推銷機構，大力實戰推銷技術，甚至不惜採用不正當的競爭手段。

推銷理念和生產理念均屬於脫離市場的理念，兩者的區別是推銷理念把推銷作為重點，通過開拓市場擴大銷售來獲得利潤；生產理念是以生產為中心，通過增加產量來降低成本獲得利潤。從表面上看，從以生產為中心轉向以推銷為中心，在經營思想上有明顯的進展，但本質上推銷理念仍然未脫離以生產為中心、以產定銷的範疇。推銷理念只是著眼於現有險種的推銷，只顧千方百計地把險種推銷出去，而顧客是否滿意則被忽略。因此，在保險業進一步高度發展、保險險種更加豐富的條件下，這種指導思想往往會使保險公司得益於一時，而喪失長遠的市場和利益。中國保險業恢復初期因急於開發市場、占領市場，而匆忙使大批未經嚴格培訓的營銷人員走街串巷、陌生拜訪推銷保險產品，雖然在普及保險知識和喚醒人們風險意識方面有一定的作用，但是在利益驅動下，某些營銷人員在推銷活動中故意或非故意地誤導客戶，曲解保險商品功能的做法已給社會造成負面影響，集中體現在許多客戶對保險產生的不信任感，在一定程度上降低了民族保險業的競爭力。

4. 市場營銷理念

市場營銷理念是於 20 世紀 50 年代初第二次世界大戰後在美國的新市場形勢下產生的，是商品經濟發展史上的一種全新的經營哲學，是作為對上述理念的挑戰而出現的一種企業經營哲學。市場營銷理念以消費者的需要和慾望為導向，以整體營銷為手段，來贏得消費者的滿意，實現公司的長遠利益。市場營銷理念是保險公司經營思想上的一次根本性變革。新舊理念的區別有以下四個方面：

（1）起點不同。傳統理念下的市場處於生產過程的終點，市場營銷理念則以市場為起點並組織生產經營活動。

（2）中心不同。傳統理念以賣方需要為中心，著眼於把已經「生產」出來的險種推銷出去。市場營銷理念則以消費者的需要為中心，不是供給決定需求，而是需求引起供給，有了需求和市場，然後才有生產和供給。

（3）手段不同。傳統理念主要以廣告等促銷手段推銷產品，市場營銷理念主張通過「整體營銷」手段，通過使顧客的慾望和需要得到滿足來贏得顧客。

（4）終點不同。傳統理念以銷出產品取得利潤為歸宿，市場營銷理念則強調通過顧客慾望和需要的滿足來獲得自身的利潤，因此市場營銷理念十分重視售後服務與客戶意見的反饋。

5. 社會營銷理念

20世紀70年代社會營銷理念應運而生。社會營銷理念的基本要求是保險公司在提供保險產品和服務時不但要滿足消費者的需要和慾望，符合本公司的利益，還要符合消費者和社會發展的長遠利益。由此可見，社會營銷理念是一種消費者、企業與社會三位一體的營銷理念，是保險營銷理念發展的一個最高、最完善的階段。

綜上所述，五種營銷理念可以分為兩類：第一類是傳統的經營理念，包括生產理念、產品理念和推銷理念；第二類是創新理念，包括市場營銷理念和社會營銷理念。第一類理念的出發點是產品，是以賣方（保險企業）的要求為中心，目的是將保險商品銷售出去以獲取利潤，這是以生產為中心和導向的經營理念。第二類理念的出發點是消費需求，是以買方（投保人）的需要為中心，其目的是從顧客需要滿足過程中，使保險企業獲得利潤，這是一種以消費者（投保人）為導向或以保險市場為導向的經營理念。因此，兩者實現目的的途徑和方法是不同的。前者營銷靠增加生產和強化銷售，企業重點考慮的是「我擅長生產什麼」；後者則組織以客戶需要為中心的整體市場營銷活動，企業首先考慮的是「市場需要什麼」。

五種經營理念各自產生於不同的歷史時代，與當時的生產力發展水平、商品供應狀況和企業規模相適應。當這些經營理念隨著歷史的發展逐一產生後，並不意味著前者的消亡或後者取代前者，因為各個時期保險行業的發展水平、保險商品供求狀況、保險企業規模大小並不平衡，因此同一時期不同保險公司可能有不同的經營理念。但是隨著市場營銷理念和社會營銷理念的出現，鑒於創新理念所具有的先進性，它們無疑將會成為現代經營理念的主流。

二、保險營銷組合

保險營銷組合是指保險公司為了滿足消費者的保險需求，實現營銷目標而對一系列工具和手段的綜合運用。保險營銷組合一般有產品（Product）、價格（Price）、分銷（Place）、促銷（Promotion），簡稱保險營銷組合「4P」。

（一）保險產品

1. 保險產品的概念

廣義的產品也稱商品，包括物質形態的產品和非物質形態的服務。消費者購買某種產品，不僅僅得到該產品的物質實體，還通過購買該產品來獲得某方面利益的滿足。從市場營銷學的角度來看，產品是一個整體概念，是指能夠提供給市場從而引起人們的注意，通過購買和消費，滿足消費者某種慾望或需求的綜合體。產品既包括具有物質形態的產品實體和產品的品質、特色、品牌，也包括產品所帶來的非物形態的利益，如服務、策劃、主意等。具體而言，產品的整體概念包括：核心產品、形式產品和延伸產品。

保險產品是保險人以市場需求為導向開發的，並提供給市場，滿足消費者轉嫁風險、補償損失等需要的服務承諾，保險產品同樣包含上述三個層次。保險產品的核心產品是消費者購買保險的目標所在，一般包括風險轉嫁、社會地位的體現、投

資工具等；保險產品的形式產品是保險核心產品的表現形式，是消費者保險需求的滿足形式，一般包括意外保障、健康保障、子女教育、保單分紅、損失補償等；保險產品的延伸產品是消費者購買保險所獲得的額外利益，一般包括免費體檢、客戶節活動、合約商戶優惠、超出保單標準的服務水平承諾等。

2. 保險產品開發

保險產品開發是指保險公司根據保險目標市場的需求，在市場調查的基礎上，組織設計保險新產品及改造保險舊產品等活動的過程。保險產品開發的程序有構思、構思的篩選、新險種測試、開發設計、試銷與推廣和商品化。保險產品開發一般可以採用以下策略：

（1）創新策略，即根據市場需求特點及趨勢，設計開發出全新的保險產品。例如，著名的英國勞合社在保險產品開發上曾經多次首開先河。勞合社開發過世界上第一張汽車保險單、第一張飛機保險單、第一張海洋石油保險單、第一張衛星保險單等無數個新險種，從而奠定了勞合社在世界保險業中300年來的特殊地位。但是因創新型產品屬於首創，保險公司要承擔較大的風險。產品技術創新需要企業具有雄厚的技術實力、管理實力和營銷實力，一般的小保險公司難以為之。中國保險業恢復發展以來，保險公司實力有所增長，在保險產品創新方面有所嘗試。例如，「非典」保險、淘寶退運險、霧霾險等，取得一定的經濟效益和社會效益。

（2）改進策略，即對現存保險公司的險種進行技術改進，保持其長處，克服其缺陷，以便對保險客戶更具有吸引力。該策略的運用可節省公司的人力、物力，因此許多保險公司採用這一策略來競爭保險業務。但是改進策略也存在著險種「面孔老」並易被其他公司效仿的缺陷。對於小保險公司而言，走技術創新之路比較困難，而對現有產品進行適當改進，應該是一條捷徑。例如，在傳統的人壽保險產品基礎上推出變額人壽保險、可調整的人壽保險、萬能人壽保險和變額萬能人壽保險等產品。改進可以是功能上的完善，也可以是保險費率、繳費方式、服務形式等方面的進步。

（3）引進策略，即直接從其他保險公司那裡原樣引進險種。這種策略因有具體參照物又不費財力、人力，風險甚小，雖然在具體運作中具有滯後性，但是亦為許多保險公司所採用。例如，中國平安保險公司參照日本一家保險公司率先在國內開辦了癌症保險，結合中國的實際情況，推出了保障癌症風險的「平安康樂」保險。

（4）更新策略。更新策略比改進策略變化力度更大，往往涉及新的精算假設、法律規範等。具體而言，更新策略是指保險公司對過去開發過的老險種進行改進，使之符合保險客戶的現實需求。例如，在中國香港特別行政區等壽險市場上，壽險保單被壽險公司不斷翻新。一些保險公司紛紛在原有壽險保單的基礎上推出分紅保單、保值保單等多種保險單，以確保保險客戶的投保信心，分擔保險客戶投保過程中十分擔心的通貨膨脹風險。

（二）保險價格

1. 保險費、保險價格和保險產品定價

保險費是投保人按一定保險條件，為取得保險人的保障，向保險人繳付的費用。例如，在財產保險中，保險人根據法律或合同辦理的各種保險，在保險事故發生後，要承擔一定的義務，即賠償財產損失。很顯然，投保人為此必須向保險人交付一定的費用，這種費用就是保險費。保險費是保險合同生效的重要因素。保險人所取得的保險費應當能夠履行對投保人所負擔的賠款並建立各種準備金，以及支付保險公司在經營上的支出。

保險價格也稱保險費率是保險人按單位保險金額，向投保人收取保費的標準，即收取的保費與提供的保險金額之間的比率，一般用千分比或萬分比來表示。

保險產品定價簡稱保險定價，也稱保險費率厘定，是指保險人在保險產品開發過程中，依據保險標的所面臨風險的規律性（財產保險主要指損失概率，人身保險主要指死亡率等）、保險公司經營費用及經營狀況、保險市場供求狀況等因素而確定單位保險金額所應收取的保險費的行為。保險費率的厘定是否科學、公平、合理直接影響保險供求雙方的切身利益，對保險營銷工作成敗有著深遠影響。厘定保險費率，應根據保險標的的客觀環境和主觀條件形成有危險程度，運用數理統計方法來進行。保險費率不同於一般產品和勞務的價格，具有一些特殊性。

2. 保險價格的構成

保險價格（保險費率）由兩部分構成，即純費率和附加費率。純費率是根據財產平均損失率或人口死亡率確定的。純費率計算的保險費用於對正常損失進行賠償或給付。財產保險的純費率是為準備未來損失賠償所確定的費率。純費率是根據各類財產在一定時期內的總保險金額和總賠款支出的比率，即保額損失率來確定的。依據財產危險不確定因素，保險人要在純費率的基礎上加一定比例的穩定系數，使純費率更具科學性和準確性。附加費率是指一定時期的經營費用總額與保險金額的比率。一般來說，保險公司的經營費用主要包括業務費用、防災防損費用、準備金等。

3. 影響保險定價的因素

保險定價與其他行業產品定價類似，也會受到以下因素的影響：

（1）市場結構；

（2）產品定位；

（3）市場需求因素，如需求的價格彈性、需求的收入彈性、需求的交叉彈性；

（4）市場競爭因素，如價格競爭；

（5）企業自身因素，如成本費用、銷售數量。

除此之外，保險定價還有其特殊影響因素。例如，在人身保險中，定價會受到預定死亡率、預定利率、預定費用率、解約率、分紅率、傷殘率等因素的影響。

4. 保險定價的原則

儘管影響財產保險和人身保險費率的因素不同，以及厘定的依據和方法不同，

但是在厘定保險費率時都需要遵循一定的原則。

(1) 保證補償的原則。保險人按厘定的保險費率向投保人收取的保險費必須足以應付賠款支出及各種經營管理費用。保險的基本職能是通過補償或給付提供經濟保障，而保險費是保險人履行補償或給付的主要來源。因此，保險人收取的保險費應能充分滿足其履行賠償或給付責任的需要，以保障被保險人的保險權益，並維持保險人的穩定經營。保險費率是保險人收取保費的依據，從實現保險基本職能的角度看，保險費率水平應與提供充分保障的要求相適應。否則，不僅會危害保險經營的穩定性，而且被保險人的合法權益也會因此而受到損害。

(2) 公平性原則。保險費率應當與保險標的的風險性質和程度相適應。一方面，投保人所負擔的保費應與其保險標的面臨的風險程度、獲得的保險保障程度、保險權利等相一致；另一方面，面臨性質或程度相同或類似風險的投保人應執行相同的保險費率，負擔相同的保險費，而面臨不同性質、不同程度風險的投保人，則應實行差別費率，負擔不同數額的保險費。

(3) 合理性原則。合理性原則是指保險費率水平應與投保人的風險水平及保險人的經營需要相適應，既不能過高，也不能過低。費率過高，雖然有利於保險人獲得更多的利潤，但是同時加重了投保人的經濟負擔，不利於保險業務的擴大；費率過低，則會影響保險基本職能的履行，使被保險人得不到充分的經濟保障。

(4) 穩定靈活的原則。保險費率一經確定，應在一定時期內保持相對穩定，以保證投保人對保險公司的信任和信心。但從長期來看，保險費率還應隨著風險的變化、保險保障項目和保險責任範圍的變動及保險市場供求變化等情況進行調整，以保證保險費率的公平合理性。

(5) 促進防損的原則。保險費率的厘定應體現防災防損精神，即對防災防損工作做得好的被保險人降低其費率或實行優惠費率，而對防災防損工作做得差的被保險人可適當提高費率以示懲戒。

5. 保險定價的方法

保險定價的方法是保險公司為實現定價目標而選擇的厘定費率的方法。定價方法通常分為三類：成本導向定價方法、競爭導向定價方法和客戶導向定價方法。

(1) 成本導向定價方法。成本導向定價方法是指保險公司制定的產品價格包含生產環節、銷售環節以及服務環節發生的所有成本，以成本作為制定價格的唯一基礎。當市場中只有一家保險公司，或者利用該方法的保險公司是市場的領導者時，成本導向定價方法最有效。成本導向定價方法可分為以下兩種：

①成本加成定價方法，即在產品成本的基礎上，加上預期利潤額作為銷售價格。成本加成定價法有計算簡便、穩定性大、避免競爭、公平合理等優點。

②損益平衡定價法又稱目標收益定價法，是保險公司為了確保投資於開發保單、銷售和服務中的資金支出能夠與收入相等的定價方法。損益平衡定價法的優點是計算簡便，能向保險公司表明獲得預期利潤的最低價格是多少。

(2) 競爭導向定價方法。競爭導向定價法是以競爭對手確定的價格為基礎，

保險公司利用此價格來確立自己在該目標市場體系中的地位。競爭導向定價方法具體有以下三種：

①隨行就市定價法，即保險公司按照行業的平均現行價格水平來定價。這是一種首先確定價格，然後考慮成本的定價方法，採用這種方法可以避免競爭激化。隨行就市是本行業眾多公司在長時間內摸索出來的價格，與成本和市場供求情況比較符合，容易得到合理的利潤。

②滲透定價法，即保險公司利用相對較低的價格吸引大多數購買者，以此獲得市場份額並使銷售量迅速上升的定價策略。一般在需求的價格彈性高，市場潛力大，消費者對價格敏感時，保險公司採用低費率可以增加銷售收入。

③彈性定價法又稱可變定價法，要求保險公司在產品價格問題上同客戶協商。這種方法主要是被銷售團體保險產品的保險公司所採用，它們參與大宗團體保險生意的競標或提交協議合同。團體保險的銷售過程常常以競標開始，在競標過程中，競爭對手會逐個被拒絕淘汰，最後客戶與成功的競標者簽訂協議合同。

（3）客戶導向定價方法。客戶導向定價方法又稱需求導向定價方法，是指保險公司制定分銷商或保單所有人雙方可以接受的價格，或者是根據購買者的需求強度來制定價格。需求強度越大，則定價越高；需求強度越小，則定價越低。

（三）保險分銷

保險分銷是指保險公司將保險產品通過一定的渠道體系銷售給客戶的過程。保險分銷渠道是指為完成保險市場交換活動而進行一系列保險營銷活動的組織和個人所形成的體系，是聯繫保險公司和顧客之間的橋樑，是保險商品順利流通、交換的關鍵。對保險分銷進行管理的重點是對分銷渠道進行管理。

1. 保險分銷渠道的分類

在現代保險營銷活動中，保險產品分銷渠道的模式很多，一般按渠道中有否中間環節而劃分為兩類：一類是直接分銷渠道；另一類是間接分銷渠道。直接分銷渠道是指保險公司通過其員工直接上門把保險產品推銷給投保人，並無任何仲介機構的介入，是直接實現保險產品銷售活動的一種方式，又稱為保險直銷。保險直銷的主要方式有上門銷售、網上銷售、電話銷售、郵寄銷售等。間接分銷渠道是指保險公司通過保險代理人或保險經紀人等仲介機構把保險產品推銷給投保人，是間接實現保險產品銷售活動的一種方式。

2. 保險分銷渠道的選擇

（1）影響保險公司分銷渠道選擇的因素。保險公司究竟應該如何選擇分銷渠道才能以最小的代價最有效地把保險商品送到目標顧客手裡，這是一個非常現實的問題。保險公司在選擇和評價保險分銷渠道時，一般都要考慮產品因素、市場因素、保險公司類型等自身因素和環境因素等。此外，政府有關保險分銷的各種政策、法規也會對保險分銷渠道的選擇產生重要影響。

（2）保險分銷渠道的選擇策略。不同的險種採取不同的分銷渠道；不同的地區採取不同的分銷渠道；不同的對象採取不同的分銷渠道；不同的階段採取不同的

分銷渠道。保險公司的分銷渠道並非只有一種，也不是一成不變的。無論選擇何種分銷渠道，都要結合企業自身實際，要考慮到分銷渠道的特點和需要，結合具體國情與國內外大氣候，才能做到有的放矢，從而在激烈的保險市場競爭中立於不敗之地。

3. 化解渠道衝突

由於分銷渠道存在不同的利益主體，具有不同的特徵，適用於不同的目標市場，因此無論公司的分銷渠道管理多麼完善，各個分銷渠道之間也難免會發生衝突。通常情況下，渠道之間發生衝突可能因為各自的目標不一致，可能由於公司的管理不力而沒有協調好各分銷渠道的活動，也可能由於公司對每種銷售渠道的目標和行為規則闡述不清。各種分銷渠道成員之間缺乏溝通也會導致矛盾和衝突。分售渠道的衝突可能產生於同一類型分銷渠道的成員之間，如兩個代理人在同一地區招攬業務導致的競爭；也可能產生於不同類型的分銷渠道成員之間的摩擦，如保險公司擴展銷售渠道，大規模地引入網絡銷售，保險仲介面臨著激烈的競爭，從而導致保險公司與保險仲介之間的利益衝突。

在保險公司的經營過程中，銷售渠道之間的衝突是始終存在的，只是程度不同而已，有些衝突已經公開化和表面化，而有些衝突是潛在的。然而無論程度如何，銷售渠道之間的矛盾都會削弱各個銷售渠道的銷售效果。因此，保險公司必須進行調節，解決矛盾和衝突，以促進各銷售渠道之間的合作。

(四) 保險促銷

1. 保險促銷的概念

促銷即促進銷售的簡稱，是指以人員或非人員的方法，及時、準確地向用戶或消費者傳遞有關信息，讓用戶和消費者認識到商品或勞務所能帶來的好處和利益，以激發用戶和消費者的購買慾望並最終使其實施購買行為。由此可見，促銷的實質是營銷者與購買者之間的信息溝通。

2. 保險促銷的作用

保險促銷在保險營銷組合中佔有重要的地位，尤其在當今競爭異常激烈的市場背景下，保險促銷更是備受重視。保險促銷的作用大致可分為以下五個方面：

(1) 傳遞保險信息。保險公司通過促銷活動可以讓更多的投保人和準投保人瞭解到保險公司及其險種等各方面信息，提高知名度。例如，保險公司在新險種推出之前，一般都會先採取廣告宣傳、媒體推介等促銷手段，將有關信息傳遞給潛在的投保人。

(2) 突出險種特色。在同類險種的激烈競爭中，投保人往往不易發現險種間的細微差別，保險公司的促銷活動可以使其險種與眾不同的特色得到突出，讓潛在的投保人認識到本公司的險種能夠帶來特殊利益，從而有利於加強本公司在競爭中的優勢。對於中國現階段絕大多數公民保險意識淡薄、保險知識匱乏的情況，突出險種特色的促銷手段尤為必要。

(3) 刺激保險需求。保險促銷活動能夠誘發潛在投保人的投保慾望，刺激他

們的保險需求，有時甚至還能夠創造保險需求。當某一險種的銷售量下降時，通過適當的促銷活動，可以使需求得到某種程度的恢復和提高，從而延長某險種的市場壽命。

（4）提高聲譽，鞏固市場。企業形象和聲譽的好壞直接影響銷售。企業聲譽不佳，會使企業銷售量滑坡，導致企業市場地位的不穩定。保險公司通過促銷及反覆宣傳，容易在投保人心目中形成良好的社會形象，使潛在的投保人對該保險公司及其險種從熟悉到親切直至信賴，從而鞏固保險公司的險種的市場地位。保險公司在樹立社會信譽時，應多注重「讓事實說話」，通過媒體把一些真實的理賠案件向公眾展示，增加保險服務的透明度，讓公眾透過事實來感知保險所能帶來的利益。

（5）擴大銷售。保險促銷最直接的表現反應在保險費總量的增長和市場佔有率的提高上。

3. 保險促銷的手段

（1）保險人員促銷。保險人員促銷是指保險公司的營銷人員通過與準投保人面對面地接觸，運用各種推銷技巧和手段促使準投保人採取投保行為的銷售活動。

（2）保險廣告促銷。保險廣告促銷是指保險公司利用廣告媒介的宣傳向消費者（受眾）介紹自己所銷售的險種及相關服務。保險廣告可以分為產品廣告、企業形象廣告、信息性廣告、提示性廣告、說服性廣告、印刷品廣告、視聽廣告、戶外廣告等。以上劃分實際上是多種劃分標準的結果。

（3）保險公共關系促銷。保險公共關系促銷是指保險公司為了在公眾心目中樹立良好的保險公司形象，而向公眾提供信息和進行溝通的一系列活動。保險公關的主要工具有出版物、事件、新聞、演說、公益活動、識別媒體（企業形象識別系統「Corporate Identity」，即 CI）等。

（4）保險展業推廣。保險展業推廣是指保險公司通過利用險種優勢、價格優惠和服務的差別性，以及通過推銷獎勵等來促進銷售的一系列方式方法的總和。保險展業推廣很少單獨地使用，是促銷組合策略中的一個重要組成部分，是廣告和人員促銷的一種輔助手段。保險展業推廣的目的是鼓勵投保人盡快繳納最多的保險費。在保險營銷中，為了達成此目的，保險公司一般會從三個方面去刺激投保的成功。一是直接刺激投保人。通過贈送紀念品、安全返還、保險費折扣等方式刺激投保人投保。二是鼓勵保險仲介人。通過提高代理手續費的比例、增加廣告費用、協助開展各種促銷活動等形式來鼓勵保險仲介人多與該公司合作。三是激勵外勤營銷人員。通過提高佣金比例，開展業務競賽等形式激勵營銷人員多做業務。

閱讀材料 7-2：互聯網理財險：離開是為了更好地回來

「是不是以為我們在躲貓貓呢？其實，最近正琢磨著怎麼才能讓親更滿意呢！」國華人壽這則賣萌公告發布在其官網首頁，向消費者解釋為何其官網及網店所有網銷產品均下架。公告稱：「為了更加符合互聯網保險的發展要求，我們將進行產品、系統、服務流程全面的升級！」

一時間，與淘寶網合作的 30 多家壽險公司中，目前仍在銷售理財型保險產品的屈指可數，且均為長期產品。曾以 6%、7% 的高收益推出理財型保險的 3 家網銷保險大戶——國華人壽、珠江人壽、弘康人壽網店集體關張，官網及網店所有網銷產品均下架。

互聯網理財險紛紛下架

理財型保險產品是一種弱化保障功能、強化收益性的理財產品，主要為萬能型和分紅型的壽險產品，但一般為短期蠆繳型。互聯網上的理財型保險的期限比較靈活，與銀行的理財產品類似，短的只有 15 天。目前，理財型保險的收入並不納入保費收入中，而歸類到新增投資款的會計項下。由於此類產品標準化程度高、用戶需求度較高，也較易形成規模，一些中小型的保險企業為了提高互聯網保費規模會紛紛推出該類產品，且在收益率廝殺激烈的情況下，用抬高產品收益率來吸引客戶以形成更大規模。

事實上，理財型保險產品的互聯網之路一直走得頗為順暢，特別是對於缺乏渠道優勢的中小型保險企業而言，更是依靠這一渠道使這類產品成功突圍。2013 年，天貓「雙十一」購物節，國華人壽「華瑞 2 號」在開賣後僅 10 分鐘，成交金額即破 1 億元。「雙十一」當天，國華人壽官方旗艦店總成交金額達 5.31 億元，生命人壽官方旗艦店當天共計售出 1.01 億元。

然而，目前在天貓的保險旗艦店中，已經找不到國華人壽的店鋪，而生命人壽官方旗艦店也以意外險為主打產品。互聯網理財型保險產品的春天就這樣悄然結束了嗎？

在理財型保險產品大規模下架之前，其未來也是被普遍看好的。中國互聯網協會發布的《中國互聯網金融報告（2014）》（以下簡稱《報告》）預測，2013—2017 年的互聯網理財型保險產品規模保費預計增長較為迅速，預計 2014 年增速達到 83.9%。艾瑞諮詢則預計，2015—2016 年，互聯網理財型保險產品的增速會有所提高，到 2017 年該類產品的規模保費將達到 335.2 億元，占總新增投資款的 7.6%。

高收益背後或藏低保障

儘管與互聯網渠道保費收入第一大戶車險無法相比，但理財型保險依然穩穩占據了第二的位置。《報告》顯示，2013 年，互聯網渠道保費收入貢獻最大的為車險，占比為 52.4%；其次為理財險，占比為 27.9%；再次為意外險，占比為 14.8%。相對於車險和意外險這兩種剛需型險種，理財型保險產品的貢獻確實出人意料。為何能達到「出人意料」的效果呢？源於較高的收益率。

繼「破 6」「破 5」之後，包括餘額寶、零錢寶、理財通等在內的互聯網「寶寶」們的七日年化收益率持續緩慢下行，越來越接近 4% 的邊緣。與此同時，國華人壽、昆侖健康保險等多家保險公司推出預期年化收益率達到 6% 的產品，珠江人壽更是達到了 6.8%。

但值得注意的是，此類高收益產品的保障力度通常都非常弱。昆侖健康保險

「存樂理財保障計劃」，保單生效首年因疾病發生保險責任，給付帳戶價值的105%，第二年年底起至保險期滿發生保險責任，給付帳戶價值的101%，因意外傷害以及關愛護理引發保險責任的，同樣如此；國華人壽「新版理財寶」，由疾病引發的身故或全殘以及意外傷害引發的身故或全殘，客戶可以獲得帳戶價值的105%。一位保險專家告訴記者：「互聯網保險理財產品其實就是萬能險、投連險和分紅險，只是通過互聯網渠道在銷售。由於要給到投資者5%~7%這樣高的收益，保險公司很難再給出較高的保障，否則保險公司會出現虧損。」

信披不充分是最大風險

前不久，保監會副主席陳文輝就曾撰文指出，近來部分保險機構大力發展短期險和高收益的萬能險產品等理財型保險業務，期限多為1年或2年，結算利率達到5%甚至更高，這種產品為追求高收益率大多配向收益高、流動性低的另類資產，比如不動產、基礎設施、信託等，形成了「短錢長配」的新情況，存在較大的流動性風險。

對普通消費者而言，最大的風險在於信息披露不充分。業內人士對記者表示，互聯網渠道的理財型保險產品本身並沒有問題，但被人詬病的是將理財、保障混在一起誤導客戶。據某媒體報導，日前保監會財險監管部分析梳理了互聯網保險發展的基本情況、存在的風險與問題等，首要風險即為信息披露不充分。

互聯網保險業務主要是通過消費者自主交易完成，與傳統交易方式相比，缺乏面對面的交流溝通。而網絡銷售強調吸引眼球、誇張演示的營銷方式，與保險產品嚴謹審慎、明示風險的銷售要求存在較大差異。全面、充分的信息披露和風險提示就顯得尤為重要。目前，部分第三方平臺銷售保險產品存在信息披露不完整、不充分、弱化保險產品性質、混同一般理財產品、片面誇大收益率、缺少風險提示等問題，損害了消費者權益。

《報告》數據也顯示，第三方平臺銷售的保險產品中，57.1%均為理財型，而在保險企業官網、仲介代理平臺理財型保險產品占比僅為6.2%、9.8%。如此看來，第三方平臺成為理財型保險產品的主戰場，理財型保險產品何時能夠再上線、是否能夠再迎春天，都與這一戰場息息相關。

資料來源：互聯網理財險：離開是為了更好地回來 [EB/OL]. http://insurance.hexun.com.

第三節　保險承保與理賠

一、保險承保

保險承保是保險人對願意購買保險的單位或個人（即投保人）所提出的投保申請進行審核，作出是否同意接受和如何接受的決定的過程，即對投保人的投保邀約進行甄別與承諾的過程。

(一) 保險承保工作的內容

1. 審核投保申請

(1) 審核投保人的資格。審核投保人的資格，即審核投保人是否具有民事權力能力和民事行為能力以及對標的物是否具有保險利益，也就是選擇投保人或被保險人。

(2) 審核保險標的。審核保險標的，即對照投保單或其他資料核查保險標的使用性質、結構性能、所處環境、防災設施、安全管理等情況。

(3) 審核保險費率。一般的財產和人身可能遭遇的風險基本相同，因此可以按照不同標準對風險進行分類，制定不同的費率等級，在一定範圍內使用。但是有些保險業務的風險情況不固定，承保的每筆業務都需要保險人根據以往的經驗，結合風險的特性，制定單獨的費率。

2. 控制保險責任

(1) 控制逆選擇。所謂逆選擇，就是指那些有較高風險水平的投保人更願意以平均的保險費率購買保險。保險人控制逆選擇的方法是對不符合承保條件者不予承保，或者有條件地承保。

(2) 控制保險責任。一般來說，對於常規風險，保險人通常按照基本條款予以承保，對於一些具有特殊風險的保險標的，保險人需要與投保人充分協商保險條件、免賠數額、責任免除和附加條款等內容後特約承保。保險公司也可以通過分保和共保等來控制保險責任。

(3) 控制人為風險。一是道德風險。投保人產生道德風險的原因主要有兩方面：一方面是喪失道德觀念；另一方面是遭遇財務上的困難。二是心理風險。保險人在承保時常採用控制手段包括實行限額承保和規定免賠額（率）。三是法律風險。法律風險主要表現有：主管當局強制保險人使用一種過低的保險費標準；要求保險人提供責任範圍廣的保險；限制保險人使用可撤銷保險單和不予續保的權利；法院往往作出有利於被保險人的判決等。保險人通常迫於法律的要求和社會輿論的壓力接受承保。

(二) 保險承保的主要環節

1. 核保

保險核保是指保險公司對可保風險進行評判與分類，進而決定是否承保、以什麼樣的條件承保的分析過程。

2. 作出承保決策

(1) 正常承保。對於屬於標準風險類別的保險標的，保險公司按標準費率予以承保。

(2) 優惠承保。對於屬於優質風險類別的保險標的，保險公司按低於標準費率的優惠費率予以承保。

(3) 有條件地承保。對於低於正常承保標準但又不構成拒保條件的保險標的，保險公司通過增加限制性條件或加收附加報費的方式予以承保。

（4）拒保。如果投保人投保條件明顯低於承保標準，保險人就會拒保。
3. 繕製單證
保險公司承保人員將通過核保的投保單繕制保險單，應注意各種單證的內容一致性，要將相關信息輸入電腦系統並打印和清分。
4. 復核簽章
復核人員將各種單證信息進行核對，確認無誤之後加蓋復核章。
5. 收取保費
保險費的收取是保險合同生效的重要條件。有些保險合同要求「見費出單」，有些保險合同則另行約定保費收取的方式和時間。
（三）財產保險的核保
1. 財產保險的核保要素
在財產保險核保過程中，需要對有些因素進行重點風險分析和評估，並實地查勘。其中，主要的核保要素如下：
（1）保險標的物所處的環境；
（2）保險財產的占用性質；
（3）投保標的物的主要風險隱患和關鍵防護部位及防護措施狀況；
（4）有無處於危險狀態中的財產；
（5）檢查各種安全管理制度的制定和實施情況；
（6）查驗被保險人以往的事故記錄；
（7）調查被保險人的道德情況。
2. 劃分風險單位
風險單位是指一次風險事故可能造成保險標的損失的範圍。一般有三種劃分形式，即按地段劃分、按標的劃分、按投保單位劃分。
（四）人壽保險的核保
1. 人壽保險的核保要素
人壽保險的核保要素一般分為影響死亡率的要素和非影響死亡率的要素。在壽險核保中重點考慮以下死亡率的要素：
（1）年齡和性別；
（2）體格及身體情況；
（3）個人病史和家族病；
（4）職業、習慣嗜好和生存環境。
2. 以風險類別劃分保單
以風險類別劃分，保單可分為標準件、次標準件、延保件、拒保件。
（1）標準件。客戶的身體狀況不影響其死亡率，或者其死亡率不高於同年齡群體的40%。
（2）次標準件。客戶的死亡率超過其同年齡群體的40%。
（3）延保件。客戶的資料不夠完整，或者需要進一步治療。

（4）拒保件。客戶明顯不符合投保條件。

二、保險理賠

（一）保險理賠含義及作用

保險理賠是指保險人在保險標的發生風險事故後，對被保險人提出的索賠請求進行處理的行為。保險理賠的主要作用如下：

第一，保險理賠能使保險的基本職能得到實現。

第二，保險理賠能及時恢復被保險人的生產，安定其生活，促進社會生產順利進行與社會生活的安定，提高保險的社會效益。

第三，保險理賠還可以發現和檢驗展業承保工作的質量。

作為專門從事保險理賠工作的人員，保險理賠人員可以分為兩種類型：一是保險公司的專職核賠人員；二是保險代理人。前者直接根據被保險人的索賠要求處理保險公司的理賠事務；後者則接受保險公司的委託從事理賠工作。

（二）理賠時效

保險索賠必須在索賠時效內提出，超過時效，被保險人或受益人不向保險人提出索賠、不提供必要單證和不領取保險金，視為放棄權利。險種不同，時效也不同。人壽保險的索賠時效一般為 5 年，其他保險的索賠時效一般為 2 年。索賠時效從被保險人或受益人知道或者應當知道保險事故發生之日算起。保險事故發生後，投保人、保險人或受益人要立即報案，然後提出索賠請求。

保戶提出索賠後，保險公司如果認為需補交有關的證明和資料，應當及時一次性通知對方。

中國《保險法》第二十三條規定：「保險人收到被保險人或者受益人的賠償或者給付保險金的請求後，應當及時作出核定；情形複雜的，應當在三十日內作出核定，但合同另有約定的除外。保險人應當將核定結果通知被保險人或者受益人；對屬於保險責任的，在與被保險人或者受益人達成賠償或者給付保險金的協議後十日內，履行賠償或者給付保險金義務。保險合同對賠償或者給付保險金的期限有約定的，保險人應當按照約定履行賠償或者給付保險金義務。保險人未及時履行前款規定義務的，除支付保險金外，應當賠償被保險人或者受益人因此受到的損失。任何單位和個人不得非法干預保險人履行賠償或者給付保險金的義務，也不得限制被保險人或者受益人取得保險金的權利。」

中國《保險法》第二十四條規定：「保險人依照本法第二十三條的規定作出核定後，對不屬於保險責任的，應當自作出核定之日起三日內向被保險人或者受益人發出拒絕賠償或者拒絕給付保險金通知書，並說明理由。」

中國《保險法》第二十五條規定：「保險人自收到賠償或者給付保險金的請求和有關證明、資料之日起六十日內，對其賠償或者給付保險金的數額不能確定的，應當根據已有證明和資料可以確定的數額先予支付；保險人最終確定賠償或者給付保險金的數額後，應當支付相應的差額。」

（三）保險理賠的原則

1. 重合同、守信用

保險合同當事人雙方必須按照保險合同所載明的權利義務來維護各自的合法權益，嚴格遵守合同中的承諾事項。當保險人接到投保方的索賠申請之後，應該按照保險合同規定，積極理賠，不惜賠、不濫賠，切實保護雙方的合法權益。

2. 實事求是

保險合同一般規定了明確的索賠條件，但是這些條件在保險事故發生時可能難以判斷是否完全相符。保險公司應該在堅持契約精神的同時，考慮該賠案對社會的影響、對本公司企業社會責任建設的影響。對於那些善意的投保方，保險公司應該在理賠方面給予靈活對待，根據實際情況的變化，實事求是，切實維護投保方的合法權益，為後續經營贏得良好的市場環境。

3. 主動、迅速、準確、合理

消費者購買保險就是為了保障生產生活能夠在保險事故發生後迅速恢復，因此保險公司理賠除了遵守監管有關理賠時效的要求之外，還必須結合本公司的實際，提供高質量的理賠服務。例如，在車險理賠中，部分保險公司提出「主要地區 30 分鐘內到事故現場」「無人傷案免現場查勘」「萬元以下賠案 24 小時到帳」等理賠服務承諾。在競爭激烈競爭的保險市場中，主動、迅速、準確、合理地進行理賠，是提高市場競爭力的有效方法，甚至可以改善保險行業的整體形象，為保險業發展創造良好的發展環境。

（四）保險理賠的程序

1. 立案查勘

保險人在接到出險通知後，應當立即派人進行現場查勘，瞭解損失情況及原因，查對保險單，登記立案。

2. 審核證明和資料

保險人對投保人、被保險人或者受益人提供的有關證明和資料進行審核，以確定保險合同是否有效、保險期限是否屆滿、受損失的是否是保險財產、索賠人是否有權主張賠付、事故發生的地點是否在承保範圍內等。

3. 核定保險責任

保險人收到被保險人或者受益人的賠償或者給付保險金的請求，經過對事實的查驗和對各項單證的審核後，應當及時作出是否承擔保險責任及承擔多大責任的核定，並將核定結果通知被保險人或者受益人。

4. 履行賠付義務

保險人在核定責任的基礎上，對屬於保險責任的，在與被保險人或者受益人達成有關賠償或者給付保險金額的協議後 10 日內，履行賠償或者給付保險金義務。保險合同對保險金額及賠償或者給付期限有約定的，保險人應當依照保險合同的約定，履行賠償或者給付保險金義務。

保險人按照法定程序履行賠償或者給付保險金的義務後，保險理賠即告結束。

如果保險人未及時履行賠償或者給付保險金義務的，就構成一種違約行為，按照規定應當承擔相應的責任，即「除支付保險金外，應當賠償被保險人或者受益人因此受到的損失」。這裡的賠償損失是指保險人應當支付的保險金的利息損失。為了保證保險人依法履行賠付義務，同時保護被保險人或者受益人的合法權益，《保險法》第二十三條明確規定：「任何單位或者個人都不得非法干預保險人履行賠償或者給付保險金的義務，也不得限制被保險人或者受益人取得保險金的權利。」

5. 損餘處理

損餘處理一般是指在財產保險中，發生保險事故之後，保險標的還有殘值，保險公司應該在理賠時對這些標的進行處理，使受損保險標的能得到充分利用。殘值處理可以在經過本公司相關部門同意之後將損餘物資折價給被保險人，也可以將損餘物資統一交給本公司相關部門統一處理。

6. 代位求償

關於代位求償，在本書前面章節中有詳細介紹，在此不另作討論。

（五）理賠資料

索賠時應提供的單證主要包括：保險單或保險憑證的正本、已繳納保險費的憑證、有關能證明保險標的或當事人身分的原始文本、索賠清單、出險檢驗證明，以及其他根據保險合同規定應當提供的文件。其中，出險檢驗證明經常涉及的有：

因發生火災而索賠的，應提供公安消防部門出具的證明文件。由於保險範圍內的火災具有特定性質——失去控制的異常性燃燒造成經濟損失的才為火災。短時間的明火，不救自滅的，因烘、烤、燙、烙而造成焦煳變質損失的，電機、電器設備因使用過度、超電壓、碰線、弧花、走電、自身發熱所造成其本身損毀的，均不屬於火災。因此，公安消防部門的證明文件應當說明此災害是火災。

因發生暴風、暴雨、雷擊、雪災、雹災而索賠的，應由提供氣象部門出具的證明。在保險領域內，構成保險人承擔保險責任的這些災害，應當達到一定的嚴重程度。例如，暴風要達到17.2米/秒以上的風速；暴雨應當是降水量在每小時16毫米以上，12小時30毫米以上，24小時50毫米以上。

因發生爆炸事故而索賠的，一般應由勞動部門出具證明文件。

因發生盜竊案件而索賠的，應由公安機關出具證明。該證明文件應證明盜竊發生的時間、地點、失竊財產的種類和數額等。

因機動車道路交通事故而索賠的，應當提供由公安交通管理部門出具機動車道路交通事故責任認定書，證明機動車道路交通事故發生的地點、時間、事故發生的經過、損害後果及責任劃分，被保險標的車的有效行駛證及駕駛人的有效駕駛證。如果涉及第三者傷亡的，除了第三者的戶籍材料，還要提供第三者因治療此次交通事故傷殘的醫藥費發票、病歷、出院小結、每日用藥清單、由司法鑒定機構出具的合法傷殘鑒定報告、補貼費用收據等；第三者死亡的還需提供屍體火化證明、銷戶證明；若當場死亡的，需要提供法醫屍體鑒定報告；若經搶救或者醫治無效後死亡的，除了搶救、醫治期間發生的醫藥費用發票及清單，還需要提供由醫院出具的死

亡證明。如果涉及第三者的財產損失或本車所載貨物損失的，則應當提供財產損失清單、發票及支出其他費用的發票或單據等。

因被保險人的人身傷殘、死亡而索賠的，應向保險人提供死亡證明或者由司法鑒定機構合法出具的傷殘鑒定報告。若死亡的，還須提供戶籍所在地派出所出具的銷戶證明。如果被保險人依保險合同要求保險人給付醫療、醫藥費用時，還須向保險人提供有關部門的事故證明、醫院的治療診斷證明，以及醫療、醫藥費用原始憑證。

第四節　保險投資

保險投資有狹義和廣義之分。狹義上的保險投資是指保險公司將其閒置的保險基金，通過法律允許的各種渠道進行投資，以獲取價值增值的經營活動。廣義上的保險投資是指保險公司為實現保險資金的價值增值和經營穩定的需要，在組織經濟補償過程中，將積聚的各種貨幣資金進行運用而產生最大經濟效益的活動過程。保險投資狹義和廣義的區分，主要是從資金來源範圍及性質的不同進行劃分，當然這也決定了投資對象的不同。以下主要從狹義的角度研究保險投資。

一、保險投資的意義

（一）保險投資是實現保險企業最大市場價值的重要途徑

在現代保險經營中，保險公司的業務大體分為兩類：一類是承保業務，另一類是投資業務。承保業務和投資業務是實現保險企業良好運行的兩個重要支撐，現代保險的重要功能正在於對保險資金的運用，保險投資是實現保險企業最大市場價值的重要以及有效的途徑。

在現代開放競爭的保險市場上，保險人想通過承保業務獲取較大收益是比較困難的，原因是承保能力過剩、競爭日益加劇，因此要能生存下來，而且要實現可持續發展，則需要保險人從保險投資活動中獲得的較高利潤，彌補承保業務利潤的減少甚至虧損。此外，保險投資業務還有利於建立雄厚的保險基金，維繫和提高保險企業的償付能力。

（二）保險投資有利於降低保險費率水平，增加保險公司業務量

根據大數法則，保戶參加保險所獲得的經濟利益與其所繳付的保費基本上是一致的。因此，加強保險資金運用，取得較高投資收益，就可以降低保險費率水平，減少投保人保費支出，從而提高投保人參保積極性，增加了有效的保險需求。保險業務量增加和保險公司市場份額的提高有利於保險公司在激烈的市場競爭中處於有利地位。在美國，整個保險市場因競爭激烈導致保險費率降低，非壽險賠付率長期在100%以上，但是保險業務仍在發展，其原因主要就是依賴保險投資收益的支撐。

（三）保險投資有利於增強保險公司經營新產品的能力，提高保險公司的競爭能力

現代保險市場競爭主要體現在保險產品價格（費率）和服務方面。保險價格和保險服務競爭的基礎在於保險公司資金運用效益。只有提高保險資金運用效益，保險公司才能在相同保費收入情況下提高保障水平，或者在相同保障水平下保險費支出更低。特別是新型壽險產品的投資功能增強，如分紅保單、投資連結保險等產品，壽險公司通過對保險基金的投資運用，不但可以彌補承保虧損，而且可以給投保人更多回報，從而提高公司的市場佔有率、增強公司的市場競爭能力。

（四）保險投資有利於促進資本市場發展，提高保險業在國民經濟中的地位

投資業務使得保險公司，特別是壽險公司成為資本市場重要的機構投資者，可以有效地促進資本市場規模的擴大，促進資本市場主體的發育、成熟和經濟效率的提高。保險投資業務還進一步豐富了資本市場的金融工具，改善了資本市場結構等。總之，保險投資對資本市場的發育和成熟起到了巨大的推動作用。保險公司正是通過資本市場向國民經濟的其他行業滲透，使得保險業分享著其他行業的利潤，也提升了保險業在國民經濟中的地位。

二、保險投資的資金來源

保險投資的資金主要由保險公司的自有資本金、非壽險責任資本金和壽險責任準備金三部分構成。

（一）自有資本金

保險公司的自有資本金包括註冊資本（或實收資本）和公積金。註冊資本或實收資本是保險公司的開業資本，一般由《保險法》規定，是保險公司開業初期賠付保險金的資金來源，是保險公司日後累積資本的基礎，也是償付能力的重要組成部分。

（二）非壽險責任資本金

保險責任準備金是指保險公司為了承擔未到期責任和處理未決賠償而從保險費收入中提存的一種資金準備。與資本金的性質不同，責任準備金是保險公司的負債，是以將來保險事故的發生為契機，用於償付給被保險人的資金。因保險責任性質的不同，保險責任準備金分為非壽險責任資本金和壽險責任資本金。非壽險的基本特點是期限短（保險期限在一年或一年內）、保險責任性質是補償性。非壽險責任準備金分為三大部分，即未到期責任準備金、賠償準備金和保監會規定的其他責任準備金。

1. 未到期責任準備金

未到期責任準備金是由於保費的收入總是早於未來義務的履行，加之保險業務年度與會計核算年度往往不吻合，對會計核算年度內收取的保費不能全部作為當年收入處理，而應按權責發生制原則將部分保費以責任準備金的方式提存起來，即把未滿期的保單，其對應的入帳保費按照《保險法》或保險監管部門規定的比例提

取，作為未來履行賠償或給付責任的資金準備。人身保險業務中短期的意外險和健康保險，與產險業務性質相同，需要按日、月或年提存未到期責任準備金。由於此類準備金期限較短，一般不超過一年，對流動性要求比較迫切，因此只能做一些短期投資。

2. 賠償準備金

賠款準備金是指用於賠付所有已經發生但尚未賠付損失的金額，具體包括三種情況：已報告但尚未支付的索賠、已發生但尚未報告的索賠和已決未付款的索賠。為準確核算保險公司當年的損益，應根據已報告未決賠款、已發生但尚未報告賠款和已決未付賠款來提存賠款準備金，並從當年的保費收入中扣除，保證以後年度這部分賠款的資金需要。

(1) 已報告未決賠款準備金（未決賠款準備金）。未決賠款準備金又稱賠款準備金，是指在會計年度結束時，被保險人已提出索賠，但被保險人與保險公司尚未對這些案件是否屬於保險責任、保險賠付額度等事項達成協議，即未決賠案。對這些未決賠案，保險公司必須在當年收入的保險費中提取責任準備金，目的在於保證保險公司承擔將來的賠償責任或給付責任。未決賠款準備金的提取方法比較單一，有逐案估計法和平均估計法。逐案估計法就是對已經報告的全部賠案進行逐案分析判斷，作出每案賠款額的估計數，然後匯總得出總的未決賠款估計數。平均估計法，即依據保險公司的以往數據計算出某類業務的每件索賠的平均賠付額，再乘以該類未決索賠的件數，並根據對將來賠付金額變動趨勢的預測加以修正。

(2) 已發生未報告賠款準備金。已發生未報告賠款準備金是指保險公司為保險事故已經發生但尚未提出索賠的賠案所提取的準備金。有些損失在年內發生，但索賠要在下一年才可能提出。這些賠案因為發生在本年度，仍需要在本年度支出，所以稱為已發生未報案賠案。為其提取的準備金即為已發生未報告賠款準備金。關於已發生未報告賠款準備金的提取，保險公司根據若干年該項賠款額占這些年份內發生並報告的索賠額的比例來確定提取金額。

(3) 已決未付賠款準備金。索賠案件已理算完結，應賠金額也已確定，但尚未賠付或尚未支付全部款項的已決未付賠案，為之提取的責任準備金為已決未付賠款準備金。該項準備金是責任準備金中最為確定的部分，只需逐筆計算即可。

(三) 壽險責任準備金

壽險責任準備金是經營人壽保險業務的保險人為履行未來的給付責任而提存的準備金。壽險責任準備金期限一般較長，此外壽險費率釐定和準備金的計提都是建立在科學精算的基礎上，即使有時需要給付較大數量的保險金和退保金，當年的保費收入往往就足以承擔支出，因此壽險責任準備金處於長期備用狀態。當然，這些準備金大小在精算假設上的輕微變化或在準備金評估方法上的變化都會對某個時期的收入和公司的價值產生極大的影響。

三、保險投資的原則

隨著資本市場的發展、金融工具的多樣化,以及保險市場競爭的加劇,保險投資所面臨的風險和收益也隨之增大,其投資方式、投資渠道和投資對象的選擇更加廣闊。理論界一般認為保險投資有三大原則:安全性、收益性、流動性。

(一) 安全性原則

安全性原則是指保險投資必須保證本金的安全,且投資收益率至少應等同於同期銀行存款利率,否則將會造成資金的貶值。保險公司可運用的資金,除資本金外,主要是各種保險準備金。在資產負債表上,準備金屬於負債項目,是保險信用的承擔者。因此,保險投資需要以安全為第一條件。為保證資金運用的安全,保險投資必須選擇安全性較高的項目。當然,安全性原則是從保險投資總體而言,並非各種投資項目都要絕對安全,因此保險投資強調投資對象的組合管理,即保險基金的分散投資。

(二) 收益性原則

提高保險企業自身經濟效益,使投資收入成為保險公司收入的重要來源,增強賠付能力,降低費率和擴大業務,是保險投資的目的。根據投資學關於風險與收益的反向關系原理,在保險投資活動中,要求把風險限制在一定程度內,實現收益最大化。

(三) 流動性原則

流動性原則是指在不損失資產價值的前提下投資資金的變現能力。由於保險的基本職能是補償,因此保險投資的項目要在保險公司需要資金進行補償時可以抽回。流動性是由保險經營的特點所決定的,這對於財產保險和短期性的人身保險更是如此。因為其自然災害和意外事故發生的隨機性大,對保險投資的流動性要求更高。需要指出的是,堅持流動性原則,並不是要求每一個項目都有高流動性,而是根據資金期限長短的不同,把長期資金運用到流動性要求較弱的項目,短期資金運用到流動性要求較高的項目,資金期限長短與投資項目流動性相匹配,建立合理的投資結構,從總體上保證投資項目的流動性。此外,流動性較強的投資項目,雖然其盈利性相對較低,但是隨著投資組合工具的增多,流動性與盈利性的反向變動關系會弱化。

總之,保險公司的資金運用必須穩健,並在遵循安全性原則的基礎上,保證資金的保值增值。

四、保險投資的一般形式

(一) 存款

為獲取利息收入,存款人在保留所有權的條件下把資金或貨幣暫時轉讓或存儲於銀行或其他金融機構,或者把資金使用權暫時轉讓給銀行或其他金融機構。從國外的實踐來看,雖然銀行存款是保險公司最基本的金融行為或活動,但是銀行存款

往往不是保險公司投資的主要形式，只是保險公司一種必要的準備，數量不會太多。在國內，銀行存款長期以來都是保險公司投資的主要形式。

（二）債券

債券是政府、金融機構、工商企業等機構直接向社會借債籌措資金時，向投資者發行，承諾按一定利率支付利息並按約定條件償還本金的債權債務憑證。由於債券的利息通常是事先確定的，因此債券又被稱為固定利息證券。

1. 根據期限長短的不同，債券可以分為長期債券、中期債券和短期債券

長期債券期限在10年以上，短期債券期限一般在1年以內，中期債券的期限則介於二者之間。債券的期限越長，則債券持有者資金週轉越慢，在銀行利率上升時有可能使投資收益受到影響。債券的期限越長，債券的投資風險也越高，因此要求有較高的收益作為補償。為了獲取與所遭受的風險相對稱的收益，債券的持有人當然對期限長的債券要求較高的收益率，因此長期債券價格一般要高於短期債券的價格。

2. 根據發行主體的不同，債券可以分為政府債券、金融債券和公司債券

（1）政府債券的發行主體是政府。中央政府發行的債券稱為國債，其主要用途是滿足由政府投資的公共設施或重點建設項目的資金需要和彌補國家財政赤字。

（2）金融債券是由銀行和非銀行金融機構發行的債券。金融機構一般有雄厚的資金實力，信用度較高，因此金融債券往往也有良好的信譽。

（3）公司債券是指企業為籌措長期資金，依照法定程序發行，約定在一定期限還本付息的有價證券。

3. 根據債券利率在償還期內是否變化，債券可以分為固定利率債券和浮動利率債券

（1）固定利率債券在發行時規定利率在整個償還期內固定不變。固定利率債券不考慮市場利率的變化，因此其籌資成本和投資收益可以事先預計，不確定性較小。但債券發行人和投資者仍然必須承擔市場利率波動的風險。

（2）浮動利率債券是指發行時規定債券利率隨市場利率定期浮動的債券。浮動利率債券往往是中長期債券，其債券利率通常根據市場基準利率（同業拆借利率或銀行優惠利率）加上一定的利差來確定。浮動利率債券可以減少投資人的利率風險。

（三）股票

股票是股份公司為籌集資金而發行給各個股東作為持股憑證並借以取得股息和紅利的一種有價證券。股票可分為普通股和優先股。普通股股東享有決策參與權、利潤分配權和剩餘財產分配權；優先股股東則是指在利潤分配、剩餘財產分配的權利方面優先於普通股股東，但沒有決策參與權，也不參加公司紅利分配。進一步講，優先股股息率事先設定，收益有保障，風險較小，但不能享受公司利潤增長的利益。

(四) 證券投資基金

證券投資基金是指通過公開發售基金份額募集資金，由基金託管人託管，由基金管理人管理和運用資金，為基金份額持有人的利益，以資產組合方式進行證券投資的一種利益共享、風險共擔的集合投資方式。

作為一種大眾化的信託投資工具，各國對證券投資基金的稱謂不盡相同，如美國稱「共同基金」，英國稱「單位信託基金」，中國則稱「證券投資信託基金」等。作為一種現代化投資工具，證券投資基金所具備的特點十分明顯。

1. 集合投資

基金的特點是將零散的資金匯集起來，交給專業機構投資於各種金融工具，以謀取資產的增值。基金對投資的最低限額要求不高，投資者可以根據自己的經濟能力決定購買數量，有些基金甚至不限制投資額大小。因此，基金可以最廣泛地吸收社會閒散資金，集腋成裘，匯成規模巨大的投資資金。在參與證券投資時，資本越雄厚，優勢越明顯，而且可能享有大額投資在降低成本上的相對優勢，從而獲得規模效益。

2. 分散風險

以科學的投資組合降低風險、提高收益是基金的另一大特點。在投資活動中，風險和收益總是並存的，因此「不能將雞蛋放在一個籃子裡」。但是要實現投資資產的多樣化，需要一定的資金實力。證券投資基金憑藉其集中的巨額資金，在法律規定的投資範圍內進行科學的組合，分散投資於多種證券，實現資產組合多樣化。通過多元化的投資組合，一方面借助於資金龐大和投資者眾多的優勢使每個投資者面臨的投資風險變小，另一方面利用不同投資對象之間收益率變化的相關性達到分散投資風險的目的。

3. 專業理財

將分散的資金集中起來以信託方式交給專業機構進行投資運作，既是證券投資基金的一個重要特點，也是證券投資基金的一個重要功能。基金實行專業理財制度，由受過專門訓練、具有比較豐富的證券投資經驗的專業人員運用各種技術手段收集、分析各種信息資料，預測金融市場上各個品種的價格變動趨勢，制定投資策略和投資組合方案，從而可以避免投資決策失誤，提高投資收益。

相對於債券、股票，證券投資基金主要投資於有價證券，由於投資選擇靈活多樣，從而使基金的收益有可能高於債券，投資風險又可能小於股票。

(五) 貸款

貸款是指保險公司直接向需要資金的單位和個人提供融資，以獲取利息收入的一種信用活動。保險貸款形式有抵押貸款、信用貸款和保單質押貸款。

1. 抵押貸款

抵押貸款是指以不動產、有價證券和銀團擔保的期限較長而且比較穩定的保險投資業務。貸款到期，借款者必須如數歸還，否則保險公司有權處理抵押品，作為一種補償。

2. 信用貸款

信用貸款是指以借款人的信譽發放的貸款，借款人不需要提供擔保。保險公司發放信用貸款，一般是以需要流動資金的企業為貸款對象，屬於保險短期投資。保險公司發放信用貸款必須對申請貸款企業的資信和經營業績進行認真的調查和核實，以確保保險投資的安全。

3. 保單質押貸款

保單質押貸款，即壽險保單貸款。壽險保單具有現金價值，保險合同規定，保單持有人可以用本人保單抵押向保險企業申請貸款，但需負擔利息。這種貸款屬保險投資性質。

（六）不動產投資

不動產投資是指保險資金用於購買土地、房屋等不動產。此類項目變現能力較差，故只能限制在一定的比例之內。

（七）基礎設施項目投資

基礎設施項目投資的特點是投資大、收益長期穩定、管理簡單，往往還能獲得政府的支持並有良好的公眾形象，能較好地滿足保險基金使用週期長、回報要求穩定的特點。目前中國的保險基金允許採用信託方式間接投資於交通、通信、能源、市政、環境保護等國家級重點基礎設施項目。具體做法是保險公司（作為委託人）將其保險資金委託給受託人，由受託人按委託人意願以自己的名義設立投資計劃，投資基礎設施項目，為受益人利益或者特定目的進行管理或者處分。

（八）資金拆借

資金拆借是指銀行或其他金融機構之間在經營過程中相互調劑頭寸資金的信用活動。中國開展資金拆借的時間不長，主要是各金融機構同業之間開展同業拆借業務。保險公司進入同業拆借業務，主要是資金拆出，即保險公司向資金不足方借出款項，收取利息。保險公司進入同業拆借市場，風險小、流動性強、能獲得比同期銀行存款或國債高出 1~3 個百分點的收益。

五、保險投資監管

中國《保險法》第一百零六條規定：「保險公司的資金運用必須穩健，遵循安全性原則。保險公司的資金運用限於下列形式：（一）銀行存款；（二）買賣債券、股票、證券投資基金份額等有價證券；（三）投資不動產；（四）國務院規定的其他資金運用形式。保險公司資金運用的具體管理辦法，由國務院保險監督管理機構依照前兩款的規定制定。」

回顧中國保險業資金運用及監管方式的變化，是與中國保險業發展進程相適應的。基於經濟環境和歷史背景的差異，各國政府對保險資金運用的規定採取了不同的監管方式，對保險投資進行風險管理，其監管措施主要圍繞資金運用渠道和投資範圍進行規定和限制，對其中風險較大的投資品種在投資總額中作出比例規定。

中國保險資金運用及監管大體經歷了初始期、無序期、規範期、開放期四個發

展階段。

第一階段：初始期（1980—1987 年）。這一時期的保險資金運用形式主要是銀行存款。

第二階段：無序期（1987—1995 年）。中國保險資金投資混亂行為始於 20 世紀 80 年代，集中發生在 1992—1995 年，其原因主要的經濟發展及保險市場發展的無序，缺乏制度約束，加上利率上升週期的高收益誘惑，保險投資市場出現混亂無序狀態。

第三階段：規範期（1995—2009 年）。1995 年，《保險法》頒布實施，標誌著對保險投資放任不管的時代徹底結束。

第四階段：開放期（2009 年至今）。中國《保險法》在 2009 年進行修訂之後，大幅放寬保險資金投資渠道，標誌著保險資金運用與監管進入一個新時代。

重要術語

保險公司經營　保險營銷　保險承保　保險核保　保險理賠　保險投資
保險責任準備金　未到期責任準備金　賠償準備金　壽險責任準備金　流動性原則

復習思考題

1. 保險公司經營的原則有哪些？
2. 保險公司經營主要包括哪些環節？
3. 保險營銷理念有哪幾種表現形式？
4. 保險營銷組合由哪幾部分組成？
5. 保險公司承保的主要環節有哪些？
6. 保險理賠的程序有哪些？
7. 保險投資形式有哪些？

參考文獻

1. 劉金章. 保險學教程［M］. 北京：中國金融出版社，2003.
2. 吳定富. 保險原理與實務［M］. 北京：中國財政經濟出版社，2005.
3. 劉連生. 保險學［M］. 北京：中國財政經濟出版社，2013.
4. 魏巧琴. 保險公司經營管理［M］. 上海：上海財經大學出版社，2012.
5. 方有恒，郭頌平. 保險營銷學［M］. 上海：復旦大學出版社，2013.
6. 魏巧琴. 保險投資學［M］. 上海：上海財經大學出版社，2008.

第八章 保險市場與保險監管

第一節 保險市場概述

一、保險市場的概念

市場是商品和勞務關系的總和。保險市場即為保險商品交換關系的總和或是保險商品供給與需求關系的綜合反應。保險市場既可以指固定的交易場所，如保險交易所，又可以是所有實現保險商品交換關系的總和。保險市場的交易對象是保險人為消費者面臨的風險提供的各種保險保障及其他保險服務，即各類保險商品。

現代保險市場中活躍著的保險人、被保險人、投保人及保險仲介構建起保險供需關系，創造保險供求機會，推動保險技術發展。政府對保險業的監管也要通過對保險市場的調控來實現。保險市場對於保險發展具有多方面的功能，對保險市場的研究成為對現代保險學研究的重要內容。

二、保險市場的特徵

（一）保險市場是直接風險市場

保險市場交易的對象是保障產品，即對投保人轉嫁於保險人的各類風險提供保障，因此本身就直接與風險相關聯。這裡所說的直接風險市場，是就交易對象與風險的關系而言的。不管任何市場都存在風險，交易雙方都可能因市場風險的存在而遭受經濟上的損失。但是一般商品市場交易的對象本身並不與風險聯繫，而保險市場交易的對象是保險保障，即對投保人轉嫁於保險人的各類風險提供保險保障，因此保險市場直接與風險相關聯。保險商品的交易過程，本質上就是保險人聚集與分散風險的過程。風險的客觀存在和發展是保險市場形成和發展的基礎和前提。所謂「無風險，無保險」。也就是說，沒有風險，投保人或者被保險人就沒有通過保險

市場購買保險保障的必要。因此，保險市場交易的對象決定了保險市場是一個直接風險市場。

(二) 保險市場是非即時結清市場

即時結清市場是指市場交易一旦結束，供需雙方立刻就能確切知道交易結果的市場。保險交易活動因為風險的不確定性和保險的射幸性使得交易雙方都不可能確切知道交易結果，所以不能立刻結清。相反，必須通過訂立保險合同來確立雙方當事人的保險關系，並且依據保險合同履行各自的權利與義務。保險單的簽發看似保險交易的完成，實則是保險活動的開始，最終的交易結果要看雙方約定的保險事故是否發生。因此，保險市場是非即時結清市場。

(三) 保險市場是特殊的「期貨」交易市場

由於保險的射幸性，保險市場成交的任何一筆交易都是保險人對未來風險事件所致經濟損失進行補償的承諾。保險市場可以理解為一種特殊的「期貨」市場。是否履約即是否對某一特定的對象進行經濟補償，則取決於保險合同約定時間內是否發生約定的風險事故以及這種風險事故造成的損失是否達到保險合同約定的補償條件。只有在保險合同約定的未來時間內發生保險事故，並導致經濟損失，保險人才可能對被保險人進行經濟補償。因此，保險市場可以理解為是一種特殊的「期貨」市場。

(四) 保險市場是政府積極干預市場

由於保險交易雙方存在的信息不對稱性，加之保險具有廣泛的社會性，這將直接影響到社會公眾利益，因此需要政府通過立法、行政及財務手段對保險市場進行規範。政府干預的目標是盡可能地保證保險人的償付能力，保障投保方的利益。即使在自由市場經濟國家，對保險行業的監管仍是嚴格的。對保險行業的監管涉及產品定價、保單格式、各種準備金的提取及償付能力標準的評判。因此，保險市場一般是政府積極干預的市場。

三、保險市場的機制

所謂市場機制，是指價值規律、供求關系和競爭規律三者之間相互制約、相互作用的關系。由於保險市場具有不同於一般市場的獨有特徵，市場機制在保險市場上表現出特殊的作用。

(一) 價值規律在保險市場中的作用

保險商品是一種特殊的產品，其價值一方面體現為保險人提供的保險保障所對應的等價勞動的價值，另一方面體現為保險從業人員社會必要勞動時間的凝結。保險費率即保險商品的價格，投保人據此所繳納的保險費是為了換取保險人的保險保障而付出的代價，從總體的角度表現為等價交換。但是，由於保險費率的主要成分是依據過去的、歷史的經驗測算出來的未來損失發生的概率，所以價值規律對於保險費率的自發調節只限於凝結在費率中的附加費率部分的社會必要勞動時間。因此，對於保險商品的價值形成方面具有一定的局限性，只能通過要求保險企業改進

經營技術，提高服務效率來降低附加費率成本。

(二) 供求規律在保險市場中的作用

供求規律通過對供求雙方力量的調節達到市場均衡，從而決定市場的均衡價格，即供求狀況決定商品的價格。就一般商品市場而言，其價格形成直接取決於市場的供求狀況，但在保險市場上，保險商品的價格，即保險費率不是完全由市場供求狀況決定的，即保險費率並不完全取決於保險市場供求的力量對比。保險市場上保險費率的形成，一方面取決於風險發生的概率，另一方面取決於保險商品的供求狀況。例如，人壽保險的市場費率是保險人根據預定死亡率、預定利率和預定營業費用率三要素事先確定的，而不能完全依據市場供求的情況由市場確定。儘管保險費率的確定需要考慮市場供求狀況，但是保險市場供求狀況本身並不是確定保險費率的主要因素。

(三) 競爭規律在保險市場中的作用

價格競爭是商品市場競爭最有力的手段。在保險市場上，由於交易的對象與風險直接相關，使保險商品費率的形成並不完全取決於供求力量的對比，風險發生的頻率和損失程度等是決定費率的主要因素，供求關系僅僅是費率形成的一個次要因素。因此，一般商品市場價格競爭機制在保險市場上必然受到某種程度的限制。

四、保險市場的模式

保險市場模式也稱市場結構，反應的是市場的競爭程度。保險市場模式涉及的因素包括保險企業的規模及其分佈、市場進入條件、產品差異和政府管制的程度。各保險市場由於涉及的模式因素不盡相同，其呈現的市場模式不完全一致。

(一) 完全競爭模式

完全競爭模式的保險市場是指一個保險市場上有數量眾多的保險公司，每個保險公司提供的保險產品基本上是相同的，任何公司都可以自由進出市場。任何一個保險人都不能夠單獨左右市場價格，而由保險市場自發地調節保險商品價格。在這種市場模式中，保險資本可以自由流動，價值規律和供求規律充分發揮作用。國家保險管理機構對保險企業管理相對寬松，保險行業公會在市場管理中發揮重要作用。

雖然在理論上一般認為完全競爭是一種理想的市場模式，能最充分、最適度、最有效地利用資源，但是對於保險市場而言，由於大數法則的限制以及保險業存在一定的自然壟斷性，完全競爭的保險市場結構在現實中幾乎是不存在的。

(二) 完全壟斷模式

完全壟斷模式的保險市場是指保險市場完全由一家保險公司操縱，這家公司的性質既可以是國營的，也可以是私營的。在完全壟斷的保險市場上，價值規律、供求規律和競爭規律受到極大的限制，市場上沒有競爭、沒有可替代產品、沒有可供選擇的保險人，因此這家保險公司可憑藉其壟斷地位獲得超額利潤。

完全壟斷模式還有兩種變通形式：一種是專業型完全壟斷模式，即在一個保險

市場上存在兩家或以上的保險公司，各自壟斷某一類業務，相互間業務不交叉；另一種是地區型完全壟斷模式，是指在一國保險市場上，同時存在兩家或以上的保險公司，各壟斷某一地區的保險業務。

（三）壟斷競爭模式

壟斷競爭模式的保險市場是指市場上有許多保險人爭奪同樣的保險消費群體；出售相似但彼此略有差異的保單，每個保險人並不是價格的接受者，而是面臨一條向右下方傾斜的需求曲線；保險人可以自由進出市場，企業數量要調整到經濟利潤為零時為止。壟斷競爭不同於完全競爭的理想狀態，因為每個保險人都提供略有差異的保單，其競爭程度介於完全競爭和寡頭壟斷之間。

（四）寡頭壟斷模式

寡頭壟斷模式的保險市場是指在一個保險市場上，只存在少數相互競爭的保險公司。在這種模式的市場中，保險業經營依然以市場為基礎，但保險市場具有較高的壟斷程度，保險市場上的競爭是國內保險壟斷企業之間的競爭，形成相對封閉的國內保險市場。存在寡頭壟斷模式的保險市場的國家中既有發達國家也有發展中國家。

五、保險市場發展的衡量

（一）常見衡量指標

衡量保險市場發展水平的指標很多，但主要經濟指標就是保險密度和保險深度，通常以保險深度和保險密度衡量一個國家或地區保險市場的成熟程度。

保險密度是指按一個國家或地區的人口計算的人均保險費，反應該國家或地區國民參加保險的程度。

保險深度則是指一個國家或地區保費收入占該國或地區的國內生產總值（GDP）之比，反應該國或地區保險業在整個國民經濟中的地位。

根據保監會在2013年公布的數據計算，中國的保險深度（保費收入/國內生產總值）僅為3%，保險密度（保費收入/總人口）為1,265元/人。新「國十條」提出，到2020年，要力爭將保險深度達到5%，保險密度達到3,500元/人。

（二）保險密度和保險深度指標與保險業發展的關係

一般來說，保險深度大，反應該國（地區）的保險業比較發達；保險密度大，反應該國（地區）居民在滿足了基本生活的需要的同時，關注自身的安全保障。同時，也要結合該國（地區）的具體情況進行判斷。就人壽保險領域來講，一個國家（地區）的人壽保險的發達程度和社會保險有很大關系。例如，德國是世界上第一個推行社會保險的國家，其完善的社會保險制度使德國的人壽保險業相比其他市場經濟國家（地區）在國民經濟中的地位較低。

六、保險市場的作用

（一）合理安排風險，維護社會穩定的功能

保險市場通過保險商品交易合理分散風險，提供經濟補償，在維護社會穩定方面發揮著積極的作用。

（二）聚集、調節資金，優化資源配置的功能

保險資金收入和支出之間有一個時間差，保險市場通過保險交易對資金進行再分配，從而充分發揮資金的時間價值，為國民經濟的發展提供動力。

（三）實現均衡消費，提高人民生活水平的功能

保險市場為減輕居民消費的後顧之憂提供了便利，使之能夠妥善安排生命期間的消費，提升人民生活的整體水平。

（四）促進科技進步，推動社會發展的功能

保險市場運用科學的風險管理技術為社會的高新技術風險提供保障，由此促進新技術的推廣和應用，加快科技現代化的發展進程。

第二節　保險市場的構成要素

保險市場的存在和正常運轉必須具備兩大基本要素，分別是保險市場主體和保險市場客體。

一、保險市場主體

保險市場主體是指保險市場交易活動的參與者，包括保險供給方、保險需求方以及充當供需雙方交易媒介的保險仲介方。

（一）保險供給方

保險人亦稱承保人，即經營保險業務的組織。保險人是訂立保險合同的一方當事人，收取保險費，並按照合同的規定對被保險人賠償損失或履行給付義務。保險人在法律上的資格，除法律特準的自然人外，一般都要求是法人。世界各國對保險人的業務經營範圍、管理、監管、機構設置以及資本金等都有明確的法律規定。

保險人主要有國營保險組織、私營保險組織、合作保險組織、自保組織、個人保險組織等幾種形式。

1. 國營保險組織

國營保險組織是由國家或政府投資設立的保險經營組織。國營保險組織可以由政府機構直接經營，也可以通過國家法令規定某個團體來經營，後者的組織形式被稱為間接國營保險組織。

由於各國的社會經濟制度不同，在有些保險市場上，國營保險組織完全壟斷了一國的所有保險業務，這是一種完全壟斷型國營保險組織。這樣的國營保險組織往

往是「政企合一」組織，既是保險管理機關，又是經營保險業務的實體。在有些國家，為了保證國家某種社會政策的實施，則將某些強制性或特定保險業務專門由國營保險組織經營，這是一種政策型國營保險組織。除此之外，在許多國家，國營保險組織同其他組織形式一樣，可以自由經營各類保險業務，可以展開平等競爭，同時還要追求公司最大限度的利潤，這是一種商業競爭型國營保險組織。

2. 私營保險組織

與國營保險組織相對的是私營保險組織，它是由私人投資設立的保險經營組織，多以股份有限公司形式出現。股份有限公司以其嚴密而健全的組織形式早已被各國保險業廣泛推崇。中國《保險法》將這一組織形式規定為中國保險公司設立的形式之一。保險股份有限公司的特點如下：

（1）股份有限公司是典型的資合公司，公司的所有權與經營權相分離，利於提高經營管理效率，增加保險利潤，進而擴展保險業務，使風險更加分散，經營更加安全，對被保險人的保障更強。

（2）股份有限公司通常發行股票（或股權證）籌集資本，比較容易籌集大額資本，使經營資本充足，財力雄厚，有利於業務擴展。

（3）保險股份有限公司採取確定保險費制，比較符合現代保險的特徵和投保人的需要，為業務擴展提供了便利條件。

3. 合作保險組織

合作保險組織是由社會上具有共同風險的個人或者經濟單位，為了獲得風險保障，共同集資設立的保險組織形式。

（1）相互保險公司。相互保險公司是由所有參加保險的人自己設立的保險法人組織，是保險業特有的公司組織形式。與股份保險公司相比較，相互保險公司具有以下特點：

第一，相互保險公司的投保人具有雙重身分，既是公司所有人，又是公司的顧客；既是投保人或者被保險人，同時又是保險人。相互保險公司的投保人只要繳納保費，就可以成為公司成員，而一旦解除保險關係，也就自然脫離公司，成員資格隨之消失。

第二，相互保險公司是一種非營利型公司。相互保險公司沒有資本金，既以各成員繳納的保險費形成公司的責任準備金來承擔全部保險責任，也以繳納的保險費為依據，參與公司盈餘分配和承擔公司發生虧空時的彌補額，沒有所謂的盈利問題存在。因此，相互保險公司不是一種以盈利為目的的保險組織。

第三，相互保險公司的組織機構類似於股份公司。相互保險公司的最高權力機關是會員大會或會員代表大會，即由保單持有人組成的代表大會。代表大會選舉董事會，由董事會任命公司的高級管理人員。隨著公司規模的擴大，董事會和高級管理人員實際上已經控制了公司的全部事務，會員難以真正參與管理，而且現在已經演變成委託具有法人資格的代理人營運管理，負責處理一切保險業務。

第四，相互保險公司比較適宜於人壽保險公司，如美國最大的人壽保險公司謹

慎人壽保險公司、大都會人壽保險公司都是相互保險公司。但是需要指出的是，相互保險公司最初的相互性正在逐漸消失，與股份保險公司已無明顯差異，而且事實上，不少相互保險公司最初也是以股份公司形式設立，後來再通過退股相互公司化。因此，相互保險公司在內部組織機構設置、保險業務拓展、保險費率擬定、保險基金運用等方面，都遵循了保險的一般原則。

（2）相互保險社。相互保險社是同一行業的人員為了應付自然災害或意外事故造成的經濟損失而自願結合起來的集體組織。相互保險社是最早出現的保險組織，也是保險組織最原始的狀態。目前，這種形式在歐美國家仍然相當普遍，如在人壽保險方面有英國的「友愛社」，美國的「同胞社」；在海上保險方面有「船東保賠協會」等。

與保險合作社及相互保險公司比較，相互保險社具有以下特點：

第一，參加相互保險社的成員之間互相提供保險，即每個社員為其他社員提供保險，每個社員同時又獲得其他社員提供的保險，真正體現了「我為人人，人人為我」。

第二，相互保險社無股本，其經營資本的來源僅為社員繳納的分擔金，一般在每年年初按暫定分攤額向社員預收，在年度結束計算出實際分攤額後，再多退少補。

第三，相互保險社保險費採取事後分攤制，事先並不確定。

第四，相互保險社的最高管理機構是社員選舉出來的管理委員會。

（3）保險合作社。保險合作社是由一些對某種風險具有同一保障要求的人，自願集股設立的保險組織。保險合作社與相互保險社很相似，而且相互保險社通常又是按照合作社的模式建立的，因此人們往往對兩者不加區別。實際上保險合作社與相互保險社之間存在著很大的差異。

第一，保險合作社是由社員共同出資入股設立的，加入保險合作社的社員必須繳納一定金額的股本。社員即為一保險合作社的股東，其對保險合作社的權利以其認購的股本為限。相互保險社則無股本。

第二，只有保險合作社的社員才能作為保險合作社的被保險人，但是社員也可以不與保險合作社建立保險關系。也就是說，保險關系的建立必須以社員為條件，而社員卻不一定必須建立保險關系，保險關系的消滅也不影響社員身分的存在，因而保險合作社與社員間的關系比較長久，只要社員認繳股本後，即使不利用合作社的服務，仍與合作社保持聯繫。相互保險社與社員之間是為了一時的目的而結合的，如果保險合同終止，雙方即自動解約。

第三，保險合作社的業務範圍僅局限於合作社社員，只承保合作社社員的風險。

第四，保險合作社採取固定保費制，事後不補繳。相互保險社保險費採取事後分攤制，事先不確定。

4. 自保組織

自保組織是指某一行業或企業為本行業或企業提供保險保障的組織形式。歐美國家的許多大的企業集團都有自己的自保公司。自保公司是在第一次保險合作社和第二次保險合作社時期由一些對某種風險具有同一保障要求的人自願集股設立的保險組織。

5. 個人保險組織

勞合社是當今世界上最大的保險壟斷組織之一，是倫敦勞合士保險社的簡稱。勞合社並不是一個保險公司，僅是個人承保商的集合體，其成員全部是個人，各自獨立，自負盈虧，進行單獨承保，並以個人的全部財力對其承保的風險承擔無限責任。

勞合社的成員經過勞合社組織嚴格審查批准，最先只允許具有雄厚財力且願意承擔無限責任的個人為承保會員，但是在 1995 年勞合社制定了長達 48 頁的計劃綱要，其中一點是將過去的勞合社進行改造，接納一些實力雄厚的法人團體入社。

（二）保險仲介方

保險仲介方既包括活動於保險人與投保人之間，充當保險供需雙方的媒介，把保險人和投保人聯繫起來並建立保險合同關係的人（包括保險代理人和保險經紀人），又包括獨立於保險人與投保人之外，以第三者身分處理保險合同當事人委託辦理的有關保險業務的公證、鑒定、理算、精算等事項的人，如保險公證人或保險公估人、保險律師、保險理算師、保險精算師等。

1. 保險仲介的功能

保險仲介是隨著保險業的發展而產生的，是保險市場細分的結果，其功能如下：

（1）優化保險產業資源配置。保險仲介市場的形成和完善能夠有效促進保險市場資源的優化配置及結構的合理調整，促使保險公司致力於險種開發，加強經營管理。保險代理人代表保險公司的利益，進行展業宣傳，最大限度地開發保險需求。保險經紀人利用其專業技術及熟悉保險市場的優勢，向投保人推薦服務質量上乘、經營穩健的保險公司，保護雙方利益，幫助投保人作出正確的購買選擇。保險公估人則以真正的中立人身分協調保險買賣雙方的矛盾，保護雙方的利益。總之，保險市場各類行為主體在各業務領域內發揮作用，保險市場的各種資源得到高效利用。

（2）降低保險交易成本。保險仲介市場的存在有利於溝通保險信息，降低保險交易成本。保險代理人在展業過程中利用接觸信息來源快的優勢，成為保險人瞭解保險市場需求和標的物危險狀況的重要渠道。保險人通過保險代理人獲得市場信息，並對保險市場進行分析，適應市場變化的要求，不斷完善保險條款和經營策略。這不但有助於節約管理成本，也極大地降低了保險人的交易成本。保險經紀人則利用其仲介身分和專業技術，幫助投保人作出正確的購買決策，避免了保險市場信息不對稱給投保人帶來的負面影響，從而降低了投保人的交易成本。保險公估人

以第三者身分出現，有利於消除保險買賣雙方的矛盾，促進保險市場穩定發展。通過保險仲介市場可以節約保險經營主體的自營機構的場地及人員開支，降低經營成本，從而達到增收節支的目的。

2. 保險仲介行為的基本原則

根據國際和國內保險業的實踐，為充分發揮保險仲介的作用並有利於保險業的發展，保險仲介行為應遵循以下基本原則：

（1）合法性原則。國家通過頒布專門的法律法規，明確保險仲介人的權利與義務，確立保險仲介行為的準則。

（2）公平競爭原則。在保險市場上，保險公司之間應遵循公平競爭的原則，保險仲介人也應遵循公平競爭的原則，尤其不能利用保險仲介的行政權利或商業便利引誘或強迫開展保險業務，也不得為任何利益向客戶給付回扣或合同規定以外的利益。

（3）資格認證原則。根據國際慣例，世界各國一般都對保險仲介人制定明確的資格要求和完善的資格考試制度。資格認證原則有助於確保保險仲介人具有較高的業務素質，以維護好合同雙方當事人的合法利益。

（4）獨立性原則。在保險仲介活動中，保險仲介人應在委託人委託範圍內依法獨立從事業務活動，不應受其他任何單位和個人的干預，有效保護合同雙方的合法利益，發揮保險仲介的作用。

3. 保險代理人

（1）保險代理和保險代理人的概念。保險代理是代理行為的一種，是保險人委託保險代理人擴展其保險業務的一種制度。保險代理人是指根據保險人的委託，向保險人收取手續費，並在保險人授權的範圍內代為辦理保險業務的單位和個人。保險代理人的權利依據保險代理合同中保險人的授權。中國《保險法》第一百一十七條規定：「保險代理人是根據保險人的委託，向保險人收取佣金，並在保險人授權的範圍內代為辦理保險業務的機構或者個人。」

保險代理具備民事代理的一般特徵：一是代理人以保險人名義進行代理活動；二是保險代理人在保險人授權範圍內進行獨立的意思表示；三是保險代理產生於保險人的委託授權，屬於委託代理；四是保險代理人與投保人實施的民事法律行為具有確立、變更或終止一定的民事權利義務關係的法律意義；五是保險代理人與投保人之間簽訂的保險合同產生的權利義務視為保險人自己所實施的民事法律行為，法律後果由保險人承擔。因此，保險代理屬於民法調整的民事法律行為，應遵循民法的基本原則。此外，委託保險代理必須採用書面形式。保險代理合同是保險人與代理人關於委託代理保險業務所達成的協議，是證明代理人具有代理權的法律文件。

（2）保險代理人的分類。保險代理人的主體形式分為個人和單位。根據中國現行法律的規定，保險代理人分為專業代理人、兼業代理人和個人代理人。

①專業代理人。專業代理人形式的保險代理人主要是指保險代理公司。保險代理公司具有以下不同於其他代理人的特點：

第一，組織機構健全。保險代理公司必須依照有關法律法規的規定設立。經保險監督管理機關資格審查，領取經營許可證，並向工商行政管理部門註冊登記。保險代理公司有自己的名稱、財產、銀行帳戶和營業場所，有自己的財務管理和人事制度，獨立對外進行意思表示，承擔各種經濟責任，自主經營，自負盈虧，照章納稅。國外保險代理公司的組織形式分為個人型、合夥型和公司型。

第二，專業技術人才集中。保險代理公司作為專業代理人，將是中國未來保險代理市場的主體，是市場規範發展的核心所在。保險代理公司利用其業務專長和技術優勢，可以有針對性地推動保險業務向縱深發展，不僅為投保人和被保險人提供更加完備的服務，也降低了保險公司的營運成本，使保險公司的經濟效益相應提高。

第三，經營管理專業化、規範化程度高。保險代理公司是基於保險公司的利益，代表保險公司與被保險人辦理保險業務、提供仲介服務的。保險代理公司代表保險公司宣傳推銷保險產品，收取保險費，協助保險公司進行損失的勘察和理賠。由於保險代理公司與客戶的接觸，需要瞭解客戶的風險，承擔解決客戶風險管理的任務，因而要求保險代理公司擁有高度專業化、規範化的經營管理水平。

第四，節省保險公司經營成本。保險代理公司節省保險公司招聘、培訓、管理保險代理人的成本，有利於保險公司有效發揮其有限的資源。

②兼業代理人。兼業代理人是指接受保險人的委託，在從事自身業務的同時，指定專人為保險人代辦保險業務的單位。兼業代理人的業務範圍是代理銷售保險單和代理收取保險費。兼業代理人具有建立機構簡單、易於開展業務、適應性強等特點。

常見的兼業代理人主要有銀行代理、行業代理和單位代理三種。保險人利用銀行與社會各行各業接觸面廣的特點，通過銀行代理向企業和個人進行保險宣傳，可取得十分顯著的效果。行業代理就是利用某一行業對保險的特殊需求以及該行業業務開展的便利條件為保險人代理保險業務。因此，行業代理的保險業務一般為專項險種，如由貨物運輸部門代理貨物運輸保險業務，由航空售票點代理航空人身意外傷害保險等。單位代理主要是由各單位工會、財務部門代理，辦理一些與職工生活關係密切的保險業務，方便群眾投保。

③個人代理人。個人代理人是受保險人的委託，向保險人收取代理手續費，並在保險人授權範圍內代理保險業務的個人。個人代理人經保險人的授權，可以代理銷售保險單和收取保險費。目前，中國的保險個人代理人主要是指保險營銷員。

4. 保險經紀人

保險經紀人是基於投保人的利益，為投保人與保險人訂立保險合同提供仲介服務，並依法收取佣金的單位。保險由於其技術複雜、保單條款專業而冗長，保險需求者傾向於委託保險經紀人來為其提供專業化的保障計劃，選擇資信良好、服務完備的保險人和適合自身需要的保險產品。保險經紀人依據其保險方面的專業知識和對保險市場的熟悉，根據保險需求者的要求對保險需求者面臨的風險進行評估，選

擇合適的保險人和保險產品，提供專業化的服務。在中國，保險經紀人主要是指保險經紀公司。依照中國有關法律法規的規定，成立保險經紀公司必須具備一定的條件。相關法律法規還對從事保險經紀業務的人員的資格要求制定了具體的規定。從事保險經紀業務的人員，可以參加保險經紀人員資格考試。考試合格者由保險監管機構或其授權機構核發保險經紀人資格證書，但該證書不作為執業證明文件使用。

保險經紀公司為市場提供專業性強的服務。保險經紀人一般都具有較高水平的業務素質和保險知識，是識別風險和選擇保險方面的專家，可以幫助投保人及時發現潛在風險，能夠提出消除或減少這種風險的各種可能辦法，並幫助投保人在保險市場上尋找最合適的保險公司等。

保險經紀公司作為投保人的代表，獨立承擔法律責任。在保險市場上，保險經紀公司代表投保人或被保險人的利益，為其與保險公司協商保險事宜，辦理投保手續，充當了保險顧問的角色。因此，根據法律規定，保險經紀公司應對投保人或被保險人負責，有義務利用自己的知識和技能為其委託人購買最佳的保險。如果因為保險經紀公司的疏忽致使投保方的利益受到損害，保險經紀公司要承擔法律責任。

5. 保險代理人和保險經紀人的區別

保險經紀人和保險代理人同屬保險仲介，但是兩者具有明顯區別，具體表現如下：

（1）保險代理人是受保險人的委託，代表保險人的利益辦理保險業務，實質上是保險自營機構的一種延伸；保險經紀人則是基於投保人的利益從事保險活動，為投保人提供各種保險諮詢服務，進行風險評估，選擇保險公司、保險險別和保險條件等。

（2）保險代理人通常是代理銷售保險人授權的保險服務品種；保險經紀人則接受投保人的委託為其協商投保條件，提供保險服務。

（3）保險代理人按代理合同的規定向保險人收取代理手續費；保險經紀人則根據投保人的要求向保險公司投保，保險公司接受業務後，向經紀人支付佣金，或者由投保人根據經紀人提供的服務，給予一定的報酬。

（4）保險經紀人的法律地位和保險代理人的地位截然不同。保險經紀人是投保人的代表，其疏忽、過失等行為給保險人及投保人造成損失，獨立承擔民事法律責任；保險代理人的行為則視為保險人的行為，《保險法》第一百二十七條明確規定：「保險代理人根據保險人的授權代為辦理保險業務的行為，由保險人承擔責任。」

（5）保險經紀人的職能及其行為的法律特徵等特殊性使保險經紀人資格的取得、機構的審批等較保險代理人更為嚴格。為了維護投保人的利益，很多國家還規定保險經紀人必須投保職業責任保險。

6. 保險公估人

保險公估人是指經保險當事人委託，專門進行保險標的的評估、勘驗、鑒定、估損、理算等業務，並據此向保險當事人合理收取費用的人，也稱保險公估行或保

險公估公司。最初的保險公估業務只涉及火災保險理賠工作。早在 18 世紀，保險理賠的高技術含量已使保險公司內部專門從事理賠工作的人員難於應付。當時的理賠工作僅由公司內部雇員進行現場查勘，要求理賠人員具備相應的專業知識與技能，以便對保險標的發生損害的原因、程度、責任劃分作出正確合理的判斷，提出進一步賠償建議，並在必要時使用法律手段協助保險人處理賠案。因此，保險公司聘請與保險理賠內容相關的各行各業的工程技術人員協助自己處理理賠業務。這些人員運用自己的專業知識向保險公司提供有關賠償建議，他們相當於保險人的雇員或代理人。到了 19 世紀初，大多數開展火災保險業務的保險公司都採用雇備獨立的專門技術人員作為其代理人，稱為估價人。從此，雇備獨立公估人作為一種行業習慣被各保險公司接受並沿襲下來。

保險公估人具有以下特徵：

（1）獨立性。保險公估人是一種仲介服務機構，既不屬於保險人一方，也不屬於被保險人一方，而是為保險當事人提供公估服務的仲介機構。保險公估人與保險代理人、保險經紀人相比，其地位顯得更為獨立。保險公估人是處理保險理賠業務的第三者，獨立於保險合同當事人之外。保險公估人既可以接受保險人的委託，也可以接受被保險人的委託，以獨立、公正的身分參與保險事故處理，以科學為依據作出評估鑒定，不偏袒任何一方，緩解保險合同雙方當事人的矛盾，維護保險人與被保險人雙方的合作關係。

（2）公估人貫穿於保險業務的始終。保險公估人不僅從事保險理賠業務，還從事保險標的承保時的檢驗和風險評估、鑒定、估算以及保險事故發生造成保險標的損失的勘驗和損失理算，保險公估人的業務貫穿保險經營的始終。儘管保險公估最初產生於保險理賠環節，但隨著社會經濟各部門和保險業的迅猛發展，保險公估已不再完全是單純的損失理算，而是貫穿保險業務的始終。目前，保險公估已由單一的損失理算發展為包括驗資、評估、風險管理、查勘、理算等一系列綜合性保險仲介行為在內的行業。保險公估人的服務對象也涵蓋了保險人和被保險人雙方。保險公估人既可以接受保險人的委託，對保險標的進行評估和查勘，也可以接受被保險人的委託，對保險標的的實際損失作出科學公正的判斷。

保險公估人由於其獨立性，站在公正、公平的立場上出具公估報告，更易於為被保險人所接受。同時，由於保險公估人自身的技術優勢，保險人也或多或少地依賴保險公估人。隨著高新技術的發展，電子網絡的興起，其他領域的保險變得越來越複雜。巨災風險的發生、尖端技術的滯後以及複雜多變的環境令保險人望而卻步、裹足不前，越來越多地需要保險公估人的幫助，保險公估人的高新技術手段使保險人的承保有了堅實的後盾。為了更好地服務於保險人，發揮自身的優勢，保險公估人擴大了業務範圍，增加了業務種類。目前，保險公估人的業務從承保標的的資產評估、風險識別與衡量到防災防損、災後理賠，從原來的建築物火災保險到普通財產保險、海上保險、特種保險、責任保險，不一而足，並將繼續在深度和廣度上延伸下去。保險業的橫向發展與縱深發展為保險公估業的發展提供了廣闊的空

間，帶來新的契機。

(三) 保險需求方

保險商品的需求方是指在一定時間、一定地點等條件下，為尋求風險保障而對保險商品具有購買意願和購買力的消費者的集合。保險商品的需求方就是保險營銷學界定的「保險市場」即「需求市場」，由有保險需求的消費者、為滿足保險需求的繳費能力和投保意願三個主要因素構成。

二、保險市場客體

保險市場的客體是指保險市場上供求雙方具體交易的對象，這個交易對象就是保險商品。保險商品是一種特殊形態的商品。

保險商品的特徵如下：

(一) 無形性

無形性是保險商品與其他有形商品之間最大的區別。保險商品看不見、摸不著，在本質上是一種無形的承諾，保險合同雖是有形的，但也只是承諾的文字化，因此對顧客不會產生明顯的視覺衝擊力，更無法形成強烈的刺激，也不能通過試用來驗證其功效。

(二) 延後性

延後性是指保險商品購買回來後並不能立刻發揮功效。因為絕大多數的人身保險合同的理賠都是在保險合同簽訂後的幾年或幾十年以後，正所謂「養險千日，用險一時」。在保險責任事故發生前的這段時間裡，保險商品對顧客的效用價值在慢慢下降，如果客戶的保險意識和對保險合同內容的認知得不到維持或強化，顧客的滿意程度就會下降，可能以後再也不會購買保險，甚至還會提出退保請求。

(三) 射幸性

射幸性是指當事人之間在合同中所取得的利益或遭受的損失具有不確定性。射幸合同是指合同當事人中至少有一方並不必然履行金錢給付義務。只有當合同中約定的條件具備或合同約定的事件發生時才必須履行，合同約定的條件或事件是可能發生也可能不發生的。根據此定義保險合同就是一種射幸合同，保險人是否履行賠償或給付保險金的義務，取決於約定的保險事故是否發生，而合同中約定的保險事故是否發生或者何時發生都是不確定的。如果在保險合同有效期內，保險責任事故發生了，投保方理應得到賠償。如果在保險合同有效期內沒有發生保險事故，投保方自然就得不到賠償。

第三節　保險市場的供給與需求

一、保險市場的供給

保險市場的供給是指在一定的費率水平下，保險市場上各家保險企業願意並且能夠提供的保險商品的數量。保險市場的供給可以用保險市場上的承保能力來表示，是各個保險企業的承保能力之總和。

保險供給的「質」既包括保險企業所提供的各種不同的保險商品品種，也包括每一具體的保險商品品種質量的高低。保險供給的「量」既包括保險企業為某一保險商品品種提供的經濟保障額度，也包括保險企業為全社會提供的所有保險商品的經濟保障總額。

(一) 影響保險市場供給的主要因素

保險供給是以保險需求為前提的。因此，保險需求是制約保險供給的基本因素。存在保險需求的前提下，保險市場供給則受到以下因素的制約：

1. 保險資本量

保險公司經營保險業務必須有一定數量的經營資本。在一般情況下，可用於經營保險業的資本量與保險經營供給成正比關系。

2. 保險供給者的數量和素質

通常保險供給者的數量越多，意味著保險供給量越大。在現代社會中，保險供給不但要講求數量，還要講求質量。質量的提高，關鍵在於保險供給者的素質。保險供給者素質高，許多新險種就容易開發出來，推廣得出去，從而擴大保險供給。

3. 經營管理水平

由於保險業本身的特點，在經營管理上要有相當的專業水平和技術水平，以及人事管理和法律知識等方面均要具有一定的水平。其中任何一項水平的高低，都會影響保險的供給，這些水平的高低與保險供給成正比關系。

4. 保險價格

從理論上講，保險商品價格與保險供給成正比關系。保險商品價格越高，則保險商品供給量越大；反之，則越小。

5. 保險成本

對保險人來說，如果保險成本低，在保險費率一定時，所獲的利潤就多，那麼保險人對保險業的投資就會擴大，保險供給量就會增加。保險成本高，保險供給就少；反之，保險供給就大。

6. 保險市場競爭

保險市場競爭對保險供給的影響是多方面的，保險競爭的結果會引起保險公司數量上的增加或減少，從總的方面來看會增加保險供給。同時，保險競爭使保險人

改善經營管理，提高服務質量，開闢新險種，從而擴大保險供給。

7. 政府的政策

如果政府對保險業採用扶持政策，則保險供給增加；反之，如果政府採取限制發展保險業的政策，則保險供給減少。

(二) 保險商品供給彈性

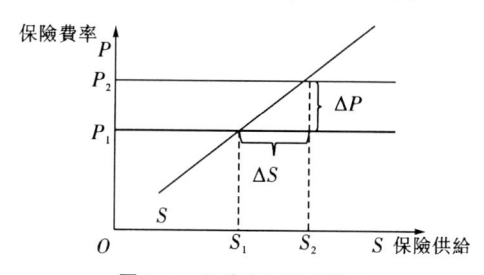

1. 保險商品供給彈性的含義

保險商品供給彈性通常指的是保險商品供給的費率彈性，即保險費率變動引起的保險商品供給量變動。保險商品供給彈性反應了保險商品供給量對保險費率變動的反應程度，一般用供給彈性系數來表示。公式表示如下：

$$E_S = \frac{\Delta S/S}{\Delta P/P}$$

式中：S 為保險商品供給量；ΔS 為保險商品供給量變動；P 為保險費率；ΔP 為保險費率變動。

保險商品供給與保險費率成正相關關系（見圖8-1）。

圖8-1 保險商品供給彈性

2. 保險商品供給彈性的種類

供給無彈性，即 $E_s = 0$，無論保險費率如何變動，保險商品供給量都保持不變；

供給無限彈性，即 $E_s = \infty$，即使保險費率不再上升，保險商品供給量也無限增長；

供給單位彈性，即 $E_s = 1$，保險費率變動的比率與其供給量變動比率相同；

供給富於彈性，即 $E_s > 1$，表明保險商品供給量變動的比率大於保險費率變動的比率；

供給缺乏彈性，即 $E_s < 1$，表明保險商品供給量的變動比率小於保險費率變動的比率。

3. 保險商品供給彈性的特殊性

保險供給彈性有其特殊性：其一，保險商品的供給和需求是同時存在的。保險商品一旦被提供，同時就被有購買慾望和購買能力的需求方所購買，當然這僅指保險買賣的承保環節。其二，保險供給彈性較一般商品穩定，不會因經濟興衰產生明顯的驟然的變化。其三，保險商品的供給具有長期性和持續性，特別是在人壽保險中，可能持續幾十年的時間。

二、保險市場的需求

(一) 保險市場需求的含義

保險需要是指人們願意通過保險這一有效的財務安排滿足其轉嫁風險的需要。保險市場需求就是指在一定的費率水平下,保險消費者從保險市場上願意並有能力購買的保險商品數量。保險市場需求是消費者對保險保障的需求量,可以用投保人投保的保險金額總量來計量。

與一般需求的表現不同,保險需求的表現形式有兩方面:一方面體現在物質方面的需求,即在約定的風險事故發生並導致損失時,能夠對經濟損失予以充分的補償;另一方面則體現在精神方面的需求,即在投保以後,轉嫁了風險,心理上感到安全,從而消除了精神上的緊張與不安。

然而由於保險商品的特殊性所在,消費者除了要有投保慾望與繳費能力以外,投保人以及保險對象是否符合承保條件成為保險需求的首要前提。因此,保險需求可以用如下公式表示:

保險需求 = 保險需要 + 支付能力 + 投保資格

(二) 影響保險市場需求的主要因素

1. 風險因素

保險商品服務的具體內容是各種客觀風險。風險因素存在的程度越高、範圍越廣,保險需求量就越大;反之,保險需求量就越小。

2. 社會經濟與收入水平

保險是社會生產力發展到一定階段的產物,並且隨著社會生產力的發展而發展。保險需求的收入彈性一般大於1,即收入的增長引起對保險需求更大比例的增長。然而不同險種的收入彈性有所不同。

3. 保險商品價格

保險商品價格是保險費率。保險需求主要取決於可支付保險費的數量。保險費率與保險需求一般成反比例關係,保險費率越高,則保險需求量越小;反之,保險需求量就越大。

4. 人口因素

人口因素包括人口總量和人口結構。保險業的發展與人口狀況有著密切的聯繫。人口總量與人身保險的需求成正比,在其他因素一定的條件下,人口總量越大,對保險需求的總量也就越多;反之,就越少。人口結構主要包括年齡結構、職業結構、文化結構、民族結構。由於年齡風險、職業風險、文化程度和民族習慣不同,對保險需求也就不同。

5. 商品經濟的發展程度

商品經濟的發展程度與保險需求成正比,商品經濟越發達,則保險需求越大;反之,保險需求則越小。

6. 強制保險的實施

強制保險是政府以法律或行政的手段強制實施的保險保障方式。凡在規定範圍內的被保險人都必須投保。因此，強制保險的實施，人為地擴大了保險需求。

7. 利率水平

利率水平的變化對儲蓄型的壽險產品有一定影響。壽險與銀行存款之間是替代關系。在壽險產品收益保持不變的情況下，利率水平越高，則購買壽險的機會成本越高，需求量越小；利率水平越低，則購買壽險的機會成本越低，需求量越大。

(三) 保險需求彈性

保險需求彈性是指保險需求對其影響因素變動的反應程度，通常用需求彈性系數來表示。公式表示如下：

$$E_d = \frac{\Delta D/D}{\Delta f/f}$$

式中：D 為保險需求；$\triangle D$ 為保險需求的變動；f 為影響保險需求的因素；$\triangle f$ 為影響保險需求的因素的變動。

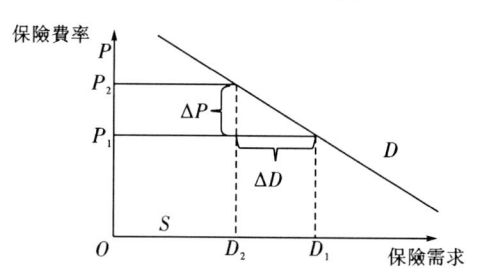

1. 保險需求的價格彈性

保險需求的價格彈性是指保險價格變動所引起的保險需求量的變動，它反應了保險需求量對保險價格變動的反應程度。用公式表示為：

$$E_d = \frac{\Delta D/D}{\Delta P/P}$$

式中：D 為保險需求；$\triangle D$ 為保險需求的變動；P 為保險費率；$\triangle P$ 為保險費率變動。

保險需求與保險費率成負相關關系（見圖 8-2）。

圖 8-2 保險需求的價格彈性

當 $|E_d|=0$ 時，稱為完全無彈性，即保險需求量不因費率的上升或下降而有任何變化，如強制保險；

當 $|E_d|<1$ 時，稱為缺乏彈性，即當該險種的費率下降時，保險需求的增加幅度小於費率下降的幅度，如大部分責任險；

當 $|E_d|>1$ 時，稱富於彈性，即當該險種的費率下降時，保險需求量的增加幅度大於費率下降的幅度，如大部分的汽車保險；

當 $|E_d|=1$ 時，稱為單位彈性，即保險需求的變化與費率變化呈等比例；

當 $|E_d|=\infty$ 時，稱為無限大彈性，即保險費率的微小變化就會引起保險需求量無限大的反應。

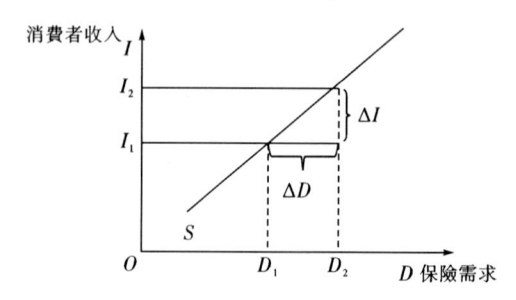

2. 保險需求的收入彈性

保險需求的收入彈性是指保險消費者貨幣收入變動引起的保險需求量的變動，反應了保險需求量對保險消費者貨幣收入變動的反應程度。公式表示如下：

$$E_i = \frac{\Delta D/D}{\Delta I/I}$$

式中：D 為保險需求；$\triangle D$ 為保險需求的變動；I 為貨幣收入；$\triangle I$ 為貨幣收入的變動。

保險需求與消費者收入成正相關關系（見圖 8-3）。

圖 8-3　保險需求的收入彈性

一般來講，保險需求的收入彈性大於一般商品。第一，保險商品特別是人身保險帶有很大的儲蓄性，隨著消費者貨幣收入的增加，必然帶動儲蓄性保險需求量的增加。第二，人們的消費結構會隨著貨幣收入的增加而變化，一些高額財產、文化娛樂、旅遊等精神消費支出比例會由此而增大，與其具有互補作用的保險會隨著消費者貨幣收入的增加而增加。第三，對於大多數中低收入的消費者而言，保險尚屬於奢侈品，當他們的貨幣收入增加時，必然會創造對保險商品的需求。

3. 保險需求的交叉彈性

保險需求的交叉彈性是指相關的其他商品的價格變動引起的保險需求量的變動，取決於其他商品對保險商品的替代程度和互補程度，反應了保險需求量對替代商品或互補商品價格變動的反應程度。公式表示如下：

$$E_x = \frac{\Delta D/D}{\Delta P_g/P_g}$$

式中：D 為保險需求；$\triangle D$ 為保險需求變動；P_g 為替代商品或互補商品價格；$\triangle P_g$ 為替代商品或互補商品價格的變動。

一般而言，保險需求與替代商品的價格呈正方向變動，即交叉彈性為正，且交叉彈性越大替代性也越大。保險需求與互補商品價格呈反方向變動，即交叉彈性為負。

4. 影響保險需求彈性的因素

一般而言，消費者對保險商品的需求越強，其需求彈性越小；保險商品的可替代程度越高，其需求彈性越大；保險商品用途越廣泛，其需求彈性越大；保險商品消費期限越長，其需求彈性越大；保險商品在家庭消費結構中占的支出比例越高，其需求彈性越大。

三、保險市場的供求平衡

保險市場供求平衡是指在一定費率水平下，保險供給恰好等於保險需求的狀態，即保險供給與需求達到均衡點，也即當費率 P 不變時，$S=D$。

保險市場的均衡狀態如圖 8-4 所示：

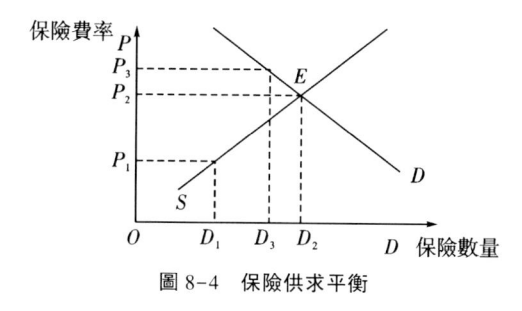

圖 8-4 保險供求平衡

保險市場供求平衡，受市場競爭程度的制約。市場競爭程度決定了保險市場費率水平的高低。因此，市場競爭程度不同，保險供求平衡的水平各異。在不同的費率水平下，保險供給與需求的均衡狀態也是不同的。保險市場有自動實現供求平衡的內在機制。

保險市場供求平衡包括供求的總量平衡與結構平衡兩個方面，而且平衡還是相對的。保險市場供求的總量平衡是指保險供給的規模與保險需求的規模的平衡。保險市場供求的結構平衡是指保險供給的結構與保險需求的結構相匹配，包括保險供給的險種與消費者需求的險種的適應性、費率與消費者繳費能力的適應性以及保險產業與國民經濟產業結構的適應性等。

第四節　保險監管

一、保險監管概述

現代保險業在國民經濟中占據了重要的地位，對國民經濟發展起著舉足輕重的作用。以風險承擔為主要責任的保險業要保證長期持續經營和健康發展，就必須構建完整的監管體系，執行嚴格的監管制度，並不斷創新監管理念。

(一) 保險監管的含義

保險監管有廣義和狹義之分。廣義的保險監管是指政府機關、保險行業自律組

織、保險企業的內部監管部門以及社會組織對保險業的經營活動開展的監督管理，以維護被保險人的合法權益。狹義的保險監管則是指保險的政府監管部門按照一定的目標和原則對保險市場經營主體實施依法依規的管理，控制行業風險，維護保險市場的正常秩序。

保險監管可以分為以下四個層次：

第一個層次是國家政府監管，國家政府對保險業的監管構建保險監管體系的基礎；

第二個層次是保險行業協會等自律組織對保險業的監管，其有效補充保險監管體系；

第三個層次是社會對保險業的監督，拓寬了保險監管體系；

第四個層次是保險業經營主體的內部控制制度，夯實了保險監管體系的效果。

保險監管的這四個層次由內到外、由下至上豐富保險監管體系內容，充分保證保險監管體系的順利實施。

(二) 保險監管的原因

1. 保險具有負債性和社會性

保險行業經營方式很特殊，保險公司除了原始資本金，在經營過程中的資金基本上都是通過收取保費而累積起來的，具有典型的負債特徵。保險公司如果不規範經營，妥善使用眾多保費累積的保險基金，一旦出現虧損甚至倒閉，廣大被保險人的利益將受到極大的損害。保險是一種風險管理手段，保險行業基於社會風險管理的專業角色，可以幫助抵禦化解眾多社會風險，因此保險行業和社會上各行各業有著千絲萬縷的聯繫。保險的社會性使得保險公司的經營不穩定產生的負面影響甚大，不僅造成社會福利受損，甚至還影響到社會穩定。

2. 保險交易存在信息不對稱

一般行業在交易中，信息相對透明，買賣雙方比較容易掌握雙方交易的真實情況。保險行業由於交易的保險單是一種無形商品，這種無形商品通過文字表述來承諾未來對投保人和被保險人的相應保障。保險單往往是由保險公司單方面擬定的，是典型的附和合同，投保人和被保險人由於專業知識限制，對保險單裡面諸多的重要內容，比如保險責任、責任免除、免賠率、退保和賠償計算等缺乏足夠瞭解，一般只能聽取保險銷售人員介紹來判斷是否投保。因此，如果缺乏保險監管，保險公司在保險交易過程中可能利用信息不對稱來損害消費者的利益。

3. 保險技術相對複雜

保險技術的複雜性主要體現在承保對象涉及社會各種複雜標的，涵蓋人和生產資料這兩大社會要素。保險責任範圍包括人的意外、疾病、傷殘、死亡以及財產損失、責任和利益損失等各種風險。每種保險商品的費率釐定要在充分市場調研和準確預測的情況下，通過精算模型和技術來研判。保險合同還涉及大量普通投保人難以理解的專門術語。這些保險行業客觀的技術複雜性，需要保險監管機構對保單條款和保險費率進行審核或者備案，以保證每份保險單符合社會發展需要，並能保障

保險消費者的利益。

(三) 保險監管的目標

1. 維護保險市場秩序

在商品經濟社會中，每個「經濟人」都有逐利的本性，但前提是遵守既定的市場規則。保險市場的有序競爭可以改善保險公司的服務質量，推動保險行業進步。但是不合理的惡性競爭和不遵守市場規則的行為會逐漸惡化保險環境，增加保險行業的經營成本。目前，保險市場普遍還存在著的銷售誤導、拒賠少賠、返傭、回扣等現象擾亂了正常的保險市場秩序，讓保險業飽受詬病，這種現象必須加以監督改正。通過有效的保險監管，還可以合理設置保險從業者的進入和退出機制，避免「劣幣驅除良幣」效應，提升保險從業人員素質。良好的市場秩序是保險行業長期健康發展的保證。

2. 保證保險人的償付能力

償付能力就是保險人對負債的償還能力。保險經營中，保險人先收取保險費，後對約定的風險發生所致損失進行賠償或到期給付保險金，這中間有可能會間隔多年，保險公司能否如期按照保險合同支付保險金就看償付能力是否充足。所以說，償付能力是保險監管的核心內容。由於償付能力在保險公司經營中的重要地位，各國保險監管都圍繞著保證償付能力來設計和開展。世界各國保險法都規定，設立保險公司需要滿足法定最低資本金要求。另外，有關保證金的提存、各項保險責任準備金提存、再保險安排、最低償付能力確定以及保險資金運作管理等方面的規定，最終都是對保險公司償付能力進行監管。

3. 發揮保險服務社會的功能

現代保險業除了傳統的經濟補償和資金融通功能之外，應當通過適當的監管政策和措施，引導保險業更好地發揮服務社會的功能。保險行業擁有豐富的風險管理經驗和技術，掌握了大量的風險數據，可以發揮社會的風險管理顧問角色作用，對社會開展廣泛的防災防損普及教育，提高社會風險管理整體意識。保險業還應當針對社會普遍存在的風險和公共突發風險，積極開發相應的保險產品，解決社會公眾的後顧之憂。在當今構建和諧社會的氛圍下，保險業可以積極尋找和社會保險對接的途徑，充分發揮對社會保險的補充作用，推動社會深層次改革。

二、保險監管的體系

(一) 外部監管制度

1. 國家監管

世界各國對保險行業實施國家監管通常可以分成三個層次：立法監管、司法監管和行政監管。立法監管是國家立法機關通過立法手段以及對法律的立法解釋來監管保險行業。司法監管主要針對保險實踐活動中出現的有關法律爭議點，通過保險判例及解釋法律的特權來實施保險業監管。行政監管是國家監管的最主要層次，體現國家監管的常規性，通常享有廣泛的行政權、準立法權和準司法權。

世界各國由於國情不同和保險業發展階段不同，對保險業的國家監管存在明顯差異。美國採用聯邦政治體制，其採用中央監管與地方監管並行的方式。美國的50個州都設有保險監管機構，這些機構是美國保險業的主要監管者。各州在保險監管的目標、內容和手段上基本相近，但也存在不同。為瞭解決美國各州保險監管相對獨立，保持全國監管的必要統一性，1871年美國各州保險監督官組成了全美保險監督官協會。英國在1998年以前由貿工大臣及下屬的保險局全面監管保險業。此後，英國金融監管走向混業化監管，新成立的英國金融服務局（FSA）成為集銀行、證券、保險三大監管職能的綜合監管機構。德國的保險監管也採用聯邦和州兩個層次，聯邦一級負責監管跨州經營的私營保險公司和競爭性的國有保險公司，州一級則監管在特定州經營的私營保險公司和競爭性的國有保險公司。日本保險業的最高管理者是內閣總理大臣，具體的銀行、證券、保險監管工作由金融監管廳負責，金融監管廳下設保險局。

中國在1998年11月18日以前保險監管部門是中國人民銀行。1998年11月18日，中國保險監督管理委員會（以下簡稱中國保監會）成立，正式行使保險業的全面監管。中國保監會是國務院直屬的正部級事業單位，內設16個職能機構和3個事業單位，並在全國各省、自治區、直轄市、計劃單列市設有36個保監局，在蘇州、菸臺、汕頭、溫州、唐山市設有5個保監分局。

中國保監會的主要職責如下：

（1）擬定保險業發展的方針政策，制定行業發展戰略和規劃；起草保險業監管的法律、法規；制定業內規章。

（2）審批保險公司及其分支機構、保險集團公司、保險控股公司的設立；會同有關部門審批保險資產管理公司的設立；審批境外保險機構代表處的設立；審批保險代理公司、保險經紀公司、保險公估公司等保險仲介機構及其分支機構的設立；審批境內保險機構和非保險機構在境外設立保險機構；審批保險機構的合併、分立、變更、解散，決定接管和指定接受；參與、組織保險公司的破產、清算。

（3）審查、認定各類保險機構高級管理人員的任職資格；制定保險從業人員的基本資格標準。

（4）審批關系社會公眾利益的保險險種，依法實行強制保險的險種和新開發的人壽保險險種等的保險條款和保險費率，對其他保險險種的保險條款和保險費率實施備案管理。

（5）依法監管保險公司的償付能力和市場行為；負責保險保障基金的管理，監管保險保證金；根據法律和國家對保險資金的運用政策，制定有關規章制度，依法對保險公司的資金運用進行監管。

（6）對政策性保險和強制保險進行業務監管；對專屬自保、相互保險等組織形式和業務活動進行監管。歸口管理保險行業協會、保險學會等行業社團組織。

（7）依法對保險機構和保險從業人員的不正當競爭等違法、違規行為以及對非保險機構經營或變相經營保險業務進行調查、處罰。

（8）依法對境內保險及非保險機構在境外設立的保險機構進行監管。

（9）制定保險行業信息化標準；建立保險風險評價、預警和監控體系，跟蹤分析、監測、預測保險市場運行狀況，負責統一編製全國保險業的數據、報表，並按照國家有關規定予以發布。

（10）承辦國務院交辦的其他事項。

2. 行業自律

保險行業協會通常由保險人或保險仲介人自行組織而成，是非官方性的社會團體。保險行業協會能夠發揮政府監管所不具備的協調作用，構建保險業有序競爭的環境。

西方國家中，美國的保險行業協會類別眾多，組織框架頗有特點。美國保險行業協會制度已有上百年的歷史，和中國不同的是，美國保險行業協會劃分細緻，沒有全國統一的囊括所有業務類型會員的行業協會。所有保險行業協會都分別由某一類型的保險公司組成，如美國壽險協會（ACLI）、財產與責任保險協會（PCI）、美國健康保險協會（HIAA）；或者是由專家等個人共同發起成立的社團組織，如美國風險保險協會（ARIA）、美國保險服務協會（AAIS）；或者是由保險仲介構成的協會，如美國保險代理人和經紀人協會（CIAB）、獨立保險代理人和經紀人協會（IIABA）等。美國的保險行業協會有營利性和非營利性之分。營利性組織主要有財產險行業協會（NAMIC）、美國風險和保險學會（ARIA）；非營利性組織主要有保險市場標準協會（IMSA）、職業保險市場聯合會（PIMA）。美國保險行業協會的主要作用體現在：培訓會員，為會員提供專業提升平臺；舉辦專題討論，加強會員溝通；為保險產品的費率擬定提供依據，匯總分析保險數據，為政府決策提供參考；配合協調政府監管，維護保險行業利益。

中國保險行業協會成立於 2001 年 2 月 23 日，是經中國保監會審查同意並在國家民政部登記註冊的中國保險業的全國性自律組織，是自願結成的非營利性社會團體法人。中國《保險法》第一百八十條規定：「保險公司應當加入保險行業協會。保險代理人、保險經紀人、保險公估機構可以加入保險行業協會」。截至 2014 年 6 月 30 日，中國保險行業協會共有會員 271 家，其中保險公司 160 家、保險相關機構 4 家、保險仲介機構 69 家、地方保險行業協會 38 家。

中國保險行業協會的最高權力機構是會員大會。理事會是會員大會的執行機構。中國保險行業協會實行專職會長負責制，由專職會長負責協會日常工作，根據工作需要聘任秘書長和副秘書長等工作人員。中國保險行業協會通過每年度召開理事會的形式共同商討協會的工作，下設財產保險專業委員會、人身保險專業委員會、保險經紀專業委員會、保險公估專業委員會、保險營銷專業委員會、公司治理專業委員會、法律專業委員會、行業文化與形象建設專業委員會、教育培訓專業委員會、信息技術專業委員會、統計專業委員會、合規專業委員會、互聯網保險專業委員會、地方協會專業委員會、反詐欺專業委員會 15 個分支機構，各分支機構的日常工作由相應工作部承擔。中國保險行業協會還通過定期召開全國協會系統會

議、交流情況、協調工作。

中國保險行業協會的基本職責為「自律、維權、服務、交流、宣傳」。「自律」主要指組織會員簽訂自律公約，督促會員依法合規經營；「維權」主要指代表行業參與決策論證，維護行業利益；「服務」主要指協調會員之間、會員與保險市場各方之間的關係，開展調查研究，及時向政府部門反應行業問題；「交流」主要指建立會員間信息通聯工作機制，促進業內交流；「宣傳」主要指整合宣傳資源，制定宣傳規劃，營造行業正面形象。

目前，中國大多數省份還建立了保險仲介行業協會，以集中反應保險仲介的呼聲，專門維護保險仲介的利益。和保險行業協會不同，中國的保險仲介行業協會還沒有形成全國性的統一組織，各地仲介行業協會都是以當地保險仲介為主要服務對象。成立於 2004 年 9 月 1 日的深圳市保險仲介行業協會，是中國首家保險仲介行業協會。保險仲介行業協會的興起更加豐富了中國的保險社團組織，有利於中國保險業加速走上自我約束、各方共贏的良性發展道路。

3. 社會監督

社會監督最理想的狀態就是全社會都能參與保險行業的監督，這在現實中執行起來比較困難。以下介紹三種常見的社會監督方式。

(1) 保險信用評級機構。保險信用評級是由社會獨立的信用評級機構以客觀公正的態度和嚴謹科學的分析方法，通過綜合評價保險公司財務信息，對其如期履約賠償或給付能力及其可信任程度進行等級鑒定。保險信用評級一般採用定性分析和定量分析相結合，尤為注重定量模型分析技術，評價內容主要涉及保險公司的經營環境和公司自身發展情況，評價核心基本圍繞著保險人的償付能力，產、壽險保險公司評價指標有所不同。雖然保險信用評級結果本身不具有強制力，但是保險信用評級的作用巨大。保險信用評級可以有效降低保險市場的信息不對稱風險，作為保險公司重要的競爭策略，也是保險公司低成本融資的可靠保證。目前，很多國家都把保險信用評級作為政府監管的重要輔助工具。

世界範圍內的保險信用評級是在債券、股票等信用評級基礎上發展起來的。當今世界有四大著名的評級機構：貝氏（A.M. Best）、標準普爾（S&P）、穆迪（Moody's）、惠譽（Fitch）。

1899 年成立的貝氏是一家專門從事保險公司評級的信用評級機構。該公司主要以保險公司年度報告為依據，從評級公司的資產負債實力、營運業績以及業務概況三個方面進行綜合定性分析和定量分析，對保險公司償付能力進行評級，提供保險公司破產可能性的專業意見。

標準普爾是世界一流的信用評級公司，自 1971 年就開始對保險公司的財務實力進行評級。標準普爾保險評級採用的評級標準是「理賠能力等級」，即考察其資本能否足以承擔其擔負的長期或短期的保單責任。

1986 年，穆迪引入保險信用等級評估制度。穆迪的保險信用評級從財務狀況和業務狀況兩方面進行分析，針對保險公司能否按時支付保單持有人賠償和履行保

責任的能力而給出評估意見，反應的是當前的財務實力以及承受未來財務困難時期的能力。

惠譽作為唯一的一家歐洲評級機構通過定性分析（管理層訪談、行業調查、專家意見）和定量分析（財務和部分指標預測），並結合對保險公司如期履行債務或其他義務的能力和意願的考察，側重對未來償債能力和現金流量的分析評估，揭示受評對象違約風險的大小。

中國的保險信用評級機構發展相對滯後，目前尚無正式的專業保險信用評價機構，僅有的評級機構主要是在資本市場開展評級業務，為保險公司的資金投資提供參考服務。2013 年，中國保監會發布《關於認可 7 家信用評級機構能力備案的公告》，公布了其認可評級資質的 7 家信用評級機構名單。這意味著，由這 7 家機構評級的債券，將是保險機構可以投資的債券。這 7 家機構包括：大公國際資信評估有限公司、東方金誠國際信用評估有限公司、聯合信用評級有限公司、聯合資信評估有限公司、上海新世紀資信評估投資服務有限公司、中誠信國際信用評級有限責任公司、中誠信證券評估有限公司。

（2）獨立審計機構。外部獨立審計是指經政府有關部門審核批准的社會仲介機構（註冊會計師事務所和審計師事務所）接受保險人委託進行審計，對保險公司的會計報表及相關資料進行獨立審計並發表審計意見。獨立審計秉承公平公正的原則，主要是對審計單位會計報表的合法性、公允性和會計處理辦法的一貫性發表審計意見。合法性是指被審計單位會計報表的編製是否符合會計準則和其他有關財務會計規定；公允性是指被審計單位會計報表是否在所有重大方面公允地反應了其財務狀況、經營狀況和現金流量狀況；一貫性是指被審計單位會計處理方法是否保持前後各期的一致性。由於獨立審計機構的客觀公正和準確性，世界各國都比較重視獨立審計機構的意見。

中國保監會發布的《關於保險公司委託會計師事務所開展審計業務有關問題的通知》規定，為加強對保險公司資本金、股東資格、業務經營和財務狀況的監督，保險公司向保險監管部門報送營業報告、財務會計報告和其他有關報告，應同時提交由符合規定條件的會計師事務所出具的審計報告。保險公司應積極配合註冊會計師的工作，主動提供審計所需要的財務會計資料及其他相關資料，並承擔相應的責任。中國保監會有權對保險公司進行抽查，復核保險公司報送的經過會計師事務所審計的有關報告，如發現會計師事務所在審計過程中可能存在違規行為、重大工作疏漏或失誤、隱瞞重大問題未向監管部門報告等，將通知中國註冊會計師協會，對經核實問題嚴重的，可以要求保險公司終止對該會計師事務所的委託。對屬於保險公司責任的問題，中國保監會將依據有關法規進行處罰。

中國保監會同時也重視對保險仲介機構的外部審計要求。《保險仲介機構外部審計指引》強調，保險仲介機構聘請會計師事務所進行外部審計，包括年度會計報表審計、中國保監會要求的特殊目的審計。保險仲介機構應當遵守法律、行政法規和中國保監會的有關規定進行外部審計，按時向中國保監會提交審計報告。鼓勵保

險仲介機構建立完善的外部審計制度，進行保險監管法規規定以外的外部審計。保險仲介機構不按規定進行外部審計，或者在審計過程中不予配合導致註冊會計師無法進行正常審計工作的，中國保監會將按有關規定進行嚴肅處理並直接實施業務檢查。

（3）社會媒體。保險行業作為新型金融服務產業，其廣泛的社會影響自然容易受到新聞媒體的關注。媒體關於保險公司的展業、理賠等經營行為、財務狀況的披露報導，直接影響保險公司的社會形象，左右廣大消費者的投保意願，對於社會反響強烈的問題甚至可能引起保險監督管理部門的注意，影響其政策取向。媒體對保險業的監督和宣傳作用非常重要，保險行業的健康、規範發展，離不開社會媒體的引導和監督。

（二）內部控制機制

內部控制機制是保險公司為了保證企業經營整體目標的實現、控制企業風險、提高組織效率，在企業內部制定並組織實施的一系列相互制約和相互協調的制度、措施、程序和方法。發達國家普遍重視企業內部控制制度的建設，歐洲各國都強調保險公司要發揮董事會在公司治理中的核心地位，要求保險公司建立嚴密的內部控制系統和風險管理系統，重視發揮內部審計的作用。

中國保監會 2010 年印發、2011 年 1 月 1 日正式實施的《保險公司內部控制基本準則》指出，保險公司內部控制的目標包括以下五個方面：

（1）行為合規性目標。保證保險公司的經營管理行為遵守法律法規、監管規定、行業規範、公司內部管理制度和誠信準則。

（2）資產安全性目標。保證保險公司資產安全可靠，防止公司資產被非法使用、處置和侵占。

（3）信息真實性目標。保證保險公司財務報告、償付能力報告等業務、財務及管理信息的真實、準確、完整。

（4）經營有效性目標。增強保險公司決策執行力，提高管理效率，改善經營效益。

（5）戰略保障性目標。保障保險公司實現發展戰略，促進穩健經營和可持續發展，保護股東、被保險人及其他利益相關者的合法權益。

保險公司內部控制體系包括以下三個組成部分：

（1）內部控制基礎，包括公司治理、組織架構、人力資源、信息系統和企業文化等。

（2）內部控制程序，包括識別評估風險、設計實施控制措施等。

（3）內部控制保證，包括信息溝通、內控管理、內部審計應急機制和風險問責等。

《保險公司內部控制基本準則》把保險公司內部控制活動分為銷售控制、營運控制、基礎管理控制和資金運用控制，還對保險公司內部控制的組織實施與監控、內部控制的評價與監管制定了詳細規定。保險公司內部控制評估報告應當提交董事

會審議。審議通過後的內部控制評估報告應當於每年 4 月 30 日前以書面和電子文本方式同時報送中國保監會。

三、保險監管的主要內容

(一) 組織監管

1. 保險公司的設立

世界各國根據國情選擇適合自身發展的不同的保險公司組織形式。美國、日本除股份公司外，允許採用相互保險公司形式，英國還有勞合社保險人。中國的保險公司組織形式曾經限定在股份有限公司和國有獨資公司，隨著保險業的發展，中國保險公司的組織形式變得更為靈活和多樣化，取消了上述限制。中國《保險法》第六十七條規定：「設立保險公司應當經國務院保險監督管理機構批准。」《保險法》第六十八條規定：「設立保險公司應當具備下列條件：（一）主要股東具有持續盈利能力，信譽良好，最近三年內無重大違法違規記錄，淨資產不低於人民幣二億元；（二）有符合本法和《中華人民共和國公司法》規定的章程；（三）有符合本法規定的註冊資本；（四）有具備任職專業知識和業務工作經驗的董事、監事和高級管理人員；（五）有健全的組織機構和管理制度；（六）有符合要求的營業場所和與經營業務有關的其他設施；（七）法律、行政法規和國務院保險監督管理機構規定的其他條件。」

2. 保險公司分支機構的設立

保險公司根據自身業務發展需要可以在國內外設立分支機構，但應當經保險監督管理機構批准。保險公司的分支機構不具有法人資格，其民事責任由保險公司總公司承擔。

保險公司設立分公司的註冊資本根據保險公司總公司的註冊資本情況而有所不同。保險公司以 2 億元人民幣的最低資本金額設立的，在其住所地以外的每一省、自治區、直轄市首次申請設立分公司，應當增加不少於人民幣 2 千萬元的註冊資本；申請設立分公司，保險公司的註冊資本達到前款規定的增資後額度的，可以不再增加相應的註冊資本。保險公司註冊資本達到人民幣 5 億元，在償付能力充足的情況下，設立分公司不需要增加註冊資本。

根據《保險公司管理規定》的規定，保險公司設立分公司需要符合以下諸多限制條件，如償付能力充足、治理結構相對完善、分支機構管理制度健全、良好的可行性論證、適合的籌建負責人、無相應行政處罰記錄等。一般情況下，保險公司設立省級分公司，由保險公司總公司提出申請；設立其他分支機構，由保險公司總公司提出申請，或者由省級分公司持總公司批准文件提出申請。

3. 保險公司的解散、撤銷和破產

(1) 保險公司的解散。保險公司的解散是指由於符合法律規定的預定事由出現，經過保監會批准，保險公司關閉機構、終止營業活動的行為。按照中國《保險法》的規定，保險公司的解散主要有以下三種情況：

①保險公司因分立、合併需要解散。原來的一個保險公司將全部財產分立成兩個以上保險公司，原保險公司解散，出現新的多個法人。一個公司以吸收其他公司的形式合併，被吸收保險公司的法人資格消失，該公司應當解散。兩個以上公司合併成一個新保險公司時，原來的各保險公司都需要解散。

②股東會或者股東大會決議解散。保險公司的股東會或股東大會作為公司最高權力機關，有權根據公司的情況，作出解散公司的決議，但解散公司必須要超過一定的表決權數才能通過。有限責任公司要有代表 2/3 以上表決權的股東通過才能決定解散公司；股份有限公司要通過決議解散公司，必須由出席股東大會會議的股東所持表決權的 2/3 以上通過。

③公司章程規定的解散事由出現。保險公司的章程是公司依法制定並開展一切經營活動的基礎，當章程規定的解散公司事由出現，保險公司應當自覺停止營業，報保監會批准後解散。

中國《保險法》第八十九條還特別強調：「經營有人壽保險業務的保險公司，除因分立、合併或者被依法撤銷外，不得解散。」這主要考慮到人壽保險存在廣泛的社會影響，為了保持人壽保險合同的連續性，保護廣大被保險人的利益。

按照中國的《保險公司管理規定》的要求，保險公司依法解散的，應當經中國保監會批准，並報送一式三份的以下材料：解散申請書、股東大會或者股東會決議、清算組織及其負責人情況和相關證明材料、清算程序、債權債務安排方案、資產分配計劃和資產處分方案、中國保監會規定提交的其他材料。保險公司依法解散的，應當成立清算組，清算工作由中國保監會監督指導。清算組應當自成立之日起 10 日內通知債權人，並於 60 日內在中國保監會指定的報紙上至少公告 3 次。清算組應當委託資信良好的會計師事務所、律師事務所，對公司債權債務和資產進行評估。保險公司依法解散的，其資產處分應當採取公開拍賣、協議轉讓或者中國保監會認可的其他方式。保險公司依法解散的，在保險合同責任清算完畢之前，公司股東不得分配公司資產或者從公司取得任何利益。

（2）保險公司的撤銷。保險公司的撤銷是指由於保險公司不遵守相關法律法規，被保險監管機關強制吊銷經營保險業務許可證，不得不終止營業的行為。按照中國《保險法》的規定，保險公司的撤銷主要是因為違反了以下規定，且情節嚴重：未按照規定提存保證金或者違反規定動用保證金、未按照規定提取或者結轉各項責任準備金、未按照規定繳納保險保障基金或者提取公積金、未按照規定辦理再保險、未按照規定運用保險公司資金、未經批准設立分支機構或者代表機構、未按照規定申請批准保險條款和保險費率。

保險公司因違法經營被依法吊銷經營保險業務許可證的，或者償付能力低於國務院保險監督管理機構規定標準，不予撤銷將嚴重危害保險市場秩序、損害公共利益的，由國務院保險監督管理機構予以撤銷並公告，依法及時組織清算組進行清算。

保險公司依法被撤銷的，由中國保監會及時組織股東、有關部門以及相關專業

人員成立清算組。清算組應當自成立之日起 10 日內通知債權人，並於 60 日內在中國保監會指定的報紙上至少公告 3 次。清算組應當委託資信良好的會計師事務所、律師事務所，對公司債權債務和資產進行評估。保險公司依法被撤銷的，其資產處分應當採取公開拍賣、協議轉讓或者中國保監會認可的其他方式。保險公司依法被撤銷的，在保險合同責任清算完畢之前，公司股東不得分配公司資產或者從公司取得任何利益。

（3）保險公司的破產。和普通企業一樣，保險公司如果不能清償到期債務，並且資產不足以清償全部債務或者明顯缺乏清償能力的，依照《中華人民共和國企業破產法》的規定清理債務。保險公司有明顯喪失清償能力可能的，可以依照《中華人民共和國企業破產法》的規定進行重整。

當然，保險公司與普通企業破產條件也有所不同。根據中國《保險法》的規定，保險公司有《中華人民共和國企業破產法》第二條規定情形的，經國務院保險監督管理機構同意，保險公司或者其債權人可以依法向人民法院申請重整、和解或者破產清算；國務院保險監督管理機構也可以依法向人民法院申請對該保險公司進行重整或者破產清算。在破產條件設定上，申請保險公司破產的主體是保險公司、債權人以及國務院保險監督管理機構。但是如果保險公司和債權人向人民法院申請將保險公司重整或者破產的，必須以保險監督管理機構事先同意為條件，這充分體現了保護被保險人利益的宗旨。

保險公司破產的財產清償順序必須嚴格依法執行。破產財產在優先清償破產費用和共益債務後，按照下列順序清償：

①所欠職工工資和醫療、傷殘補助、撫恤費用，所欠應當劃入職工個人帳戶的基本養老保險、基本醫療保險費用，以及法律、行政法規規定應當支付給職工的補償金；

②賠償或者給付保險金；

③保險公司欠繳的除第①項規定以外的社會保險費用和所欠稅款；

④普通破產債權。

破產財產不足以清償同一順序的清償要求的，按照比例分配。破產保險公司的董事、監事和高級管理人員的工資，按照該公司職工的平均工資計算。

保險公司有別於其他企業破產清算的地方在於保險公司應當賠償或給付的保險金優於所欠繳社會保險費用和所欠稅款而得到清償。

保險公司破產對保險合同的效力影響不同。保險公司根據其業務類型可以分為財產保險公司、非財產保險公司以及財產保險業務和非財產保險業務兼顧的綜合性保險公司。按照中國《保險法》的規定，經營有人壽保險業務的保險公司被依法撤銷或者被依法宣告破產的，其持有的人壽保險合同及責任準備金必須轉讓給其他經營有人壽保險業務的保險公司；不能同其他保險公司達成轉讓協議的，由國務院保險監督管理機構指定經營有人壽保險業務的保險公司接受轉讓。轉讓或者由國務院保險監督管理機構指定接受轉讓前款規定的人壽保險合同及責任準備金的，應當

維護被保險人、受益人的合法權益。從法律層面政府對經營人壽保險業務保險公司的破產做了更為嚴密的安排，即便在破產情況下，持有人壽保險合同的被保險人權益仍然能得到保障。相比之下，經營非人壽保險業務的保險公司破產，其債權人就應當承擔可能無法獲得全額清償的市場風險。這也主要是考慮到人壽保險的長期性、倫理性和更廣泛的社會性，出於維護社會安定的角度採取的適當措施。

4. 保險公司董事、監事和高級管理人員的任職資格

保險行業的專業性和技術性較強，合格的保險公司高級管理人員對保險公司發展乃至保險行業發展都起著明顯的推動作用。保險公司的高級管理人員是指對保險機構經營管理活動和風險控制具有決策權或者重大影響的下列人員：

(1) 總公司總經理、副總經理和總經理助理；
(2) 總公司董事會秘書、合規負責人、總精算師、財務負責人和審計責任人；
(3) 分公司、中心支公司總經理、副總經理和總經理助理；
(4) 支公司、營業部經理；
(5) 與上述高級管理人員具有相同職權的管理人員。

保險機構董事、監事和高級管理人員的任職資格都實行核准制度，應當在任職前取得中國保監會核准。根據保險發展的現實需要，中國保監會不斷調整保險機構董事、監事和高級管理人員的任職資格要求。保險機構董事、監事和高級管理人員應當遵守法律、行政法規和中國保監會的有關規定，遵守保險公司章程。保險機構董事、監事和高級管理人員應當具有誠實信用的品行、良好的合規經營意識和履行職務必需的經營管理能力。保險機構董事、監事和高級管理人員應當通過中國保監會認可的保險法規及相關知識測試。

保險公司董事長應當具有金融工作 5 年以上或者經濟工作 10 年以上工作經歷。保險公司董事和監事應當具有 5 年以上與其履行職責相適應的工作經歷。保險公司董事會秘書應當具有大學本科以上學歷以及 5 年以上與其履行職責相適應的工作經歷。保險公司總經理、副總經理和總經理助理應當具有下列條件：

(1) 大學本科以上學歷或者學士以上學位；
(2) 從事金融工作 8 年以上或者經濟工作 10 年以上。

保險公司總經理除具有前述兩個條件外，還應當具有下列任職經歷之一：

(1) 擔任保險公司分公司總經理以上職務高級管理人員 5 年以上；
(2) 擔任保險公司部門負責人 5 年以上；
(3) 擔任金融監管機構相當管理職務 5 年以上；
(4) 其他足以證明其具有擬任職務所需知識、能力、經驗的職業資歷。

閱讀材料 8-1：保險公司董事、監事和高管任職資格的詳細規定

2014 年 1 月 23 日，中國保監會會發布了《中國保險監督管理委員會關於修改〈保險公司董事、監事和高級管理人員任職資格管理規定〉的決定》（以下簡稱《決定》）。《決定》第二章內容如下：

第六條　保險機構董事、監事和高級管理人員應當遵守法律、行政法規和中國保監會的有關規定，遵守保險公司章程。

第七條　保險機構董事、監事和高級管理人員應當具有誠實信用的品行、良好的合規經營意識和履行職務必需的經營管理能力。

第八條　保險機構董事、監事和高級管理人員應當通過中國保監會認可的保險法規及相關知識測試。

第九條　保險公司董事長應當具有金融工作5年以上或者經濟工作10年以上工作經歷。

保險公司董事和監事應當具有5年以上與其履行職責相適應的工作經歷。

第十條　保險公司董事會秘書應當具有大學本科以上學歷以及5年以上與其履行職責相適應的工作經歷。

第十一條　保險公司總經理、副總經理和總經理助理應當具有下列條件：

（一）大學本科以上學歷或者學士以上學位；

（二）從事金融工作8年以上或者經濟工作10年以上。

保險公司總經理除具有前款規定條件外，還應當具有下列任職經歷之一：

（一）擔任保險公司分公司總經理以上職務高級管理人員5年以上；

（二）擔任保險公司部門負責人5年以上；

（三）擔任金融監管機構相當管理職務5年以上；

（四）其他足以證明其具有擬任職務所需知識、能力、經驗的職業資歷。

第十二條　保險公司省級分公司總經理、副總經理和總經理助理應當具有下列條件：

（一）大學本科以上學歷或者學士以上學位；

（二）從事金融工作5年以上或者經濟工作8年以上。

保險公司省級分公司總經理除具有前款規定條件外，還應當具有下列任職經歷之一：

（一）擔任保險公司中心支公司總經理以上職務高級管理人員3年以上；

（二）擔任保險公司省級分公司部門負責人以上職務3年以上；

（三）擔任其他金融機構高級管理人員3年以上；

（四）擔任國家機關、大中型企業相當管理職務5年以上；

（五）其他足以證明其具有擬任職務所需知識、能力、經驗的職業資歷。

保險公司在計劃單列市設立的行使省級分公司管理職責的分公司，其高級管理人員的任職條件參照適用前兩款規定。

資料來源：中國保險監督管理委員會關於修改《保險公司董事、監事和高級管理人員任職資格管理規定》的決定，2014-01-23。

(二) 業務監管

1. 保險業務範圍

按照中國《保險法》的規定，保險公司的業務範圍包括：

（1）人身保險業務，包括人壽保險、健康保險、意外傷害保險等保險業務；

（2）財產保險業務，包括財產損失保險、責任保險、信用保險、保證保險等保險業務；

（3）國務院保險監督管理機構批准的與保險有關的其他業務。

保險人不得兼營人身保險業務和財產保險業務。但是經營財產保險業務的保險公司經國務院保險監督管理機構批准，可以經營短期健康保險業務和意外傷害保險業務。保險公司應當在國務院保險監督管理機構依法批准的業務範圍內從事保險經營活動。

中國對保險業務範圍監管持謹慎態度，經批准設立的保險公司的業務範圍並不自動獲得經營全部保險業務的資格。隨著社會的發展，保險公司和社會方方面面聯繫愈加廣泛，傳統商業保險公司業務範圍可能適應不了實際發展需要。保險公司如果需要調整業務經營範圍，應當向保險監督管理機構提出申請，保險監督管理機構根據該保險公司的技術實力、管理水平、資本金、償付能力等因素綜合核定。經保險監督管理機構核定調整的業務範圍，應當在新保險許可證上予以記載。保險公司分支機構的業務範圍需要經過保險監管機關的核定，而且保險公司分支機構業務範圍也需要總公司授權，分支機構只能在授權範圍內從事保險經營活動。

目前，世界上大多數國家都禁止保險公司同時從事性質不同的保險業務。中國也基本贊成人身保險業務和財產保險業務不得兼營的原則。由於人身保險業務和財產保險業務在經營技術基礎、保費計算方式以及償付能力要求等方面存在很大區別，保險公司不兼營人身保險業務和財產保險業務有助於保證保險公司的財務穩定性，充分保護被保險人利益。

中國允許經營財產保險業務的保險公司經國務院保險監督管理機構批准，可以經營短期健康保險業務和意外傷害保險業務。這是因為財產保險業務和短期健康險業務、意外險業務都是短期保險業務，在承保技術和財務要求上比較一致，大多適用保險的損失補償原則。這樣規定靈活地顧及被保險人的需求，使其可以獲得更加便捷和全面的保險服務。

2. 保險條款和保險費率

保險條款是保險合同的核心內容，通過保險條款，投保人和保險人約定了雙方的主要權利義務。由於保險行業的特殊性和保險產品的專業性，保險條款設計通常只能由精通保險業務的保險人來設計，投保人很難介入。但為了防止保險公司在設計保險條款時過於從自身角度考慮，損害對方利益，世界各國都不同程度堅持對保險條款內容進行監管。

保險費率是保險產品的價格，合理的保險費率應該根據保險標的風險情況、損失概率、保險責任、保險期限以及保險人經營費用來確定。保險費率制定要確保公

平性，既保證保險人在維持充足償付能力的前提下保有合理利潤，又要能做到保險標的費率差別化，保險產品價格具備市場競爭力，這也需要政府部門的相應監管和引導。目前來看，中國保險條款和保險費率的監管有逐步放松和逐漸市場化的趨勢。

中國《保險法》第一百三十五條規定：「關系社會公眾利益的保險險種、依法實行強制保險的險種和新開發的人壽保險險種等的保險條款和保險費率，應當報國務院保險監督管理機構批准。國務院保險監督管理機構審批時，應當遵循保護社會公眾利益和防止不正當競爭的原則。其他保險險種的保險條款和保險費率，應當報保險監督管理機構備案。保險條款和保險費率審批、備案的具體辦法，由國務院保險監督管理機構依照前款規定制定。」《保險法》第一百三十六條規定：「保險公司使用的保險條款和保險費率違反法律、行政法規或者國務院保險監督管理機構的有關規定的，由保險監督管理機構責令停止使用，限期修改；情節嚴重的，可以在一定期限內禁止申報新的保險條款和保險費率。」按照《保險公司管理規定》的要求，保險機構經營過程中，不得將其保險條款、保險費率與其他保險公司的類似保險條款、保險費率或者金融機構的存款利率等進行片面比較。

保險機構可以對已經審批或者備案的保險條款和保險費率進行組合式經營使用。保險機構經營使用組合式保險條款和保險費率，對已經審批或者備案的保險條款和保險費率未作修改的，無需重新報送審批或者備案。保險機構經營使用組合式保險條款和保險費率，對已經審批或者備案的保險條款和保險費率作出修改的，應當按照規定重新報送審批或者備案。保險公司報送組合式保險條款和保險費率審批或者備案的，除應當提交規定的材料外，還應當提交組合式保險條款和保險費率的名稱及其保險單式樣。保險機構經營使用組合式保險條款和保險費率，應當分別列明各保險條款對應的保險費和保險金額。在共保業務中，其他保險公司可直接使用首席承保人經中國保監會審批或者備案的保險條款和保險費率，無需另行申報。

3. 再保險業務

再保險通過形成多個保險公司分散風險的機制，可以極大程度上提高直接保險人的承保能力，改善直接保險人的財務狀況。對於巨災風險，再保險更可以顯著提升保險人的承受能力和承保意願，從而增強保險服務社會的能力。再保險監管有利於保持保險公司經營穩定，發展民族保險業。目前，世界各國都進行再保險監管，一些國家對再保險監管與原保險監管在形式和內容上相同，一些國家對再保險監管和原保險監管區別對待。有的國家主要監管直接保險人的償付能力，而不涉及專業再保險人具體經營活動，比如法國、比利時和愛爾蘭；有的國家嚴格監管專業再保險人的經營活動，比如美國、英國和瑞士；有的國家再保險監管介於以上兩者之間，既監管再保險人的償付能力也監管再保險人的經營活動，比如德國、荷蘭和奧地利。

中國對再保險人實行資格准入制度。中國《保險法》第九十六條規定：「經國務院保險監督管理機構批准，保險公司可以經營本法第九十五條規定的保險業務的

下列再保險業務：（一）分出保險；（二）分入保險。」

中國也很注重再保險的經營活動監管。保險公司對每一危險單位，即對一次保險事故可能造成的最大損失範圍所承擔的責任，不得超過其實有資本金加公積金總和的10%；超過的部分應當辦理再保險。保險公司對危險單位的劃分應當符合國務院保險監督管理機構的規定。保險公司對危險單位的劃分方法和巨災風險安排方案，應當報國務院保險監督管理機構備案。保險公司應當按照國務院保險監督管理機構的規定辦理再保險，並審慎選擇再保險接受人。

按照《再保險業務管理規定》的要求，再保險業務分為壽險再保險和非壽險再保險。保險人對壽險再保險和非壽險再保險應當單獨列帳、分別核算。保險人應當依照《保險法》的規定，確定當年總自留保險費和每一危險單位自留責任；超過的部分，應當辦理再保險。除航空航天保險、核保險、石油保險、信用保險外，直接保險公司辦理合約分保或者臨時分保的，應當符合下列規定：

（1）以比例再保險方式分出財產險直接保險業務時，每一危險單位分給同一家再保險接受人的比例，不得超過再保險分出人承保直接保險合同部分的保險額或者責任限額的80%。

（2）每一臨時分保合同分給投保人關聯企業的保險金額或者責任限額，不得超過直接保險業務保險金額或者責任限額的20%。

保險人對危險單位的劃分應當符合中國保監會的相關規定，並於每年3月31日之前將危險單位的劃分方法報中國保監會備案。保險人應當根據實際情況，科學、合理安排巨災再保險，並於每年6月30日之前將巨災風險安排方案報中國保監會備案。再保險分出人應當將影響再保險定價和分保條件的重要信息向再保險接受人書面告知。再保險合同成立後，再保險分出人應及時向再保險接受人提供重大賠案信息、賠款準備金等對再保險接受人的準備金建立及預期賠付有重大影響的信息。

（三）財務監管

1. 資本金和保證金

保險公司資本金是股東對保險公司的投資額。保險公司資本金從職能上可以劃分為設立公司的最低資本金和經營中匹配風險資本金。最低資本金是相對靜態的資本要求，和保險公司業務性質和種類有關。中國《保險法》第六十九條規定：「設立保險公司，其註冊資本的最低限額為人民幣二億元。國務院保險監督管理機構根據保險公司的業務範圍、經營規模，可以調整其註冊資本的最低限額，但不得低於本條第一款規定的限額。保險公司的註冊資本必須為實繳貨幣資本。」保險公司經營中匹配風險資本金是動態資本要求，和保險公司業務量緊密相關。中國《保險法》第一百零二條規定：「經營財產保險業務的保險公司當年自留保險費，不得超過其實有資本金加公積金總和的四倍。」

保險保證金是保險公司清償債務的保證，國家強制性掌控保險公司一部分實有資金，是為了保證保險公司的變現資金數額。中國《保險法》第九十七條規定：

「保險公司應當按照其註冊資本總額的百分之二十提取保證金，存入國務院保險監督管理機構指定的銀行，除公司清算時用於清償債務外，不得動用。」

2. 準備金

保險經營的負債性決定了保費支出與保險賠償或給付在時間上、金額上存在差異，為了保證保險人按時按期能夠履行保險合同的賠償或給付義務，世界各國一般都規定保險公司要依法提出各種準備金。中國《保險法》第九十八條規定：「保險公司應當根據保障被保險人利益、保證償付能力的原則，提取各項責任準備金。保險公司提取和結轉責任準備金的具體辦法，由國務院保險監督管理機構制定。」

目前，中國保險準備金可分為：未到期責任準備金、壽險責任準備金、長期健康險責任準備金、未決賠款準備金。未到期責任準備金是指保險人為尚未終止的非壽險保險責任提取的準備金。壽險責任準備金是指保險人為尚未終止的人壽保險責任提取的準備金。長期健康險責任準備金是指保險人為尚未終止的長期健康保險責任提取的準備金。未決賠款準備金又可分為已發生已報案未決賠款準備金、已發生未報案未決賠款準備金和理賠費用準備金。

保險公司未依照規定提取或者結轉各項責任準備金，由保險監督管理機構責令限期改正，並可以責令調整負責人及有關管理人員。

3. 保險保障基金

保險保障基金是保險行業的風險救助基金，也稱保障被保險人利益的最後「安全網」。當保險公司破產清算時保險保障基金可以對其提供及時救助，支付保險賠償或給付保險金，同時保險保障基金也可以對受讓財務狀況不佳的保險公司保單的其他保險公司提供必要的資金救助，保證保險合同效力不受影響。中國對保險保障基金實行統一繳納，集中管理。中國《保險法》第一百條規定：「保險公司應當繳納保險保障基金。保險保障基金應當集中管理，並在下列情形下統籌使用：（一）在保險公司被撤銷或者被宣告破產時，向投保人、被保險人或者受益人提供救濟；（二）在保險公司被撤銷或者被宣告破產時，向依法接受其人壽保險合同的保險公司提供救濟；（三）國務院規定的其他情形。保險保障基金籌集、管理和使用的具體辦法，由國務院制定。」

目前，中國對保險保障基金的管理主要適用 2008 年 9 月 11 日開始實施的《保險保障基金管理辦法》。設立國有獨資的中國保險保障基金公司，依法負責保險保障基金的籌集、管理和使用。保險保障基金公司依法獨立運作，其董事會對保險保障基金的合法使用以及安全負責。保險保障基金公司依法從事下列業務：

（1）籌集、管理、運作保險保障基金；

（2）監測保險業風險，發現保險公司經營管理中出現可能危及保單持有人和保險行業的重大風險時，向中國保險監督管理委員會提出監管處置建議；

（3）對保單持有人、保單受讓公司等個人和機構提供救助或者參與對保險業的風險處置工作；

（4）在保險公司被依法撤銷或者依法實施破產等情形下，參與保險公司的清

算工作;

(5) 管理和處分受償資產;

(6) 國務院批准的其他業務。

中國保險保障基金主要來源於境內保險公司依法繳納的保險保障基金、保險保障基金公司依法從破產保險公司清算財產中獲得的受償收入、捐贈、上述資金的投資收益、其他合法收入。保險公司應當按照下列規定，對經營的財產保險業務或者人身保險業務繳納保險保障基金，繳納保險保障基金的保險業務納入保險保障基金救助範圍:

(1) 非投資型財產保險按照保費收入的0.8%繳納，投資型財產保險，有保證收益的，按照業務收入的0.08%繳納，無保證收益的，按照業務收入的0.05%繳納;

(2) 有保證收益的人壽保險按照業務收入的0.15%繳納，無保證收益的人壽保險按照業務收入的0.05%繳納;

(3) 短期健康保險按照保費收入的0.8%繳納，長期健康保險按照保費收入的0.15%繳納;

(4) 非投資型意外傷害保險按照保費收入的0.8%繳納，投資型意外傷害保險，有保證收益的，按照業務收入的0.08%繳納，無保證收益的，按照業務收入的0.05%繳納。

4. 保險資金運用

中國強調保險資金運用必須穩健，遵循安全性原則。保險資金的運用形式比較多樣化且具有發展性和變化性特徵。中國《保險法》第一百零六條規定:「保險公司的資金運用限於下列形式:（一）銀行存款;（二）買賣債券、股票、證券投資基金份額等有價證券;（三）投資不動產;（四）國務院規定的其他資金運用形式。」

中國允許設立保險資產管理公司，鼓勵保險資金的專業管理，提倡實施保險資金的專門化運作。中國《保險法》第一百零七條規定:「經國務院保險監督管理機構會同國務院證券監督管理機構批准，保險公司可以設立保險資產管理公司。保險資產管理公司從事證券投資活動，應當遵守《中華人民共和國證券法》等法律、行政法規的規定。」

為了適應社會發展需要，中國保險資金運用在日漸規範的同時，具體運用渠道存在逐步放寬的態勢。2004年，中國保監會發布了《保險外匯資金境外運用管理暫行辦法》和《保險機構投資者股票投資管理暫行辦法》，允許保險資金境外運用和直接入市，允許保險資金投資人民幣普通股票和可轉換公司債券。2005年，中國保監會允許保險資金提高企業債、金融機構次級債等品種的投資比例，並允許保險資金投資商業銀行金融債券和企業短期融資券。2006年，《保險資金間接投資基礎設施項目試點管理辦法》允許保險資金以債權、股權及其他可行方式間接投資基礎設施項目。2007年，《保險資金境外投資管理暫行辦法》和《保險機構基礎設施

項目債權投資計劃管理指引》發布，保險資金投資境外市場和基礎設施獲得突破。2009 年，新出抬的《保險法》和《保險資金投資股權管理辦法》《保險資金投資不動產管理辦法》，進一步拓寬保險資金的投資渠道。2010 年，《保險資金運用管理暫行辦法》《保險資金投資股權暫行辦法》和《保險資金投資不動產暫行辦法》嚴格規定了保險資金辦理銀行存款的商業銀行條件、保險資金投資債券的條件、保險資金投資股票的條件、保險資金投資證券投資基金的條件、保險資金投資不動產條件和保險資金投資股權的條件。2011 年，中國保監會發布《關於調整〈保險資產管理公司管理暫行規定〉有關規定的通知》，提高了保險資產管理公司的總資產和註冊資本要求。2012 年，《保險資金投資債券暫行辦法》《關於保險資金投資股權和不動產有關問題的通知》《關於保險資金投資有關金融產品的通知》《基礎設施債權投資計劃管理暫行規定》和《保險資金境外投資管理暫行辦法實施細則》分別進一步規範了保險資金投資證券、投資股權和不動產、投資金融產品、投資基礎設施債權和投資境外等方面的行為。同時，2012 年中國保監會出抬的《保險資金參與金融衍生產品交易暫行辦法》和《保險資金參與股指期貨交易規定》在考慮風險控制基礎上進一步放寬了保險資金投資範圍。2014 年，中國保監會發布《關於加強和改進保險資金運用比例監管的通知》和《保險資金運用內控與合規計分監管規則》，把保險投資資金（不含獨立帳戶資產）劃分為流動性資產、固定收益類資產、權益類資產、不動產類資產和其他金融資產五大類資產，分別設立大類資產監管比例、集中度風險監管比例和風險監測比例，更加強調保險資金運用內控與合規評價。

目前，中國保險資金用於銀行存款的比例逐步降低，保險資金投資債券的比例上升較快，投資權益類資產比例有一定增長，間接投資基礎設施項目的規模開始逐漸增大。總體上，中國保險資金投資是健康和安全的，能保持較高的收益率。

5. 償付能力監管

保險償付能力監管是指保險監管部門對保險公司履行負債能力的監督和管理。保證保險公司具有足夠償付能力是保險監管的最終目的，因此對保險公司償付能力的監管是開展保險監管的核心工作。由於保險償付能力涉及面廣、技術要求高，保險償付能力監管需要相對完善的監管體系。

為了保證償付能力的監管效果，世界各國不僅是對償付能力進行結果性監管，更重要的是實施動態過程性監管。當今，世界影響力較大的有三種償付能力監管模式為歐盟償付能力Ⅰ和Ⅱ、美國 RBC 償付能力監管和國際保險監督官協會的「三支柱」制度。

歐盟償付能力Ⅰ監管體系使用時間相對較長，從 20 世紀 70 年代開始使用。隨著保險市場的發展，償付能力Ⅰ監管體系已經逐漸適應不了新形勢保險業的監管需要。歐盟在 2001 年啓動了償付能力Ⅱ項目，希望建立一套全新的符合時代要求的償付能力監管體系，該體系在 2014 年正式開始實施。

歐盟償付能力Ⅱ項目的核心是「三支柱」整體框架：第一支柱側重於對準備

金、資本和自有資金的定量要求；第二支柱側重對公司治理、內控、風險管理和監管審核的定性要求；第三支柱則強調監管報告、公眾報告和保險信息透明度的信息披露要求。在償付能力Ⅱ項目下，資產和負債的計量都是採用會計計量標準，這和美國 RBC 償付能力體系採用監管標準不同。償付能力Ⅱ體系設置了兩個資本要求：最低資本要求（Minimum Capital Requirement，MCR）和償付能力資本要求（Solvency Capital Requirement，SCR）。歐盟認為保險公司的資本是影響償付能力的重要因素，但僅僅考慮償付能力資本要求的定量化是不夠的，還需要考慮保險公司治理結構、內控能力、管理流程規範化等諸多因素。因此，償付能力Ⅱ項目中加入了定性因素要求，主要包括內部風險管理要求和監管審查程序。內部風險管理要求包括八個方面：建立有效的組織架構、職責分工和報告系統；公司關鍵崗位高管人員的適當任職要求；有效的風險管理系統；風險與償付能力自評；有效的內控體系；適當的內部審計程序；足夠的精算人員和合理的精算方法；職能外包的償付能力定量要求。監管審查程序是償付能力Ⅱ項目第二支柱的關鍵，審查內容主要包括六個方面：內部管理系統；準備金評估；資本要求；投資規則；實際資本的數量和質量；內部模型。償付能力Ⅱ項目第三支柱對信息披露要求非常嚴格，保險公司不僅應當在年報中簡明扼要地披露其償付能力及財務狀況，而且其他任何有助於判斷保險公司風險情況、財務和償付能力狀況以及對監管機關決策可能產生影響的信息都需要及時向保險監管機關報告。

美國 RBC 償付能力制度是全美保險監督官協會（National Association of Insurance Commissioners，NAIC）於 20 世紀 90 年代推出的，以風險資本要求法為核心。美國 RBC 償付能力制度參照《巴塞爾協議》對商業銀行資本充足性的要求，根據保險公司面臨風險的不同規定相應的風險資本額，進一步通過財務報表得出的風險因子相乘，確定最低資本金數額，並與保險公司經調整後的資本金比較，以此來判斷該保險公司資本金是否充足，償付能力是否滿足要求。從 2008 年開始，美國保險監督官協會通過研究國際金融業和國際會計準則最新成果，提出美國償付能力現代化工程（Solvency Modernization Initiative，SMI），將保險公司償付能力監管從更寬廣的視角來展開研究，研究範圍重點涉及保險公司資本要求、國際會計準則、保險公司資產負債評估、再保險和保險公司集團監管五個領域。

國際保險監督官協會（International Association of Insurance Supervisors，IAIS）是 1994 年在瑞士成立的一個全球性保險監管組織，現有成員包括接近 200 個國家和地區的保險監管組織。2005 年 10 月，國際保險監督官協會發布了一份新的保險監管共同框架的文件，其中提出了償付能力「三層級」和「三支柱」監管模式。償付能力監管「三層級」的第一層級是指保險監管前提，即保險市場和保險監管機構；第二層級是指一系列的保險監管法律法規；第三層級是指按照規章制度嚴格有效監管。償付能力監管「三支柱」包括財務狀況監管（Financial）、法人治理監管（Governance）和市場行為監管（Market Conduct）。從 2009 年開始，國際保險監督官協會向全球保險監管組織徵求意見，力求建立一個全球統一的保險監管

規則。

中國的保險償付能力監管起步雖然較晚，但是發展較快，逐漸搭建起了保險償付能力監管體系。2009年修訂的《保險法》提出，保險公司應當具有與其業務規模和風險程度相適應的最低償付能力。保險公司的認可資產減去認可負債的差額不得低於國務院保險監督管理機構規定的數額；低於規定數額的，應當按照國務院保險監督管理機構的要求採取相應措施達到規定的數額。國務院保險監督管理機構應當建立健全保險公司償付能力監管體系，對保險公司的償付能力實施監控。

2008年9月1日開始實施的《保險公司償付能力管理規定》涉及面較廣，規定比較細緻。保險公司應當具有與其風險和業務規模相適應的資本，確保償付能力充足率不低於100%。償付能力充足率即資本充足率，是指保險公司的實際資本與最低資本的比率。保險公司應當按照中國保監會制定的保險公司償付能力報告編報規則定期進行償付能力評估，計算最低資本和實際資本，進行動態償付能力測試。保險公司應當以風險為基礎評估償付能力。保險公司的最低資本是指保險公司為應對資產風險、承保風險等風險對償付能力的不利影響，依據中國保監會的規定而應當具有的資本數額。保險公司的實際資本是指認可資產與認可負債的差額。認可資產是保險公司在評估償付能力時依據中國保監會的規定所確認的資產，認可資產適用列舉法。認可負債是保險公司在評估償付能力時依據中國保監會的規定所確認的負債。保險公司應當按照中國保監會的規定進行動態償付能力測試，對未來規定時間內不同情形下的償付能力趨勢進行預測和評價。

《保險公司償付能力管理規定》指出，保險公司應當按照中國保監會制定的保險公司償付能力報告編報規則及有關規定編製和報送償付能力報告，確保報告信息真實、準確、完整、合規。保險公司償付能力報告包括年度報告、季度報告和臨時報告。保險公司的綜合風險管理應將影響公司償付能力的因素都納入公司的內部償付能力管理體系。保險公司償付能力管理體系包括資產管理、負債管理、資產負債匹配管理、資本管理。

關於保險償付能力監督細節方面，中國保監會對保險公司償付能力的監督檢查採取現場監管與非現場監管相結合的方式。中國保監會根據保險公司償付能力狀況將保險公司分為下列三類，實施分類監管：

（1）不足類公司，即償付能力充足率低於100%的保險公司；

（2）充足 I 類公司，即償付能力充足率在100%~150%的保險公司；

（3）充足 II 類公司，即償付能力充足率高於150%的保險公司。

中國保監會不將保險公司的動態償付能力測試結果作為實施監管措施的依據。2008年10月發布的《關於實施〈保險公司償付能力管理規定〉有關事項的通知》又補充規定了財產保險公司最低資本、人壽保險公司最低資本和再保險公司最低資本等最低資本評估標準。

2013年，中國保監會印發的《中國第二代償付能力監管制度體系整體框架》標誌著中國的第二代保險償付能力體系初步建立。中國的第二代保險償付能力整體

框架由制度特徵、監管要素和監管基礎三大部分構成。從主要內容上來看，該制度吸收了國外三大償付能力模式的優點，也實施償付能力「三支柱」監管，並且結合了中國保險業的具體特點，是適應中國保險業發展的一種償付能力制度。

閱讀材料 8-2：《保險集團並表監管指引》中對風險管理和償付能力的規定

2014 年 12 月 4 日，中國保監會發布《保險集團並表監管指引》（以下簡稱《指引》）。《指引》針對保險集團的風險管理和償付能力制定如下規定：

風險管理部分

第十八條　保險集團應當建立和推行全面風險管理體系，以評估、防範和處理日常運行中面臨的重大風險。全面風險管理體系應當覆蓋集團整體，並與保險集團性質、規模和複雜程度相適應。

全面風險管理體系要素至少應當包括：

（一）全面風險治理架構；
（二）風險管理目標；
（三）集團風險偏好和風險容忍度；
（四）風險管理政策；
（五）風險管理流程；
（六）風險管理報告體系；
（七）風險管理信息系統等。

第十九條　保險集團公司應確定集團整體的風險偏好和風險容忍度，明確風險承受範圍和邊界，正確處理集團風險和收益的關係。保險集團公司應持續進行風險評估，及時調整自己的風險偏好。

第二十條　保險集團公司應在風險管理體系內建立有效的識別、評估、報告和管理集團風險的方法，至少應涵蓋保險風險、信用風險、市場風險、流動性風險、操作風險、聲譽風險、戰略風險等。

第二十一條　保險集團公司應在風險管理體系內建立與其風險相適應的壓力測試方案。

壓力測試應以可能發生的不利場景作為假設，通常應包括信用風險、市場風險、保險風險、流動性風險等，來分析保險集團風險狀況和抵禦不利衝擊、吸收損失的能力。壓力測試應考慮不同風險、複雜股權結構等在集團內產生的風險分散化效應及疊加效應。

保險集團公司應在決策和風險管理過程中充分考慮壓力測試的結果。

第二十二條　保險集團公司應當逐步建立和完善全集團的風險管理信息系統，風險管理信息系統應能夠涵蓋風險管理基本流程，包括信息的收集、存儲、分析、測試、報告和披露等。

風險管理信息系統應能對各種風險進行定性、定量分析，能夠及時反應集團重大風險和重要業務流程的監控狀態；能夠滿足風險管理信息的內部報告和對外披露

的要求；能夠實現信息在各職能部門、各業務單位之間的集成與共享。

第二十三條　保險集團公司的風險管理部門應當協調全集團的風險管理活動，確保風險管理體系在全集團得到建立並良好運行。

保險集團公司應根據集團面臨的風險情況的變化、集團結構的變化以及其他方面的重大變化，及時調整、更新集團的風險管理體系。

償付能力部分

第二十九條　保險集團應當以風險為基礎評估償付能力，建立償付能力管理制度，強化資本約束。

保險集團應當遵守中國保監會償付能力監管規定，滿足資本充足要求。

第三十條　保險集團應當擁有與其風險和業務規模相適應的資本，以確保保險集團公司及其保險子公司滿足中國保監會對於償付能力充足率的監管要求，非保險類金融子公司的資本充足水平應當持續符合金融監管部門的規定。

第三十一條　保險集團計算其集團最低資本要求，應當在評估成員公司償付能力的基礎上，充分考慮集團面臨的資產風險、承保風險、市場風險、信用風險、集團風險、操作風險等風險及風險集中帶來的不利影響，以及集團層面的分散程度、風險傳遞、非保險成員公司的相互作用、內部交易及複雜的股權結構帶來的疊加風險等因素的影響。

第三十二條　保險集團公司應當根據公司發展戰略目標、行業情況和國家有關規定，有針對性地制定整個集團層面未來三年的資本需求規劃，並確保擁有充足的可用資本來源。

第三十三條　保險集團應當根據中國保監會的要求進行動態償付能力測試。

第三十四條　對沒有達到並表資本監管要求的保險集團，中國保監會應當提出相應的監管要求。包括要求保險集團制定具體的資本充足率改善計劃，限制保險集團的風險資產增長速度和對外資本投資。

（四）對保險仲介的監管

保險仲介是保險公司和消費者之間進行保險活動的媒介。中國把保險仲介分為保險代理人、保險經紀人和保險公估人。有效的保險仲介制度可以充分發揮保險仲介的專業技能，減少保險人和消費者之間的矛盾和糾紛，促進保險公司深化改革，推動保險市場的健康發展。因此，各國保險監管機關普遍重視對保險仲介的有效監管。國際保險監督官協會制定的《保險監管核心原則》（ICP）第24條規定了保險監管的主要內容，保險仲介監管主要涉及保險仲介的職業資格、專業素質和能力、客戶利益保障和執法管理手段等方面。美國對保險仲介的約束主要是通過各州的保險法律或法律中的特別規定、自律性規則和保險仲介合同等來體現。

1. 保險代理人監管

保險代理人在保險市場上接受保險人委託來銷售保險，辦理相關保險業務。世界各國對保險代理的監管都包括資格審查和經營活動監管。美國根據銷售業務不同

把保險代理人分為人壽保險代理人、事故及健康險代理人和財產責任險代理人。代理人若想從業必須通過相應考試獲取專業資格。按代表保險公司數量的多寡，保險代理人有專業代理人與獨立代理人之分。美國對違反法律和其他準則的保險代理人給予的處罰一般包括經濟處罰和吊銷執照。日本《保險業法》認可的保險代理人有生命保險營銷人和損害保險代理店兩種。生命保險營銷人必須向日本大藏大臣登記，日本人壽保險協會還實施了全行業統一的資格考試制度、變額保險的資格制度。損害保險代理店主要活躍在財產保險市場，損害保險代理店可分為經營火險、汽車險、傷害險的種別代理店和除此以外的無種別代理店。種別代理店由財產保險同業協會相應設置四個不同等級的資格考試。如果保險代理人違反監管規定，內閣總理大臣可以取消其資格登記，或者命令其於不超過6個月的規定期內停止全部或部分業務，情節嚴重者將被判以徒刑並處以罰金。

中國保險代理人則分為個人保險代理人、兼業保險代理人和專業保險代理人。根據中國《保險法》的規定，保險代理機構要取得保險監管機構頒發的保險代理業務許可證。以公司形式設立的保險代理機構註冊資本最低限額適用《中華人民共和國公司法》和中國保監會的相關規定。保險專業代理機構的高級管理人員應當取得保險監督管理機構核准的任職資格。個人保險代理人、保險代理機構的代理從業人員需要具有從事保險代理業務所需的專業能力。保險代理機構應當按照國務院保險監督管理機構的規定繳存保證金或者投保職業責任保險。未經保險監督管理機構批准，保險代理機構不得動用保證金。個人保險代理人在代為辦理人壽保險業務時，不得同時接受兩個以上保險人的委託。保險代理人根據保險人的授權代為辦理保險業務的行為，由保險人承擔責任。

2013年實施的《保險銷售從業人員監管辦法》把為保險公司銷售保險產品的人員，包括保險公司的保險銷售人員和保險代理機構的保險銷售人員統稱為保險銷售從業人員。《保險銷售從業人員監管辦法》還把報名參加保險銷售從業人員資格考試的人員資格提高到大專以上學歷。2013年發布的《保險專業代理機構監管規定》提高了註冊資本要求，設立保險專業代理公司的註冊資本的最低限額為人民幣5,000萬元，中國保監會另有規定的除外。

2. 保險經紀人監管

保險經紀人在保險市場上幫助投保人和被保險人洽談保險事宜，做好風險管理服務，維護消費者利益。相對於保險代理人，保險經紀人監管普遍更趨於嚴格。美國大多數州的法律都要求保險經紀人要通過規定的資格考試才能執業，保險經紀人執照申請者還要符合職業素質和最低年齡的規定。保險經紀人違反保險法或其他法律時，各州法律對其均有處以經濟處罰和吊銷執照的規定。日本和英國的保險經紀人也都有資格考試要求、保證金要求、投保職業責任險要求和嚴格違法除名的規定。英國對保險經紀人管理更為嚴格，主要通過各種保險經紀行業協會進行監管。

中國《保險法》第一百二十八條規定：「保險經紀人因過錯給投保人、被保險人造成損失的，依法承擔賠償責任。」2013年重新發布的《保險經紀機構監管規

定》大幅提高了保險經紀公司的註冊資本要求，規定設立保險經紀公司，其註冊資本的最低限額為人民幣 5,000 萬元，中國保監會另有規定的除外。保險經紀公司的註冊資本必須為實繳貨幣資本。同時，該監管規定還規範了保險經紀機構的設立條件、高管任職資格、經營規則和市場退出等諸多事項，詳細列明各種保險經紀違規活動的法律責任。

3. 保險公估人監管

保險公估人是保險市場上獨立公正展開專業查勘、估損和理算工作的機構，其公正的專業角色受人尊敬。世界各國也都有嚴格的保險公估監管制度。美國的保險公估監管主要採用政府監管為主的方式，英國的保險公估監管則以行業自律為主。英國、澳大利亞等英聯邦國家，保險公估人組織形式可選擇有限責任公司或者無限責任的合夥公司。美國保險公估人組織形式比較自由，沒有特別限制。日本和韓國甚至還可以選擇個人形式的理賠公估人。不同國家對保險公估人的從業資格要求也有所不同。英國保險公估人必須修完相應專業課程，並通過嚴格的資格考試，英國保險公估人還非常強調工作經驗。日本保險公估人按照技能級別分為一級、二級和三級，獲取不同級別的資格就要參加相應的考試並通過註冊。

目前，中國的保險公估人監管主要依據是《保險法》和 2013 年重新發布的《保險公估機構監管規定》。從監管內容來看，中國和世界上大多數國家類似，都對保險公估機構的市場准入、經營規則、市場退出、監督檢查和法律責任等制定了詳細規定。

四、保險監管的方式

一個國家採用何種保險監管方式，由於國情存在差異，保險發展的歷史條件和發展階段也不相同，國際上沒有形成統一、固定的標準。通常，保險監管的方式主要有以下三種：

（一）公告管理方式

公告管理方式又稱公示方式、公告主義，是指保險監督管理機構對監管對象不進行任何直接管理，而僅把保險公司的資產負債、營業結果以及其他事項予以公布。保險公司業務情況及經營優劣由公眾和保險消費者自己判斷。甚至保險公司的組織形式、保險合同的設計、保險資金的運用都由保險公司自主決定，政府基本不予干預。這是國家對保險市場最為寬鬆的一種監管方式。

公告管理方式的優點是保險公司有充分的自主權，可以自由經營，在寬鬆的自由競爭環境中自我發展；缺點是社會公眾存在認識局限，難以把握保險公司的優劣判斷標準，並且保險公司的不規範經營行為難以得到有效糾正。這種方式一般為採用英國監管模式的國家所採納。實行公告管理方式的國家通常要具備較高的基礎條件，即該國經濟高度發達，保險市場繁榮，保險機構大量存在，投保人有充分的選擇空間；保險機構具有較高的自制能力，保險市場主體具有良好的商業道德，市場具有平等競爭的充分條件；國民普遍具有較高的文化素質和參與意識，投保人能對

保險公司的優劣作出適當的準確判斷。顯然，公告管理方式需要的條件相對較為理想化，而且由於保險業的特殊性，各國政府對保險業監管有加強的趨勢，這一方式逐漸很少被採用。

（二）規範管理方式

規範管理方式又稱規範方式、準則主義，只注重保險經營形式上的合法性。對於經營形式上不合法者，政府主管機構給予處罰，只要經營形式合法，政府對具體經營行為便不加干預。具體操作上，政府制定一系列的保險法律法規，對最低資本金限定、資產負債表審核、保險資金運用、違法處罰等制定明確規定，要求保險企業共同遵守。但是政府對保險公司是否遵守規定，僅在形式上加以審查。由於保險業務相對複雜、技術要求高、涉及面廣，有關法律法規很難面面俱到，造成保險公司有機可乘，往往出現形式上合法而實質上不合法的行為，難以達到預期的保險監管效果。因此，這種管理方式的適用也受到相應限制。

（三）實體管理方式

實體管理方式又稱實體方式、批准主義，即國家制定相對完善的保險監管規則，保險監督管理機構依法對保險市場，尤其是保險公司進行全面而有效的監督和管理。監管的範圍涉及保險公司的設立條件、保險公司經營範圍、保險公司經營活動、保險資金運用以及保險公司的整頓清算破產等。這種相對嚴格的監管方式從實踐效果來看，既保證了保險公司的合法合規穩健經營，打擊了各種違法違規現象，提升了保險業的整體形象，同時又保障了廣大保險消費者權益。目前，世界大多數國家，如美國、日本和德國都採用這種監管方式，中國也選擇了這種監管方式。隨著社會進步和保險業發展，為了適應現實需要，如今對保險條款和保險費率審核、競爭約束、保險資金運用方面，許多原來監管嚴格且保險市場秩序較好的國家，都在調整政策，有逐步放鬆監管的趨勢。

重要術語

保險市場　保險市場模式　保險市場機制　保險供求　保險供給彈性　保險需求彈性
保險人　保險代理人　保險公估人　保險經紀人　保險監管　組織監管　外部監管
內部控制機制　業務監管　保險行業自律　保險評級　獨立審計機構　財務監管
保險償付能力　準備金　保險保障基金

復習思考題

1. 影響保險需求的因素主要有哪些？
2. 影響保險供給的因素主要有哪些？
3. 各種保險組織分別具有什麼樣的特點？
4. 保險代理人、保險經紀人有哪些主要的組織形式？在保險市場中起怎樣的作用？
5. 保險代理人、保險經紀人有何區別？
6. 保險監管的含義是什麼？
7. 保險監管的原因是什麼？
8. 保險監管的目標是什麼？
9. 保險監管體系由哪幾部分構成？
10. 保險監管的內容主要包括哪些？
11. 保險監管有哪些方式？各自的特點是什麼？
12. 簡述中國關於保險償付能力的有關規定。

參考文獻

1. 張洪濤. 保險學［M］. 4版. 北京：中國人民大學出版社，2014.
2. 薄燕娜. 保險公司風險處置及市場退出制度研究［M］. 北京：北京大學出版社，2013.
3. 馬毅民. 保險業稽查實務［M］. 北京：中國財政經濟出版社，2011.
4. 楊忠海. 保險學原理［M］. 北京：清華大學出版社，2011.
5. 馮文麗. 保險學理論與實務［M］. 北京：清華大學出版社，2011.
6. 奚曉明. 新保險法及相關規定理解與適用［M］. 北京：人民法院出版社，2010.
7. 中國人壽保險股份有限公司教材編寫委員會. 保險法及案例分析［M］. 北京：中國金融出版社，2010.
8. 林秀清. 保險與實務［M］. 北京：北京理工大學出版社，2010.
9. 徐愛榮. 保險學［M］. 2版. 上海：復旦大學出版社，2010.
10. 任自力. 保險法學［M］. 北京：清華大學出版社，2010.
11. 楊波. 商業保險原理與實務［M］. 南京：南京大學出版社，2010.
12. 熊福生. 保險學［M］. 北京：經濟管理出版社，2010.
13. 黃守坤，孫秀清. 保險學［M］. 北京：機械工業出版社，2009.

14. 李加明. 保險學［M］. 北京：中國財政經濟出版社，2009.
15. 邢秀芹. 保險學［M］. 北京：北京郵電大學出版社，2008.
16. 孟龍. 險道：風險與保險問題談論集［M］. 北京：中國金融出版社，2008.
17. 郭清. 中國保險公告佔業的發展研究——基於法學與新制度經濟學視角［M］. 北京：社會科學文獻出版社，2008.
18. 申曙光. 現代保險學教程［M］. 北京：高等教育出版社，2003.
19. 潘瑾，徐晶. 保險服務營銷［M］. 上海：上海財經大學出版社，2005.
20. 孫祁祥. 體制轉軌時期的中國保險業［M］. 北京：中國財政經濟出版社，1999.

附錄 《中華人民共和國保險法》

1995年6月30日第八屆全國人民代表大會常務委員會第十四次會議通過。

根據2002年10月28日第九屆全國人民代表大會常務委員會第三十次會議《關於修改〈中華人民共和國保險法〉的決定》修正。

2009年2月28日第十一屆全國人民代表大會常務委員會第七次會議修訂通過。

根據2014年8月31日第十二屆全國人民代表大會常務委員會第十次會議《關於修改〈中華人民共和國保險法〉等五部法律的決定》第二次修正。

根據2015年4月24日第十二屆全國人民代表大會常務委員會第十四次會議《關於修改〈中華人民共和國計量法〉等五部法律的決定》第三次修正。

目　錄

第一章　總　則
第二章　保險合同
　第一節　一般規定
　第二節　人身保險合同
　第三節　財產保險合同
第三章　保險公司
第四章　保險經營規則
第五章　保險代理人和保險經紀人
第六章　保險業監督管理
第七章　法律責任
第八章　附　則

第一章 總則

第一條　為了規範保險活動，保護保險活動當事人的合法權益，加強對保險業

的監督管理，維護社會經濟秩序和社會公共利益，促進保險事業的健康發展，制定本法。

第二條　本法所稱保險，是指投保人根據合同約定，向保險人支付保險費，保險人對於合同約定的可能發生的事故因其發生所造成的財產損失承擔賠償保險金責任，或者當被保險人死亡、傷殘、疾病或者達到合同約定的年齡、期限等條件時承擔給付保險金責任的商業保險行為。

第三條　在中華人民共和國境內從事保險活動，適用本法。

第四條　從事保險活動必須遵守法律、行政法規，尊重社會公德，不得損害社會公共利益。

第五條　保險活動當事人行使權利、履行義務應當遵循誠實信用原則。

第六條　保險業務由依照本法設立的保險公司以及法律、行政法規規定的其他保險組織經營，其他單位和個人不得經營保險業務。

第七條　在中華人民共和國境內的法人和其他組織需要辦理境內保險的，應當向中華人民共和國境內的保險公司投保。

第八條　保險業和銀行業、證券業、信託業實行分業經營、分業管理，保險公司與銀行、證券、信託業務機構分別設立。國家另有規定的除外。

第九條　國務院保險監督管理機構依法對保險業實施監督管理。

國務院保險監督管理機構根據履行職責的需要設立派出機構。派出機構按照國務院保險監督管理機構的授權履行監督管理職責。

第二章　保險合同

第一節　一般規定

第十條　保險合同是投保人與保險人約定保險權利義務關系的協議。

投保人是指與保險人訂立保險合同，並按照合同約定負有支付保險費義務的人。

保險人是指與投保人訂立保險合同，並按照合同約定承擔賠償或者給付保險金責任的保險公司。

第十一條　訂立保險合同，應當協商一致，遵循公平原則確定各方的權利和義務。

除法律、行政法規規定必須保險的外，保險合同自願訂立。

第十二條　人身保險的投保人在保險合同訂立時，對被保險人應當具有保險利益。

財產保險的被保險人在保險事故發生時，對保險標的應當具有保險利益。

人身保險是以人的壽命和身體為保險標的的保險。

財產保險是以財產及其有關利益為保險標的的保險。

被保險人是指其財產或者人身受保險合同保障，享有保險金請求權的人。投保人可以為被保險人。

保險利益是指投保人或者被保險人對保險標的具有的法律上承認的利益。

第十三條　投保人提出保險要求，經保險人同意承保，保險合同成立。保險人應當及時向投保人簽發保險單或者其他保險憑證。

保險單或者其他保險憑證應當載明當事人雙方約定的合同內容。當事人也可以約定採用其他書面形式載明合同內容。

依法成立的保險合同，自成立時生效。投保人和保險人可以對合同的效力約定附條件或者附期限。

第十四條　保險合同成立後，投保人按照約定交付保險費，保險人按照約定的時間開始承擔保險責任。

第十五條　除本法另有規定或者保險合同另有約定外，保險合同成立後，投保人可以解除合同，保險人不得解除合同。

第十六條　訂立保險合同，保險人就保險標的或者被保險人的有關情況提出詢問的，投保人應當如實告知。

投保人故意或者因重大過失未履行前款規定的如實告知義務，足以影響保險人決定是否同意承保或者提高保險費率的，保險人有權解除合同。

前款規定的合同解除權，自保險人知道有解除事由之日起，超過三十日不行使而消滅。自合同成立之日起超過二年的，保險人不得解除合同；發生保險事故的，保險人應當承擔賠償或者給付保險金的責任。

投保人故意不履行如實告知義務的，保險人對於合同解除前發生的保險事故，不承擔賠償或者給付保險金的責任，並不退還保險費。

投保人因重大過失未履行如實告知義務，對保險事故的發生有嚴重影響的，保險人對於合同解除前發生的保險事故，不承擔賠償或者給付保險金的責任，但應當退還保險費。

保險人在合同訂立時已經知道投保人未如實告知的情況的，保險人不得解除合同；發生保險事故的，保險人應當承擔賠償或者給付保險金的責任。

保險事故是指保險合同約定的保險責任範圍內的事故。

第十七條　訂立保險合同，採用保險人提供的格式條款的，保險人向投保人提供的投保單應當附格式條款，保險人應當向投保人說明合同的內容。

對保險合同中免除保險人責任的條款，保險人在訂立合同時應當在投保單、保險單或者其他保險憑證上作出足以引起投保人注意的提示，並對該條款的內容以書面或者口頭形式向投保人作出明確說明；未作提示或者明確說明的，該條款不產生效力。

第十八條　保險合同應當包括下列事項：

（一）保險人的名稱和住所；

（二）投保人、被保險人的姓名或者名稱、住所，以及人身保險的受益人的姓名或者名稱、住所；

（三）保險標的；

（四）保險責任和責任免除；
（五）保險期間和保險責任開始時間；
（六）保險金額；
（七）保險費以及支付辦法；
（八）保險金賠償或者給付辦法；
（九）違約責任和爭議處理；
（十）訂立合同的年、月、日。
投保人和保險人可以約定與保險有關的其他事項。

受益人是指人身保險合同中由被保險人或者投保人指定的享有保險金請求權的人。投保人、被保險人可以為受益人。

保險金額是指保險人承擔賠償或者給付保險金責任的最高限額。

第十九條　採用保險人提供的格式條款訂立的保險合同中的下列條款無效：
（一）免除保險人依法應承擔的義務或者加重投保人、被保險人責任的；
（二）排除投保人、被保險人或者受益人依法享有的權利的。

第二十條　投保人和保險人可以協商變更合同內容。

變更保險合同的，應當由保險人在保險單或者其他保險憑證上批註或者附貼批單，或者由投保人和保險人訂立變更的書面協議。

第二十一條　投保人、被保險人或者受益人知道保險事故發生後，應當及時通知保險人。故意或者因重大過失未及時通知，致使保險事故的性質、原因、損失程度等難以確定的，保險人對無法確定的部分，不承擔賠償或者給付保險金的責任，但保險人通過其他途徑已經及時知道或者應當及時知道保險事故發生的除外。

第二十二條　保險事故發生後，按照保險合同請求保險人賠償或者給付保險金時，投保人、被保險人或者受益人應當向保險人提供其所能提供的與確認保險事故的性質、原因、損失程度等有關的證明和資料。

保險人按照合同的約定，認為有關的證明和資料不完整的，應當及時一次性通知投保人、被保險人或者受益人補充提供。

第二十三條　保險人收到被保險人或者受益人的賠償或者給付保險金的請求後，應當及時作出核定；情形複雜的，應當在三十日內作出核定，但合同另有約定的除外。保險人應當將核定結果通知被保險人或者受益人；對屬於保險責任的，在與被保險人或者受益人達成賠償或者給付保險金的協議後十日內，履行賠償或者給付保險金義務。保險合同對賠償或者給付保險金的期限有約定的，保險人應當按照約定履行賠償或者給付保險金義務。

保險人未及時履行前款規定義務的，除支付保險金外，應當賠償被保險人或者受益人因此受到的損失。

任何單位和個人不得非法干預保險人履行賠償或者給付保險金的義務，也不得限制被保險人或者受益人取得保險金的權利。

第二十四條　保險人依照本法第二十三條的規定作出核定後，對不屬於保險責

任的，應當自作出核定之日起三日內向被保險人或者受益人發出拒絕賠償或者拒絕給付保險金通知書，並說明理由。

第二十五條　保險人自收到賠償或者給付保險金的請求和有關證明、資料之日起六十日內，對其賠償或者給付保險金的數額不能確定的，應當根據已有證明和資料可以確定的數額先予支付；保險人最終確定賠償或者給付保險金的數額後，應當支付相應的差額。

第二十六條　人壽保險以外的其他保險的被保險人或者受益人，向保險人請求賠償或者給付保險金的訴訟時效期間為二年，自其知道或者應當知道保險事故發生之日起計算。

人壽保險的被保險人或者受益人向保險人請求給付保險金的訴訟時效期間為五年，自其知道或者應當知道保險事故發生之日起計算。

第二十七條　未發生保險事故，被保險人或者受益人謊稱發生了保險事故，向保險人提出賠償或者給付保險金請求的，保險人有權解除合同，並不退還保險費。

投保人、被保險人故意製造保險事故的，保險人有權解除合同，不承擔賠償或者給付保險金的責任；除本法第四十三條規定外，不退還保險費。

保險事故發生後，投保人、被保險人或者受益人以偽造、變造的有關證明、資料或者其他證據，編造虛假的事故原因或者誇大損失程度的，保險人對其虛報的部分不承擔賠償或者給付保險金的責任。

投保人、被保險人或者受益人有前三款規定行為之一，致使保險人支付保險金或者支出費用的，應當退回或者賠償。

第二十八條　保險人將其承擔的保險業務，以分保形式部分轉移給其他保險人的，為再保險。

應再保險接受人的要求，再保險分出人應當將其自負責任及原保險的有關情況書面告知再保險接受人。

第二十九條　再保險接受人不得向原保險的投保人要求支付保險費。

原保險的被保險人或者受益人不得向再保險接受人提出賠償或者給付保險金的請求。

再保險分出人不得以再保險接受人未履行再保險責任為由，拒絕履行或者遲延履行其原保險責任。

第三十條　採用保險人提供的格式條款訂立的保險合同，保險人與投保人、被保險人或者受益人對合同條款有爭議的，應當按照通常理解予以解釋。對合同條款有兩種以上解釋的，人民法院或者仲裁機構應當作出有利於被保險人和受益人的解釋。

第二節　人身保險合同

第三十一條　投保人對下列人員具有保險利益：

（一）本人；

（二）配偶、子女、父母；

（三）前項以外與投保人有撫養、贍養或者扶養關系的家庭其他成員、近親屬；

（四）與投保人有勞動關系的勞動者。

除前款規定外，被保險人同意投保人為其訂立合同的，視為投保人對被保險人具有保險利益。

訂立合同時，投保人對被保險人不具有保險利益的，合同無效。

第三十二條　投保人申報的被保險人年齡不真實，並且其真實年齡不符合合同約定的年齡限制的，保險人可以解除合同，並按照合同約定退還保險單的現金價值。保險人行使合同解除權，適用本法第十六條第三款、第六款的規定。

投保人申報的被保險人年齡不真實，致使投保人支付的保險費少於應付保險費的，保險人有權更正並要求投保人補交保險費，或者在給付保險金時按照實付保險費與應付保險費的比例支付。

投保人申報的被保險人年齡不真實，致使投保人支付的保險費多於應付保險費的，保險人應當將多收的保險費退還投保人。

第三十三條　投保人不得為無民事行為能力人投保以死亡為給付保險金條件的人身保險，保險人也不得承保。

父母為其未成年子女投保的人身保險，不受前款規定限制。但是，因被保險人死亡給付的保險金總和不得超過國務院保險監督管理機構規定的限額。

第三十四條　以死亡為給付保險金條件的合同，未經被保險人同意並認可保險金額的，合同無效。

按照以死亡為給付保險金條件的合同所簽發的保險單，未經被保險人書面同意，不得轉讓或者質押。

父母為其未成年子女投保的人身保險，不受本條第一款規定限制。

第三十五條　投保人可以按照合同約定向保險人一次支付全部保險費或者分期支付保險費。

第三十六條　合同約定分期支付保險費，投保人支付首期保險費後，除合同另有約定外，投保人自保險人催告之日起超過三十日未支付當期保險費，或者超過約定的期限六十日未支付當期保險費的，合同效力中止，或者由保險人按照合同約定的條件減少保險金額。

被保險人在前款規定期限內發生保險事故的，保險人應當按照合同約定給付保險金，但可以扣減欠交的保險費。

第三十七條　合同效力依照本法第三十六條規定中止的，經保險人與投保人協商並達成協議，在投保人補交保險費後，合同效力恢復。但是，自合同效力中止之日起滿二年雙方未達成協議的，保險人有權解除合同。

保險人依照前款規定解除合同的，應當按照合同約定退還保險單的現金價值。

第三十八條　保險人對人壽保險的保險費，不得用訴訟方式要求投保人支付。

第三十九條　人身保險的受益人由被保險人或者投保人指定。

投保人指定受益人時須經被保險人同意。投保人為與其有勞動關系的勞動者投保人身保險，不得指定被保險人及其近親屬以外的人為受益人。

被保險人為無民事行為能力人或者限制民事行為能力人的，可以由其監護人指定受益人。

第四十條　被保險人或者投保人可以指定一人或者數人為受益人。

受益人為數人的，被保險人或者投保人可以確定受益順序和受益份額；未確定受益份額的，受益人按照相等份額享有受益權。

第四十一條　被保險人或者投保人可以變更受益人並書面通知保險人。保險人收到變更受益人的書面通知後，應當在保險單或者其他保險憑證上批註或者附貼批單。

投保人變更受益人時須經被保險人同意。

第四十二條　被保險人死亡後，有下列情形之一的，保險金作為被保險人的遺產，由保險人依照《中華人民共和國繼承法》的規定履行給付保險金的義務：

（一）沒有指定受益人，或者受益人指定不明無法確定的；

（二）受益人先於被保險人死亡，沒有其他受益人的；

（三）受益人依法喪失受益權或者放棄受益權，沒有其他受益人的。

受益人與被保險人在同一事件中死亡，且不能確定死亡先後順序的，推定受益人死亡在先。

第四十三條　投保人故意造成被保險人死亡、傷殘或者疾病的，保險人不承擔給付保險金的責任。投保人已交足二年以上保險費的，保險人應當按照合同約定向其他權利人退還保險單的現金價值。

受益人故意造成被保險人死亡、傷殘、疾病的，或者故意殺害被保險人未遂的，該受益人喪失受益權。

第四十四條　以被保險人死亡為給付保險金條件的合同，自合同成立或者合同效力恢復之日起二年內，被保險人自殺的，保險人不承擔給付保險金的責任，但被保險人自殺時為無民事行為能力人的除外。

保險人依照前款規定不承擔給付保險金責任的，應當按照合同約定退還保險單的現金價值。

第四十五條　因被保險人故意犯罪或者抗拒依法採取的刑事強制措施導致其傷殘或者死亡的，保險人不承擔給付保險金的責任。投保人已交足二年以上保險費的，保險人應當按照合同約定退還保險單的現金價值。

第四十六條　被保險人因第三者的行為而發生死亡、傷殘或者疾病等保險事故的，保險人向被保險人或者受益人給付保險金後，不享有向第三者追償的權利，但被保險人或者受益人仍有權向第三者請求賠償。

第四十七條　投保人解除合同的，保險人應當自收到解除合同通知之日起三十日內，按照合同約定退還保險單的現金價值。

第三節　財產保險合同

第四十八條　保險事故發生時，被保險人對保險標的不具有保險利益的，不得向保險人請求賠償保險金。

第四十九條　保險標的轉讓的，保險標的的受讓人承繼被保險人的權利和義務。

保險標的轉讓的，被保險人或者受讓人應當及時通知保險人，但貨物運輸保險合同和另有約定的合同除外。

因保險標的轉讓導致危險程度顯著增加的，保險人自收到前款規定的通知之日起三十日內，可以按照合同約定增加保險費或者解除合同。保險人解除合同的，應當將已收取的保險費，按照合同約定扣除自保險責任開始之日起至合同解除之日止應收的部分後，退還投保人。

被保險人、受讓人未履行本條第二款規定的通知義務的，因轉讓導致保險標的危險程度顯著增加而發生的保險事故，保險人不承擔賠償保險金的責任。

第五十條　貨物運輸保險合同和運輸工具航程保險合同，保險責任開始後，合同當事人不得解除合同。

第五十一條　被保險人應當遵守國家有關消防、安全、生產操作、勞動保護等方面的規定，維護保險標的的安全。

保險人可以按照合同約定對保險標的的安全狀況進行檢查，及時向投保人、被保險人提出消除不安全因素和隱患的書面建議。

投保人、被保險人未按照約定履行其對保險標的的安全應盡責任的，保險人有權要求增加保險費或者解除合同。

保險人為維護保險標的的安全，經被保險人同意，可以採取安全預防措施。

第五十二條　在合同有效期內，保險標的的危險程度顯著增加的，被保險人應當按照合同約定及時通知保險人，保險人可以按照合同約定增加保險費或者解除合同。保險人解除合同的，應當將已收取的保險費，按照合同約定扣除自保險責任開始之日起至合同解除之日止應收的部分後，退還投保人。

被保險人未履行前款規定的通知義務的，因保險標的的危險程度顯著增加而發生的保險事故，保險人不承擔賠償保險金的責任。

第五十三條　有下列情形之一的，除合同另有約定外，保險人應當降低保險費，並按日計算退還相應的保險費：

（一）據以確定保險費率的有關情況發生變化，保險標的的危險程度明顯減少的；

（二）保險標的的保險價值明顯減少的。

第五十四條　保險責任開始前，投保人要求解除合同的，應當按照合同約定向保險人支付手續費，保險人應當退還保險費。保險責任開始後，投保人要求解除合同的，保險人應當將已收取的保險費，按照合同約定扣除自保險責任開始之日起至合同解除之日止應收的部分後，退還投保人。

第五十五條　投保人和保險人約定保險標的的保險價值並在合同中載明的，保險標的發生損失時，以約定的保險價值為賠償計算標準。

投保人和保險人未約定保險標的的保險價值的，保險標的發生損失時，以保險事故發生時保險標的的實際價值為賠償計算標準。

保險金額不得超過保險價值。超過保險價值的，超過部分無效，保險人應當退還相應的保險費。

保險金額低於保險價值的，除合同另有約定外，保險人按照保險金額與保險價值的比例承擔賠償保險金的責任。

第五十六條　重複保險的投保人應當將重複保險的有關情況通知各保險人。

重複保險的各保險人賠償保險金的總和不得超過保險價值。除合同另有約定外，各保險人按照其保險金額與保險金額總和的比例承擔賠償保險金的責任。

重複保險的投保人可以就保險金額總和超過保險價值的部分，請求各保險人按比例返還保險費。

重複保險是指投保人對同一保險標的、同一保險利益、同一保險事故分別與兩個以上保險人訂立保險合同，且保險金額總和超過保險價值的保險。

第五十七條　保險事故發生時，被保險人應當盡力採取必要的措施，防止或者減少損失。

保險事故發生後，被保險人為防止或者減少保險標的的損失所支付的必要的、合理的費用，由保險人承擔；保險人所承擔的費用數額在保險標的的損失賠償金額以外另行計算，最高不超過保險金額的數額。

第五十八條　保險標的發生部分損失的，自保險人賠償之日起三十日內，投保人可以解除合同；除合同另有約定外，保險人也可以解除合同，但應當提前十五日通知投保人。

合同解除的，保險人應當將保險標的未受損失部分的保險費，按照合同約定扣除自保險責任開始之日起至合同解除之日止應收的部分後，退還投保人。

第五十九條　保險事故發生後，保險人已支付了全部保險金額，並且保險金額等於保險價值的，受損保險標的的全部權利歸於保險人；保險金額低於保險價值的，保險人按照保險金額與保險價值的比例取得受損保險標的的部分權利。

第六十條　因第三者對保險標的的損害而造成保險事故的，保險人自向被保險人賠償保險金之日起，在賠償金額範圍內代位行使被保險人對第三者請求賠償的權利。

前款規定的保險事故發生後，被保險人已經從第三者取得損害賠償的，保險人賠償保險金時，可以相應扣減被保險人從第三者已取得的賠償金額。

保險人依照本條第一款規定行使代位請求賠償的權利，不影響被保險人就未取得賠償的部分向第三者請求賠償的權利。

第六十一條　保險事故發生後，保險人未賠償保險金之前，被保險人放棄對第三者請求賠償的權利的，保險人不承擔賠償保險金的責任。

保險人向被保險人賠償保險金後，被保險人未經保險人同意放棄對第三者請求賠償的權利的，該行為無效。

被保險人故意或者因重大過失致使保險人不能行使代位請求賠償的權利的，保險人可以扣減或者要求返還相應的保險金。

第六十二條　除被保險人的家庭成員或者其組成人員故意造成本法第六十條第一款規定的保險事故外，保險人不得對被保險人的家庭成員或者其組成人員行使代位請求賠償的權利。

第六十三條　保險人向第三者行使代位請求賠償的權利時，被保險人應當向保險人提供必要的文件和所知道的有關情況。

第六十四條　保險人、被保險人為查明和確定保險事故的性質、原因和保險標的的損失程度所支付的必要的、合理的費用，由保險人承擔。

第六十五條　保險人對責任保險的被保險人給第三者造成的損害，可以依照法律的規定或者合同的約定，直接向該第三者賠償保險金。

責任保險的被保險人給第三者造成損害，被保險人對第三者應負的賠償責任確定的，根據被保險人的請求，保險人應當直接向該第三者賠償保險金。被保險人怠於請求的，第三者有權就其應獲賠償部分直接向保險人請求賠償保險金。

責任保險的被保險人給第三者造成損害，被保險人未向該第三者賠償的，保險人不得向被保險人賠償保險金。

責任保險是指以被保險人對第三者依法應負的賠償責任為保險標的的保險。

第六十六條　責任保險的被保險人因給第三者造成損害的保險事故而被提起仲裁或者訴訟的，被保險人支付的仲裁或者訴訟費用以及其他必要的、合理的費用，除合同另有約定外，由保險人承擔。

第三章　保險公司

第六十七條　設立保險公司應當經國務院保險監督管理機構批准。

國務院保險監督管理機構審查保險公司的設立申請時，應當考慮保險業的發展和公平競爭的需要。

第六十八條　設立保險公司應當具備下列條件：

（一）主要股東具有持續盈利能力，信譽良好，最近三年內無重大違法違規記錄，淨資產不低於人民幣二億元；

（二）有符合本法和《中華人民共和國公司法》規定的章程；

（三）有符合本法規定的註冊資本；

（四）有具備任職專業知識和業務工作經驗的董事、監事和高級管理人員；

（五）有健全的組織機構和管理制度；

（六）有符合要求的營業場所和與經營業務有關的其他設施；

（七）法律、行政法規和國務院保險監督管理機構規定的其他條件。

第六十九條　設立保險公司，其註冊資本的最低限額為人民幣二億元。

國務院保險監督管理機構根據保險公司的業務範圍、經營規模，可以調整其註冊資本的最低限額，但不得低於本條第一款規定的限額。

保險公司的註冊資本必須為實繳貨幣資本。

第七十條　申請設立保險公司，應當向國務院保險監督管理機構提出書面申請，並提交下列材料：

（一）設立申請書，申請書應當載明擬設立的保險公司的名稱、註冊資本、業務範圍等；

（二）可行性研究報告；

（三）籌建方案；

（四）投資人的營業執照或者其他背景資料，經會計師事務所審計的上一年度財務會計報告；

（五）投資人認可的籌備組負責人和擬任董事長、經理名單及本人認可證明；

（六）國務院保險監督管理機構規定的其他材料。

第七十一條　國務院保險監督管理機構應當對設立保險公司的申請進行審查，自受理之日起六個月內作出批准或者不批准籌建的決定，並書面通知申請人。決定不批准的，應當書面說明理由。

第七十二條　申請人應當自收到批准籌建通知之日起一年內完成籌建工作；籌建期間不得從事保險經營活動。

第七十三條　籌建工作完成後，申請人具備本法第六十八條規定的設立條件的，可以向國務院保險監督管理機構提出開業申請。

國務院保險監督管理機構應當自受理開業申請之日起六十日內，作出批准或者不批准開業的決定。決定批准的，頒發經營保險業務許可證；決定不批准的，應當書面通知申請人並說明理由。

第七十四條　保險公司在中華人民共和國境內設立分支機構，應當經保險監督管理機構批准。

保險公司分支機構不具有法人資格，其民事責任由保險公司承擔。

第七十五條　保險公司申請設立分支機構，應當向保險監督管理機構提出書面申請，並提交下列材料：

（一）設立申請書；

（二）擬設機構三年業務發展規劃和市場分析材料；

（三）擬任高級管理人員的簡歷及相關證明材料；

（四）國務院保險監督管理機構規定的其他材料。

第七十六條　保險監督管理機構應當對保險公司設立分支機構的申請進行審查，自受理之日起六十日內作出批准或者不批准的決定。決定批准的，頒發分支機構經營保險業務許可證；決定不批准的，應當書面通知申請人並說明理由。

第七十七條　經批准設立的保險公司及其分支機構，憑經營保險業務許可證向工商行政管理機關辦理登記，領取營業執照。

第七十八條　保險公司及其分支機構自取得經營保險業務許可證之日起六個月內，無正當理由未向工商行政管理機關辦理登記的，其經營保險業務許可證失效。

第七十九條　保險公司在中華人民共和國境外設立子公司、分支機構，應當經國務院保險監督管理機構批准。

第八十條　外國保險機構在中華人民共和國境內設立代表機構，應當經國務院保險監督管理機構批准。代表機構不得從事保險經營活動。

第八十一條　保險公司的董事、監事和高級管理人員，應當品行良好，熟悉與保險相關的法律、行政法規，具有履行職責所需的經營管理能力，並在任職前取得保險監督管理機構核准的任職資格。

保險公司高級管理人員的範圍由國務院保險監督管理機構規定。

第八十二條　有《中華人民共和國公司法》第一百四十六條規定的情形或者下列情形之一的，不得擔任保險公司的董事、監事、高級管理人員：

（一）因違法行為或者違紀行為被金融監督管理機構取消任職資格的金融機構的董事、監事、高級管理人員，自被取消任職資格之日起未逾五年的；

（二）因違法行為或者違紀行為被吊銷執業資格的律師、註冊會計師或者資產評估機構、驗證機構等機構的專業人員，自被吊銷執業資格之日起未逾五年的。

第八十三條　保險公司的董事、監事、高級管理人員執行公司職務時違反法律、行政法規或者公司章程的規定，給公司造成損失的，應當承擔賠償責任。

第八十四條　保險公司有下列情形之一的，應當經保險監督管理機構批准：

（一）變更名稱；

（二）變更註冊資本；

（三）變更公司或者分支機構的營業場所；

（四）撤銷分支機構；

（五）公司分立或者合併；

（六）修改公司章程；

（七）變更出資額佔有限責任公司資本總額百分之五以上的股東，或者變更持有股份有限公司股份百分之五以上的股東；

（八）國務院保險監督管理機構規定的其他情形。

第八十五條　保險公司應當聘用專業人員，建立精算報告制度和合規報告制度。

保險公司應當聘用專業人員，建立合規報告制度。

第八十六條　保險公司應當按照保險監督管理機構的規定，報送有關報告、報表、文件和資料。

保險公司的償付能力報告、財務會計報告、精算報告、合規報告及其他有關報告、報表、文件和資料必須如實記錄保險業務事項，不得有虛假記載、誤導性陳述和重大遺漏。

第八十七條　保險公司應當按照國務院保險監督管理機構的規定妥善保管業務

經營活動的完整帳簿、原始憑證和有關資料。

前款規定的帳簿、原始憑證和有關資料的保管期限，自保險合同終止之日起計算，保險期間在一年以下的不得少於五年，保險期間超過一年的不得少於十年。

第八十八條　保險公司聘請或者解聘會計師事務所、資產評估機構、資信評級機構等仲介服務機構，應當向保險監督管理機構報告；解聘會計師事務所、資產評估機構、資信評級機構等仲介服務機構，應當說明理由。

第八十九條　保險公司因分立、合併需要解散，或者股東會、股東大會決議解散，或者公司章程規定的解散事由出現，經國務院保險監督管理機構批准後解散。

經營有人壽保險業務的保險公司，除因分立、合併或者被依法撤銷外，不得解散。

保險公司解散，應當依法成立清算組進行清算。

第九十條　保險公司有《中華人民共和國企業破產法》第二條規定情形的，經國務院保險監督管理機構同意，保險公司或者其債權人可以依法向人民法院申請重整、和解或者破產清算；國務院保險監督管理機構也可以依法向人民法院申請對該保險公司進行重整或者破產清算。

第九十一條　破產財產在優先清償破產費用和共益債務後，按照下列順序清償：

（一）所欠職工工資和醫療、傷殘補助、撫恤費用，所欠應當劃入職工個人帳戶的基本養老保險、基本醫療保險費用，以及法律、行政法規規定應當支付給職工的補償金；

（二）賠償或者給付保險金；

（三）保險公司欠繳的除第（一）項規定以外的社會保險費用和所欠稅款；

（四）普通破產債權。

破產財產不足以清償同一順序的清償要求的，按照比例分配。

破產保險公司的董事、監事和高級管理人員的工資，按照該公司職工的平均工資計算。

第九十二條　經營有人壽保險業務的保險公司被依法撤銷或者被依法宣告破產的，其持有的人壽保險合同及責任準備金，必須轉讓給其他經營有人壽保險業務的保險公司；不能同其他保險公司達成轉讓協議的，由國務院保險監督管理機構指定經營有人壽保險業務的保險公司接受轉讓。

轉讓或者由國務院保險監督管理機構指定接受轉讓前款規定的人壽保險合同及責任準備金的，應當維護被保險人、受益人的合法權益。

第九十三條　保險公司依法終止其業務活動，應當註銷其經營保險業務許可證。

第九十四條　保險公司，除本法另有規定外，適用《中華人民共和國公司法》的規定。

第四章　保險經營規則

第九十五條　保險公司的業務範圍：

（一）人身保險業務，包括人壽保險、健康保險、意外傷害保險等保險業務；

（二）財產保險業務，包括財產損失保險、責任保險、信用保險、保證保險等保險業務；

（三）國務院保險監督管理機構批准的與保險有關的其他業務。

保險人不得兼營人身保險業務和財產保險業務。但是，經營財產保險業務的保險公司經國務院保險監督管理機構批准，可以經營短期健康保險業務和意外傷害保險業務。

保險公司應當在國務院保險監督管理機構依法批准的業務範圍內從事保險經營活動。

第九十六條　經國務院保險監督管理機構批准，保險公司可以經營本法第九十五條規定的保險業務的下列再保險業務：

（一）分出保險；

（二）分入保險。

第九十七條　保險公司應當按照其註冊資本總額的百分之二十提取保證金，存入國務院保險監督管理機構指定的銀行，除公司清算時用於清償債務外，不得動用。

第九十八條　保險公司應當根據保障被保險人利益、保證償付能力的原則，提取各項責任準備金。

保險公司提取和結轉責任準備金的具體辦法，由國務院保險監督管理機構制定。

第九十九條　保險公司應當依法提取公積金。

第一百條　保險公司應當繳納保險保障基金。

保險保障基金應當集中管理，並在下列情形下統籌使用：

（一）在保險公司被撤銷或者被宣告破產時，向投保人、被保險人或者受益人提供救濟；

（二）在保險公司被撤銷或者被宣告破產時，向依法接受其人壽保險合同的保險公司提供救濟；

（三）國務院規定的其他情形。

保險保障基金籌集、管理和使用的具體辦法，由國務院制定。

第一百零一條　保險公司應當具有與其業務規模和風險程度相適應的最低償付能力。保險公司的認可資產減去認可負債的差額不得低於國務院保險監督管理機構規定的數額；低於規定數額的，應當按照國務院保險監督管理機構的要求採取相應措施達到規定的數額。

第一百零二條　經營財產保險業務的保險公司當年自留保險費，不得超過其實

有資本金加公積金總和的四倍。

第一百零三條　保險公司對每一危險單位，即對一次保險事故可能造成的最大損失範圍所承擔的責任，不得超過其實有資本金加公積金總和的百分之十；超過的部分應當辦理再保險。

保險公司對危險單位的劃分應當符合國務院保險監督管理機構的規定。

第一百零四條　保險公司對危險單位的劃分方法和巨災風險安排方案，應當報國務院保險監督管理機構備案。

第一百零五條　保險公司應當按照國務院保險監督管理機構的規定辦理再保險，並審慎選擇再保險接受人。

第一百零六條　保險公司的資金運用必須穩健，遵循安全性原則。

保險公司的資金運用限於下列形式：

（一）銀行存款；

（二）買賣債券、股票、證券投資基金份額等有價證券；

（三）投資不動產；

（四）國務院規定的其他資金運用形式。

保險公司資金運用的具體管理辦法，由國務院保險監督管理機構依照前兩款的規定制定。

第一百零七條　經國務院保險監督管理機構會同國務院證券監督管理機構批准，保險公司可以設立保險資產管理公司。

保險資產管理公司從事證券投資活動，應當遵守《中華人民共和國證券法》等法律、行政法規的規定。

保險資產管理公司的管理辦法，由國務院保險監督管理機構會同國務院有關部門制定。

第一百零八條　保險公司應當按照國務院保險監督管理機構的規定，建立對關聯交易的管理和信息披露制度。

第一百零九條　保險公司的控股股東、實際控制人、董事、監事、高級管理人員不得利用關聯交易損害公司的利益。

第一百一十條　保險公司應當按照國務院保險監督管理機構的規定，真實、準確、完整地披露財務會計報告、風險管理狀況、保險產品經營情況等重大事項。

第一百一十一條　保險公司從事保險銷售的人員應當品行良好，具有保險銷售所需的專業能力。保險銷售人員的行為規範和管理辦法，由國務院保險監督管理機構規定。

第一百一十二條　保險公司應當建立保險代理人登記管理制度，加強對保險代理人的培訓和管理，不得唆使、誘導保險代理人進行違背誠信義務的活動。

第一百一十三條　保險公司及其分支機構應當依法使用經營保險業務許可證，不得轉讓、出租、出借經營保險業務許可證。

第一百一十四條　保險公司應當按照國務院保險監督管理機構的規定，公平、

合理擬訂保險條款和保險費率，不得損害投保人、被保險人和受益人的合法權益。

保險公司應當按照合同約定和本法規定，及時履行賠償或者給付保險金義務。

第一百一十五條　保險公司開展業務，應當遵循公平競爭的原則，不得從事不正當競爭。

第一百一十六條　保險公司及其工作人員在保險業務活動中不得有下列行為：

（一）欺騙投保人、被保險人或者受益人；

（二）對投保人隱瞞與保險合同有關的重要情況；

（三）阻礙投保人履行本法規定的如實告知義務，或者誘導其不履行本法規定的如實告知義務；

（四）給予或者承諾給予投保人、被保險人、受益人保險合同約定以外的保險費回扣或者其他利益；

（五）拒不依法履行保險合同約定的賠償或者給付保險金義務；

（六）故意編造未曾發生的保險事故、虛構保險合同或者故意誇大已經發生的保險事故的損失程度進行虛假理賠，騙取保險金或者牟取其他不正當利益；

（七）挪用、截留、侵占保險費；

（八）委託未取得合法資格的機構從事保險銷售活動；

（九）利用開展保險業務為其他機構或者個人牟取不正當利益；

（十）利用保險代理人、保險經紀人或者保險評估機構，從事以虛構保險仲介業務或者編造退保等方式套取費用等違法活動；

（十一）以捏造、散布虛假事實等方式損害競爭對手的商業信譽，或者以其他不正當競爭行為擾亂保險市場秩序；

（十二）洩露在業務活動中知悉的投保人、被保險人的商業秘密；

（十三）違反法律、行政法規和國務院保險監督管理機構規定的其他行為。

第五章　保險代理人和保險經紀人

第一百一十七條　保險代理人是根據保險人的委託，向保險人收取佣金，並在保險人授權的範圍內代為辦理保險業務的機構或者個人。

保險代理機構包括專門從事保險代理業務的保險專業代理機構和兼營保險代理業務的保險兼業代理機構。

第一百一十八條　保險經紀人是基於投保人的利益，為投保人與保險人訂立保險合同提供仲介服務，並依法收取佣金的機構。

第一百一十九條　保險代理機構、保險經紀人應當具備國務院保險監督管理機構規定的條件，取得保險監督管理機構頒發的經營保險代理業務許可證、保險經紀業務許可證。

第一百二十條　以公司形式設立保險專業代理機構、保險經紀人，其註冊資本最低限額適用《中華人民共和國公司法》的規定。

國務院保險監督管理機構根據保險專業代理機構、保險經紀人的業務範圍和經

營規模，可以調整其註冊資本的最低限額，但不得低於《中華人民共和國公司法》規定的限額。

保險專業代理機構、保險經紀人的註冊資本或者出資額必須為實繳貨幣資本。

第一百二十一條 保險專業代理機構、保險經紀人的高級管理人員，應當品行良好，熟悉保險法律、行政法規，具有履行職責所需的經營管理能力，並在任職前取得保險監督管理機構核准的任職資格。

第一百二十二條 個人保險代理人、保險代理機構的代理從業人員、保險經紀人的經紀從業人員，應當品行良好，具有從事保險代理業務或者保險經紀業務所需的專業能力。

第一百二十三條 保險代理機構、保險經紀人應當有自己的經營場所，設立專門帳簿記載保險代理業務、經紀業務的收支情況。

第一百二十四條 保險代理機構、保險經紀人應當按照國務院保險監督管理機構的規定繳存保證金或者投保職業責任保險。

第一百二十五條 個人保險代理人在代為辦理人壽保險業務時，不得同時接受兩個以上保險人的委託。

第一百二十六條 保險人委託保險代理人代為辦理保險業務，應當與保險代理人簽訂委託代理協議，依法約定雙方的權利和義務。

第一百二十七條 保險代理人根據保險人的授權代為辦理保險業務的行為，由保險人承擔責任。

保險代理人沒有代理權、超越代理權或者代理權終止後以保險人名義訂立合同，使投保人有理由相信其有代理權的，該代理行為有效。保險人可以依法追究越權的保險代理人的責任。

第一百二十八條 保險經紀人因過錯給投保人、被保險人造成損失的，依法承擔賠償責任。

第一百二十九條 保險活動當事人可以委託保險公估機構等依法設立的獨立評估機構或者具有相關專業知識的人員，對保險事故進行評估和鑒定。

接受委託對保險事故進行評估和鑒定的機構和人員，應當依法、獨立、客觀、公正地進行評估和鑒定，任何單位和個人不得干涉。

前款規定的機構和人員，因故意或者過失給保險人或者被保險人造成損失的，依法承擔賠償責任。

第一百三十條 保險佣金只限於向保險代理人、保險經紀人支付，不得向其他人支付。

第一百三十一條 保險代理人、保險經紀人及其從業人員在辦理保險業務活動中不得有下列行為：

（一）欺騙保險人、投保人、被保險人或者受益人；

（二）隱瞞與保險合同有關的重要情況；

（三）阻礙投保人履行本法規定的如實告知義務，或者誘導其不履行本法規定

的如實告知義務；

（四）給予或者承諾給予投保人、被保險人或者受益人保險合同約定以外的利益；

（五）利用行政權力、職務或者職業便利以及其他不正當手段強迫、引誘或者限制投保人訂立保險合同；

（六）偽造、擅自變更保險合同，或者為保險合同當事人提供虛假證明材料；

（七）挪用、截留、侵占保險費或者保險金；

（八）利用業務便利為其他機構或者個人牟取不正當利益；

（九）串通投保人、被保險人或者受益人，騙取保險金；

（十）洩露在業務活動中知悉的保險人、投保人、被保險人的商業秘密。

第一百三十二條　本法第八十六條第一款、第一百一十三條的規定，適用於保險代理機構和保險經紀人。

第六章　保險業監督管理

第一百三十三條　保險監督管理機構依照本法和國務院規定的職責，遵循依法、公開、公正的原則，對保險業實施監督管理，維護保險市場秩序，保護投保人、被保險人和受益人的合法權益。

第一百三十四條　國務院保險監督管理機構依照法律、行政法規制定並發布有關保險業監督管理的規章。

第一百三十五條　關系社會公眾利益的保險險種、依法實行強制保險的險種和新開發的人壽保險險種等的保險條款和保險費率，應當報國務院保險監督管理機構批准。國務院保險監督管理機構審批時，應當遵循保護社會公眾利益和防止不正當競爭的原則。其他保險險種的保險條款和保險費率，應當報保險監督管理機構備案。

保險條款和保險費率審批、備案的具體辦法，由國務院保險監督管理機構依照前款規定制定。

第一百三十六條　保險公司使用的保險條款和保險費率違反法律、行政法規或者國務院保險監督管理機構的有關規定的，由保險監督管理機構責令停止使用，限期修改；情節嚴重的，可以在一定期限內禁止申報新的保險條款和保險費率。

第一百三十七條　國務院保險監督管理機構應當建立健全保險公司償付能力監管體系，對保險公司的償付能力實施監控。

第一百三十八條　對償付能力不足的保險公司，國務院保險監督管理機構應當將其列為重點監管對象，並可以根據具體情況採取下列措施：

（一）責令增加資本金、辦理再保險；

（二）限制業務範圍；

（三）限制向股東分紅；

（四）限制固定資產購置或者經營費用規模；

（五）限制資金運用的形式、比例；
（六）限制增設分支機構；
（七）責令拍賣不良資產、轉讓保險業務；
（八）限制董事、監事、高級管理人員的薪酬水平；
（九）限制商業性廣告；
（十）責令停止接受新業務。

第一百三十九條　保險公司未依照本法規定提取或者結轉各項責任準備金，或者未依照本法規定辦理再保險，或者嚴重違反本法關於資金運用的規定的，由保險監督管理機構責令限期改正，並可以責令調整負責人及有關管理人員。

第一百四十條　保險監督管理機構依照本法第一百四十條的規定作出限期改正的決定後，保險公司逾期未改正的，國務院保險監督管理機構可以決定選派保險專業人員和指定該保險公司的有關人員組成整頓組，對公司進行整頓。

整頓決定應當載明被整頓公司的名稱、整頓理由、整頓組成員和整頓期限，並予以公告。

第一百四十一條　整頓組有權監督被整頓保險公司的日常業務。被整頓公司的負責人及有關管理人員應當在整頓組的監督下行使職權。

第一百四十二條　整頓過程中，被整頓保險公司的原有業務繼續進行。但是，國務院保險監督管理機構可以責令被整頓公司停止部分原有業務、停止接受新業務，調整資金運用。

第一百四十三條　被整頓保險公司經整頓已糾正其違反本法規定的行為，恢復正常經營狀況的，由整頓組提出報告，經國務院保險監督管理機構批准，結束整頓，並由國務院保險監督管理機構予以公告。

第一百四十四條　保險公司有下列情形之一的，國務院保險監督管理機構可以對其實行接管：
（一）公司的償付能力嚴重不足的；
（二）違反本法規定，損害社會公共利益，可能嚴重危及或者已經嚴重危及公司的償付能力的。

被接管的保險公司的債權債務關系不因接管而變化。

第一百四十五條　接管組的組成和接管的實施辦法，由國務院保險監督管理機構決定，並予以公告。

第一百四十六條　接管期限屆滿，國務院保險監督管理機構可以決定延長接管期限，但接管期限最長不得超過二年。

第一百四十七條　接管期限屆滿，被接管的保險公司已恢復正常經營能力的，由國務院保險監督管理機構決定終止接管，並予以公告。

第一百四十八條　被整頓、被接管的保險公司有《中華人民共和國企業破產法》第二條規定情形的，國務院保險監督管理機構可以依法向人民法院申請對該保險公司進行重整或者破產清算。

第一百四十九條　保險公司因違法經營被依法吊銷經營保險業務許可證的，或者償付能力低於國務院保險監督管理機構規定標準，不予撤銷將嚴重危害保險市場秩序、損害公共利益的，由國務院保險監督管理機構予以撤銷並公告，依法及時組織清算組進行清算。

第一百五十條　國務院保險監督管理機構有權要求保險公司股東、實際控制人在指定的期限內提供有關信息和資料。

第一百五十一條　保險公司的股東利用關聯交易嚴重損害公司利益，危及公司償付能力的，由國務院保險監督管理機構責令改正。在按照要求改正前，國務院保險監督管理機構可以限制其股東權利；拒不改正的，可以責令其轉讓所持的保險公司股權。

第一百五十二條　保險監督管理機構根據履行監督管理職責的需要，可以與保險公司董事、監事和高級管理人員進行監督管理談話，要求其就公司的業務活動和風險管理的重大事項作出說明。

第一百五十三條　保險公司在整頓、接管、撤銷清算期間，或者出現重大風險時，國務院保險監督管理機構可以對該公司直接負責的董事、監事、高級管理人員和其他直接責任人員採取以下措施：

（一）通知出境管理機關依法阻止其出境；

（二）申請司法機關禁止其轉移、轉讓或者以其他方式處分財產，或者在財產上設定其他權利。

第一百五十四條　保險監督管理機構依法履行職責，可以採取下列措施：

（一）對保險公司、保險代理人、保險經紀人、保險資產管理公司、外國保險機構的代表機構進行現場檢查；

（二）進入涉嫌違法行為發生場所調查取證；

（三）詢問當事人及與被調查事件有關的單位和個人，要求其對與被調查事件有關的事項作出說明；

（四）查閱、複製與被調查事件有關的財產權登記等資料；

（五）查閱、複製保險公司、保險代理人、保險經紀人、保險資產管理公司、外國保險機構的代表機構以及與被調查事件有關的單位和個人的財務會計資料及其他相關文件和資料；對可能被轉移、隱匿或者毀損的文件和資料予以封存；

（六）查詢涉嫌違法經營的保險公司、保險代理人、保險經紀人、保險資產管理公司、外國保險機構的代表機構以及與涉嫌違法事項有關的單位和個人的銀行帳戶；

（七）對有證據證明已經或者可能轉移、隱匿違法資金等涉案財產或者隱匿、偽造、毀損重要證據的，經保險監督管理機構主要負責人批准，申請人民法院予以凍結或者查封。

保險監督管理機構採取前款第（一）項、第（二）項、第（五）項措施的，應當經保險監督管理機構負責人批准；採取第（六）項措施的，應當經國務院保

險監督管理機構負責人批准。

保險監督管理機構依法進行監督檢查或者調查，其監督檢查、調查的人員不得少於二人，並應當出示合法證件和監督檢查、調查通知書；監督檢查、調查的人員少於二人或者未出示合法證件和監督檢查、調查通知書的，被檢查、調查的單位和個人有權拒絕。

第一百五十五條　保險監督管理機構依法履行職責，被檢查、調查的單位和個人應當配合。

第一百五十六條　保險監督管理機構工作人員應當忠於職守，依法辦事，公正廉潔，不得利用職務便利牟取不正當利益，不得洩露所知悉的有關單位和個人的商業秘密。

第一百五十七條　國務院保險監督管理機構應當與中國人民銀行、國務院其他金融監督管理機構建立監督管理信息共享機制。

保險監督管理機構依法履行職責，進行監督檢查、調查時，有關部門應當予以配合。

第七章　法律責任

第一百五十八條　違反本法規定，擅自設立保險公司、保險資產管理公司或者非法經營商業保險業務的，由保險監督管理機構予以取締，沒收違法所得，並處違法所得一倍以上五倍以下的罰款；沒有違法所得或者違法所得不足二十萬元的，處二十萬元以上一百萬元以下的罰款。

第一百五十九條　違反本法規定，擅自設立保險專業代理機構、保險經紀人，或者未取得經營保險代理業務許可證、保險經紀業務許可證從事保險代理業務、保險經紀業務的，由保險監督管理機構予以取締，沒收違法所得，並處違法所得一倍以上五倍以下的罰款；沒有違法所得或者違法所得不足五萬元的，處五萬元以上三十萬元以下的罰款。

第一百六十條　保險公司違反本法規定，超出批准的業務範圍經營的，由保險監督管理機構責令限期改正，沒收違法所得，並處違法所得一倍以上五倍以下的罰款；沒有違法所得或者違法所得不足十萬元的，處十萬元以上五十萬元以下的罰款。逾期不改正或者造成嚴重後果的，責令停業整頓或者吊銷業務許可證。

第一百六十一條　保險公司有本法第一百一十六條規定行為之一的，由保險監督管理機構責令改正，處五萬元以上三十萬元以下的罰款；情節嚴重的，限制其業務範圍、責令停止接受新業務或者吊銷業務許可證。

第一百六十二條　保險公司違反本法第八十四條規定的，由保險監督管理機構責令改正，處一萬元以上十萬元以下的罰款。

第一百六十三條　保險公司違反本法規定，有下列行為之一的，由保險監督管理機構責令改正，處五萬元以上三十萬元以下的罰款：

（一）超額承保，情節嚴重的；

（二）為無民事行為能力人承保以死亡為給付保險金條件的保險的。

第一百六十四條　違反本法規定，有下列行為之一的，由保險監督管理機構責令改正，處五萬元以上三十萬元以下的罰款；情節嚴重的，可以限制其業務範圍、責令停止接受新業務或者吊銷業務許可證：

（一）未按照規定提存保證金或者違反規定動用保證金的；

（二）未按照規定提取或者結轉各項責任準備金的；

（三）未按照規定繳納保險保障基金或者提取公積金的；

（四）未按照規定辦理再保險的；

（五）未按照規定運用保險公司資金的；

（六）未經批准設立分支機構；

（七）未按照規定申請批准保險條款、保險費率的。

第一百六十五條　保險代理機構、保險經紀人有本法第一百三十一條規定行為之一的，由保險監督管理機構責令改正，處五萬元以上三十萬元以下的罰款；情節嚴重的，吊銷業務許可證。

第一百六十六條　保險代理機構、保險經紀人違反本法規定，有下列行為之一的，由保險監督管理機構責令改正，處二萬元以上十萬元以下的罰款；情節嚴重的，責令停業整頓或者吊銷業務許可證：

（一）未按照規定繳存保證金或者投保職業責任保險的；

（二）未按照規定設立專門帳簿記載業務收支情況的。

第一百六十七條　違反本法規定，聘任不具有任職資格的人員的，由保險監督管理機構責令改正，處二萬元以上十萬元以下的罰款。

第一百六十八條　違反本法規定，轉讓、出租、出借業務許可證的，由保險監督管理機構處一萬元以上十萬元以下的罰款；情節嚴重的，責令停業整頓或者吊銷業務許可證。

第一百六十九條　違反本法規定，有下列行為之一的，由保險監督管理機構責令限期改正；逾期不改正的，處一萬元以上十萬元以下的罰款：

（一）未按照規定報送或者保管報告、報表、文件、資料的，或者未按照規定提供有關信息、資料的；

（二）未按照規定報送保險條款、保險費率備案的；

（三）未按照規定披露信息的。

第一百七十條　違反本法規定，有下列行為之一的，由保險監督管理機構責令改正，處十萬元以上五十萬元以下的罰款；情節嚴重的，可以限制其業務範圍、責令停止接受新業務或者吊銷業務許可證：

（一）編製或者提供虛假的報告、報表、文件、資料的；

（二）拒絕或者妨礙依法監督檢查的；

（三）未按照規定使用經批准或者備案的保險條款、保險費率的。

第一百七十一條　保險公司、保險資產管理公司、保險專業代理機構、保險經

紀人違反本法規定的，保險監督管理機構除分別依照本法第一百六十條至第一百七十條的規定對該單位給予處罰外，對其直接負責的主管人員和其他直接責任人員給予警告，並處一萬元以上十萬元以下的罰款；情節嚴重的，撤銷任職資格。

第一百七十二條　個人保險代理人違反本法規定的，由保險監督管理機構給予警告，可以並處二萬元以下的罰款；情節嚴重的，處二萬元以上十萬元以下的罰款。

第一百七十三條　外國保險機構未經國務院保險監督管理機構批准，擅自在中華人民共和國境內設立代表機構的，由國務院保險監督管理機構予以取締，處五萬元以上三十萬元以下的罰款。

外國保險機構在中華人民共和國境內設立的代表機構從事保險經營活動的，由保險監督管理機構責令改正，沒收違法所得，並處違法所得一倍以上五倍以下的罰款；沒有違法所得或者違法所得不足二十萬元的，處二十萬元以上一百萬元以下的罰款；對其首席代表可以責令撤換；情節嚴重的，撤銷其代表機構。

第一百七十四條　投保人、被保險人或者受益人有下列行為之一，進行保險詐騙活動，尚不構成犯罪的，依法給予行政處罰：

（一）投保人故意虛構保險標的，騙取保險金的；

（二）編造未曾發生的保險事故，或者編造虛假的事故原因或者誇大損失程度，騙取保險金的；

（三）故意造成保險事故，騙取保險金的。

保險事故的鑒定人、評估人、證明人故意提供虛假的證明文件，為投保人、被保險人或者受益人進行保險詐騙提供條件的，依照前款規定給予處罰。

第一百七十五條　違反本法規定，給他人造成損害的，依法承擔民事責任。

第一百七十六條　拒絕、阻礙保險監督管理機構及其工作人員依法行使監督檢查、調查職權，未使用暴力、威脅方法的，依法給予治安管理處罰。

第一百七十七條　違反法律、行政法規的規定，情節嚴重的，國務院保險監督管理機構可以禁止有關責任人員一定期限直至終身進入保險業。

第一百七十八條　保險監督管理機構從事監督管理工作的人員有下列情形之一的，依法給予處分：

（一）違反規定批准機構的設立的；

（二）違反規定進行保險條款、保險費率審批的；

（三）違反規定進行現場檢查的；

（四）違反規定查詢帳戶或者凍結資金的；

（五）洩露其知悉的有關單位和個人的商業秘密的；

（六）違反規定實施行政處罰的；

（七）濫用職權、玩忽職守的其他行為。

第一百七十九條　違反本法規定，構成犯罪的，依法追究刑事責任。

第八章　附　則

第一百八十條　保險公司應當加入保險行業協會。保險代理人、保險經紀人、保險公估機構可以加入保險行業協會。

保險行業協會是保險業的自律性組織，是社會團體法人。

第一百八十一條　保險公司以外的其他依法設立的保險組織經營的商業保險業務，適用本法。

第一百八十二條　海上保險適用《中華人民共和國海商法》的有關規定；《中華人民共和國海商法》未規定的，適用本法的有關規定。

第一百八十三條　中外合資保險公司、外資獨資保險公司、外國保險公司分公司適用本法規定；法律、行政法規另有規定的，適用其規定。

第一百八十四條　國家支持發展為農業生產服務的保險事業。農業保險由法律、行政法規另行規定。

強制保險，法律、行政法規另有規定的，適用其規定。

第一百八十五條　本法自 2009 年 10 月 1 日起施行。

國家圖書館出版品預行編目(CIP)資料

保險學：以中國保險為例 / 丁繼鋒 主編. -- 第一版.
-- 臺北市：崧博出版：財經錢線文化發行, 2018.11
　面；　公分
ISBN 978-957-735-607-9(平裝)
1.保險學 2.中國
563.7　　　　　107017326

書　　名：保險學：以中國保險為例
作　　者：丁繼鋒 主編
發行人：黃振庭
出版者：崧博出版事業有限公司
發行者：財經錢線文化事業有限公司
E-mail：sonbookservice@gmail.com
粉絲頁　　　　　　網　址：
地　　址：台北市中正區延平南路六十一號五樓一室
8F.-815, No.61, Sec. 1, Chongqing S. Rd., Zhongzheng Dist., Taipei City 100, Taiwan (R.O.C.)
電　　話：(02)2370-3310　傳　真：(02) 2370-3210
總經銷：紅螞蟻圖書有限公司
地　　址：台北市內湖區舊宗路二段121巷19號
電　　話：02-2795-3656　　傳真：02-2795-4100　網址：
印　　刷：京峯彩色印刷有限公司（京峰數位）

　　本書版權為西南財經大學出版社所有授權崧博出版事業有限公司獨家發行電子書及繁體書繁體版。若有其他相關權利及授權需求請與本公司聯繫。

定價：500元
發行日期：2018年 11 月第一版
◎ 本書以POD印製發行